Thomas Hegemann, Ramazan Salman (Hg.)

Transkulturelle Psychiatrie

Für Miray und Manuel

Thomas Hegemann und Ramazan Salman (Hg.)

Transkulturelle Psychiatrie

Konzepte für die Arbeit mit Menschen aus anderen Kulturen

Mit Beiträgen von:

Barbara Abdallah-Steinkopff

Ursula Brucks

Sjoerd Colijn

Jürgen Collatz

Michael von Cranach

Gerhard Ebner

Angelika Ertl

Suman Fernando

Regine Fresser-Kuby

Bertold Huber

Anneke de Jong

Joop de Jong

Inga-Britt Krause

Roland Littlewood

Marie Rose Moro

Cornelia Oestereich

Gari Pavkovic

Susanne Schoppmann

Ulrich Seibert

Carlos Sluzki

Gesine Sturm

Soner Tuna

Psychiatrie-Verlag

Die Deutsche Bibliothek – CIP-Einheitsaufnahme

Hegemann, Thomas (Hg.):

Transkulturelle Psychiatrie : Konzepte für die Arbeit mit Menschen aus anderen Kulturen /

Thomas Hegemann ; Ramazan Salman. - Bonn : Psychiatrie-Verl., 2001

ISBN 3-88414-252-6

Psychiatrie-Verlag im Internet: www.psychiatrie.de/verlag

Umschlaggestaltung: Dorothea Posdiena, bild-werk, Dortmund

Typographie und Illustrationen: Iga Bielejec, Nierstein

Druck und Bindung: Clausen und Bosse, Leck

9 Geleitworte

Einführung in die transkulturelle Psychiatrie

15 *Thomas Hegemann und Ramazan Salman*
Transkulturelle Psychiatrie – eine Reise. Vorbemerkung

22 *Roland Littlewood*
Von Kategorien zu Kontexten – Plädoyer für eine kulturumfassende Psychiatrie

Rahmenbedingungen und Hintergründe

41 *Ursula Brucks*
Migration in die Bundesrepublik Deutschland

52 *Jürgen Collatz*
Bedarf und Inanspruchnahme psychiatrischer Versorgung durch Migrantinnen und Migranten

64 *Bertold Huber*
Rechtliche Rahmenbedingungen des Aufenthalts von Migrantinnen und Migranten in Deutschland

76 *Suman Fernando*
Rassismus als institutioneller Prozess

Theoretische und methodische Grundlagen

89 *Inga-Britt Krause*
Anthropologische Modelle für die multikulturelle psychiatrische Arbeit

101 *Carlos E. Sluzki*
Psychologische Phasen der Migration und ihre Auswirkungen

116 *Thomas Hegemann*
Transkulturelle Kommunikation und Beratung. Die Kompetenz, über kulturelle Grenzen hinweg zu kommunizieren

130 *Joop de Jong*
Klassifizieren oder nuancieren? Psychodiagnostik mit Hilfe von DSM und ICD

152 *Cornelia Oestereich*
Interkulturelle Psychotherapie in der Psychiatrie. Eine professionelle Herausforderung

Transkulturelle Querschnittsaufgaben

169 *Ramazan Salman*
Sprach- und Kulturvermittlung. Konzepte und Methoden der Arbeit mit Dolmetschern in therapeutischen Prozessen

191 *Thomas Hegemann*
Interkulturelles Lernen. Ein multidimensionaler Ansatz zum Erwerb interkultureller Kompetenzen

206 *Gari Pavkovic*
Interkulturelle Teamarbeit

221 *Ulrich Seibert*
Kulturelle Gemeinschaften. Eine Ressource für gemeindenahe Psychiatrie

232 *Gerhard Ebner*
Grundlagen transkultureller Begutachtung

Zielgruppenspezifische Erfordernisse

255 *Marie Rose Moro und Gesine Sturm*
Frauen in der Migration. Zur transkulturellen Psychiatrie mit Migrantinnen

264 *Sjoerd Colijn*
Jugendliche Migranten in der Psychiatrie

277 *Angelika Erl*
Altwerden in der Fremde

Spezifische Arbeitsbereiche

291 *Michael von Cranach und Regine Fresser-Kuby*
Ethnopsychiatrie im stationären Klinikalltag

304 *Susanne Schoppmann und Anneke de Jong*
Neugier, Respekt und Achtung. Psychiatrische Pflege bei Menschen fremder Kulturen

311 *Ramazan Salman und Soner Tuna*
Kultursensible Suchthilfe mit Migranten

325 *Barbara Abdallah-Steinkopff*
Arbeit mit traumatisierten Migrantinnen und Migranten

Epilog

342 *Ramazan Salman und Thomas Hegemann*
Auf der Reise zu einer transkulturellen Psychiatrie

Anhang

346 **Literaturverzeichnis**

372 **Autorinnen und Autoren**

Geleitworte

Kenntnisse erweitern, Versorgung verbessern

Ein Band, in dem kompetente Autorinnen und Autoren darstellen, wie psychisch gestörten Migranten mit ihren besonderen Problemen ganz praktisch und alltagsnah geholfen werden kann, hat auf dem deutschen Buchmarkt bisher gefehlt. Dabei war jenen, die sich mit Fragen von Menschen aus anderen Kulturen beschäftigten – deren Zahl bei uns ja nicht erst seit wenigen Jahren auch für die Psychiatrie relevant geworden ist –, dieser Bedarf schon lange bekannt und ist schon vor einem Vierteljahrhundert beschrieben worden (BOROFFKA/PFEIFFER 1977). Mehr denn je ist in Deutschland, wie auch in anderen Ländern mit ähnlicher Problematik, die Entwicklung einer speziellen transkulturellen psychiatrischen Fachkunde unabdingbar.

Hier liegt nun ein Werk vor, in dem Fachleute aus unterschiedlichen Bereichen der Psychiatrie und aus mehr als einem halben Dutzend Ländern sich zusammengetan haben, um diesem Mangel abzuhelfen. Sie bieten denen, die sich den Aufgaben der Betreuung und Behandlung psychisch kranker Migrantinnen und Migranten stellen, ein »Handbuch« mit Leitfadencharakter an. Hier werden in einem breiten Rahmen verschiedene Aspekte, die bei der Bewältigung von interkulturellen Herausforderungen in der psychiatrischen Arbeit wichtig sind, interdisziplinär abgehandelt. Mehr als in anderen medizinischen Spezialgebieten bedarf es bei diesem Thema der Kenntnisse anderer Bereiche, wie der Soziologie, der Kulturwissenschaft und der Ethnologie, wobei die heute weit mehr als früher in die Psychiatrie eingegliederte Psychologie nicht mehr besonders genannt zu werden braucht.

Im Mittelpunkt der bisher vorliegenden Darstellungen von Themen der transkulturellen Psychiatrie standen Erkenntnisse und Beschreibungen, die aus Beobachtungen und Erfahrungen in fremden Ländern gewonnen waren. Es ging meistens um das Vorkommen, die Häufigkeit, die Symptomatik und den Verlauf von psychischen Störungen bei Menschen in anderen Kulturen. Häufig wurden die verfügbaren, oft traditionellen Behandlungsmethoden und die Haltung der umgebenden Bevölkerung gegenüber psychisch gestörten Menschen beschrieben. Als ein Pionier dieses Denkens kann sicherlich E. WITTKOWER (1972) bezeichnet werden, der nach seiner Emigration aus Deutschland über England nach Kanada aus seiner persönlichen Lebenserfahrung und aus seinem beruflichen Interesse an der psychosomatischen Medizin heraus dieses Fachgebiet entscheidend mitgeformt sowie die Bezeichnung »Transcultural Psychiatry« geprägt hat. Im deutschen Schrifttum hat sich W. M. PFEIFFER (1994) verdient gemacht, der die bisher letzte Darstellung in Form einer umfassenden Monographie vorlegte.

In Kenntnis und Respekt des bisher Geleisteten fokussieren T. Hegemann und R. Salman in dem hier vorliegenden Band nicht mehr die psychiatrischen Erfahrungen und Erkenntnisse aus fremden Ländern und Kulturen, sondern widmen sich den fachlichen und kulturellen Anforderungen, die von Immigranten in unseren eigenen Gesellschaften an uns herangetragen werden. Nicht wissenschaftliche Fragestellungen stehen im Mittelpunkt, sondern bewährte Praxismodelle sowie nützliche Erfahrungen und Ideen, die hilfreich bei der Bewältigung der beschriebenen Herausforderungen sein können. Das entscheidende Ziel des Bandes ist das gleiche wie das der gesamten Medizin: Kranken und leidenden Menschen zu helfen. Dieses Buch bietet diesbezüglich Hilfestellungen für die tägliche Praxis an, wozu auch, das braucht nicht besonders betont zu werden, wie überall in der Medizin, Theorie und Wissenschaft als Grundlage gehören. Ebenso, wie sich in anderen Gebieten der Medizin neue Fachbereiche zur besseren und kompetenteren Hilfe für bestimmte Gruppen von Hilfebedürftigen entwickelt haben, trägt dieser Band zu einer besseren und effektiveren Versorgung der Gruppe psychisch Kranker und Leidender bei, die aus Ländern anderer Kulturen zu uns gekommen sind und mittlerweile einen großen Bevölkerungs- und Patientenanteil darstellen. Aus den verschiedensten Ländern und aus unterschiedlichsten Gründen haben sie ihre Heimatländer verlassen und leben nun bei uns. Wie alle anderen haben sie Anspruch auf Hilfe, wenn sie krank oder leidend sind. Sich ihrer besonderen Probleme helfend anzunehmen, bedarf es oft, besonders in der Psychiatrie, spezieller Kenntnisse, die dieses Handbuch zu vermitteln vermag.

Ich wünsche diesem Band voller Dank an die Herausgeber und ihre Autorinnen und Autoren eine große Verbreitung, damit er dazu beitragen kann, Kenntnisse zu erweitern und die psychiatrische Versorgung unserer aus anderen Kulturen stammenden Patienten zu verbessern.

Alexander Boroffka,

Gründungsvorsitzender des Referats »Transkulturelle Psychiatrie« der Deutschen Gesellschaft für Psychiatrie, Psychotherapie und Nervenheilkunde, DGPPN

Sich begegnen

Die Herausgeber dieses Handbuches verfolgen hier ein über das rein fachliche Anliegen weit hinausgehendes politisches und soziales Ziel, nämlich die Förderung der Integration von Migranten und Angehörigen ethnischer Minoritäten aus inner- und außereuropäischen Kulturen in unserer Gesellschaft. Die seelische Gesundheit von Migrantinnen und Migranten zu fördern heißt, den Problemkreis Migration an einem besonders vulnerablen Ende zu fassen, ihn ins Bewusstsein der psychiatrisch-psychotherapeutischen Professionellen zu heben und mit mehr Erwartungen auf positive Akzeptanz und Umsetzung zu verbinden, als es im gesamtgesellschaftlichen Kontext bis heute erreichbar war. Dies erfordert viel Mut und ein besonderes Vertrauen zu den Professionellen. Das Vertrauen auf vorhandene Fähigkeiten und realistische Umsetzungsmöglichkeiten der professionell Tätigen ist aus deutscher wie auch aus europäischer Perspektive nicht ganz unbegründet, denn wir können ermutigende Entwicklungen in Deutschland und unseren Nachbarländern, wie Holland und England, beobachten. Dies begründet das Anliegen dieses Buches.

Im Rahmen der Psychiatriereform wurde von den Vätern der Psychiatrie-Enquête von 1975 die Ansicht vertreten, dass alle Grundsätze zur gesellschaftlichen Relevanz der Versorgung psychisch kranker Mitbürger in gleicher Weise für unsere psychisch kranken ausländischen Mitbürger gelten müssen, dass nämlich die Qualität der psychosozialen Integration und Versorgung von Migrantinnen und Migranten so etwas wie die sozial-ethische Visitenkarte unseres Landes darstellt. Die Integration von psychisch kranken Migranten muss demzufolge als eine der Kernaufgaben der Reformpsychiatrie gelten. Integrationsbemühungen werden damit auf ein Gebiet ausgedehnt, das durch kulturelles Nichtverstehen, Sprachprobleme, latente und manifeste Vorurteile und mangelnde Erfahrungsbildung die Qualität der psychiatrischen wie psychotherapeutischen Versorgung beeinträchtigt. Die psychosoziale Behandlung von Migranten darf aber in ihrer Qualität der Behandlung von einheimischen Patienten und Klienten in nichts nachstehen. Wenn transkulturelle Aspekte vernachlässigt werden, kann man darin eine Verletzung des Gleichheitsgrundsatzes der internationalen Menschenrechte und auch des deutschen Rechtes sehen.

Dieses Handbuch möchte zunächst einmal bei den Experten ein Bewusstsein dafür schaffen, dass ein Bedarf an zusätzlicher Expertenkompetenz auf transkulturellem Gebiet erforderlich ist. Allerdings gehen die Ansprüche des Buches noch um einiges über einen bloßen Aufriss der Probleme hinaus, es geht nicht zuletzt um die Darstellung von transkulturellem Hintergrundwissen und um bewährte Konzepte, die praktisches Arbeiten mit Migranten zu bereichern und zu erleichtern vermögen. Dabei sollte der Professionelle immer berücksichtigen, dass es sich hierbei nur um »Annäherungen an den fremden Anderen« handeln kann und das Nichtverstehen mit wechselseitiger Toleranz und Achtung respektiert werden sollte.

Darüber hinaus werden Professionelle in diesem Buch in besonderer Weise mit traditionellen, kulturell geprägten und technisch-biologisch fundierten Krankheitsvorstellungen und Therapieansätzen bekannt gemacht, ohne dass die dargestellten Ansätze und Ideen in Konkurrenz zu bestehenden psychiatrischen Erkenntnissen und Praktiken beschrieben werden. Vielmehr sollen sie als komplementäre Therapiemethoden im bikulturellen Kontext begriffen werden und dabei helfen, dazuzulernen und Erfahrungen zu sammeln. Über diese Methoden wissen wir heute noch viel zu wenig in Europa, um ihren Wert für die psychosoziale Therapeutik von Migranten einschätzen zu können. Das »Fremde«, das aus anderen Kulturen bei uns auf Gehör stößt, wird unsere in europäischer Tradition entstandenen Therapieformen verändern und uns innovative Impulse vermitteln können. So wird Therapie im transkulturellen Zusammenhang zu einer spannenden und innovativen Begegnung – für uns.

Wielant Machleidt,

Professor für Psychiatrie an der Medizinischen Hochschule Hannover und Direktor der dortigen Abteilung für (Sozial-)Psychiatrie und Psychotherapie

Einführung in die transkulturelle Psychiatrie

Übersicht

Dieses Kapitel stellt die Ideen vor, auf denen dieses Buch beruht.

Die *Herausgeber* führen mit ihrer Vorbemerkung in die Ideen des Buches ein. Sie erklären die Vorgeschichte und beschreiben mit kurzen Worten die Grundidee und die Entscheidungen, die zur Auswahl der Autoren geführt haben.

Roland Littlewood eröffnet mit seinem einleitenden Grundlagenartikel die Reise. Es stellt sozusagen im Sinne eines Arbeitsprogramms die Ideen einer kulturumfassenden Psychiatrie vor und beschreibt deren anthropologische Grundlagen.

Thomas Hegemann und Ramazan Salman

Transkulturelle Psychiatrie – eine Reise
Vorbemerkung

»Du öffnest Bücher und sie öffnen Dich.«
Tschingis Aitmatov

Das Phänomen der Migration ist so alt wie die Menschheit selbst. Migrationsbewegungen werden von den jeweiligen Zielgesellschaften ganz unterschiedlich erlebt, haben sich langfristig aber meistens als kulturelle Bereicherung erwiesen. Für die Betroffenen bringt Migration mehr oder weniger große innere und äußere Veränderungsanforderungen mit sich, mit Konsequenzen für die psychische Gesundheit. Für Professionelle in der psychiatrischen Arbeit stellt daher die soziale Integration dieser Menschen, die zumeist aus anderen und uns »fremd« erscheinenden Kulturen stammen, eine Herausforderung dar, sich zunehmend konzeptionell, planerisch und ökonomisch mit diesen Erfordernissen auseinander zu setzen.

Für Mitarbeiter und Mitarbeiterinnen psychosozialer Einrichtungen ist dies keine leichte Aufgabe, denn soziokulturelle Unterschiede führen vor allem zu neuen Kommunikationsproblemen: die Anliegen, Umgangs- und Ausdrucksformen von Patientinnen und Patienten aus anderen Kulturen können vielfach nicht adäquat eingeschätzt werden, das Erleben und Verhalten ist anderes als gewohnt und die Erwartungen an Hilfe und Unterstützung können erheblich differieren.

Wir Professionelle – jeder einzelne – stehen daher vor der Aufgabe, uns verstärkt zu bemühen, die soziale Distanz zu minimieren und mehr Verständnis für die unterschiedliche Kultur, die Lebensweise, die Wertvorstellungen und das Gesundheitsverhalten aufzubringen. Die Psychiatrie als Profession wird daher nicht umhin kommen, eine transkulturelle Dimension zu entwickeln, um ihren Mitarbeitern ein theoretisches Rüstzeug und praktische Modelle anbieten zu können, sodass sie diese Aufgaben bewältigen können.

Dieser Weg ist nur gemeinsam, multidisziplinär und praxisorientiert zu meistern. Wir stehen aber nicht am Anfang! Wie die Beiträge von Kolleginnen und Kollegen in diesem Buch beweisen, können wir auf Erfahrungen, Wissen und Arbeitsweisen aufbauen, die andere vor uns entwickelt haben. Wir können uns auf die »Schultern dieser Riesen« stellen, um einen neuen Überblick zu gewinnen, und müssen nicht alles neu erfinden. Es gilt, diesen interessanten, spannenden und herausfordernden Weg individuell und institutionell zu begehen, wenn wir unserem Ziel, »Gesundheit und Chancengleichheit für alle«, näher kommen wollen.

Wir als Herausgeber haben dieses Handbuch für die praktische Arbeit unserer Kolleginnen und Kollegen zusammengestellt und denken, dass die hier zusammengetragenen Informationen auch für wissenschaftlich Interessierte interessant sind und zu neuen Fragestellungen einladen.

Dieses Buch ist aus einem langjährigen Dialog entstanden. Als naturwissenschaftlich bzw. soziologisch Geschulte, als Migranten nach Deutschland bzw. aus Deutschland, als Allochthoner bzw. Autochthoner sowie schließlich als von einem Arbeiter- bzw. von einem Bürgermilieu Geprägte haben wir bei zahlreichen Treffen, Wanderungen, Tagungen und gemeinsamen Tainingskursen die vielfachen Dimensionen transkultureller Psychiatrie diskutiert. Wie in jedem interkulturellen Dialog haben wir lernen müssen, was uns eint und was uns trennt und dass dies in einem ständigen dynamischen Prozess geschieht. Wir haben auf einer ganz persönlichen Ebene lernen müssen, dass ein interkultureller Dialog nur geführt werden kann, wenn eine ausreichende Bereitschaft dafür besteht, Spannungen, Missverständnisse, unterschiedliche Zeit- und Stilvorstellungen und die damit verbundenen Affekte – gelegentlich auch über längere Zeiträume – ertragen werden können, und die Bereitschaft zum Dialog dadurch eher gefördert werden kann. Gerade auch die Erstellung dieses Buches war diesbezüglich eine besondere Herausforderung. Ein solcher Dialog gelingt daher nur, wenn das Wissen um das Gemeinsame sowohl des Ziels wie der Entwicklung genügend gefestigt ist und von beiden Seiten bestätigt wird.

Seit Jahren vereint uns das gemeinsame Interesse an einer Hebung der Kultursensibilität der deutschen Psychiatrie. In zahlreichen gemeinsamen Fortbildungen und Trainingskursen haben wir von den Teilnehmern die Wichtigkeit und Notwendigkeit dieser Thematik in immer eindrücklicherer Weise beschrieben bekommen. Im Laufe dieses Dialogs sind uns zahlreiche Fachleute aus ganz unterschiedlichen Kulturen begegnet, von denen wir Unschätzbares gelernt haben und von denen wir einige zur Mitarbeit an diesem Buch gewinnen konnten.

Wir waren geleitet von Fragen, für die wir Antworten suchten, und haben untereinander und mit vielen Fachleuten aus dem In- und Ausland den Austausch gesucht und gefunden. Gemeinsam fragten wir uns, inwiefern kulturspezifische Angebote kulturelle Gruppen oder Professionelle der Psychiatrie motivieren? Wie werden die Probleme von den Akteuren gesehen und erlebt? Welche Widerstände oder Barrieren sind zu überwinden und welche sprachlichen oder kulturellen Kompetenzen sind notwendig? Wie erhalten betroffene Gruppen Zugänge zu stationären und ambulanten Angeboten der Psychiatrie? Wie müssen kompensatorische Angebote und Versorgungsstrukturen beschaffen sein, um Migranten effektiv zu berücksichtigen?

Der Einbezug migrationsspezifischer und soziokultureller Aspekte in die psychiatrische Versorgung und die Berücksichtigung von Migrantinnen und Migranten als spezielle Zielgruppe in den unterschiedlichen Handlungsfeldern der Psychiatrie begünstigt und begründet eine »Transkulturelle Psychiatrie«. Sie eröffnet neue Perspektiven, um *Altbewährtes*, aber häufig allzu *Selbstverständliches* neu zu überdenken und gemeinsam *Neues* zu lernen. Sie verunsichert aber auch, da sie an persönliche Dimensionen heranführt und institutionelle Schwächen deutlich macht. Es wird daher immer einer Anstrengung zur Veränderung etablierter Strukturen bedürfen, um auf diesem Wege weiterzukommen.

In diesem Spannungsfeld von Individuum und Gesellschaft, von Einheimischen und Zugewanderten, von Tradition und Moderne findet Psychiatrie statt. Sie sollte die großen kulturellen Herausforderungen annehmen und Grundlagen für eine integrative Versorgung und kultursensible Angebote in den Bereichen Beratung, Therapie, Prävention und Selbsthilfe schaffen.

Da wir es in der Psychiatrie, wie auch in anderen Versorgungsbereichen, mit einer Vielzahl von Kulturen zu tun haben, können wir nicht Experten für alle diese Zielgruppen sein. Das hier vorliegende Buch ist daher nicht an Ideen und Konzepten zur Versorgung einzelner ethnischer oder kultureller Gruppen interessiert, sondern vermittelt Konzepte und Sichtweisen, die generell hilfreich im Umgang mit Menschen aller Kulturen sind. Wir haben ausdrücklich auf die Notwendigkeiten westlicher Immigrationsgesellschaften fokussiert. Es werden Lösungsperspektiven für die kulturellen Anforderungen in unseren mitteleuropäischen Gesellschaften angeboten und weniger für die in weit entfernten Länden. Inspiriert und motiviert haben uns in dieser Hinsicht die Bücher von Suman FERNANDO *Mental Health in Multiethnic Society* (1995), Jafar KAREEM und Roland LITTLEWOOD *Intercultural Therapy* (1992) sowie Joop DE JONG und Margo VAN DEN BERG *Transculturele Psychiatrie en Psychotherapie* (1996).

Dieses Buch wendet sich als praxisorientiertes Handbuch an alle Fachleute, die auf der *Reise* zu einem neuen professionellen Umgang mit *anderen Kulturen* nach Anregung und Hilfestellung suchen. Es ist als methodenorientiertes Lehr- und Nachschlagewerk gedacht, und zwar an der Schnittstelle unseres Fachgebietes zwischen der somatischen, psychischen und sozialen Dimension. Unserer Erfahrung nach betrifft dies Pflegende wie Ärzte, Ergotherapeuten wie Psychologen, Sozialpädagogen wie Verwaltungsfachleute und Gesundheitspolitiker in gleicher Weise. Bei der Betrachtung des Kulturellen geht es durchgehend um beide Seiten, um Professionelle wie um Klienten, denn keiner von beiden vermag zu sagen, wer denn nun der mit der *anderen* Kultur ist.

Bei der Konzipierung des Handbuches und der Auswahl der Autoren haben wir uns nach folgenden Leitideen gerichtet:

- Das theoretische Grundkonzept folgt einer praktischen *Lösungsorientierung* für den psychiatrischen Alltag. Die Autoren beschreiben daher bewährte Ansätze aus der Erwachsenen- wie der Kinder- und Jugendpsychiatrie, der Geriatrie, der Suchthilfe und der komplementären Arbeit. Fallbeschreibungen wurden nach Kriterien von Häufigkeit und Anschaulichkeit und weniger nach Exotik vorgenommen.
- Ein zentrales Anliegen lag in der *Reflexion der Kulturgebundenheit der Psychiatrie* selbst. Wir haben deswegen den Einführungsbeitrag dezidiert diesem Thema gewidmet und freuen uns, mit Roland Littlewood einen Autor gewonnen zu haben, der bereits für das Royal College of Psychiatry in London entsprechende Grundlagenkonzepte und Leitlinien entworfen hat.
- Die transkulturelle Dimension der Psychiatrie aus möglichst *unterschiedlichen kulturellen Perspektiven* zu beleuchten, war ein weiteres Anliegen. Wir freuen uns, dass es gelungen ist, Sichtweisen aus so unterschiedlichen Kulturen wie der argentinischen, bosnischen, britischen, dänischen, deutschen, französischen, kurdischen, niederländischen, türkischen, schweizerischen, srilankischen und US-amerikanischen hier vorstellen zu können. Dies führt zwar teilweise dazu, dass Beispiele aus Ethnien angeführt werden, die in Deutschland seltener anzutreffen sind; dieser Perspektivenwechsel unterstützt aber unser Anliegen, bei unterschiedlicher inhaltlicher Ausprägung strukturelle Ähnlichkeiten umso deutlicher werden zu lassen.
- Wir möchten zu einer Aufmerksamkeit für *strukturellen Fragen* anregen. Dies gilt sowohl für gedankliche, konzeptionelle wie für organisatorische Struktu-

ren. Unser Interesse gilt weniger den Eigenheiten spezieller Kulturen, die zu erlernen unrealistisch sein wird, da wir in der Praxis auf über hundert kulturelle Minoritäten- oder Sprachgruppen treffen. Zukunftsweisend kann es unserer Meinung nach nur sein, Muster und Interaktionen zu betrachten, von denen weder wir uns selbst als Person noch unsere institutionellen Rahmenbedingungen ausnehmen können. Denn es ist immer seltener, dass unsere Klienten ihre Welt nach denselben Ideen und Konzepten strukturieren wie wir die unsrige. Einige Leser mögen enttäuscht sein, nicht mehr mit faszinierenden »Geschichten aus fernen Ländern« inspiriert zu werden. Wir sind hier eher skeptisch, da solche »Geschichten« zur Stereotypisierung einladen. Im Vordergrund steht deshalb viel mehr eine generelle Kompetenzerweiterung im Umgang mit *dem Kulturellen.*

- Transkulturelles Lernen erfolgt am besten in *kulturell gemischten und multiprofessionellen Teams.* Wir haben daher Wert darauf gelegt, diese Thematik wie einen roten Faden in möglichst vielen Beiträgen und in der Auswahl der Autoren deutlich werden zu lassen.
- Als Letztes, aber sicherlich Wesentlichstes möchten wir hervorheben, das eine transkulturelle Psychiatrie nur gelingen wird, wenn eine *Kultur des Lernens* gepflegt wird. Kulturelle Kompetenzen können kaum erworben werden, um sie ein für alle mal zu besitzen. Eher müssen sie im Dialog mit anderen, so etwa mit Klienten, Professionellen und dem gesellschaftlichen Umfeld, ständig gepflegt, geprüft und ausgebaut werden.

Aus diesen Leitideen heraus entschieden wir uns für sechs Kapitel:

R. Littlewood stellt in seinem *Einführungsbeitrag* die wesentlichen Fragen vor, denen sich jede Psychiatrie, die sich mit der kulturellen Dimension des Menschseins beschäftigen möchte, zu stellen hat. Hier ist vor allem die Rede von der Balance zwischen der biologischen und der soziologischen Dimension unseres Fachgebiets und wie diese in ein aktuelles sozialpolitisches Umfeld platziert werden kann.

Das *zweite Kapitel* beschreibt die Rahmenbedingungen und Hintergründe transkultureller Psychiatrie. Es werden die migrationsspezifischen, historischen, rechtlichen und institutionellen Kontexte, in denen kulturelle Minoritäten leben und unter denen sich auch deren psychiatrische Versorgung abspielt, vorgestellt und die sich daraus ergebenden Notwendigkeiten begründet.

Das *dritte Kapitel* bietet die wesentlichen theoretischen und methodischen

Grundlagen, die für das Arbeiten mit kulturellen Minoritäten in der Psychiatrie hilfreich sind. Vor allem geht es um Konzepte und Ansätze, die sich bewährt haben, um in der Komplexität transkultureller Aufgabenstellungen die Anamnese, Diagnostik, Kommunikation und Psychotherapie sachgerecht realisieren zu können.

Das *vierte Kapitel* stellt neue und innovative transkulturelle Arbeitsmethoden und Querschnittsaufgaben vor. Hier sind konkrete Konzepte und Methoden für jede Form transkultureller Arbeit beschrieben. Die Themen reichen über den effektiven Umgang mit Dolmetschern, der Entwicklung interkultureller Kompetenz durch Fort- und Ausbildung bis hin zum Aufbau transkultureller Arbeitsteams oder des Einbezugs kultureller Gemeinschaften zur therapeutischen Mitarbeit. Auch werden die Grundlagen transkultureller Begutachtung vorgestellt.

Themen des *fünften Kapitels* betreffen die Sensibilität für Fragen der Geschlechterrollen, das Arbeiten mit Jugendlichen oder alten Menschen sowie diesbezügliche Konzepte und Ideen für adäquates psychotherapeutisches Vorgehen. Es werden Modellen und Sichtweisen vorgestellt, die sich in den unterschiedlichen Fachbereichen der psychiatrischen Tätigkeit bewährt haben sowie theoretische Erklärungen und praktische Vorgehensweisen vorgeschlagen.

Das sechste Kapitel beschäftigt sich mit den bedeutendsten Teilgebieten der psychiatrischen Praxis und stellt wesentliche Erfordernisse für den Arbeitsalltag und die Gestaltung der Arbeitsbedingungen vor. Fragen der Versorgung von Süchtigen, Traumatisierten und der stationären Allgemeinpsychiatrie werden hier thematisiert.

Als Herausgeber haben wir davon abgesehen, eine verbindliche sprachliche und terminologische Einheitlichkeit für die einzelnen Beiträge vorzugeben. Die Vielfalt der Stile, Traditionen und Sichtweisen der Autorinnen und Autoren macht gerade deutlich, dass es einfache Antworten auf die vielfältigen Fragen einer transkulturellen Psychiatrie nicht geben kann. Einige Begrifflichkeiten möchten wir an dieser Stellte kurz erklären.

Die Begriffe *autochton* und *allochton* werden vor allem von niederländischen Autoren verwendet, um Populationen zu differenzieren, die entweder aus der angestammten Bevölkerung eines Landes stammen oder aus der zugewanderten. Der Begriff *Anthropologie* wird vor allem von britischen Autoren verwendet, um eine wissenschaftliche Disziplin zu beschreiben, die auf Deutsch am ehesten als *soziologisch orientierte Ethnologie* bezeichnet werden könnte. In Deutschland übliche Unterscheidungen zwischen Volkskunde, Völkerkunde und Ethnologie sind in vielen Ländern in dieser Weise nicht gebräuchlich. Konzepte der *medical anthropology* fokussieren eher auf übergreifende Muster und Strukturen als auf die Beschreibung einzelner Ethnien. Wir haben uns für die Beibehaltung des von den jeweiligen Autoren gewählten Begriffs »Anthropologie« entschieden. Uns ist klar, dass dieses Wort bei einigen Lesern Assoziationen an die mörderischen Intentionen der deutschen biologischen Anthropologie während der ersten Hälfte des vergangenen Jahrhunderts wachrufen kann. Auch Begriffe wie *westlich* und *nichtwestlich* beziehen sich nicht auf den Ost-West-Konflikt, der die deutsche Geschichte mehr geprägt hat als die unserer westeuropäischen Nachbarn, sondern ist eher im Sinne der abendländischen Kulturtradition zu verstehen. Bei der Verwendung der Begriffe *transkulturell* und *interkulturell* haben wir nicht auf die Trennschärfe bestanden, die in der ethnologischen Literatur gepflegt wird.

Es ist schließlich unser Wunsch, denjenigen zu danken, die auf unterschiedliche Weise ganz wesentlich zu dem Gelingen dieses Buches beigetragen haben. Es sind dies vor allem die Autorinnen und Autoren, die ihre Ansätze zum größten Teil völlig neu entwickelt haben und erstmalig einer deutschsprachigen Leserschaft vorstellen.

Wir können hier leider nicht alle Kolleginnen und Kollegen, die uns unterstützten und empowerten, bedenken. Es ist uns aber ein besonderes Anliegen, unseren Lehrerinnen und Lehrern Britt Krause, Roland Littlewood, Günsel Koptagel-Ilal, Wolfgang M. Pfeiffer und Jürgen Collatz, denen wir die Aufmerksamkeit und Sensibilität für dieses Thema verdanken, hier namentlich zu erwähnen. Dies betrifft auch unseren Mentor Alexander Boroffka, der sich für die Etablierung der transkulturellen Psychiatrie als Standard der psychiatrischen Profession in Deutschland in besonderer Weise engagiert und uneigennützig eingesetzt hat. Dem Ethno-Medizinische Zentrum e. V. in Hannover und dem Bayerischen Zentrum für Transkulturelle Medizin e. V. in München sowie deren Förderern danken wir für die infrastrukturellen Grundbedingungen ebenso wie dem Psychiatrie-Verlag für das Vertrauen und die Zusammenarbeit.

Ganz besonderen Dank schulden wir unseren Partnerinnen, die in der letzten Zeit auf viel gemeinsame Zeit verzichten mussten.

Thomas Hegemann und Ramazan Salman, im Dezember 2000

Roland Littlewood

Von Kategorien zu Kontexten – Plädoyer für eine kulturumfassende Psychiatrie

»It is what you brought to be, you who played with strangers lives ...
But at least have the humility to let others survive in their own way.«
***Wole Soyinka*: Death and the King's Horseman**

In den letzten Jahren entstanden vor allem in Amerika und Großbritannien, unter dem Einfluss der Sozialanthropologie, neue psychiatrische Ansätze, die unter dem Begriff *New Cross Cultural Psychiatry* zusammengefasst werden. Die Hintergründe, Methoden, Ziele und Grenzen einer solchen kulturumfassenden Psychiatrie werden hier vorgestellt.

Der allgemein in der klassischen Psychiatrie verbreiteten Ansicht, dass sich depressive Reaktionen in unterschiedlichen Kulturen gleichartig darstellen, und dem Bemühen, auch in nicht westlichen Kulturen nach aus der eigenen Kultur bekannten Phänomenen zu suchen, trat A. Kleinman (1978) mit der Grundlegung der »New Cross Cultural Psychiatry« entgegen. Er fordert, den »kategorischen Irrtum«, dass (westlich) diagnostische Kategorien kulturunabhängige Variablen seien, zu vermeiden, und schlägt dagegen vor, (westliche) psychiatrische Erklärungsmodelle als spezifisch für einen bestimmten Kulturraum anzusehen. Kultur ist demnach der Kontext, in dessen Rahmen jede psychische Krankheit zu denken ist, und nicht etwa darauf beschränkt, natürliche Phänome nur zu »formen«. Kleinman setzte sich somit für eine radikale *Modifizierung des theoretischen und methodischen Paradigmas der Psychiatrie* ein. Bevor eine vergleichende Beurteilung von Verhaltensweisen oder Phänomenen in verschiedenen Kulturen vorgenommen würde, sollten Ansätze entwickelt werden, die dabei helfen, lokale Verhaltensbeurteilungen mit ähnlichen Verhaltensweisen in anderen Kulturen in Beziehung zu setzen. Diese Vorgehensweise soll zu einer neuen Einschätzung sowohl von »Universalität« wie auch von »Psychopathologie« führen. Hierzu ist die Differenzierung zwischen Krankheit im Sinn einer von außen beurteilten biologischen oder psychologischen Fehlfunktion (disease) und Krankheit im Sinn von Krankheitserleben (illness), also der persönlichen und interaktiven Reaktion, notwendig (Kleinman 1978).

Viel früher als die Psychiatrie hat die Anthropologie die Übertragbarkeit von Konzepten, wie denen von Familie, Ehe, Tabus etc., von der einen in eine andere Kultur in Frage gestellt. Deshalb gehen Medizinanthropologen davon aus, dass auch psychiatrische Kategorien wie »Depression«, »Selbstbeschädigung« oder »Suizidalität«, ganz zu schweigen von »Schizophrenie« oder »Neurose«, nicht a priori eine weltweite Gültigkeit haben können. Zu den Grundlagen dieses Ansatzes einer kulturumfassenden Psychiatrie gehören die:

- Geschichte der Psychiatrie und der Medizin,
- Affekt- und Kognitionspsychologie,
- Erkenntnisphilosophie,
- Verhaltensforschung,
- kritischen und interdisziplinären Schulen wie Marxismus, Semiotik, Strukturalismus und Konstruktivismus,
- Philosophie, und hier insbesondere Denkschulen um L. Wittgenstein und J. Lacan.

Großer Wert wird auf die Unterscheidung zwischen Theorie und Beobachtung, Tatsachen und Einschätzungen, Objektivität und Subjektivität (Bourdieu 1977) gelegt. Es handelt sich also weniger um ein einheitliches Wissenskonzept, sondern eher darum, neuere interpretative und hermeneutische Ansätze aus den Human- und Sozialwissenschaften zu integrieren mit dem Ziel, die Psychiatrie über den Bereich einer Naturwissenschaft hinauszuführen und ihre Kategorien, Theorien und Routinen in einen übergreifenden politisch-gesellschaftlichen und geschichtlichen Zusammenhang zu stellen. Dieser Anspruch wird mit dem Fehlen einer konsistenten psychiatrischen Theorie über den Zusammenhang biologischer und gesellschaftlicher Dimensionen des Menschen begründet und legitimiert.

Traditionelle transkulturelle Ansätze

E. Kraepelin entwickelte Anfang des vergangenen Jahrhunderts, ausgehend von deutschen Patienten, seine psychopathologischen Kriterien, die bis heute Grundlagen unserer Klassifikationssysteme bilden und die die »Vergleichende Psychiatrie« noch heute begründen. Während seines Aufenthalts in Java stellten sich ihm jedoch Fragen der Vergleichbarkeit menschlicher Verhaltensmuster in unterschiedlichen Gesellschaften: Wie ähnlich muss Verhalten sein, damit wir es als »gleich« bezeichnen können? Wie können wir zwischen »universellen« und kulturell »variablen« Verhaltensmustern unterscheiden?

Psychosen galt sein bevorzugtes Interesse. Wie die meisten Psychiater seiner Zeit nahm er für diese biologische Ursachen an und wählte folgerichtig Unterscheidungskriterien wie »Form« und »Inhalt«. So vertrat E. Kraepelin beispielsweise die Ansicht, dass es typische, universell auftretende Erscheinungsformen der Schizophrenie gäbe. Diese Differenzierungskriterien wurden inzwischen, auf Grund ihrer unvermeidlichen Willkürlichkeit, aufgegeben (dazu auch LITTLEWOOD 1986), denn es entspricht typisch westlichem, an Technikmodelle angelehntem Denken, ein Ganzes durch die Analyse seiner Teile zu erklären.

Diese hier am Beispiel Kraepelins beschriebenen biologistischen Sichtweisen und Metaphorismen markieren zahlreiche Etappen der Psychiatrie. So entwickelte etwa E. Bleuler das Modell eines Kernsyndroms, das quasi wie eine russische Matrioschka-Puppe von einer Reihe kultureller Schalen umgeben sei, die von der psychiatrischen Forschung sozusagen abzuschälen seien (LITTLEWOOD 1986). K. BIRNBAUM (1923) meinte, dass pathoplastische Faktoren einer individuellen Erkrankung Färbung, Ausdruck und Kontur verleihen, dass deren Ursache aber biologisch zu erklären sei. L. WITTGENSTEIN (1958) spricht von einer Artischocke, die es zu schälen gälte, um an das Herz zu kommen, und C. GEERTZ (1986) bezeichnet Krankheit als Kuchen und Kultur als Verzierung und dass das Gleichartige tief greifend und das Variable oberflächlich sei.

Konsequenterweise konzentriert sich (westliche) psychiatrische Forschung auf diejenigen Symptome, die den definierten Kategorien entsprechen. »Weiche« Faktoren, wie Angst, Depression oder Schlaflosigkeit, werden dagegen eher ignoriert und häufig auf empirische Fundierung verzichtet, was nicht ohne Folgen für die Praxis der Psychiatrie bleibt (KLEINMAN 1977). Psychiater, die mit Patienten aus anderen Kulturen arbeiten, beklagen dann, dass »irritierende kulturelle« Faktoren die Erkennung der »wirklichen« Krankheitsprozesse erschweren. Bei Patienten ihrer eigenen Kultur- oder Sprachgruppe haben sie weniger Schwierigkeiten, auf universellen Krankheitserscheinungen zu stoßen, da eben kulturelle Hintergründe nicht »störend« wirken und deshalb zugunsten biologischer oder psychodynamischer Erklärungen ignoriert werden können.

Für europäische Psychiater ergaben sich jedoch ganz neue Schwierigkeiten, als sie begannen ihre westlich geprägten Kategoriesysteme auf Menschen anderer Gesellschaften oder kultureller Herkunft anzuwenden. Verhaltensweisen, die im Westen als abnormal angesehen wurden, erschienen andernorts nicht immer als ungewöhnlich und unerwünscht (LITTLEWOOD 1986). Innen- und Außenbeschreibungen von Stammes- oder anderen Gesellschaften widersprachen häufig diametral den westlichen Krankheitskonzepten. Als der Anthropologe C. S. SELIGMAN (1929) berichtete, dass es in Neuguinea so etwas wie Schizophrenie nicht gäbe, wurde er später für diesen »Seligman-Irrtum« kritisiert: Er habe die universellen Symptome übersehen, da diese vor Ort als rituelle oder übernatürliche Aktivitäten wahrgenommen worden seien.

Selbst als nichtwestlich beschriebene und als fremd bewertete Verhaltensmuster wurden immer wieder von Psychiatern nach westlichen Kategorien klassifiziert. So vermutete beispielsweise E. KRAEPELIN (1904), dass es sich bei *amok* entweder um Epilepsie oder Katatonie handeln müsse. Passen Verhaltensmuster jedoch in kein gängiges westliches Klassifikationssystem, werden sie schließlich als »kulturgebundene Syndrome« bezeichnet. Da aber alle Verhaltensweisen, so auch typisch westliche wie Anorexie oder parasuizidale Handlungen, mehr oder weniger kulturabhängig sind, bleibt diese Bezeichnung ungeeignet und überflüssig. Anstatt von westlichen Kategorien auszugehen, scheint ein Vorgehen nach dem in der folgenden Tabelle beschriebenen Schema sinnvoller.

Tief greifende kapitalistische, wirtschaftliche, industrielle und ökonomische Transformations- sowie zunehmende menschliche Individualisierungsprozesse haben der westlich geprägten, stärker biologisch orientierten Psychiatrie in der »Dritten« Welt einen großen Einfluss beschert. Es überrascht daher nicht, dass die beobachtbaren Muster abnormen Verhaltens, mit den entsprechenden Glaubenssystemen und sozialen Reaktionen, westlichen Vorbildern immer ähnlicher werden (LITTLEWOOD 1986). Zugleich werden Personen, die als Schamanen oder Geistheiler bei zahlreichen indigenen Völkern fungieren, von europäischen Psychiatern häufig als abnorm beschrieben, während Ethnologen sie als normal einschätzen. Was von der westlichen Bio-Medizin als Krankheit bezeichnet wird, kann unter Umständen in traditionellen, von verwandtschaftlich oder moralisch dominierten Dimensionen geprägten Gesellschaften eine gänzlich andere Bedeutung haben. Wenn Krampfanfälle zum Aufsuchen eines Schamanen führen (D in der Tabelle), dann kann die Gegenwart übernatürlicher Kräfte als psychogener Anfall gesehen werden (C in der Tabelle), wogegen beispielsweise Epilepsie, welche durchaus als Krankheit, die nicht im Wirkungsfeld schamanistischen Handelns liegt, erkannt wird, in B anzusiedeln wäre. Ein Phänomen wie *couvade*, an dem übrigens die Hälfte aller US-amerikanischen Männer schwangerer Frauen leidet – mit leichten gastrointestinalen Beschwerden, für die, obwohl als Krankheit nicht anerkannt, medizinische Hilfe gesucht wird (LIPKIN / LAMP 1982) –, wäre in E zu platzieren.

Diagnostische und kulturelle Konzepte

	wissenschaftliche (biomedizinische) Konzepte	
örtliche (ethnomedizinische) Konzepte	Beschränkung auf bestimmte Kulturen	universell oder in vielen Kulturen bekannt
diskrete Auffälligkeiten	A	B
gesellschaftlich bedeutsam	C	D
nicht anerkannnt	E	F

Das kraepelinsche Form-Inhalt-Modell hat sich jedoch trotz des ihm hier unterstellten »kategorischen Irrtums« als nützlich in all jenen Fällen erwiesen, in denen gleich bleibende biologische Ursachen für Verhaltensabweichungen nachgewiesen werden konnten. Dies trifft auf den ganzen Bereich der Psychosyndrome zu. Die internationale Pilotstudie für Schizophrenie (IPSS) (SARTORIUS u. a. 1986) dagegen, die ein schizophrenes Kernsyndrom in höchst unterschiedlichen Gesellschaften nachweisen konnte, kann nach Kleinman als ein klassischer Fall des »kategorischen Irrtums« angesehen werden. Denn was sie nicht zeigte, war das Ausmaß kultureller Einflüsse auf die Krankheit (KLEINMAN 1987). In der Studie erscheinen die Symptome der Schizophrenie als Manifestation eines zu Grunde liegenden Krankheitsprozesses. Sie könnten aber genauso gut als Reaktion auf eine ganze Reihe neurologischer oder sozialer Beeinträchtigungen zurückgeführt werden. Die Untersuchung stabiler gesellschaftlicher Gruppen betont auf Grund der Stabilität der Umweltbedingungen die biologischen und genetischen Unterschiede zwischen einzelnen Individuen. Diese finden sich jedoch kaum noch bei Flüchtlingsgruppen oder in Populationen, die gesellschaftlichen Umbrüchen heftiger ausgesetzt sind!

Trotzdem konnte die IPSS-Studie zeigen, dass es nicht möglich ist, alle Fälle von Schizophrenie ausschließlich mit einem soziologischen Modell zu erklären. Soziologische Erklärungen werden allenfalls zu prognostischen Fragen herangezogen. Spekulativ ist beispielsweise der konstatierte Zusammenhang zwischen Schizophrenie und Industrialisierung (COOPER / SARTORIUS 1977),

Kapitalismus und Arbeitslosigkeit (WARNER 1985) oder ein Konzept der »sozialen Reaktion«, wie es J. LEFF u. a. (1987) in ihrem »expressed emotions«-Modell beschreiben. Historische und kulturelle Unterschiede verschiedener Syndrome schließen natürlich eine biologische Ursache nicht aus, aber die »vergleichende Psychiatrie« hat zu häufig versucht »exotische« Muster in ein universalistisches, größtenteils biologistisches Modell zu pressen, wie das so genannte *piblokto*, das früher als eine biologische Erkrankung angesehen wurde, heute aber ein »kulturgebundenes Syndrom« sein soll. Bei *kuru* verhält es sich umgekehrt.

Die Psychiatrie steht vor der Aufgabe, zwei dominante akademische Paradigmen miteinander zu vereinbaren: Im naturwissenschaftlichen Ansatz bestimmen biologische Prozesse Verhalten und Erfahrung; im sozialwissenschaftlichen Ansatz wählen Gesellschaften und Gruppen bestimmte Dimensionen der natürlichen Welt aus und klassifizieren und bewerten diese (SCHEPER-HUGHES / LOCK 1987). Die einen betonen die biologische Determiniertheit, die anderen die sozialen Wahlmöglichkeiten. Das Problem der Psychiatrie besteht aber darin, dass beide unverzichtbar erscheinenden Paradigmen zur Analyse menschlichen Erlebens und Verhaltens begrenzt sind und sich mit ihnen nicht alle Verhaltensauffälligkeiten interpretieren lassen. So schränken beispielsweise Opiate die Breite und Wahlmöglichkeiten menschlichen Verhaltens stärker ein als Alkohol oder Kat (WESTERMEYER 1982; KENNEDY 1987; DOUGLAS 1988). Trotzdem bleibt es eine willkürliche Entscheidung, festzulegen, ob eine psychoaktive Substanz menschliches Verhalten *beeinflusst* oder *bestimmt*.

Die Psychoanalyse schien zeitweise eine viel versprechende Alternative zu dieser pathogenetisch bzw. pathoplastischen Dichotomie anzubieten, denn sie integrierte die Idee eines dialektischen Austausches zwischen Biologie und Gesellschaft. Psychoanalytisch geprägte Anthropologen gehen jedoch weitgehend von bestimmten, von S. Freud am Beispiel der in einer bürgerlichen Gesellschaft beobachteten und beschriebenen Verhaltensweisen aus und »fanden« diese dann auch in anderen Gesellschaften (WALLACE 1983). Vergleichbar den biologisch orientierten Psychiatern wurden bekannte Konzepte – hier der Ödipus-Komplex – auf andere Kulturen übertragen und Abweichungen davon als Varianten oder unreife Formen interpretiert.

Beide, das biologische wie das analytische Konzept, waren und sind zutiefst in der Gedankenwelt des 19. Jahrhunderts mit seiner Betonung von »Evolution« und »Entwicklung« verhaftet. E. KRAEPELIN (1904) bezeichnete die von ihm in

Java beobachteten Krankheitserscheinungen als den Ausdruck eines niedrigeren intellektuellen Entwicklungsstadiums. S. Freuds Theorien basieren auf einem Stadienmodell von archaisch, primitiv, kindlich und neurotisch, welche für ihn alle frühe oder unreife Formen der psychischen Entwicklung sind. Als Konsequenz daraus wurden ganze kulturelle Gruppen oder Menschen aus fremd erscheinenden Gesellschaften und ganze Populationen undifferenziert »wahnhaft«, »zwanghaft« etc. zumindest definitorisch pathologisiert (LITTLEWOOD / LIPSEDGE 1997). Auch kann man sagen, dass Anthropologen wenig Interesse an Kindheitserfahrungen haben und die Art und Weise der Aufzucht von Kindern eher als Ausdruck kultureller Werthaltungen und weniger als deren Ursache sehen.

Vorgehensweisen und Annahmen einer »kulturumfassenden Psychiatrie«

Die Vorgehensweise eines solchen kulturumfassenden Ansatzes entspricht im Grunde der der *Sozialanthropologie*: Durch die teilnehmende Beobachtung kleinerer sozialer Gemeinschaften werden detaillierte Informationen über menschliche Handlungsweisen und ihre Kommunikationsstrukturen gesammelt und diese aus unterschiedlichen theoretischen Perspektiven heraus interpretiert. Zu berücksichtigen sind hierbei ökologische Rahmenbedingungen, soziale Konflikte, Hintergründe und Sinn lokaler Erklärungsmuster sowie die Beschaffenheit des Zusammenhalts örtlicher Sozialsysteme.

Solange wir nicht von einer universellen biologischen oder psychologischen Abnormalität ausgehen können, so lange muss der gesamte Kontext einer bestimmten Erfahrung und ihre jeweilige Bedeutung berücksichtigt werden, selbst wenn uns das in Bereiche aktueller Politik oder sozialer Strukturen führt, die westlich geprägten Psychiatern zunächst irrelevant vorkommen mögen. Ein gelungenes Beispiel für eine unter diesen Kriterien durchgeführte Studie findet sich über den ländlichen Iran. B. GOOD und M. GOOD (1982) begannen mit einer Untersuchung der örtlichen Kategorien von Leid (Disstress) und erforschten die gesamte Breite der lokalen Bedeutungen, die damit verbunden waren, um erst danach mit ihrer epidemiologischen Untersuchung zu beginnen. Die Bedeutung einer Krankheit für ein Individuum ist begründet – wenn auch nicht darauf reduzierbar – in dem Geflecht von Bedeutungen, die diese Krankheit in einer bestimmten Kultur hat: den mit ihr verbundenen Metaphern, den ethnomedizinischen Theorien, den Grundwerten, den Konzeptbildungen und den Versorgungsformen, welche die Krankheitserfahrung formen, genauso wie die Reaktion der Umwelt auf den Leidenden. Im Iran kann eine Reihe von Beschwerden, wie familiäre Konflikte, Armut, Trauer, Schuld oder körperliche Leiden, zu *Herzbeschwerden* führen, welche als Störung der Herzfunktion angesehen werden, was von Herzrasen über Ohnmacht bis zum Herzschlag reichen kann.

Aus der galenischen Tradition entstammt im Iran die Sichtweise, dass das Herz das Organ der Emotionen ist. Auch in Europa wird traditionellerweise das Herz mit heftigen Affekten in Zusammenhang gebracht und selbst in der Biomedizin wird die koronare Herzkrankheit mit bestimmten Haltungen in Verbindung gebracht. Angehörige von Kulturen, die von der arabisch-galenischen Tradition geprägt sind, artikulieren eine ganze Reihe von Beschwerden als eine Erfahrung des *sinkenden Herzens* (KRAUSE 1989). »Sinkendes Herz« hat es zu früheren Zeiten auch in westeuropäischen Gesellschaften als eine fachliche medizinische Diagnose gegeben (MACDONALD 1981). Zyklothyme Stimmungsschwankungen werden bis heute zwischen Ärzten und Patienten in Metaphern eines »Auf und Ab« kommuniziert.

Die Ähnlichkeit zwischen den historischen Krankheitsverständnissen in Europa und den gegenwärtigen Vorstellungen in verschiedenen Teilen der Dritten Welt unterstützt nicht automatisch die Idee eines Fortschritts in Richtung eines »wissenschaftsorientierten« Modells. Genauso wenig müssen biomedizinische Modelle gezwungenermaßen mit der Industrialisierung zusammenhängen. Es ist auch durchaus fraglich, ob gegenwärtig populäre *Stress-Konzepte* irgendwelche signifikanten Vorteile gegenüber einem Konzept des »sinkenden Herzens« oder anderen lokalen Kategorien bietet. Da die lokalen Krankheitskategorien in vielen nicht westlichen Gesellschaften weit in die »nichtmedizinischen« Bereiche des alltäglichen Lebens hineinreichen, kann eine »neue kulturumfassende Psychiatrie« vielfach nur ein Aspekt einer breiteren anthropologischen Betrachtung sein. Begriffe wie »Krankheit« und »Therapie« werden vielfach als zu eurozentristisch abgelehnt und Begriffe wie »Beschwerden«, »Ausdruck« (von sozialen Werten) und »Verständnis« werden bevorzugt. Im Gegensatz hierzu werden Begriffe oder Kategorien wie »medizinisches Wissen« oder »Pychopathologie« vernachlässigt.

Auch wenn dies zunächst umständlich erscheint, so verhindert es doch Apriori-Urteile über eine Universalität zu vermeiden, denn jede ethnografische

Annahme bedeutet letztlich die Übersetzung eines Alltagsverständnisses einer bestimmten Kultur in eine andere. Da Medizinanthropologen ebenso wie Psychiater an eine eigene, an bestimmte Kontexte gebundene Fachsprache gewöhnt sind, müssen sie immer eine Balance zwischen dieser und der Umgangssprache finden, um zu verständlichen Beschreibungen kommen zu können. Dies betrifft insbesondere emotional besetzte Themen und Inhalte.

Themen einer kulturumfassenden »Psychiatrie

Konzeptualisierungen und Klassifikationen von Krankheiten

Was einst als »magisches« Denken infolge von Krankheit oder Benachteiligung angesehen wurde, wird heute eher unter der Frage des Warum als des Wie betrachtet: Kulturen unterscheiden sich nicht durch ihre kognitiven Fähigkeiten, sondern durch ihre Beobachtungsprämissen. Kulturen mit einem technologischen Interesse an einem Wie bieten einem Individuum in einer konkreten akuten oder chronischen Krankheitssituation wenig Hilfe bei der Frage nach dem »Warum gerade ich?« (KLEINMAN 1988a). Auch in Fällen ernster psychischer Erkrankung scheint sich die westliche Medizin schwer zu tun, allgemein verständliche Erklärungen in einer Alltagssprache anzubieten.

Die Ethnowissenschaften gingen ursprünglich davon aus, dass lokale Erklärungen (folk models) psychiatrischer Krankheiten den westlichen Theoriemodellen ähneln, die eine klare Unterscheidung zwischen Symptomen und Syndromen, Ätiologie und Prognose vornehmen. Auch wurde von einem direkten Zusammenhang zwischen Krankheitseinheit und dem dafür gewählten Namen ausgegangen (GOOD / GOOD 1982). Üblicherweise wurden lokale Informanten nach den Eigenschaften einer Krankheit befragt und danach eine Klassifizierung entsprechend der medizinischen Nosologie vorgenommen.

Schon komplexer ist ein Vorgehen, welches Klassifikationsaspekte berücksichtigt, die nicht so offensichtlich erscheinen. In einer solchen *propositionalen Analyse* wird jede Krankheitskategorie entsprechend allen verfügbaren Dimensionen in unterschiedlichen Kontexten überprüft. Während beispielsweise im ländlichen Trinidad körperliche Krankheiten unmittelbar nach ihren Heiß- und Kalt-Eigenschaften unterschieden werden, werden *madness* (Verrücktheit) und *malkadi* (Epilepsie) nur auf ausdrückliche Nachfrage als »heiß« bezeichnet, was in der Alltagssprache nicht geschieht.

Mit L. WITTGENSTEIN (1958) können wir sagen, dass Beschreibungen immer einem Zweck dienen und dass Klassifizierungen nur ungefähre Annährungen an eine psychiatrische Nosologie sein können, deren Logik tradierten Konventionen folgt. Ebenso wie es möglich ist, Konzepten zu folgen, die man nicht benennen kann, kann aus der Beobachtung des pragmatischen Umgehens mit Krankheiten auf die zu Grunde liegenden Konzepte zurückgeschlossen werden. Krankheitsbezeichnungen sind daher sowohl Strategien wie auch Erklärungen, Ideen wie Realitäten. Denn Klassifikationen dienen immer auch einem praktischen Nutzen, dessen Stimmigkeit von Beziehungen geprägt ist, seien es jene zwischen den Geschlechtern, den Generationen oder zwischen sozialen Gruppen (BOURDIEU 1977).

Psychiatrische Konzepte beinhalten ideologische Annahmen, denen man öffentlich kaum widersprechen kann. In Trinidad antworten die Menschen zum Verlauf psychischer Krankheiten: »Einmal verrückt, immer verrückt«, und äußern sich damit klar zum Unterschied zwischen Gesundheit und Verrücktheit sowie zu der Unmöglichkeit, diese heilen zu können. Handelt es sich jedoch um einen Verwandten oder Freund, so werden durchaus Ideen des Übergangs mit Begriffen wie »halb verrückt« oder »Belastung« eingeführt. Eine derartige Vorsicht im Umgang mit stigmatisierenden Bezeichnungen kann bei nahe stehenden Personen in den meisten Gesellschaften beobachtet werden (HOROWITZ 1982). B. GOOD und M. GOOD (1982) betonen, dass die Logik eines Erklärungssystems nicht nur durch Bedeutungen, die einer Krankheitsbezeichnung zugemessen werden, deutlich wird, sondern ihren Sinn auch durch die verschiedenen Kontexte und Identitäten, an denen die Betroffenen teilhaben, findet. Mehrfach konnte nachgewiesen werden, dass Entscheidungen und Bewertungen westlicher Psychiater weit mehr vom aktuellen sozialen Kontext und von moralischen Bewertungen abhingen als von den medizinischen Vorgaben der einschlägigen Lehrbücher (GORDON 1988).

Pluralismus und Behandlungsansatz

Für bestimmte Krankheiten sehen die verschiedenen Gesellschaften unterschiedliche Behandlungsansätze vor. Diese organisieren sich nach speziellen Ideen, Fachleuten, Techniken und Ausbildungen. Betroffene haben dann einen gewissen Spielraum auszuwählen. Auch wenn westliche Gesellschaften gerne von sich behaupten, bei ihnen bestünde das größte Angebotsspektrum, können die Menschen in den meisten Ländern der Dritten Welt aus einer viel größeren Breite medizinischer und religiöser Angebote auswählen. Im Westen unterliegt zwar die Versorgung schwerer psychischer oder körperlicher Krankheiten einem ärztlichen Monopol, für chronische Leiden und leichtergradige psychische Störungen gibt es aber auch, wie in den Ländern der Dritten Welt, ein großes Angebot von »Laientherapeuten«. Besonders bei »unerklärlichen« Beschwerden haben Selbsthilfe-Gruppen einen großen Einfluss, der, wie die Beispiele der amerikanischen *Mental-Health-Bewegung* oder der *Anonymen Alkoholiker* zeigen, weit über die Linderung persönlichen Leidens hinausgeht.

Die Idee der Person

Jedes Krankheitskonzept basiert auf einem Menschenbild. Die cartesianische Idee des *Selbst* bildet gemeinsam mit der Vorstellung vom *Körper* die Grundlage der Symptomlehre nach K. SCHNEIDER (1966). Demnach ist der Körper der Sitz des Selbst. Diese Vorstellungen beruhen auf gesellschaftlichen und kulturellen Annahmen, denn auch körperliche Metaphern werden herangezogen, um gesellschaftliche Phänomene wie beispielsweise Homöostase, Genese, Periode oder Struktur zu erklären. Westliche Vorstellungen gehen davon aus, dass die Gesellschaft aus einer Anzahl ähnlicher und letztlich ersetzbarer *Selbsts* besteht, die sich durch ihre jeweiligen sozialen Rollen unterscheiden. Der Locus der Psychopathologie ist demnach der Körper, der durch eine individuelle Konstitution, Geschichte und Persönlichkeit geprägt ist, weswegen er bei Störungen der geeignete Ansatzpunkt für Interventionen ist.

Im Gegensatz dazu ist in zahlreichen traditionellen Gesellschaften die zentrale Einheit nicht der Körper der einzelnen Personen, sondern die Gemeinschaft, insbesondere die Familie, quasi als ein gemeinsamer Körper. Dieser ist dann nicht nur der Locus für das, was wir als »Psychopathologie« bezeichnen, sondern selbst körperliche Symptome erklären sich aus der Beziehung des Einzelnen zu anderen. Eine Störung im Körper drückt demnach eine Disharmonie der sozialen Ordnung aus und die geeignete Behandlung ist daher eher somatisch oder moralisch und weniger psychologisch (WU 1982). Ein solches Verständnis widerspricht der in westlichen Gesellschaften häufig vertretenen Ansicht, dass nichtwestliche Gesellschaften über ein undifferenziertes Selbst verfügen. Es zeigt eher, dass das Selbst nach sehr unterschiedlichen Kriterien differenziert werden kann, die dann etwa eher moralischen als psychologischen Konzepten folgen.

Affekte und Somatisierung

Eine der detailliertesten Studien über Affekt und Kultur hat A. Kleinman (1986) in China durchgeführt. Er untersuchte die Verwendung des Begriffs »Neurasthenie« und fand, dass dessen somatisches Modell sowohl der traditionellen chinesischen Medizin, den aktuellen soziokulturellen Kontexten sowie der biologisch orientierten westlichen Medizin entsprach. Während der chinesischen Kulturrevolution wurde es nicht geduldet, persönliches Leid psychisch auszudrücken. Das Konzept der »Neurasthenie« bot sich deshalb an, psychische Probleme körperlich zu definieren, die dann somatisch behandelt werden konnten. Diese Erfahrung stellt westliche Konzepte, die von einer Reife-Entwicklung, von der Somatisierung in Richtung Psychologisierung, ausgehen, in Frage. In soziopolitischen Kontexten, die einen moralischen Konsens betonen oder gar erzwingen, können körperliche Beschwerden durchaus angemessener sein als psychische. In einem Fall wird auf das körperliche Symptom fokussiert und die sozialen wie persönlichen Kontextbedingungen ignoriert, im anderen Fall wird auf Grund des Primats westlicher Psychologie das körperliche Erleben von Leid »psychologisiert«.

Die Frage der Universalität

Aus der Tatsache, dass Kleinmans »neurasthenische« Patientinnen und Patienten in China gut auf trizyklische Antidepressiva reagierten und 87 Prozent von ihnen die Kriterien für ein *major depression* erfüllten, kann jedoch nicht geschlossen werden, das Neurasthenie »eigentlich« Depression ist, sondern allenfalls, dass beide Gemeinsamkeiten haben. Um zu entscheiden, ob »Depression« etwas Universelles ist (was ja der Ausgangspunkt unserer Diskussion ist), muss erst einmal geklärt werden, welche der Dimensionen dieses europäischen Begriffs gemeint ist: der Gefühlszustand, das Symptom oder das Syndrom. Es gibt durchaus Erkenntnisse (Kleinman / Good 1985), die nahe legen, dass die körperlichen Symptome einer »endogenen« Depression universell zu sein scheinen, ohne dass dadurch schon klar wäre, ob für diese körperliche Krankheit »Depression« das geeignete Wort ist. Allerdings rückt das in westlichen Kulturen vorherrschende Erleben von Depression für die akademische Psychiatrie derart in den Vordergrund, dass sie dies als charakteristisch für die »Krankheit« Depression ansieht. Anstatt davon auszugehen, dass die Biologie das grundlegende Bezugssystem für eine ganze Breite von phänomenologischen, sozialen und psychologischen Vorgängen ist, scheint es viel angemessener, nach der *kulturell angemessenen Ausdrucksform für Leid* als Bezugspunkt zu suchen, sei es nun Depression oder Seelenverlust.

Obwohl eindeutige genetische Erklärungen für psychische Krankheiten selten sind (vielleicht mit Ausnahme der Psychosen und einigen seltenen neurologischen Erkrankungen) und obwohl »Neurosen« im Kulturvergleich eine beeindruckende Breite an Verhaltensvarianzen aufzeigen, herrscht in der Psychiatrie die Meinung vor, das universell gleiches Verhalten eine biologische Ursache beweist. In bestimmten Fällen mag es durchaus biologische Varianten geben, die signifikant für Unterschiede im Verhalten von Menschen verschiedener Kulturen sein können. Sie werden uns aber kaum eine simple Ursache-Wirkung-Erklärung gestatten. A. KLEINMAN (1988b) erinnert daran, dass die Evolution eher Argumente für die Zunahme von Variabilität als von Uniformität in menschlichen Gesellschaften liefert.

Die Annahme einer weit verbreiteten Universalität scheint schon allein deswegen in der Psychiatrie inadäquat, da die *Psychopathologie* sowohl Verhaltensmuster beschreibt, die auf umschriebenen biologischen Prozessen beruhen, wie auch solche, die nur aus der individuellen Persönlichkeit, der jeweiligen Lebensgeschichte, der Zuschreibung für Symptome sowie aus den sozialen Reaktionen darauf erklärbar sind. Die Graphik zeigt die beiden Extrempunkte dieses Interessensgebietes auf einer Achse, die von Verhaltensauffälligkeiten, welche am besten durch individuelle biologische Gegebenheiten erklärt werden können, bis zu solchen, die sich besser durch soziale, kulturelle oder lebensgeschichtliche Unterschiede erklären lassen.

Spektrum möglicher Erklärungen für Symptome

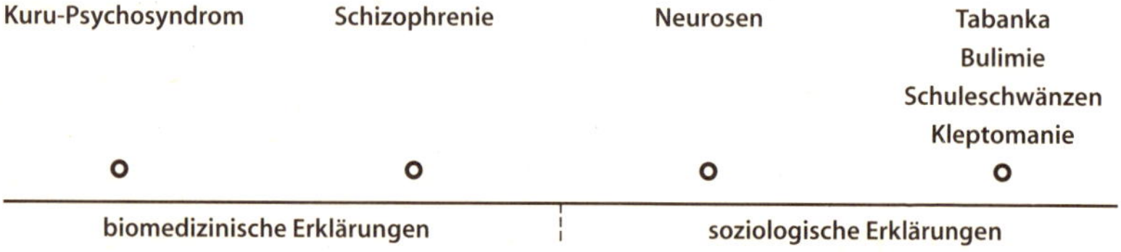

»Depression« kann auf unterschiedlichste Art und Weise, je nachdem, ob wir über eine Alltagsdysphorie (rechts in Abbildung) oder über die körperlichen Symptome einer affektiven Psychose (siehe obenstehende Abbildung) sprechen, verstanden werden. Kulturgebundene Syndrome passen eher zu einer soziologischen Interpretation, während *kuru* nach der Entdeckung des Infektionsweges auf die linke Seite rutschte. Man kann sicher einwenden, dass alle Krankheiten durch ihr Erleben bestimmt werden, welches von sozialen und kulturellen Werten abhängt, und dass auch Phänomene wie Agoraphobie oder Anorexie mit einer großen Breite symbolischer Assoziationen aus der westlichen Kultur psychophysischen Bedingungen unterliegen (LITTLEWOOD/LIPSEDGE 1997). Entgegen dem derzeit vorherrschenden bio-psycho-sozialen Modell (TAUSSIG 1980) fokussiert die hier vorgeschlagene »neue« Psychiatrie nicht auf psychologische Theorien, sondern betrachtet diese als folkloristische oder auf bestimmte Professionen beschränkte Erklärungsmodelle, die sich aus einem sozialen Kontext heraus erklären.

Psychosomatik

Der für die westliche Medizin typisch Leib-Seele-Dualismus führt zu Problemen bei bestimmten Krankheitsmustern, die mit diesem Modell nicht erklärt werden können. Nach C. HELMAN (1985) gilt diese für psychosomatische Krankheiten, Neurosen mit körperlichen Symptomen, Hysterien, Simulation und Konversionssyndromen, die weniger natürliche Phänomene sind als vielmehr Ausdruck eines Versuches, eine medizinische Krankenrolle einzunehmen. Sie ändern sich mit den vorherrschenden Erklärungsmodellen je nach Lebensstil, Persönlichkeitstheorien oder psychodynamischen Moden. Selbst wenn die betroffenen Patientinnen und Patienten ausdrücklich ermutigt werden, ihr Leid »psychologisch« auszudrücken, bestehen diese üblicherweise darauf, ein körperliches Problem zu haben.

Klinische Nutzung

Die Psychiatrie hat im Rahmen der medizinischen Fachgebiete schon immer eine kritischere Haltung zu ihren eigenen Theoriemodellen gepflegt. Die medizinische Anthropologie bietet hier eine wissenschaftliche Basis für die sozialen Dimensionen der Psychiatrie an (KLEINMAN 1982), die sich ja gerade deswegen am Rande des medizinischen Hauptstroms bewegt, da sie sich – unter anderem – mit Fragen von Bedeutungen und Beziehungen beschäftigt, die mit biologischen Modellen nicht hinreichend erklärt werden können. Eine psychiatrische Beurteilung ist schlichtweg nicht möglich, ohne eine soziale und persönliche Anamnese zu erheben, der dann eine Interpretation folgt, die dem Vorgehen in den Sozialwissenschaften ähnelt. Da die Anthropologie das Feld der traditionellen Epidemiologie erweitert und Untersuchungen aus unterschiedlichen Kontexten heranzieht, um soziale Einflüsse beurteilen zu können oder um »Körper-Bilder« zu klären, sieht KLEINMAN (1977) ihren Nutzen auch für die Behandlung und Service-Gestaltung.

Ethnografische Studien konnten klären, wie Patienten Psychopharmaka sehen (HELMAN 1981). Sie haben die unterschiedlichen Muster von Kindesmisshandlung erforscht (SCHEPER-HUGHES 1987), haben psychotische Kommunikationsmuster aus einem sozialen Zusammenhang heraus verständlich gemacht (SWARTZ / SWARTZ 1987), das Verständnis von Angehörigen zur Schizophrenie untersucht (JENKINS 1988) und die Lebensmuster von Schizophrenen und alten Menschen erforscht (ESTROFF 1981; SHEPER-HUGHES 1987). Eine anthropologisch orientierte Psychiatrie kann dazu beitragen, die Interessen ethnischer Minoritäten zu verbessern, indem sie beispielsweise die Zusammenarbeit mit Laienheilern pflegt, die Forschung zu den Bedürfnissen örtlicher Gruppen fördert und auf den Ethnozentrismus der existierenden Servicedienste hinweist (siehe zu all diesen Stichworten die verschiedenen Beiträge im vorliegenden Buch).

Im stationären Bereich konnten Anthropologen, die mit den Hintergründen der Patienten und mit ihren normativen und alltäglichen Symbolen vertraut waren, Nützliches zur Diagnostik, Begutachtung und Behandlung beitragen (LITTLEWOOD 1980). Wenn es überhaupt eine zentrale Rolle für die anthropologischen Ansätze in der Psychiatrie gibt, dann ist es die einer »Sachwalterschaft«, welche die Werte und Haltungen der Patientinnen und Patienten zum Ausdruck bringt. Auf diese Weise konnten Anthropologen zur Entwicklung einer *patienteorientierten Medizin* beitragen. A. Kleinman betont, dass gerade in der Liaison-Psychiatrie und Psychosomatik, wo auftretende Probleme in besonderer Weise unterschiedliche Erklärungsmodelle bei psychiatrisch Tätigen und Patienten widerspiegeln, die Anthropologie besonders hilfreich sei. Auch in der Krankenpflege kann sie viel dazu beitragen, intensiv genutzte Begrifflichkeiten wie »Empathie« oder »Pflege« zu operationalisieren.

Anthropologen werden wohl kaum den Weg der Psychologen gehen und Behandler im eigentlichen Sinne werden. Sie bieten weniger ein Verständnis von Leid und Krankheit, welches auf individuellen Prozessen beruht, sondern eher eines, welches sich auf einen weiteren Kontext bezieht, der unmittelbaren Veränderungen nicht zugänglich ist. Trotzdem haben sich anthropologische Konzepte schon jetzt für die Arbeit in einer Reihe psychiatrischer Felder bewährt: Konsiliarwesen, Einzelpsychotherapie, Gruppen- und Milieutherapie sowie Psychosomatik.

Grenzen und Perspektiven

Der hier vorgestellte Ansatz »wurde zuerst in den USA entwickelt und hat viel mit einer *patientenorientierten* Psychiatrie und einer Verhandlungskultur und weniger mit starren hierarchischen Machtbeziehungen zu tun.

Diagnosen und Krankheitserfahrungen sind nicht allein Ausdruck eines statischen Sozialsystems, sondern eher Ausdruck eines dynamischen Beziehungsgeflechts, zu dem Interpretationen, Neuinterpretationen, Optionen, Geheimhaltungen, Repressionen, Umdeutungen, Bewertungen und kulturelle Hegemonien gehören (Littlewood / Lipsedge 1997). Krankenhäuser und Ambulanzen sind daher Orte, an denen Konflikte über unterschiedliche soziale Realitäten und Konzepte, über Fragen von Arbeitslosigkeit und ethnischem Status sowie über den Nutzen von Krankheitserfahrungen ausgehandelt werden.

Eine der wichtigsten Leistungen dieses neuen pychiatrischen Ansatzes war es, aufzuzeigen, dass unsere stillschweigenden Unterscheidungen zwischen Pathologie, Ätiologie und Therapie ziemlich willkürlich sind. Eine Trennung von »Stress«, Verursacher und »Stressbewältiger« ist problematisch (Kleinman 1988b). Verhaltensmuster wie »Neurose« oder »Besessenheit« könnten möglicherweise besser als Reaktion auf und weniger als Ausdruck von gesellschaftlichen Prozessen verstanden werden, die dann nach den jeweils häufigsten Auftretensmustern benannt werden (Littlewood / Lipsedge 1997). Tatsächlich ist es alles andere als offensichtlich, welche Form des Wissens als »medizinisch« zu bezeichnen ist und welche nicht. Angesichts der dramatischen Zunahme depressiver Störungen in westlichen Gesellschaften wären Bemühungen angebracht, sich verändernde Persönlichkeitskonzepte diesbezüglich zu operationalisieren.

Solange wir psychiatrische Krankheiten lediglich als *Defektzustände* oder als Ausdruck einer *Störung* ansehen, verhindern wir die Chance zu erkennen, dass Psychosen auch alternative Sichtweisen bieten (Bock 1998), die irgendwann auch akzeptabel sein können.

Die traditionelle »transkulturelle« Psychiatrie hat die kulturelle Variabilität neurologischer Störungen zugunsten einer Befürwortung der Universalität psychischer Krankheiten vernachlässigt. Jetzt bietet sich eine neue Verbindung zu den Neurowissenschaften an:

- Welche Veränderung erfährt das Körperbild durch neurologische Krankheiten?
- Haben die Erfahrungen einer Temporallappenepilepsie oder eines Tinitus etwas mit dem individuellen Selbstbild zu tun?
- Was hat der *Locus of Control* mit politischen Rahmenbedingungen oder mit Paranoia zu tun?
- Wie kulturspezifisch sind die Bezeichnungen für körperliche Krankheiten, die psychoneuroendokrinologisch erklärt werden (GREENWOOD 1989)?
- Passt das biomedizinische Modell von »Sucht« mit den wenigen Erkenntnissen zusammen, die aus dem experimentellen Einsatz der entsprechenden Substanzen gewonnen wurden?
- Gibt es universelle Gemeinsamkeiten im Erleben dysphorischer Stimmungen und sind diese an bestimmte soziale Kontexte gebunden?
- Können sie für epidemiologische Studien operationalisiert werden?

Es scheint, dass je individualisierter und »cartesianischer« das Konzept des »Selbst« in einer Gesellschaft ist – als Konsequenz einer Industrialisierung oder »Verwestlichung« –, desto mehr Ideen von »Stress« oder »Druck« eingeführt werden, um Einschränkungen der Autonomie erklären zu können.

In ihrer extremsten Form bestreitet die medizinische Anthropologie jede Berechtigung eines vorherrschenden oder »richtigen« Erklärungsmodells in Psychologie und Psychiatrie und bezeichnet derartige Ansprüche als Ausdruck der aktuellen Haltung einer Person oder Gruppe. Unter dieser Annahme ist auch der hier vorgestellte Ansatz selbst kritisch zu betrachten.

Dennoch: Obwohl er einer bestimmten westlichen psychiatrischen Tradition entstammt, bieten seine Erklärungsmodelle bessere Möglichkeiten für eine wertfreie Betrachtung menschlicher Erfahrungen an als Ansätze, die aus der Beschäftigung mit lediglich einer bestimmten Gesellschaft zu einer bestimmten Zeit gewonnen wurden. Ob dieser Ansatz dazu beitragen kann, die westliche Biologie-versus-Gesellschaft-Debatte zu einer umfassenderen Epistemologie psychiatrischer Theorie und Praxis zu führen, kann nur die Zukunft zeigen.

Übersetzt aus dem Englischen von Thomas Hegemann

Rahmenbedingungen und Hintergründe

Übersicht

In diesem Kapitel werden die Kontexte, in denen Migranten und Minoritäten leben und unter denen sich auch deren psychiatrische Versorgung abspielt, dargestellt. Kenntnisse der zeitgeschichtlichen, gesundheitspolitischen, ausländerrechtlichen und soziokulturellen Rahmenbedingungen erleichtern es, strukturelle Gegebenheiten zu verstehen und dafür passende Konzepte zu entwickeln.

Ursula Brucks beschreibt die Phasen der unterschiedlichen Migrationsbewegungen nach Deutschland und skizziert deren soziale Auswirkungen sowohl für die Betroffenen als auch für die Aufnahmegesellschaft.

Jürgen Collatz verdeutlicht die gesundheitlichen und psychiatrischen Auswirkungen von Migration und Minderheitensituation und gibt einen Überblick über unterschiedliches Nutzerverhalten von migrierten Menschen.

Bertold Huber stellt die (ausländer) rechtlichen Rahmenbedingungen vor, und *Suman Fernando* beschreibt vor dem Hintergrund englischer Erfahrungen die aus den von J. Collatz beschriebenen Phänomenen resultierenden Konsequenzen, die zu institutionalisierten Benachteiligungen führen.

Ursula Brucks

Migration in die Bundesrepublik Deutschland

»Die Religionen müssen alle toleriert werden, denn hier muß ein jeder nach seiner Façon selig werden ... Alle Religionen sind gleich gut, und wenn Türken und Heiden nach Berlin kommen, so wollen wir Moscheen für sie bauen; wenn sie nur das Land bevölkern.«
Friedrich II., König von Preußen

Einleitung

Deutschland war auf Grund seiner Mittellage in Europa schon immer ein Ein-, Aus- und Durchwanderungsland. Mit den neuen Begriffen von Zu- und Abwanderung wird jetzt der Versuch unternommen, der Frage aus dem Weg zu gehen, ob die Bundesrepublik ein Einwanderungsland ist. Der Begriff »Migration« fasst alle diese Aspekte zusammen. Im Migrationsbericht 1999 der Bundesbeauftragten für Ausländerfragen wird er definiert:

»Migration steht für die räumliche Bewegung zur Veränderung des Lebensmittelpunktes von Individuen oder Gruppen über eine bedeutsame Entfernung. Die Verlagerung des Lebensmittelpunktes über die Grenzen eines Nationalstaates ist dabei kennzeichnend für internationale Migration ... Räumliche Bewegungen im Zusammenhang mit Freizeitbeschäftigung, Reisen, Sport, Tourismus und Pendeln sind nicht als Migration zu bezeichnen.« (Beauftragte der Bundesregierung ... 1999, S. 5)

Diese in der Soziologie allgemein anerkannte Definition hat viele Vorteile: Sie ist wertfrei; sie unterscheidet nicht nach Motiven und Zielen der Migration; sie unterscheidet auch nicht nach dem Rechtsstatus der Zuwanderer. Migration ist daher nicht mit dem Begriff des Ausländers gleichzusetzen. Spätaussiedler mit dem Recht auf deutsche Staatsangehörigkeit sind ebenso zur Gruppe der Migrantinnen und Migranten zu rechnen wie Menschen ohne rechtlichen Aufenthaltsstatus, die je nach Perspektive »illegale«, »irreguläre« oder »De-facto-Zuwanderer« genannt werden. Dadurch erst wird es möglich, die verschiedenen Gruppen von Migranten und Migrationsschicksalen miteinander zu vergleichen und die Unterschiede, aber auch die Gemeinsamkeiten ihrer Lebensverhältnisse in der Bundesrepublik zu beschreiben.

Aus psychologischer Sicht hat die Definition jedoch Mängel, da die psychische Distanz bedeutsamer sein kann als die räumliche Entfernung. Wir wissen letztlich wenig darüber, wie psychische Distanz – Nähe bzw. Fremde – zustande kommt und wie sie zu messen ist. Aus psychologischer Sicht ist auch die Definition diskussionswürdig, ob Migranten ihren Lebens*mittelpunkt* verlegen. Räumlich und in vielerlei Hinsicht auch praktisch tun es die meisten, aber ihr Denken und Fühlen kann noch ganz auf ihr Herkunftsland bezogen sein; nicht nur ihre Vergangenheit, auch ihre Zukunft mag für sie dort liegen. Psychische Phänomene wie Heimweh und die »Bilanzierungskrise« angesichts der Erkenntnis, dass der Lebensentwurf einer besseren Zukunft im Herkunftsland unrealisierbar ist, sind erst aus dieser Differenz zwischen innerem und äußerem Lebensmittelpunkt zu verstehen. Für die psychiatrische Arbeit ist es daher wichtig, die psychischen Distanzen zu verstehen und den inneren Lebensmittelpunkt zu kennen (siehe auch den Beitrag von C. Sluzki).

In diesem Beitrag sollen die Rahmenbedingungen dargestellt werden. Soweit möglich werde ich zu den genannten psychologischen Fragen Denkanregungen geben.

Die Bundesrepublik Deutschland – ein Einwanderungsland

Alle EU-Staaten sind faktisch Einwanderungsländer. Sie haben jedoch erhebliche Schwierigkeiten, diese Realität offiziell anzuerkennen. Eine Ausnahme ist Österreich, wo seit 1992 jährlich eine Einwanderungsquote festgelegt wird. In diese Quote werden allerdings auch in Österreich geborene Kinder von Ausländern und Zuwanderer im Rahmen der Familienzusammenführung einbezogen. Die höchsten relativen Zuwanderungsraten – bezogen auf die Bevölkerungsgröße des Landes – hatten in den neunziger Jahren Luxemburg, gefolgt von der nicht zur EU gehörenden Schweiz, an dritter Stelle folgte Deutschland.

Die Geschichte der Migration in dieses Land seit dem Ende des Zweiten Weltkriegs lässt sich durch folgende Ereignisse markieren.

Im *Januar 1945* begann die Massenflucht der deutschen Bevölkerung aus Ostpreußen, Pommern und Schlesien. Insgesamt waren es rund 15 Millionen Vertriebene, Flüchtlinge, Aus- und Übersiedler, die bis zur Vereinigung der beiden deutschen Staaten 1990 nach Westdeutschland kamen.

Die nächste große Gruppe von Migranten bildeten die Arbeitsmigranten aus den Mittelmeerländern. Die erste Anwerbevereinbarung wurde am *20. De-*

zember 1955 zwischen der Bundesrepublik Deutschland und Italien geschlossen. Ihr folgten entsprechende Vereinbarungen mit Spanien (1960), Griechenland (1960), der Türkei (1961), Marokko (1963), Portugal (1964), Tunesien (1965) und Jugoslawien (1969). Die Anwerbung von marokkanischen und tunesischen Arbeitnehmern war jedoch auf eine geringe Zahl begrenzt (MEHRLÄNDER 1974, S. 11f.). Ebenfalls zu den Arbeitsmigranten gehören die von der DDR seit den siebziger Jahren angeworbenen Vertragsarbeiter, die vor allem aus Kuba, Mosambik und Vietnam kamen.

Im Jahr *1973* beendete der Anwerbestopp die Anwerbephase und löste eine Welle des Nachzugs von Familienangehörigen aus, weil ausländische Arbeitnehmer, die längere Zeit in ihre Herkunftsländer zurückkehrten, jetzt befürchteten, keine erneute Aufenthalts- und Arbeitserlaubnis zu erhalten.

Zugleich gab es immer auch Rückwanderungen. Der Höhepunkt der Rückwanderungen lag in der ersten Hälfte der siebziger Jahre. In dem Maße, in dem sich die hier lebenden Familien vervollständigt hatten, sind die Zahlen der Fortzüge dann zurückgegangen (Statistisches Bundesamt 1983). Der Anwerbestopp förderte also im Effekt die dauerhafte Niederlassung. Daran änderte auch das »Gesetz zur Förderung der Rückkehrbereitschaft von Ausländern« (1983) nicht viel, das eine auf das Jahr 1984 befristete Rückkehrhilfe für arbeitslos gewordene Ausländer vorsah. Da insbesondere der türkische Staat die Rückwanderung keineswegs unterstützte, eher die Verlängerung des Auslandsaufenthalts förderte, schlussfolgerte AHLERS (1985, S. 75), »dass sich gerade die Auslandstürken in einem soziokulturellen Niemandsland befinden, in einer Grenzregion des doppelten Ausschlusses von Seiten des Heimat- und des Fremdlandes«.

Nach der Wiedervereinigung wurden insbesondere gegenüber den vietnamesischen Vertragsarbeitern der DDR Maßnahmen zur »Förderung« der Rückkehr ergriffen.

1985 beschlossen Frankreich, Deutschland, Belgien, Luxemburg und die Niederlande untereinander einen Raum ohne Grenzen, den so genannten Schengen-Raum, zu schaffen, benannt nach der Stadt in Luxemburg, in der die ersten Übereinkommen unterzeichnet wurden. In den Folgejahren wurden die Einzelheiten des Abkommens ausgearbeitet. Infolge dieses Übereinkommens, das 1995 in Kraft trat, wurden die Kontrollen an den Binnengrenzen zwischen den Unterzeichnerstaaten aufgehoben und eine einzige Außengrenze geschaffen, an der Einreisekontrollen nach denselben Verfahren vorgenommen werden. Gemeinsame Vorschriften hinsichtlich der Erteilung von Visa, des Asylrechts und der Kontrolle an den Außengrenzen wurden erlassen. Der Schengen-Raum wurde schrittweise auf fast alle Mitgliedsstaaten ausgedehnt; nicht beteiligt sind lediglich das Vereinigte Königreich und Irland.

Dieses Abkommen war eine wichtige Rahmenbedingung zur Veränderung des Grundrechts auf Asyl am *1. Juli 1993.* Der Satz des alten Artikels 16 des Grundgesetzes war bemerkenswert kurz: »Politisch Verfolgte genießen Asylrecht.« Durch die Neufassung in einem Artikel 16a hat »in der Regel keine Chance mehr auf Asyl, wer aus ›verfolgungsfreien‹ Ländern stammt oder über so genannte ›sichere Drittstaaten‹ einreist, mit denen sich Deutschland durch entsprechende Zuschreibungen lückenlos umgeben hat« (Bade 1997; siehe auch den Beitrag von B. Huber in diesem Buch). In einer Art Kettenreaktion sind in allen Staaten restriktive Maßnahmen im Asylrecht ergriffen worden; ein typisches Beispiel ist die niederländische Asylrechtsverschärfung infolge der deutschen Grundgesetzänderung.

Grundgesetz für die Bundesrepublik Deutschland (GG)
vom 23. Mai 1949 (BGBl. S. 1), zuletzt geändert durch Bundesgesetz vom 27. 10. 1994 (BGBl. S. 3146)

Artikel 16

(1) Die deutsche Staatsangehörigkeit darf nicht entzogen werden. Der Verlust der Staatsangehörigkeit darf nur auf Grund eines Gesetzes und gegen den Willen des Betroffenen nur dann eintreten, wenn der Betroffene dadurch nicht staatenlos wird.
(2) Kein Deutscher darf an das Ausland ausgeliefert werden.

Artikel 16 a

(1) Politisch Verfolgte genießen Asylrecht.
(2) Auf Absatz 1 kann sich nicht berufen, wer aus einem Mitgliedstaat der Europäischen Gemeinschaft oder aus einem anderen Drittstaat einreist, in dem die Anwendung des Abkommens über die Rechtsstellung der Flüchtlinge und der Konvention zum Schutze der Menschenrechte und Grundfreiheiten sichergestellt ist. Die Staaten außerhalb der europäischen Gemeinschaften, auf die die Vorraussetzungen des Satzes 1 zutreffen, werden durch Gesetz, das der Zustimmung des Bundesrates bedarf, bestimmt. In den Fällen des Satzes 1 können aufenthaltsbeendende Maßnahmen unabhängig von einem hiergegen eingelegten Rechtsbehelf vollzogen werden.
(3) Durch Gesetz, das der Zustimmung des Bundesrates bedarf, können Staaten bestimmt werden, bei denen auf Grund der Rechtslage, der Rechtsanwendung und der allgemeinen politischen Verhältnisse gewährleistet erscheint, dass dort weder politische Verfolgung noch unmenschliche

oder erniedrigende Bestrafung oder Behandlung stattfindet. Es wird vermutet, dass ein Ausländer aus einem solchen Staat nicht verfolgt wird, solange er nicht Tatsachen vorträgt, die die Annahme begründen, dass er entgegen dieser Vermutung politisch verfolgt wird.
(4) Die Vollziehung aufenthaltsbeendender Maßnahmen wird in allen Fällen des Absatzes 3 und in anderen Fällen, die offensichtlich unbegründet sind oder als offensichtlich unbegründet gelten, durch das Gericht nur ausgesetzt, wenn ernstliche Zweifel an der Rechtmäßigkeit der Maßnahme bestehen; der Prüfungsumfang kann eingeschränkt werden und verspätetes Vorbringen unberücksichtigt bleiben. Das Nähere ist durch Gesetz zu bestimmen.
(5) Die Absätze 1 bis 4 stehen völkerrechtlichen Verträgen von Mitgliedsstaaten der Europäischen Gemeinschaft untereinander und mit dritten Staaten nicht entgegen, die unter Beachtung der Verpflichtungen aus dem Abkommen über die Rechtsstellung der Flüchtlinge und der Konvention zum Schutze der Menschenrechte und Grundfreiheiten, deren Anwendung in den Vertragsstaaten sichergestellt sein muss, Zuständigkeitsregelungen für die Prüfung von Asylbegehren einschließlich der gegenseitigen Anerkennung von Asylentscheidungen treffen.

Eine weitere Begrenzung der Zuwanderung erfolgte 1993 durch das »Kriegsfolgenbereinigungsgesetz«. Die bis dahin unbeschränkte Vererbbarkeit der »deutschen Volkszugehörigkeit«, die die Grundlage bildet für das Recht der Aussiedler, als Deutsche zu gelten, wurde für die nach dem 1. Januar 1993 Geborenen eingeschränkt.

Seit *1994* nun entsteht eine neue Form der Arbeitsmigration durch den Abschluss von Werkvertrags- und Gastarbeitnehmerabkommen mit den mittelosteuropäischen Ländern.

- *Werkverträge* werden mit ausländischen Firmen geschlossen, die mit ihren eigenen Arbeitnehmern konkrete Aufträge durchführen. Diese sollen ihre Arbeitnehmer nach deutschem Tarifrecht entlohnen und müssen Arbeitsschutz und Krankenversicherung gewährleisten.
- *Gastarbeitnehmer* werden bis zu einer Höchstdauer von 18 Monaten an deutsche Betriebe vermittelt; sie werden wie andere Arbeitnehmer entlohnt und versichert und sollen im Rahmen ihrer Tätigkeit die Möglichkeit haben, sich beruflich zu qualifizieren.
- *Saisonbeschäftigung* soll in erster Linie ein Beschäftigungskorridor zur Abfederung von Wanderungsdruck eröffnen (Heyden 1997, S. 31).

Der Überblick über die letzten 50 Jahre zeigt Migration als ein allfälliges Phänomen. Dabei ist die Integrationsleistung insgesamt erstaunlich. Alle Untersuchungen stimmen darin überein, dass die Migration sich vorteilhaft auf die Wirtschaft und auch auf die sozialen Sicherungssysteme ausgewirkt hat, denn die

Migrantinnen und Migranten sind in ihrer Mehrzahl junge Leute, die so schnell wie möglich Arbeit suchen und dabei auch ungünstige Arbeitsbedingungen in Kauf nehmen; die Konsumwünsche haben und dadurch die Nachfrage beleben; die eigentlich unzumutbare Wohnungen akzeptieren und durch Eigenarbeit bewohnbar machen. Dennoch blieb Deutschland bis heute ein »griesgrämiges Nicht-Einwanderungsland« (BADE 1997), das statt eines Einwanderungsgesetzes immer neue Statusgruppen unter den Zuwanderern schafft. Über diese verschiedenen Statusgruppen gibt der nächste Abschnitt einen Überblick.

Die vielen Gesichter der Migration

Spätaussiedler, Werkvertrags- und Saisonarbeitnehmer sowie Einwanderer im Rahmen des Ehegatten- und Familiennachzugs machen heute die drei größten Migrantengruppen aus. Eine vierte große Gruppe sind Flüchtlinge und Asylsuchende (siehe Abbildung »Formen der Zuwanderung«). Die Abbildung gibt nur sehr grob die Größenordnungen der einzelnen Migrationsarten wieder; zu den genauen Größenordnungen vgl. Beauftragte der Bundesregierung 1999, S. 16ff.

Formen der Zuwanderung nach Deutschland in den neunziger Jahren

Spätaussiedler: deutsche Einwanderer

Nach Art. 116 GG gibt es neben der deutschen Staatsbürgerschaft noch die »deutsche Volkszugehörigkeit«. Zu ihr können sich alle in osteuropäischen Ländern lebenden Menschen bekennen, deren Vorfahren einmal aus deutschsprachigen Ländern eingewandert sind. Sie werden als »Aussiedler« bezeichnet. Sie haben im Sinne des Kriegsfolgenrechts einen Rechtsanspruch auf die deutsche Staatsbürgerschaft mit allen Rechten und Pflichten, sind also eigentlich »Rückwanderer« über Generationen. Mit der Öffnung der Grenzen ist diese »Rückwanderung« zu einer Massenbewegung geworden. Zunehmend fühlen sich jedoch Menschen angezogen, deren Ziel es nicht mehr ist, als »Deutsche unter Deutschen« zu leben, sondern die darauf vertrauen, etwa im Kreise Russisch sprechender Menschen bleiben zu können (BADE 1997). So entstehen neue Einwanderer»kolonien«, die eine eigene Identität entwickeln und sich von anderen Einwanderergruppen abgrenzen, vor allem von den türkischen.

Arbeitsmigranten: einheimische Ausländer

Eine neue Gruppe von Deutschen mit einer Familiengeschichte als Migranten bilden die Kinder und Enkel der *Arbeitsmigranten*, die die deutsche Staatsangehörigkeit angenommen haben. Ihre Zahl wächst und ist ein Indikator für eine erfolgreiche Integration. Die zu beobachtende Zunahme höherer Bildungsabschlüsse und die Etablierung von Familienunternehmen und selbstständiger Tätigkeit sind weitere Zeichen der Integration. Die ehemaligen »Gastarbeiter« und ihre Familienangehörigen machten 1997 fast zwei Drittel der in der Bundesrepublik lebenden ausländischen Bevölkerung aus. Seit dem Anwerbestopp 1973 geschieht die Zuwanderung vor allem im Rahmen des Ehegatten- und Familiennachzugs. Gut die Hälfte von ihnen ist länger als zehn Jahre in Deutschland ansässig, sodass sie von Sprache und Habitus her eher Einheimische sind als viele deutsche Aussiedler.

Diskriminierungserfahrungen und die in den neunziger Jahren entstandene Vielfalt der Migrantinnen und Migranten haben jedoch auch zu Abgrenzungen und einer Betonung kultureller Eigenheiten geführt. Noch ist der Einfluss islamischer Fundamentalisten bei den in Deutschland lebenden Türken gering. Es gibt jedoch auch bei uns erste beunruhigende Beobachtungen, dass Benachteiligungen hinsichtlich Bildungs- und Erwerbschancen isolationistische Entwicklungen, insbesondere sich bewusst abgrenzende Gegen-Identitäten in religiöser

Hinsicht und in der Ausformung der Geschlechtsrollen, fördern. G. KEPEL (1996) erklärt das Erstarken des islamischen Fundamentalismus in den USA (»black muslims«), England und Frankreich (Islamisierung der Beurs-Bewegung) als Folge einer bestimmten Art des »Multikulturalismus«. Dieses politische Programm hatte vordergründig das Ziel, Minderheiten eine Integration bei gleichzeitiger Anerkennung ihrer Herkunftskultur zu ermöglichen. Tatsächlich ging es darum, Kosten zu sparen, indem mit geringen Subventionen die Verantwortung für die Integration der Minderheiten auf die Einwandererorganisationen abgewälzt wurde. Diese Entwicklung zeigt sehr deutlich die Probleme von Einwandererkolonien. Sie können Brücken der Integration sein, aber auch Keimzellen von Ghettos, wenn das Einwanderungsland nicht wirklich integrationswillig ist (siehe auch den Beitrag von U. Seibert).

Flüchtlinge

Im deutschen Ausländer- und Asylrecht werden im Hinblick auf den Aufenthaltsstatus und die Gewährung sozialer Leistungen die folgenden Gruppen von Flüchtlingen unterschieden (SCHULTE 2000; Beauftragte der Bundesregierung ... 1999):

Asylberechtigte: Sie wurden nach Art. 16 bzw. 16a GG als politisch Verfolgte anerkannt. Sie haben einen gesicherten Aufenthaltsstatus und sind auf dem Arbeitsmarkt Inländern gleichgestellt. Das Verhältnis von Asylsuchenden zu Asylberechtigten betrug in den neunziger Jahren durchgängig mehr als 90 zu weniger als 10, d. h. die Chance, tatsächlich Asyl zu erhalten, ist gering (ebd., S. 29).

Konventionsflüchtlinge: Die meisten Staaten haben kein dem Artikel 16a GG vergleichbares Grundrecht auf Asyl für politisch Verfolgte. Das alltagssprachlich so genannte »kleine Asyl« beruht auf dem internationalen Abkommen über die Rechtsstellung der Flüchtlinge vom 28. Juli 1951 (= Genfer Flüchtlingskonvention), das im Heimatland verfolgten Ausländern Abschiebeschutz gewährt.

Kontingentflüchtlinge: Hierbei handelt es sich um Flüchtlinge, die im Rahmen internationaler humanitärer Hilfsaktionen aufgenommen werden. Sie erhalten als Gruppe ohne Einzelfallprüfung politisches Asyl mit einem dauerhaften Bleiberecht. Der Begriff »Kontingent« bezieht sich dabei auf die Verpflichtung der Bundesländer, Flüchtlinge anteilig aufzunehmen und zu versorgen.

Zu den Kontingentflüchtlingen gehören auch die Juden aus den Ländern der ehemaligen Sowjetunion. Die letzte Regierung der DDR hatte 1990 damit begonnen, jüdische Menschen aus der Sowjetunion in einem erleichterten Verfahren einreisen zu lassen. Diese Regelung wurde von der Bundesrepublik übernommen und in Analogie zu dem Kontingentflüchtlingsgesetz angewendet. Wie die anderen Kontingentflüchtlinge können auch jüdische Einwanderer ihren Wohnort in der Bundesrepublik nicht frei wählen, sondern werden nach einem bestimmten Schlüssel auf die Bundesländer verteilt. Sie erhalten eine unbefristete Aufenthaltserlaubnis sowie eine Arbeitserlaubnis, bleiben aber zunächst Staatsangehörige ihrer Herkunftsländer bzw. erhalten einen Fremdenpass, wenn sie den Pass ihres Herkunftslandes nicht verlängern.

Kriegs- und Bürgerkriegsflüchtlinge: Dieser Status wurde 1993 eingeführt, um die Möglichkeit einer schnellen, aber vorübergehenden Aufnahme ohne Einzelfallprüfung für die Flüchtlinge aus dem ehemaligen Jugoslawien zu schaffen. Er ist an die Bedingung gebunden, dass kein Asylantrag gestellt wurde, und begründet keinen Anspruch auf einen frei gewählten Aufenthaltsort.

Wanderarbeiter in und neben dem Korridor

Fachleute sind sich darüber einig, dass das neue Berliner Regierungsviertel ohne polnische Werkvertragsnehmer und Saisonarbeiter nicht so schnell hätte gebaut werden können. Insofern gibt es nicht nur einen »Wanderungsdruck«, der durch den »Beschäftigungskorridor« kanalisiert werden soll, sondern auch einen Sog. Beide gemeinsam erzeugen einen neuen Typus von Arbeitsmigration, den N. Cyrus (1997) in Anknüpfung an die Arbeitskräftepolitik des deutschen Kaiserreichs als »Wanderarbeiter« bezeichnet. Rückkehrzwang, doppelte Legitimierung durch Arbeits- und Aufenthaltserlaubnis, Verbot des Arbeitsplatzwechsels und eine durch Gebühren finanzierte Kontrollbehörde stehen in dieser Tradition.

Die rein formale Befristung von Arbeits- und Aufenthaltserlaubnis auf der einen Seite, das Entstehen von Kontakten und sozialen Netzen auf der anderen Seite führen fast zwangsläufig dazu, dass sich um die offiziellen Vertragsverhältnisse herum alle Arten von illegalen und irregulären Arbeits- und Erwerbsformen entwickeln. Da eine illegale Einreise oder ein illegaler Aufenthalt oder eine illegale Beschäftigung Verstöße gegen das Ausländergesetz oder das Arbeitserlaubnisrecht darstellen, wächst allein auf Grund dieser Tatbestände die Ausländerkriminalität (Cyrus 1999). Ein irregulärer Aufenthaltsstatus macht zudem wehrlos gegen Ausbeutung – vom Lohnbetrug bis zur erzwungenen Prostitution

– und erschwert es, im Falle von Unfällen, Krankheit, Verlust von Geld und Unterkunft Hilfe in Anspruch zu nehmen.

Migration: Schicksal und Ressource

Die Forschung zur psychologischen Seite der Migration zeigt, wie schwierig es ist, Verallgemeinerungen vorzunehmen. Da steht auf der einen Seite die »Heimweh-Krankheit«, beobachtet und beschrieben bei Schweizer Söldnern im 17. und 18. Jahrhundert. Eine ähnliche Krankheit (portugiesisch »sodade«) trat bei den nach Brasilien transportierten Sklaven auf. Die Nostalgie gilt als schwere Krankheit, die in der Regel zum Tode führt (FRIGESSI CASTELNUOVO / RISSO 1986; MASUMBUKU 1995). Das früher beschriebene Bild der Nostalgie findet man heute nicht mehr, aber schwer zugängliche, durch körperliche Schmerzen begleitete Depressionen sollten möglicherweise stärker als bisher als Ausdruck einer Migration wider Willen angesehen und untersucht werden (STRATE / KOCH 2000; siehe auch den Beitrag von J. de Jong im vorliegenden Band).

Die Konzepte der Salutogenese resultieren aus der Beobachtung, dass Menschen, die Verfolgung, Lager und Flucht hinter sich gebracht haben, zu einem Leben ohne gesundheitliche Folgebeeinträchtigungen zurückfinden können. Salutogenese ist als Gegenbegriff zur Pathogenese entstanden, um die Aufmerksamkeit auf die Entstehung und Wiederherstellung von Gesundheit zu lenken (ANTONOVSKY 1987; BRUCKS 1998b; MAOZ 1998). Bisher überwiegt – zu Recht – der Blick auf die Risiken der Migration, denn der Gesundheitszustand der Migrantinnen und Migranten ist schlechter als der der gleichaltrigen Deutschen (LECHNER / MIELCK 1998; und siehe auch den Beitrag von J. Collatz). Neuere Untersuchungen zeigen aber, dass äußerlich scheinbar gleiche Belastungen und Schrecken in die Depression, aber auch zu einem Wachstum der Persönlichkeit führen können, wenn es den Betroffenen gelingt, auf das Geschehen einen Einfluss zu erlangen, es zu verstehen und ihr weiteres Leben mit einem neuen Sinn zu erfüllen (SACK / LAMPRECHT 1998).

Konsequenzenreicher als die Umstände einer Migration sind die – vermeidbaren – Kränkungen und Verletzungen, die der politische Wechselkurs zwischen Anwerbung und Abschreckung, zwischen Vergünstigungen oder Repressalien den Einwanderern zufügt. »Die Gestaltung des Zusammenlebens von Einheimischen und zugewanderten Fremden in sozialem Frieden und kultureller Toleranz … ist für Deutschland wie für Europa insgesamt eine Kernfrage der gesellschaftlichen Zukunft, in der auch im 21. Jahrhundert die Probleme von Zuwanderung und Eingliederung besonderen Stellenwert behalten werden.« (BADE 1997)

Gerade weil die Integrationsleistung der Gesellschaft insgesamt groß ist, weil Kirchen, Wohlfahrtsorganisationen und andere viel Arbeit geleistet haben, um Zuwanderern den Start zu erleichtern und interkulturelle Verständigung zu fördern, bedarf es klarer politischer Rahmenbedingungen, damit diese Arbeit nicht umsonst gewesen ist.

Jürgen Collatz

Bedarf und Inanspruchnahme psychiatrischer Versorgung durch Migrantinnen und Migranten

»Das Land, das die Fremden nicht beschützt, ist zum Untergang verurteilt.«
Johann Wolfgang Goethe

Problemlage

Die Vorgeschichte und die akuten Lebensbedingungen von Migrantinnen und Migranten ist gegenüber der autochthonen Bevölkerung von dramatisch erhöhten Risiken für die Entstehung psychischer Störungen und Erkrankungen geprägt.

In den quantitativen Erhebungen der Morbiditätsraten waren Migranten in der Vergangenheit stark unterrepräsentiert. Psychiater wie H. Häfner (1980) und F. Poustka (1984) kamen daher zu dem Schluss, dass der psychiatrische Versorgungsbedarf deutlich geringer als bei der deutschen Bevölkerung zu sein scheint, woraufhin Hypothesen der *positiven Auslese* formuliert wurden. Diese Interpretationen waren immer umstritten (Frissem 1976), denn die Schwierigkeiten der Inanspruchnahme, Auswirkungen des Ausländerrechtes und strukturelle Diskriminierungen sowie selektive Wirkungen der Strukturen des Gesundheitswesens wurden nicht untersucht. Qualitative Studien zeigten dagegen deutlich mehr migrationsspezifische und kulturbedingte Phänomene psychischer Störungen, sowohl bezüglich ihrer Verarbeitung als auch was die Fragen der unterschiedlichen Inanspruchnahme von Angeboten des deutschen Gesundheitswesens betrifft, als dies in quantitativen Studien belegt werden konnte.

Man muss leider feststellen, dass die Datenlage zum Bedarf und der Inanspruchnahme psychiatrischer Versorgung schlecht und widersprüchlich ist und der Komplexität der Fragestellung nicht gerecht wird. In diesem Beitrag werden die wenigen vorliegenden Erkenntnisse vorgestellt.

Bedarf psychotherapeutischer und psychiatrischer Hilfeleistungen

Unsere Gesellschaft wird immer internationaler, die Migrantengruppen werden immer unterschiedlicher, soziale Polarisierungen und desintegrative Entwicklungen nehmen zu. Diese Tendenzen und die unglückliche ausländerpolitische Reaktion darauf stellen in Deutschland die medizinische Versorgung und insbesondere die Versorgung mit psychologischen, psychosomatischen, psychotherapeutischen und psychiatrischen Hilfen für Migrantinnen und Migranten vor besondere Probleme. Die Zunahme des Versorgungsbedarfs ist unübersehbar. Ein niedergelassener Arzt mit vielschichtiger sozialpsychiatrischer Tätigkeit in Hamburg beziffert die Entwicklung folgendermaßen: Das Einzugsgebiet, in dem er arbeitet, umfasst 50.000 Einwohner, davon sind heute 24 Prozent bzw. 12.000 türkische Staatsbürger. Der steigende Anteil ausländischer Patienten, die er in seiner Praxis untersucht, berät und behandelt, ist im Verlauf der vergangenen 20 Jahre von zunächst 24 Prozent, was damals ziemlich genau dem Bevölkerungsteil entsprach, auf jetzt 48 Prozent angewachsen. In seiner Praxis sei es zudem zu einer deutlichen Verschiebung der Altersstruktur der türkischen Patientinnen und Patienten gekommen. »Zunehmend treten gesundheitliche Störungen und soziale Probleme am Ende des Arbeitslebens in Erscheinung, die in immer mehr Fällen zu fatalen und bedrückenden depressiven Versagenszuständen führen.« (Weber 2000, S. 49)

Die Diversifizierung der Migranten und die mit ihnen verbundenen ätiologischen Risikokonstellationen nehmen ständig zu. Neben den Gruppen der Arbeitsmigranten erster, zweiter, dritter und vierter Generation und der aus Osteuropa stammenden Aussiedlerpopulationen finden sich die besonders gesundheitlich gefährdeten Gruppen der Bürgerkriegsflüchtlinge, Asylantragsteller und traumatisierten Flüchtlinge sowie die Menschen ohne Aufenthaltsstatus.

Betrachten wir zunächst die Gruppe der Flüchtlinge, Asylbewerber und so genannten illegalen Patienten, so ist unter ihnen eine Gruppe mit Posttraumatischen Belastungsstörungen (ICD-10 F 43. 1 oder F 62. 0) sehr häufig anzutreffen (siehe auch den Beitrag von B. Abdallah-Steinkopff in diesem Band). Diese Posttraumatischen Störungen weisen bereits darauf hin, dass viele Leidenssituationen der Migrantinnen und Migranten in der üblichen ambulanten oder stationären Versorgung nicht ausreichend behandelt werden können, sondern dass hier spezielle psychologische, psychosomatische, psychotherapeutische und psychiatrische Hilfeleistungen angeboten werden müssen. Die Angebote müssen so miteinander vernetzt sein und von einer vorbereitenden Beratung bis zu einer entsprechenden Nachsorge führen, dass auch Heilerfolge erreicht werden können. Unübersehbar sind die permanenten Lebenskrisen illegaler Patienten, die der Bürgerkriegsflüchtlinge, die unter dem Druck einer Rückkehr in ein lebensgefährliches Heimatland stehen, und die der Asylantragsteller, die mit der Lebensangst leben müssen, nicht anerkannt und ausgewiesen zu werden.

Bei den Arbeitsmigranten und Aussiedlern ragen zunächst als Problemgruppe die Jugendlichen hervor, die gegenüber den deutschen Jugendlichen überproportional häufig desintegrierte Karrieren durchlaufen, die mit Sucht und Devianz gekoppelt sind (LAJIOS 1993). Daneben treten die Gruppen der angeworbenen Arbeitsmigranten mit besonderen gerontologischen Problemen und geriatrischen Störungen hervor, die sich am Ende ihres Arbeitslebens dramatisch zuspitzen, was mit belastenden Fragen zu vorzeitiger Berentung, eventueller Rückkehr in die Heimat und Lebensbilanzen verbunden ist. Bei der großen Gruppe der Patienten im mittleren Alter, der so genannten zweiten Migrantengeneration, fallen insbesondere mehrfach belastete Frauen auf (NAUCK 1993), die die deutsche Sprache nicht ausreichend beherrschen, was ihnen die Möglichkeit einer Psychotherapie verwehrt, und die daher zumeist nur unzureichend ärztliche unterstützende Gespräche bekommen, welche selten ursachenzentriert sind. Eher wird dann auf die Verschreibung von Psychopharmaka ausgewichen.

Zusammenfassend kann ein Komplex psychischer Störungen und Erkrankungen beschrieben werden, die bei Migrantinnen und Migranten besonders häufig auftreten:

- psychosomatische Störungen
- Depressionen
- Drogenabhängigkeit
- Posttraumatische Belastungsstörungen (PTSD)
- Psychosen

Betrachtet man die üblichen ätiologischen Risikokonstellationen und Belastungshintergründe für das Auftreten psychischer Störungen und Erkrankungen, so ist bei Migranten von einem stark überhöhten Risiko auszugehen.

Daraus ergibt sich die Frage nach den Angeboten präventiver und rehabilitativer Versorgung sowie ihrer Inanspruchnahme durch die Betroffenen.

Risikokonstellationen und Krankheitsverläufe

Nach den Ergebnissen der Stressforschung wirken sich vor allem plötzlich auftretende, überraschende und einschneidende Lebensereignisse und Verluste (»Life-events«) sowie chronische Stressoren auf die Gesundheit der Menschen aus. Wir können davon ausgehen, dass vor allem soziale und psychische Ereignisse, welche den Lebenslauf unterbrechen, erhöhte Anpassungsleistungen fordern. Dies gilt insbesondere für Ereignisse, die als unerwünscht, unüberschaubar und unbeeinflussbar erlebt werden und negative Folgen und Verluste befürchten lassen. Je stärker sich solche Ereignisse häufen oder je länger und intensiver diese auf die Betroffenen einwirken, desto höher wird die Wahrscheinlichkeit, dass die Wirkung so belastend wird, dass die bisherigen Bewältigungsmöglichkeiten nicht mehr ausreichen. Bewältigungsmöglichkeiten können zwar Stressoren abpuffern, wenn sie besonders vielseitig und flexibel und mit hohen sozialen wie kulturellen Kompetenzen verbunden sind, dies ist aber bei den Migranten auf Grund von Erwartungshaltungen, Ängsten und Anpassungsnotwendigkeiten häufig sehr eingeschränkt der Fall. Als Folge treten gehäuft emotionale Spannungszustände, exzessive neurohormonale und pathophysiologische Reaktionen auf. Sie führen bei entsprechender organischer und psychischer Disposition mit erhöhter Wahrscheinlichkeit zu pathologischen Prozessen oder Entwicklungsstörungen. Kognitive und emotionale Verarbeitungsprozesse (»Coping«), die auf kulturellen und durch Sozialisation überformten Krankheitsvorstellungen und Symptomwahrnehmungen beruhen, tragen zu der Umformung zu pathologischen Prozessen bei.

Bei Migrantinnen und Migranten traten nach den vorliegenden Studien Tendenzen auf, in besonderem Ausmaße Schmerzen zu empfinden und diese körperbezogen ganzheitlich zu interpretieren und somit eine Somatisierung sozial und psychisch verursachter Leidenssituationen zu forcieren. Die Zusammenhänge von Schmerzzuständen und Erkrankungen im Magen-Darm-Bereich, Herz-Kreislauf-Erkrankungen, Krebserkrankungen und rheumatische Erkrankungen mit Life-events oder chronischen Stresssituationen sind inzwischen fundiert belegt. Gleiches gilt für die Zusammenhänge psychiatrischen und psychosomatischen bzw. von Befindlichkeitsstörungen (Cooper 1980). Dabei zeigte sich, dass die Wahrscheinlichkeit von Gesundheitsstörungen und die Schwere ihrer Verläufe von der Flexibilität und dem Umfang von Verarbeitungsmöglichkeiten, von externen Anforderungen durch das Individuum sowie von subjektiven Bewältigungsstilen und vor allem auch von Prozessen der sozialen Unterstützung und der professionellen Hilfen abhängig sind. Bei der Annahme und Umsetzung sozialer Unterstützungsprozesse spielen soziale Lebenshintergründe und kulturell vermittelte Lebensweisen auf die damit verbundenen Rollensegmente und Erwartungen eine determinierende und intervenierende Rolle. Life-events und chronische Stressoren liegen nach vergleichenden Messungen bei Migranten im Schnitt dreißigfach erhöht vor.

Das Risiko, in seelische Krisen zu geraten bzw. manifest zu erkranken oder dissoziale Verhaltensauffälligkeiten zu entwickeln, ist von den Sozialisationsbedingungen im Herkunftsland, von den Erlebnissen der zum Teil komplexen Migrationsprozesse, von den Erfahrungen im Aufnahmeland sowie – und dies ist entscheidend – von den sozialen Lebensbedingungen, die man im Aufnahmeland aufbauen konnte, abhängig.

Durch die erhöhten Beanspruchungen und Belastungen – vor allem häufig durch Arbeitsbedingungen, die mit deutlich erhöhten körperlichen Anstrengungen, Unfallgefahren und toxischen Einflüssen als bei der autochthonen Bevölkerung einhergehen – ergeben sich Krankheitsverläufe mit multiplen somatischen Symptomen, somatoformen Störungen und Krankheitsbildern. In solchen Fällen treten zwar auch bei den autochthonen Patientengruppen im deutschen Gesundheitssystem erhebliche Versorgungsprobleme auf, die sich aber bei Migranten noch stärker zeigen und zu außerordentlich komplexen langwierigen und zumeist chronisch verlaufenden Krankheitskarrieren führen. Für die Versorgung psychosomatischer und psychischer Störungen und Erkrankungen weisen die Untersuchungen gehäuft eine sehr späte Inanspruchnahme entsprechender Fachdienste durch Migranten auf. Man kann daraus nur den Schluss ziehen, dass die Zugangsbarrieren für diese Patientinnen und Patienten überhöht sind.

Barrieren der Inanspruchnahme

Einerseits muss davor gewarnt werden, die Genese psychosozialer Belastungen und Störungen bei Migranten unter Zugrundelegung theoretischer Konstrukte westlicher Psychologie und Medizin zu erklären (siehe auch R. Littlewood und I.-B. Krause in diesem Band). Die Gefahr einer unzulässigen ethnozentristischen Einengung in Beratungsarbeit und Therapie ist immer gegeben und der Nutzen einer nicht ethnomedizinisch reflektierten psychotherapeutischen Versorgung ist umstritten. Barrieren und Defizite unseres Versorgungssystems müssen daher reflektiert werden.

An erster Stelle müssen hier sicherlich ethnozentrierte Sichtweisen, die zudem mit Armutsdiskriminierungen verbunden sind, als grundlegende Hindernisse für Heilungsprozesse benannt werden. Ebenso ist bedeutsam die dominierende ökonomische Orientierung der Versorgung, die Patienten, die besonderen Aufwand verlangen, ausschließt. Systemschwächen der Vernetzung unseres Gesundheitswesens mit den üblichen Brüchen zwischen sozialen Beratungseinrichtungen, ambulanten und stationären Bereichen und einer Nichteingliederung rehabilitativer Maßnahmen sind noch immer zentrale Störungsgrößen und stärkste Barrieren und Defizite unseres Versorgungssystems. Ethnozentristische Haltungen bei der Begutachtung müssen ebenfalls benannt werden. Diese Mängel erklären auch, warum bei der Diversifizierung der großen Nachfrage an unterschiedlichen Sprachformen und Sprachvermittlungen dieser nicht als Bestandteil von Diagnostik und Therapie (Dolmetschen ist noch keine GKV-Leistung) definiert sind. Effektive Dolmetscherdienste (siehe auch R. Salman zu dem Thema in diesem Band), die in Modellvorhaben entwickelt wurden und durch neue Technologien europaweit umsetzbar und somit auch außerordentlich effizient wären, werden nicht aufgegriffen und umgesetzt.

Der Ethnozentrismus der deutschen Medizin erschwert zudem den Zugang zu kulturellen Besonderheiten der Patienten und führt zu einer Kommunikation zwischen Arzt und Patient, die in einschlägigen Studien als »Einverständnis im Missverständnis« (Brucks u. a. 1987) charakterisiert wurde. Für Migranten ist der Zugang zum Versorgungssystem aus einer ganzen Reihe von Gründen eingeschränkt. So gibt es generelle Informationsmängel bei dem hohen Anteil neuer Zuwanderer und eine Einschränkung des Leistungsspektrums bei bestimmten Migrantengruppen (etwa bei Asylbewerbern). Die Qualifikationsmängel im Versorgungssystem erschweren durch Defizite in Aus-, Fort- und Weiterbildung die lange angemahnte interkulturelle Öffnung des Gesundheitswesens. Es gibt zu wenig spezielle Versorgungsangebote für die Behandlung von Migranten, insbesondere in der Rehabilitation. Anamnese und Befundung in der Medizin sind noch nicht auf die besonderen Bedürfnisse und komplexen Krankheitsverläufe bei diesen Patienten ausgelegt. Die sozialpsychiatrische Versorgung für Kinder, Jugendliche, aber auch Erwachsene ist so knapp bemessen, dass häufig überhaupt keine Ressourcen für besondere Angebote für Migranten bestehen. Die ambulante nervenärztliche Versorgung geht auf den spezifischen Versorgungsbedarf der Migranten in vielen Regionen überhaupt nicht ein. Regelfinanzierungen für spezifische Beratungs- und Therapieangebote, die die besonderen Zeitaufwendungen für Migranten reflektieren, werden bisher nicht diskutiert.

Die Arzt-Patient-Rollenkonstellation

Die einschneidendsten Barrieren, die die Inanspruchnahme psychotherapeutischer Maßnahmen regulieren, liegen in der Therapeut-Klient-Rollenkonstellation. Die für den Heilungserfolg notwendige *Compliance* kann nur durch ein verständnisvolles Bündnis hergestellt werden. Zwischen den Rollenbildern und Erwartungen der überwiegend aus autochthonen mittleren Bildungs- und Einkommensschichten stammenden Ärzte und Ärztinnen einerseits und denen ihrer Migranten-Patienten andererseits liegen zumeist dramatische Unterschiede. In Aus-, Weiter- und Fortbildung der Haus- und Fachärzte werden die sozialen und kulturellen Hintergründe der Erkrankung in Anamnese, Diagnostik und Therapie wenig berücksichtigt und somatisch-medizinische Befunderhebung wird in den Vordergrund gerückt. Entsprechend einseitig verlaufen dann die Zuweisungen von Erkrankungen in den primären somatischen oder soziotherapeutischen Behandlungsbereich. Bei Migranten ist dies im Vergleich zur autochthonen Bevölkerung noch dadurch verschärft, dass hier Sprach- und Kulturbarrieren auftauchen, die vielfältige Missverständnisse und Störungen auslösen können. Allein der hierfür benötigte zeitliche Mehraufwand und die Unerwünschtheit »fremder« Patienten in einer gut laufenden und gut situierten Arztpraxis, aber auch in zahlreichen Beratungsstellen führen häufig schon zu Interaktionsstörungen mit problematischen Übertragungen und Gegenübertragungen.

Die Sozialisation der Migrantinnen und Migranten war häufig mit traumatischen Erlebnissen, einschneidenden Lebensereignissen und Diskriminierungserfahrungen geprägt, die die Therapeut-Patient-Konstellation dramatisch beeinflussen können (siehe auch S. Fernando in diesem Band). Diagnostik und Einschätzung der Schwere der Erkrankungen sowie ätiologische Vorstellungen sind daher zwischen Ärzten und zugewanderten Patienten häufig außerordentlich unterschiedlich und in ihrer Unterschiedlichkeit wesentlich stärker ausgeprägt als bei der autochthonen Bevölkerung. Weder in den Aus-, Weiter- und Fortbildungsgängen noch in der Finanzierung der Versorgung werden diese Aspekte bisher ausreichend gewürdigt.

Die EVaS-Studie aus dem Zentralinstitut für die Kassenärztliche Vereinigung in Deutschland (1989), die eine repräsentative Erhebung über die ambulante medizinische Versorgung in der (alten) Bundesrepublik vorlegt, zeigt trotz ihrer spröden quantitativen Empirie einige Kernprobleme der psychosomatischen und psychiatrischen Versorgung von Migranten auf und liefert Schlüsselhinweise für die unterdurchschnittliche Inanspruchnahme.

Vorausgesetzt wird, dass bei körperlichen oder seelischen Befindlichkeitsstörungen und Erkrankungen zunächst weitgehend ein Arzt aufgesucht wird und erst wesentlich später psychosoziale Beratung erfolgt. Folgendes lässt sich festhalten:

- Der Anteil diffuser, eher psychosomatisch zu interpretierender Hauptanliegen der ausländischen Patienten bei Arztkontakten fällt auf. Insbesondere Schmerzsymptome und Erschöpfung werden von ausländischen Patienten häufiger als Hauptanliegen beschrieben als von Deutschen. So äußern Schmerzzustände als Hauptanliegen des Arztkontaktes über 33 Prozent der ausländischen, aber nur knapp 16 Prozent der deutschen Patienten.
- Entsprechend häufiger sind allgemeine diffuse ärztliche Diagnosen anzutreffen, die für einen psychosomatischen und psychischen Erkrankungshintergrund sprechen könnten.
- Zieht man erstmalige oder verlängerte Krankschreibungen von Arbeitsmigranten und ihren Familienangehörigen heran, fällt gegenüber der deutschen Vergleichsgruppe ein wesentlich geringeres Ausmaß an eindeutigen psychischen und psychosomatischen Diagnosen auf. In den EVaS-Erhebungen bleiben solche Diagnosen bei ausländischen Patienten fast unbesetzt.
- Entsprechend unterrepräsentiert sind auch psychosomatische und psychotherapeutische oder andere rehabilitative Maßnahmen bei Migranten anzutreffen. Das Ausländergesetz mit seinen Abschiebungsandrohungen bei chronischen Erkrankungen könnte ein Grund dafür sein. Andererseits werden Medikamentenverschreibungen für ausländische Patientinnen und Patienten anteilmäßig als stark erhöht beschrieben.
- Die Probleme der Arzt-Patient-Beziehung beschreiben die Autoren der EVaS-Studie folgendermaßen: Nachdenklich muss es stimmen, dass bei Kontakten,

bei denen Ausländer ihr Anliegen als gravierend einstufen, ein Viertel von den Ärzten völlig konträr als »gering« bewertet wird.

- Die Zerstörung der Gesundheit durch langfristige Krankheitskarrieren, die auf der Grundlage von Missverständnissen beruhen, ist in vielen Studien nachgewiesen worden (UEXKÜLL 1990). Diese Karrieren haben für Migranten-Familien mit zumeist hohem Kinderreichtum besonders inhumane Konsequenzen.

Inanspruchnahme ambulanter und stationärer Angebote

Betrachten wir unter diesen Gesichtspunkten die Inanspruchnahme psychiatrischer ambulanter und stationärer Angebote, so liegen zwar vielschichtige qualitative Studien vor, die die Probleme entsprechend beschreiben, an quantitativen Analysen fehlt es aber. Bezogen auf die psychosomatische und psychiatrische Versorgung weist der Hauptteil der vorliegenden Studien auf Defizite in den Versorgungsstrukturen hin (ZEILER u.a. 1997; PAVKOVIC 1989; BOCHNIK/KOCH 1990; WEBER 2000; ZENKER 2000).

Am häufigsten liegen Analysen zur Hospitalisationsinzidenz in kleinen Regionen oder einzelnen Kliniken vor. Diese zeigen fast durchgängig, dass Migrantinnen und Migranten unter den psychiatrischen Patienten unterrepräsentiert sind, die Rate ihrer Zwangseinweisungen jedoch überhöht ausfällt. K. LAZARIDIS (1987; 1988) findet sie zweieinhalbfach erhöht gegenüber Deutschen. Betrachtet man diese sehr differenzierten Analysen über die sozialpsychiatrische Versorgung, so fällt die außerordentlich hohe Zahl und Vielschichtigkeit der Institutionen auf, die an der Versorgung psychisch oder psychosomatisch erkrankter Ausländer beteiligt sind. In besonderem Ausmaß werden Beratungsstellen unterschiedlichster Anwendungen im Vorfeld kontaktiert, über die Qualität der Weitervermittlung jedoch liegen kaum Strukturanalysen vor.

Die repräsentative Studie des Zentralinstituts für die Kassenärztliche Vereinigungen Deutschlands (1989) und die Nervenarztstudie von H.J. BOCHNIK und H. KOCH (1990) kommen zu dem Schluss, dass Allgemeinärzte etwa die Hälfte aller Patienten mit psychischen Störungen behandeln. Nervenärzte stehen an zweiter Stelle und werden erst bei schwerwiegenden Störungen konsultiert.

Migranten haben nach den vorliegenden Erfahrungsberichten und Studien wesentlich größere Probleme, einen Nervenarzt in Anspruch zu nehmen. Die wenigen muttersprachlichen Nervenärzte sind kaum bekannt (in Norddeutschland gab es zeitweilig zwei niedergelassene türkische Nervenärzte). Die Ergebnisse stützen den Bedarf an spezifischen Versorgungsangeboten eindeutig. Die damit verbundenen Somatisierungstendenzen psychischer Erkrankungen und die daraus folgende viel zu späte Behandlung der psychischen und sozialen Hintergründe der Erkrankungen wirken sich auf die Heilungsmöglichkeiten und Erfolgschancen gravierend aus. Krankheitsäußerungen der ausländischen Patienten sind nach vorliegenden Ergebnissen eher ganzheitlich, körperbezogen (siehe auch I.-B. Krause und J. de Jong in diesem Band) und enthalten häufig Stressäußerungen wie Schmerz oder Angst. Wenn Ärzte sich nicht mit diesen Patienten verständigen können oder sich auf ein fest umrissenes, somatisch orientiertes Krankheitsmodell beziehen und dabei auf Anamnese, Patientenäußerung, subjektive Krankheitseinschätzung wenig Wert legen, dafür aber mehr auf apparative, labormedizinische und andere so genannte harte Fakten vertrauen, ist die Gefahr einer Fehlbehandlung, Endlosdiagnostik und einer problematischen Interaktion groß. Der Zwang, körperliche Substrate für Schmerzäußerungen zu finden, führt ohne eine tief gehende Schmerzanamnese oft zu unglücklichen Verkettungen von immer inversiverer Diagnostik und Fehlbehandlung. Folgen sind kostenaufwendige Krankheitskarrieren, die für die Betroffenen eher zerstörerisch sind als heilend.

Aus ausländischen psychosomatischen und psychiatrischen epidemiologischen Studien wissen wir (Bridges/Goldberg 1985; Goldberg/Bridges 1988), dass insbesondere Patientinnen und Patienten mit niedrigem Bildungsniveau und aus unteren sozialen Schichten auf Stresserleben und Kommunikationsstörungen überproportional häufig mit Somatisierungstendenzen reagieren, da sie zu einem psychologischen oder psychotherapeutischen Erklärungsansatz und einer solchen Behandlung wenig Zugang haben. *Somatisierung* liegt dann vor, wenn somatische Beschwerden ausschließlich körperlich attribuiert werden, aber die zu Grunde liegenden Störungen wesentlich besser psychotherapeutisch oder psychopharmakologisch behandelbar wären. Nach Praxisstudien (Dilling u.a. 1978; Schepank/Tress 1987) sind Hausärzte entscheidend daran beteiligt, »seelische Störungen dann zu übersehen, wenn sie sich auch körperlich manifestieren« (Tress u.a. 1990, S. 68). Psychische Erkrankungen und auch die Somatisierung neigen zur Chronifizierung und können in einem späten Stadium kaum noch erfolgreich behandelt werden. Bereits M. Balint (1983) hat beschrieben, »dass eine Vielzahl somatisierender Patienten körperliche Klagen als Eröffnungszug (opening gambet) bei der Konsultation ihres Allgemeinarztes einsetzen und damit zur Somatisierung auch ein soziales Kunstprodukt der gegenseitigen Rollenerwartungen von Ärzten und Patienten aneinander darstellen.« Diese Phänomene werden in der internationalen Literatur insbesondere für Patienten aus den unteren Sozialschichten beschrieben. Sie gelten aber auch im besonderen Ausmaße für Migranten, Flüchtlinge und Aussiedler. Studien zur Arzt-Migrant-Interaktionen beschreiben diese als zum Teil resignatives, zum Teil unreflektiertes Einverständnis und Missverständnis (BRUCKS u. a. 1987). Die Zweiteilung unserer Medizin (somatisch versus psychisch) führt vielfach zu einer körperlichen Behandlung seelischer Leiden und sozialer Belastungen. Gleichzeitig aber wurde in den letzten Jahren in Studien auch darauf hingewiesen, dass eine einseitig kausale Genese psychosozialer Belastungen und Störungen bei Migranten häufig zu einer unzulässigen Vernachlässigung somatischer Befundabklärungen geführt hat.

Stellenwert sozialpsychiatrischer Versorgung und Begutachtung

Nach diesen Ausführungen kann man davon ausgehen, dass im Vordergrund psychischer Störungen und Erkrankungen bei Migrantinnen und Migranten weitgehend psychosomatische Beschwerden auf dem Boden depressiver Entwicklungen und Krisen stehen. Sie sind häufig Ausdruck einer Posttraumatischen Belastungsstörung (PTSD). Vielfach wurde auf den Mangel an interkulturellen Konzepten in der Umsetzung psychosomatischer, psychotherapeutischer und psychiatrischer Behandlungsverfahren hingewiesen (HOFFMANN / MACHLEIDT 1997). Der Kernpunkt rehabilitativer Heilsituationen liegt in der Ausweitung der Flexibilität und der Entwicklung positiver und konstruktiver Strukturen zur Erweiterung von Coping-Strategien.

In den letzten Jahren gab es Bemühungen, die Qualität sozialgerichtlicher und sozialmedizinischer Begutachtung für Migranten, die hoch überrepräsentiert Frühberentungsverfahren in Anspruch nehmen, zu verbessern (COLLATZ u. a. 1999). Hierbei geht es insbesondere darum, Qualitäten migrationsspezifischer, transkultureller und ethnomedizinischer Lebenshintergründe in dem interdisziplinären Feld der Begutachtungsarbeit von Medizinern, Richtern, Anwälten und den Mitarbeitern der Verwaltung zu verankern (dazu auch G. Ebner in diesem Band).

Handlungsbedarf

Die Defizite psychologischer, psychosomatischer, psychotherapeutischer und psychiatrischer Versorgung und Betreuung von Migrantinnen und Migranten in Deutschland sind offensichtlich. Es besteht ein erheblicher Handlungsbedarf, das Gesundheitssystem im Rahmen der Prinzipien der europäischen Sozialcharta auf diese wichtige Zielgruppe auszurichten. Die Aktivitäten des WHO-Regionalbüros Europa und des bundesweiten Kreises »Migration und öffentliche Gesundheit« sowie der Akademie für öffentliches Gesundheitswesen in Deutschland fördern die Hoffnung, dass die Aufhebung von gesetzlichen Defiziten und Widersprüchen forciert sowie die Aus-, Fort- und Weiterbildungssituation im medizinischen Berufsbereich (siehe auch Th. Hegemann in diesem Band) an interkulturelle Erfordernisse angepasst werden. Nur dies wird langfristig dazu führen, die Struktur- und Prozessqualität medizinischer und psychosozialer Arbeit für Migranten zu verbessern und die Vernetzung ambulanter und stationärer Bereiche sowie Vor- und Nachbereitung rehabilitativer Verfahren wesentlich voranzutreiben. Politiker sollten wir daran messen, ob sie eine Finanzierung von Dolmetschern in ambulanter und stationärer Versorgung und breitere Angebote von Therapie und Rehabilitationsmöglichkeiten für Migranten ermöglichen und ein effizientes Dolmetschersystem entwickeln helfen und finanzieren.

Letztlich kann diese nur mittels eines ständigen Beobachtungsprozesses erfolgen. Es ist daher eine gesundheits- und sozialpolitische Aufgabe, Forschungs-, Gesundheits- und Sozialberichtserstattungen über Situation und Bedarfslagen der Zielgruppen seelisch kranker Migrantinnen und Migranten zu fördern und mit entsprechenden Ressourcen zu versehen.

Bertold Huber

Rechtliche Rahmenbedingungen des Aufenthalts von Migrantinnen und Migranten in Deutschland

»Fremd ist der Fremde nur in der Fremde.«
Karl Valentin

Einleitung

Ende 1999 wurden rund 7.350.000 Personen mit nichtdeutscher Staatsangehörigkeit in Deutschland registriert. Der überwiegende Teil von ihnen besaß die Staatsangehörigkeit eines Staates außerhalb der Europäischen Union. Zum selben Stichtag konnten 52 Prozent der Registrierten auf eine Aufenthaltsdauer von mehr als zehn Jahren verweisen; lediglich knapp 20 Prozent befanden sich weniger als vier Jahre im Bundesgebiet. Die ausländerrechtliche Stellung von Migrantinnen und Migranten bestimmt sich maßgeblich danach, ob eine Person aus einem Staat der Europäischen Union (EU) bzw. des Europäischen Wirtschaftsraums (EWR) oder aus einem sonstigen Drittstaat stammt. Der Rechtsstatus dieser beiden Gruppen ist von unterschiedlicher Qualität.

Rechtsstellung von EU-/EWR-Bürgerinnen und -Bürgern

Staatsangehörige der EU- und EWR-Staaten sind freizügigkeitsberechtigt. Sie können in einen anderen EU-/EWR-Staat frei einreisen, um dort selbstständig oder unselbstständig zu arbeiten, um Dienstleistungen zu erbringen oder zu empfangen oder um nach einer solchen Betätigung dort zu verbleiben (vgl. zu den Einzelheiten das Aufenthaltsgesetz/EWG). Dies gilt auch für ihre Familienangehörigen, selbst wenn diese die Staatsangehörigkeit eines Drittstaates besitzen.

Die Einreise und die *erstmalige* Aufenthaltserlaubnis können allerdings verweigert werden, sofern die zuwanderungswillige Person an einer Suchtkrankheit, einer schweren geistigen oder seelischen Störung, einer offensichtlichen Psychose mit Erregungszuständen, Wahnvorstellungen oder Sinnestäuschungen auch mit Verwirrungszuständen leidet (Art. 4 Richtlinie 64/221/EWG). Demgegenüber vermag das Auftreten von Krankheiten oder Gebrechen *nach* der Erteilung der ersten Aufenthaltserlaubnis weder die Weigerung, diese zu verlängern, noch die Entfernung der betroffenen Person aus dem Hoheitsgebiet des Aufenthaltslandes zu rechtfertigen. Straffälligkeit führt nur dann zu dem Verlust des Freizügigkeitsrechts, wenn durch das künftige Verhalten der delinquent gewordenen Person eine *schwerwiegende* Störung der öffentlichen Sicherheit und Ordnung zu besorgen ist. Ist das Erwerbseinkommen so gering, dass *ergänzende* Sozialhilfe in Anspruch genommen werden muss, berührt dies das Aufenthaltsrecht nicht. Eine Ausnahme gilt hingegen für Studierende aus EU-/EWR-Staaten. Sie dürfen sich zum Zwecke eines Studiums in einen anderen Mitgliedstaat nur dann begeben und dort aufhalten, wenn der Lebensunterhalt gesichert ist und ausreichender Krankenversicherungsschutz besteht.

Rechtsstellung von türkischen Arbeitnehmern und ihren Familienangehörigen

Die Europäische Gemeinschaft hat bereits 1963 mit der Türkei ein Assoziationsabkommen geschlossen. Auf Grund des zur Ausführung dieses Vertrages verabschiedeten Assoziationsratsbeschlusses Nr. 1/80 aus dem Jahre 1980 und der hierzu ergangenen Rechtsprechung des Europäischen Gerichtshofs in Luxemburg (EuGH) genießen türkische Arbeitnehmer und ihre Familienangehörigen, die sich rechtmäßig im Bundesgebiet aufhalten, einen im Vergleich zu sonstigen Drittstaatsangehörigen günstigeren aufenthalts- und arbeitsgenehmigungsrechtlichen Status. Nach einer Beschäftigungszeit von vier Jahren ist ihre Rechtsstellung an die von EU-Bürgern angenähert. Die Entscheidung über die *erstmalige* Einreise und Aufenthaltsnahme türkischer Staatsangehöriger bestimmt sich jedoch nach wie vor ausschließlich nach dem nationalen Recht des Ausländergesetzes (AuslG).

Rechtsstellung von sonstigen Drittstaatsangehörigen

Drittstaatsangehörige benötigen für die Einreise und den Aufenthalt in der Bundesrepublik Deutschland eine Aufenthaltsgenehmigung im Sinne des § 5 AuslG. Diese muss von Personen aus Staaten, die in der Anlage I der Durchführungsverordnung zum Ausländergesetz benannt sind (u. a. Türkei, Marokko, Tunesien, Bundesrepublik Jugoslawien, Bosnien und Herzegowina), und von Ausländern, die in der Bundesrepublik Deutschland einer Erwerbstätigkeit nachgehen wollen, bereits *vor* der Einreise *vom Ausland her* bei der deutschen Auslandsvertretung des Herkunfts- oder sonstigen Aufenthaltslandes beantragt werden.

Der § 5 AuslG sieht vier Arten der Aufenthaltsgenehmigung vor:

1. Die *Aufenthaltserlaubnis* (§§ 15 und 17 ff. AuslG) für einen Aufenthalt ohne Bindung an einen bestimmten Aufenthaltszweck bzw. für den Familiennachzug zu Personen, die eine Aufenthaltserlaubnis besitzen.
2. Die *Aufenthaltsberechtigung* (§ 27 AuslG) für einen zeitlich und räumlich unbeschränkten Aufenthalt. Sie verbürgt den sichersten aufenthaltsrechtlichen Status, kann jedoch in der Regel erst nach einem achtjährigen rechtmäßigen Aufenthalt im Bundesgebiet erteilt werden.
3. Die *Aufenthaltsbewilligung* (§ 28 und § 29 AuslG) für einen nur vorübergehenden Aufenthalt etwa zur Aufnahme einer Ausbildung, eines Studiums oder für einen Besuchs- oder kurzfristigen Arbeitsaufenthalt.
4. Die *Aufenthaltsbefugnis* (§§ 30 ff. AuslG), die aus völkerrechtlichen oder dringenden humanitären Gründen oder zur Wahrung politischer Interessen der Bundesrepublik Deutschland erteilt wird.

Unter bestimmten im Gesetz näher benannten Voraussetzungen besteht ein Rechtsanspruch darauf, eine Aufenthaltsgenehmigung erteilt oder verlängert zu bekommen, so etwa für im Bundesgebiet geborene ausländische Kinder, für den Ehegatten- und Kindernachzug, für die Wiederkehr ins Ausland ausgereister junger Ausländer sowie für den Erhalt einer unbefristeten Aufenthaltserlaubnis oder Aufenthaltsberechtigung. Besteht ein solcher Rechtsanspruch nicht, liegt die Entscheidung über die Erteilung oder Verlängerung einer Aufenthaltsgenehmigung im Ermessen der Auslandsvertretung bzw. der zuständigen Ausländerbehörde.

Der § 19 AuslG regelt das *eigenständige Aufenthaltsrecht* eines Ehegatten. Danach wird die Aufenthaltserlaubnis eines Ehegatten im Falle der Aufhebung der ehelichen Lebensgemeinschaft als eigenständiges Aufenthaltsrecht verlängert,

- wenn die eheliche Lebensgemeinschaft seit mindestens zwei Jahren rechtmäßig im Bundesgebiet bestanden hat (Nr. 1) oder
- die eheliche Lebensgemeinschaft rechtmäßig im Bundesgebiet bestanden hat und es zur Vermeidung einer besonderen Härte erforderlich ist, dem Ehegatten den weiteren Aufenthalt zu ermöglichen (Nr. 2) oder

- der andere Ehegatte während des Bestands der ehelichen Lebensgemeinschaft verstorben ist (Nr. 3).

Eine besondere Härte im Sinne der Nr. 2 liegt insbesondere vor, wenn dem Ehegatten wegen der aus der Auflösung der ehelichen Lebensgemeinschaft erwachsenden Rückkehrverpflichtung eine erhebliche Beeinträchtigung seiner schutzwürdigen Belange droht oder wenn dem Ehegatten wegen der Beeinträchtigung seiner schutzwürdigen Belange das weitere Festhalten an der ehelichen Lebensgemeinschaft unzumutbar ist. Zu den schutzwürdigen Belangen zählt auch das Wohl eines mit dem Ehegatten in familiärer Lebensgemeinschaft lebenden Kindes.

In der Regel wird – vorbehaltlich gesetzlicher Ausnahmen – von einem Drittstaatsangehörigen verlangt, dass er seinen Lebensunterhalt ohne Inanspruchnahme von Sozialhilfe bestreiten kann und zudem ausreichender Krankenversicherungsschutz besteht. Sofern die Voraussetzungen für ein eigenständiges Aufenthaltsrecht i. S. des § 19 AuslG vorliegen, steht die Inanspruchnahme von Sozialhilfe der erstmaligen Verlängerung der Aufenthaltserlaubnis um ein Jahr grundsätzlich nicht entgegen.

Das Vorliegen eines Ausweisungsgrundes (etwa Verstöße gegen Rechtsvorschriften) berechtigt unter bestimmten Voraussetzungen die zuständige Behörde, das begehrte Aufenthaltsrecht zu verweigern. Bei der Entscheidung über eine beantragte unbefristete Aufenthaltserlaubnis für im Bundesgebiet geborene oder nachgezogene ausländische Kinder oder über eine Aufenthaltsberechtigung bleiben strafrechtliche Verurteilungen bis zu einer bestimmten Höhe unberücksichtigt (§§ 26 Abs. 3, 27 Abs. 2 AuslG). Dasselbe gilt bei einer Einbürgerung nach den Vorschriften des Ausländergesetzes (§ 88 AuslG).

Ein Ausländer kann gemäß § 45 AuslG aus dem Bundesgebiet ausgewiesen werden, wenn sein Aufenthalt die öffentliche Sicherheit und Ordnung oder sonstige erhebliche Interessen der Bundesrepublik Deutschland beeinträchtigt. Nach § 46 AuslG ist dies zum Beispiel der Fall bei einem Verstoß gegen Rechtsvorschriften, gerichtliche oder behördliche Anordnungen, bei Zuwiderhandlungen gegen das Betäubungsmittelgesetz, bei längerfristiger Obdachlosigkeit oder (potenzieller) Sozialhilfebedürftigkeit, bei Inanspruchnahme von Hilfe zur Erziehung außerhalb der eigenen Familie nach dem Sozialgesetzbuch VIII – Kinder- und Jugendhilfegesetz (Heimerziehung, Pflegefamilie) –, sofern sich die Eltern oder der allein personensorgeberechtigte Elternteil nicht oder nicht rechtmäßig im Bundesgebiet aufhalten. Ferner ist eine Ausweisung möglich, sofern ein Ausländer durch sein Verhalten die *öffentliche Gesundheit* gefährdet. Nach Nr. 46. 5. 1 der Allgemeinen Verwaltungsvorschrift zum AuslG (AuslVwV) setzt dieser Ausweisungsgrund voraus, dass der Ausländer an einer nach dem Bundesseuchengesetz meldepflichtigen, auf Menschen übertragbaren Krankheit, einer ansteckungsfähigen Geschlechtskrankheit oder einer ähnlich gefährlichen und übertragbaren Krankheit leidet (etwa AIDS) oder Überträger einer solchen Krankheit ist. Eine Ausweisung ist jedoch nur dann gerechtfertigt, wenn der Ausländer *durch sein Verhalten* gegen behördlich angeordnete Schutzmaßnahmen verstoßen hat oder *durch sein Verhalten* die Gefahr der Übertragung der entsprechenden Krankheit auf andere in sich birgt, etwa weil er Schutzmöglichkeiten zur Vermeidung einer Übertragung nicht einhält.

Das bis zum 31. Dezember 1990 geltende Ausländergesetz aus dem Jahre 1965 sah in § 10 Abs. 1 Nr. 3 unter anderem die Möglichkeit vor, einen Ausländer auszuweisen, wenn gegen diesen eine *freiheitsentziehende Maßregel der Besserung und Sicherung* oder die *Unterbringung in einem psychiatrischen Krankenhaus* angeordnet worden war. Obwohl in das derzeit geltende Ausländergesetz ein vergleichbarer Ausweisungsgrund nicht ausdrücklich aufgenommen wurde, kann die Anordnung einer entsprechenden freiheitsentziehenden Maßnahme jedenfalls dann Anlass zu einer im Ermessen der Ausländerbehörde stehenden Ausweisungsverfügung gemäß § 46 Nr. 2 AuslG sein, wenn der Freiheitsentzug wegen eines Verstoßes gegen geltende Rechtsvorschriften, gerichtliche Entscheidungen oder behördliche Verfügungen angeordnet worden ist. Für eine Ausweisung genügt nämlich die objektive Rechtswidrigkeit eines Tuns oder Unterlassens. Hingegen kommt es nicht darauf an, ob die Zuwiderhandlung schuldhaft erfolgt ist. Somit können auch schuldunfähige oder in ihrer Schuldfähigkeit beschränkte Personen ausgewiesen werden (Nr. 46. 2. 4 AuslVwV).

In schweren Fällen ist ein Ausländer generell oder in der Regel auszuweisen (§ 47 AuslG). Voraussetzung ist eine Verurteilung zu mehrjährigen Freiheits- oder Jugendstrafen ohne Bewährung, BTM-Handel, Landfriedensbruch oder Teilnahme an gewalttätig verlaufenen verbotenen oder aufgelösten Versammlungen. Ausländer mit einem verfestigten Aufenthaltsstatus (unbefristete Aufenthaltserlaubnis, Aufenthaltsberechtigung) sowie minderjährige und heranwachsende Ausländer genießen einen besonderen Ausweisungsschutz (§ 48 AuslG). Sie können nur aus schwerwiegenden Gründen ausgewiesen werden.

Wird einem Ausländer die beantragte Aufenthaltsgenehmigung nicht erteilt bzw. verlängert oder wird er aus dem Bundesgebiet ausgewiesen, ist er zur Ausreise verpflichtet. Verlässt er in einem solchen Fall die Bundesrepublik nicht freiwillig, muss er damit rechnen, zwangsweise auf dem Wege der *Abschiebung* außer Landes gebracht zu werden (siehe aber auch unten zu Abschiebungshindernissen).

Flüchtlinge

Die Aufnahme politisch Verfolgter findet in Deutschland in erster Linie auf zwei unterschiedlichen Rechtsgrundlagen statt. Der Art. 16a Abs. 1 GG gewährt politisch Verfolgten ein individuell einklagbares Grundrecht auf Asyl. Auf dieses kann man sich jedoch nicht berufen, wenn eine Einreise aus einem so genannten sicheren Drittstaat in das Bundesgebiet erfolgt ist. Dann droht gegebenenfalls eine Zurückweisung oder Abschiebung in diesen Drittstaat. Sichere Drittstaaten in diesem Sinne sind *sämtliche* Anrainerstaaten der Bundesrepublik Deutschland. Dementsprechend vermag das Grundrecht auf Asyl des Art. 16a Abs. 1 GG nur noch im Falle einer Einreise auf dem Luftweg aus einem Staat, der nicht sicherer Drittstaat ist, seine Wirkungen zu entfalten.

Die zweite Möglichkeit, Schutz vor politischer Verfolgung zu erlangen, bietet § 51 Abs. 1 AuslG. Nach dieser Vorschrift darf – ähnlich wie beim Asylrecht i. S. des Art. 16a Abs. 1 GG – ein Ausländer nicht in einen Staat abgeschoben werden, in dem sein Leben oder seine Freiheit wegen seiner Rasse, Religion, Staatsangehörigkeit, seiner Zugehörigkeit zu einer bestimmten sozialen Gruppe oder wegen seiner politischen Überzeugung bedroht ist. Das Bundesverwaltungsgericht setzt sowohl für die Anerkennung als Asylberechtigter gemäß Art. 16a Abs. 1 GG als auch für den Flüchtlingsschutz nach § 51 Abs. 1 AuslG zwingend voraus, dass der um Schutz nachsuchenden Person im Herkunftsland eine politische Verfolgung durch *staatliche* Stellen oder zumindest durch Organisationen droht, die *staatsähnliche* Herrschaftsgewalt ausüben. Sind (zentral)staatliche Strukturen zerbrochen und wird um die Macht im Staate militärisch gekämpft, können dieser Rechtsprechung zufolge neue Machtgebilde, die während eines noch andauernden Bürgerkriegs entstehen, nur dann als zur politischen Verfolgung fähige staatsähnliche Organisationen angesehen werden, wenn sie als Vorläufer neuer und erneuerter staatlicher Strukturen erscheinen. Dies sei jedoch – so das Bundesverwaltungsgericht – regelmäßig erst dann der Fall, wenn die Bürgerkriegsparteien nicht mehr unter dem Einsatz militärischer Mittel mit der Absicht, den Gegner zu vernichten, und mit Aussicht auf Erfolg um die Macht im ganzen Bürgerkriegsgebiet kämpfen, die Fronten also über längere Zeit hinweg stabil sind und allenfalls in Randbereichen noch gefochten wird, im übrigen aber eine dauerhafte nichtmilitärische Lösung in Aussicht steht. Dementsprechend lag der jüngeren Entscheidungspraxis die Annahme zu Grunde, dass in Bürgerkriegssituationen eine politische Verfolgung grundsätzlich nicht stattfindet und daher eine Asylanerkennung oder ein Flüchtlingsschutz gemäß §51 Abs. 1 AuslG ausgeschlossen ist.

Nachhaltig hatte sich diese Prämisse in der Vergangenheit unter anderem gegenüber Flüchtlingen aus Bosnien und Herzegowina sowie aus Afghanistan ausgewirkt. Das Bundesverfassungsgericht erachtete jedoch mit Beschluss vom 10. August 2000 (BvR 260/98,1353/98) die vom Bundesverwaltungsgericht aufgestellten Anforderungen an das Vorliegen staatlicher oder staatsähnlicher Herrschaftsgewalt für zu streng. Dieser Entscheidung zufolge kann nach dem Fortfall der bisherigen Staatsgewalt auch in einer Bürgerkriegssituation durch eine Bürgerkriegspartei politische Verfolgung im Sinne des Art. 16a Abs. 1GG bzw. §51 Abs. 1 AuslG. stattfinden, wenn diese zumindest in einem »Kernterritorium« ein Herrschaftsgefüge von gewisser Stabilität tatsächlich errichtet hat. Dies wird insbesondere für afghanische Flüchtlinge praktische Konsequenzen nach sich ziehen.

Asylsuchenden ist der Aufenthalt im Bundesgebiet während des Anerkennungsverfahrens gestattet, und zwar in der Regel räumlich beschränkt auf den Bezirk der Ausländerbehörde, in deren Zuständigkeitsbereich sie zu wohnen verpflichtet sind. Nach Ablauf von drei Monaten seit Antragstellung ist zwar die Aufnahme einer unselbstständigen Erwerbstätigkeit nicht mehr von Gesetzes wegen untersagt. Sie scheitert jedoch meist an der Weigerung des zuständigen Arbeitsamtes, die erforderliche Arbeitsgenehmigung zu erteilen. Somit sind Asylsuchende regelmäßig darauf angewiesen, ihren Lebensunterhalt durch Leistungen nach dem Asylbewerberleistungsgesetz zu bestreiten (siehe unten).

Wird ein Asylsuchender weder als asylberechtigt im Sinne des Art. 16a Abs. 1 GG anerkannt noch ihm für seine Person der Flüchtlingsstatus nach §51 Abs. 1 AuslG zugesprochen wurde, stellt sich die Frage des so genannten *subsidiären* Schutzes.

Das deutsche Recht normiert in § 53 AuslG verschiedene Abschiebungshindernisse, die sich zum Teil bereits unmittelbar aus dem Grundgesetz (Art. 1 Abs. 1: Schutz der Menschenwürde; Art. 2 Abs. 2: Recht auf Leben und körperliche Unversehrtheit; Art. 6 Abs. 1: Schutz der Familie) oder aus Völkervertragsrecht (UN-Konvention gegen Folter und andere grausame, unmenschliche oder erniedrigende Behandlung oder Strafe; Europäische Menschenrechtskonvention, EMRK) ergeben:

- Ein Ausländer darf nicht in einen Staat abgeschoben werden, in dem für ihn die konkrete Gefahr besteht, der Folter unterworfen zu werden (§ 53 Abs. 1 AuslG).
- Der § 53 Abs. 2 AuslG verbietet die Abschiebung in einen Staat, wenn dieser einen Ausländer wegen einer Straftat sucht und die Gefahr der Todesstrafe besteht.
- Schließlich verbietet § 53 Abs. 4 AuslG eine Abschiebung, wenn diese nach den Vorschriften der EMRK unzulässig wäre.

In der ausländerrechtlichen Praxis ist noch nicht hinreichend geklärt, ob eine schlechte medizinische Versorgung im Heimatland und die daraus resultierenden Folgen für Leben und Gesundheit der betroffenen Person unter Umständen einer Aufenthaltsbeendigung entgegenstehen können. Weitgehend anerkannt ist jedenfalls, dass Art. 3 EMRK, der eine erniedrigende und unmenschliche Behandlung und Strafe untersagt, verletzt sein kann, sofern im Herkunftsland eine *mögliche* notwendige medizinische Hilfe verweigert wird. Der Europäische Gerichtshof für Menschenrechte hat im Jahre 1997 die beabsichtigte Abschiebung eines an AIDS erkrankten Drogenkuriers, der eine mehrjährige Strafhaft in Großbritannien verbüßte, als mit Art. 3 EMRK unvereinbar erklärt. Der Gerichtshof begründete die Entscheidung damit, dass sich der Betroffene im Endstadium der Krankheit befand und eine geeignete Pflege im Heimatland nicht zur Verfügung stand. Bei Entzug der medizinischen und karitativen Betreuung wäre der Erkrankte ganz besonderen physischen und geistigen Leiden ausgesetzt gewesen und dies hätte seinen Tod beschleunigt. Diese – allerdings sehr einzelfallbezogene Entscheidung – ist jedoch unter anderem vom 9. Senat des Bundesverwaltungsgerichts kritisiert und in diesem Zusammenhang eine Verantwortung deutscher Stellen für schlechte Lebensbedingungen im Heimatland einer erkrankten Person abgelehnt worden (vgl. z. B. Urteil vom 25. 11. 1997 – 9C 58. 96, *Neue Zeitschrift für Verwaltungsrecht*, 1998, S. 524).

Unabhängig davon kann allerdings – auch nach Ansicht des 9. Senats des Bundesverwaltungsgerichts (a. a. O.) – gemäß § 53 Abs. 6 S. 1 AuslG von der Abschiebung eines Ausländers in einen anderen Staat abgesehen werden, »wenn dort für diesen Ausländer eine erhebliche konkrete Gefahr für Leib, Leben oder Freiheit besteht«. In der Verwaltungspraxis werden allgemeine Gefahren etwa auf Grund kriegerischer Auseinandersetzungen, Hungerkatastrophen etc. nicht für ausreichend erachtet, um Abschiebungsschutz nach dieser Vorschrift zu gewähren. Vielmehr wird vorausgesetzt, dass konkret bezogen auf die ausreisepflichtige Person im Herkunftsland eine *extreme Gefahrenlage* besteht. Dies mag beispielsweise bei einer Herzkrankheit der Fall sein, sofern sich diese im Zielstaat auf Grund unzureichender Behandlungsmöglichkeiten wesentlich oder gar lebensbedrohlich verschlechtern würde. Das OVG Koblenz hat mit Urteil vom 3. April 1998 (10 A 10902/97, *Neue Zeitschrift für Verwaltungsrecht – Beilage*, 1998, S. 85) entschieden, dass eine Erkrankung an Leukämie der Abschiebung eines abgelehnten zairisch-kongolesischen Asylbewerbers in sein Herkunftsland entgegensteht. Demgegenüber sah der Hessische Verwaltungsgerichtshof in Kassel im Falle eines Angolaners mit einer Persönlichkeitsstörung und des Verdachts auf paranoide Schizophrenie trotz der schlechten medizinischen Versorgungslage in Angola die Voraussetzungen für ein Abschiebungshindernis im Sinne des § 53 Abs. 6 S. 1 AuslG nicht gegeben (Beschluss vom 3. 5. 1999 – 3 UE 305/98. A, *Informationsbrief Ausländerrecht*, 1999, S. 476).

Duldung

Einem ausreisepflichtigen Ausländer wird eine Duldung erteilt, solange seine Abschiebung aus rechtlichen oder tatsächlichen Gründen unmöglich ist (§ 55 Abs. 2 AuslG). Solche rechtlichen Gründe liegen zum Beispiel vor, wenn die Voraussetzungen für ein Abschiebungshindernis gemäß § 53 AuslG (s. o.) erfüllt sind. Tatsächliche Gründe, die eine Abschiebung unmöglich machen, sind etwa ungeklärte Identität der ausreisepflichtigen Person, Verweigerung der Einreise durch das Herkunftsland, fehlende Reisedokumente, nicht vorhandene Verkehrsverbindungen mit dem Heimatstaat etwa auf Grund eines auf UN- oder EU-Ebene beschlossenen Embargos, (vorübergehende) Transportunfähigkeit auf Grund einer Erkrankung, lebensgefährliche Krankheit.

Nach § 55 Abs. 3 AuslG kann einem Ausländer unter anderem eine Duldung erteilt werden, wenn dringende humanitäre oder persönliche Gründe seine vorübergehende weitere Anwesenheit im Bundesgebiet erfordern. Solche dringenden Gründe können sein: Durchführung einer Operation oder Abschluss einer ärztlichen Behandlung, die im Herkunftsland nicht oder nicht in ausreichendem Maße gewährleistet ist (Nr. 55. 3. 2. 1 AuslVwV), vorübergehende Betreuung eines schwer erkrankten näheren Familienangehörigen (Nr. 55. 3. 2. 3 AuslVwV), fortgeschrittene Schwangerschaft oder Risikoschwangerschaft, Abschluss einer Schul- oder Berufsausbildung innerhalb eines Jahres, Abschluss eines Schuljahres in wenigen Wochen (Renner 1999, §55 AuslG Rdnr. 13).

Ernsthafte *Suizidabsichten* stehen einer Abschiebung entgegen (Hessischer Verwaltungsgrichtshof, Urteil vom 11. 5. 1992 – 13 UE 2608/91, *Zeitschrift für Ausländerrecht und Ausländerpolitik*, 1992, S. 176). Ob eine solche Absicht tatsächlich ernsthaft besteht, lässt sich jedoch nur im Einzelfall unter sorgfältiger Abwägung aller Umstände und auf dem Wege einer fachärztlichen Begutachtung beurteilen. In diesem Zusammenhang hat das Oberverwaltungsgericht Greifswald (Beschluss vom 26. 1. 1998 – 3 M 111/97, *Neue Zeitschrift für Verwaltungsrecht – Beilage*, 1998, S. 82) ausgeführt:

»Können Depressionen zu einem Suizid führen, so ist der Betroffene, wenn staatliches Handeln zu dieser Konsequenz führen würde, davor zu bewahren. Andererseits liegt es in der Natur der Sache, dass auch Ärzte vielfach keine verlässliche Auskunft darüber geben können, wie greifbar die Gefahr eines Suizids ist. Schließlich ist nicht auszuschließen, dass der Betroffene sich in eine Suizidgefahr hineinsteigert, nicht (nur) weil er im Ausland unzumutbare Lebensumstände erwartet, sondern (auch und vorrangig) weil er im Vergleich die Lebensumstände in Deutschland denjenigen im Ausland vorzieht; dies kann auch dazu führen, dass eine Selbstmordgefahr entsteht oder vorgespiegelt wird, um bei den Behörden und Gerichten der Bundesrepublik Deutschland ein Druckmittel gegen die Abschiebung zu haben. Wer in der Ausreisepflicht steht, muss sich aber darauf einrichten, sie zu erfüllen. Dabei kann Veranlassung bestehen, den Betroffenen dabei zu helfen, die Einsicht zu gewinnen, dass eine Ausreise nicht auf Dauer hinausgeschoben werden kann. (...) Die Behörden und die Gerichte stehen in dem Konflikt, dass einerseits die Verpflichtungen der Ausländer aus dem Ausländergesetz durchzusetzen sind, dass andererseits aber Schaden von Leib und Leben von den Ausländern abzuwenden ist. Dieser Verantwortung, die sie bei der Abwägung trifft, können sich die Behörden und Gerichte nicht entziehen. Es ist ihre Aufgabe, eine soweit wie möglich abgesicherte Prognose zu treffen.«

Der Verwaltungsgerichtshof in Mannheim gibt darüber hinaus in einem Beschluss vom 2. Mai 2000 (11 S 1963/99) zu bedenken, »dass eingeholte oder vorgelegte fachärztliche Stellungnahmen wesentlich auf Angaben und Einschätzungen des Betroffenen beruhen«. Sofern sich diese Angaben bereits im Asylverfahren als nicht zutreffend erwiesen haben, etwa wegen durchgreifender Zweifel an der Glaubhaftigkeit des geschilderten Verfolgungsschicksals, könne die Möglichkeit eines Suizids in einem anderen Licht erscheinen.

Flüchtlinge, die sich darauf berufen, an einer (kriegsbedingten) Posttraumatischen Belastungsstörung (PTSD) zu leiden, werden teilweise von den Ausländerbehörden aufgefordert, sich einer Untersuchung durch einen Polizei- oder Amtsarzt zu unterziehen. Gestützt wird diese Praxis auf §70 Abs. 1 AuslG, wonach ein Ausländer verpflichtet ist, bei der Aufklärung des entscheidungserheblichen Sachverhalts mitzuwirken. Das Verwaltungsgericht Berlin bezweifelt jedoch die Rechtmäßigkeit einer solchen Aufforderung, da die angestrebte ärztliche Untersuchung über die Feststellung des körperlichen Zustandes hinausgehe und die Offenbarung höchst persönlicher Angelegenheiten und intimster Erlebnisse und Erfahrungen verlange (Beschluss vom 16. 8. 1999 – 35 F 41/99, *Neue Zeitschrift für Verwaltungsrecht – Beilage*, I/2000, S. 53). Hierfür biete §70 Abs. 1 AuslG keine ausreichende gesetzliche Grundlage. Ferner bezweifelt das Gericht die erforderliche fachliche Qualifikation von Polizei- und Amtsärzten, um auf dem Gebiet der PTSD sachkundig begutachten zu können (vgl. auch Birck 2000, S. 209).

Sozialhilferecht und Asylbewerberleistungsgesetz

Ausländern, die sich in der Bundesrepublik Deutschland *tatsächlich* aufhalten, ist Hilfe zum Lebensunterhalt, Krankenhilfe, Hilfe für werdende Mütter und Wöchnerinnen sowie Hilfe zur Pflege zu gewähren; sonstige Sozialhilfe *kann* gewährt werden (§ 120 Abs. 1 BSHG). Sofern sie eingereist sind, *um* Sozialhilfe zu erlangen, besteht kein Leistungsanspruch. Haben sie sich zum Zwecke einer Behandlung oder Linderung einer Krankheit ins Bundesgebiet begeben, soll Krankenhilfe insoweit nur geleistet werden, um einen akut lebensbedrohlichen Zustand zu beheben oder um eine unaufschiebbare und unabweisbar gebotene

Behandlung einer schweren oder ansteckenden Erkrankung durchzuführen (§120 Abs. 3 BSHG).

Der leistungsrechtliche Status von Asylsuchenden, Kriegsflüchtlingen, Ausländern mit einer Duldung nach §55 AuslG (s. o.), sonstigen »Illegalen« bestimmt sich nach dem Asylbewerberleistungsgesetz (AsylbLG), das für die ersten drei Aufenthaltsjahre im Vergleich zum BSHG um ca. 20 Prozent abgesenkte Leistungen und eine Priorität des Sachleistungsprinzips einschließlich eines Taschengelds vorsieht. Ein entsprechender Anspruch besteht jedoch auch hier nicht, wenn die Einreise erfolgt ist, *um* Leistungen nach diesem Gesetz zu beziehen oder wenn aus von einer ausreisepflichtigen Person zu vertretenden Gründen aufenthaltsbeendende Maßnahmen nicht vollzogen werden können (§1a AsylbLG). Zur Behandlung akuter Erkrankungen und Schmerzzustände sind die erforderliche (zahn)ärztliche Behandlung einschließlich der Versorgung mit Arznei- und Verbandsmitteln sowie sonstige zur Genesung, zur Besserung oder Linderung von Krankheiten und Krankheitsfolgen notwendige Leistungen zu gewähren. Zahnersatz jedoch nur, soweit dies im Einzelfall aus medizinischen Gründen unaufschiebbar ist (§4 AsylbLG). Sonstige Leistungen können insbesondere gewährt werden, wenn sie im Einzelfall unter anderem zur Sicherung der Gesundheit unerlässlich sind (§6 AsylbLG).

Weiterführende Literatur findet sich bei: FRITZ, R.; VORMEIER, J. (2000a, 2000b, 2000c), GÖBEL-ZIMMERMANN, R. (1999), HUBER, B. (2000), HAILBRONNER, K. (2000), RENNER, G. (1999) und WOGE e.V. (1999).

Suman Fernando

Rassismus als institutioneller Prozess

»I note the obvious differences
Between each sort and type,
But we are more alike, my friends,
Than we are unalike.«
***Maya Angelou*: I Shall Not Be Moved.**

Einführung

Menschen anhand einer Zuordnung zu »Rassen« zu klassifizieren, die vornehmlich an der äußeren Erscheinung festgemacht ist (seltener auch an der nominellen Religionszugehörigkeit oder der Sprache), hat in den europäischen Kulturen eine lange Tradition. Dieses »Rassendenken« (BARZUN 1965) ist ungebrochen, und zwar ungeachtet der Tatsache, dass der Begriff »Rasse«, im Sinne einer biologisch determinierten Einheit und erkennbar an der äußeren Erscheinung, in Fachkreisen als Instrument der Untergliederung der menschlichen Spezies längst aufgegeben wurde.

In diesem Aufsatz möchte ich allerdings nicht die Geschichte der »rassischen« Klassifizierung nachzeichnen; es soll hier der Hinweis genügen, dass zwar unterschiedliche physische Merkmale dazu benutzt wurden, Menschen einer bestimmten Rasse zuzuordnen, jedoch schon sehr früh die Hautfarbe zum beliebtesten Kriterium avancierte. In seiner »wissenschaftlichen« Kategorisierung des Homo sapiens anhand der »Rasse« unterschied bereits C. LINNAEUS (1758/1984) sechs Gruppen – vier analog der Farben Rot, Weiß, Gelb, Schwarz sowie zwei weiterer Gruppen allgemeinen Charakteristika. Inzwischen ist hinlänglich bekannt, dass die Unterscheidung zwischen Menschen auf der Basis schlicht visueller Merkmale gelinde gesagt wissenschaftlich nicht haltbar ist. (MOLNAR 1983) Was im 18./19. Jahrhundert und in der ersten Hälfte des 20. Jahrhunderts als »wissenschaftliche Erkenntnis« über »Rasse« ausgegeben wurde, hat sich als eine krude Mischung aus Mythen und Vorurteilen entpuppt – mit anderen Worten, zumeist handelte es sich eher um ein Produkt von Rassismus als um »Wissenschaft«.

Rassenvorurteil und Rassismus

Ein Rassenvorurteil ist im Wesentlichen ein affektiver Zustand, ein Gefühl oder eine Geisteshaltung, die sich in Form einer »Antipathie ausdrückt und die auf einer starren, unzutreffenden Verallgemeinerung beruht« (Allport 1954). Kommt diese rassistische Haltung in der Praxis gesellschaftlicher Institutionen zum Tragen – oftmals ohne dass dies den beteiligten Personen bewusst wird –, so spricht man von »institutionellem Rassismus«. Wie in anderen gesellschaftlichen Bereichen auch können in vielen unserer soziokulturellen Subsysteme wie Psychiatrie, Sozialarbeit, klinische Psychologie und Psychotherapie Merkmale dieser Form von Rassismus beobachtet werden, die den Stellenwert einer Doktrin oder Ideologie haben oder gar den eines Dogmas. Wie D. Wellman (1977) zeigt, geht es weit über ein individuelles Ressentiment hinaus, wenn rassistische Vorurteile erst einmal in den Strukturen der Gesellschaft angelangt sind – denn »Menschen mit Rassenvorurteilen sind nicht die einzigen Rassisten«.

Die Charakteristika des institutionellen Rassismus im westeuropäischen Kontext wurden, als Beispiel, im Verlauf der Ermittlungen bezüglich der Ermordung eines schwarzen Jugendlichen in England im Jahre 1993 schlagartig deutlich. In seinem Bericht an das britische Parlament benannte Sir William Macpherson, ein prominenter Richter, der die Ermittlungen leitete, den institutionellen Rassismus als ein großes Problem der Londoner Polizei (Home Department 1999, S. 28) und definierte diesen als: »Die kollektive Weigerung einer Organisation, Menschen auf Grund ihrer Hautfarbe, Kultur oder ethnischen Herkunft die angemessenen professionellen Dienstleistungen zukommen zu lassen. Diese ist abzulesen an diskriminierenden Verfahrensweisen, Einstellungen und Verhaltensmustern, in denen unwissentlich Vorurteile, Ignoranz, Gedankenlosigkeit und rassistische Stereotypisierungen reproduziert werden, die zur Benachteiligung ethnischer Minderheiten führen.«

Multikulturalismus und Rassismus

In vielen Regionen Westeuropas leben heute Bevölkerungsgruppen, deren kultureller Hintergrund ihren Ursprung in Asien, Afrika, Osteuropa oder im Nahen Osten liegen. Mit anderen Worten, das moderne Westeuropa ist multikulturell. Dennoch gilt kulturelle Diversifizierung in vielen Teilen Europas nicht als positiver Wert, sondern weckt Ängste, da sie als Ursache für die Verwässerung der naturwüchsigen Eigenschaften des so genannten »Volks« betrachtet wird. Diese Sichtweise resultiert aus:

- einem Missverständnis des Begriffs »Kultur« und
- der Verwechslung der Begriffe »Kultur« und »Rasse«.

»Kultur« umfasst alle nicht materiellen Gemeinsamkeiten der Individuen, die eine soziale Gruppe bilden – etwa Gepflogenheiten in der Kindererziehung, familiäre Strukturen oder ethische Werte und Prinzipien, was A. H. LEIGHTON und J. M. HUGHES (1961) als »gemeinschaftliche Denk-, Gefühls- und Anpassungsmuster« bezeichnen. Doch der Begriff »Kultur« wird noch in einem anderen Sinn gebraucht, der über die auf das Individuum bezogene Bedeutung hinausgeht und auf familiäre Kultur und die Kultur von Berufsgruppen oder Institutionen hinsichtlich ihres Ethos und ihrer Funktionsweise ausgeweitet wird. Kultur ist gleichwohl niemals statisch, ob auf das Individuum, die Familie, Gemeinde, eine Institution oder eine Berufsgruppe bezogen. Im Laufe der Zeit oder wenn sich neue Vorstellungen in einer Gruppe durchsetzen, kommt es zu Veränderungen. Ferner spielt äußerer Druck eine wichtige Rolle bei der Determinierung einzelner Aspekte von Kultur; die kulturelle Orientierung einer Gemeinde, Familie oder Gruppe kann ebenso sehr von sozialen Bedingungen (das heißt von Armut, rassistischen Übergriffen etc.) geprägt werden wie von Gewohnheiten. Mit anderen Worten: Kultur wird ebenso von sozialem Druck determiniert wie von Tradition.

Die multikulturellen Gesellschaften Westeuropas werden hin und wieder als Konglomerat von Gruppen oder »Gemeinden« verschiedener Herkunft, Tradition und Weltanschauung gesehen. Doch in einem Kontext wie dem Westeuropas, wo eine weitgehend freie Vermischung der Bevölkerungsgruppen unabhängig von der jeweiligen kulturellen Herkunft stattfindet, haben sich multikulturelle Gesellschaften herausgebildet, in denen *sämtliche* Bereiche neben den traditionell europäischen auch von den unterschiedlichen anderen kulturellen Einflüssen geprägt werden. In Großbritannien beispielsweise kommen überwiegend Einflüsse aus der kulturellen Tradition des südlichen Asiens, Afrikas und der Karibik zum Tragen, während in Deutschland eher solche aus dem Nahen Osten, der Türkei, Osteuropas und Teilen Afrikas wirksam werden.

Die Begriffe »Kultur« und »Rasse« gilt es in diesem Zusammenhang streng zu unterscheiden. Die Vorstellung, dass Menschen verschiedener »rassischer«

Herkunft notwendigerweise verschiedenen Kulturen angehören, hat viel mit der historischen Tendenz zu tun, Menschen anhand ihrer »Rasse« zu beurteilen und kulturelle Divergenzen zwischen Gruppen auf »rassische« Unterschiede zurückzuführen. Die Folge davon ist, dass rassistisches Denken die Einstellung gegenüber anderen Kulturen prägt. Britischen Soziologen (HALL 1992) beschreiben, wie Rassismus sich im Kontext zeitgenössischer Multikulturalität manifestiert. »Kultur«, falsch verstanden als starrer, unveränderlicher Merkmalskomplex sozialer Gruppen, wird mit »Rasse« gleichgesetzt und folgerichtig artikuliert sich der Rassismus in der Diskussion über Kultur. Letztlich hat auch die Propagierung des Multikulturalismus ohne eine vorhergehende Auseinandersetzung mit dem Rassismus in einen Diskurs gemündet, der Identität – ob man »Brite«, »Deutscher« oder »Europäer« ist – in »rassischen« Termini, mittels der äußeren Erscheinung, überwiegend der Hautfarbe, definiert.

Geschichte des Rassismus in Psychiatrie und Psychologie

Psychiatrie und Psychologie bildeten sich zu einer Zeit heraus, als die langlebigen Mythen des Rassismus fest in die europäische Kultur integriert waren (FERNANDO 1988). Mythen wie zum Beispiel, dass das Gehirn Schwarzer kleiner sei als das von Weißen (vgl. u. a. BEAN 1906) und dass Asiaten, Chinesen, Afrikaner und amerikanische Ureinwohner psychologisch gesehen »pubertäre Rassen« seien (HALL 1904), bestanden fort. In einem rassistischen Kontext entwickelt, fußte die psychiatrische Kultur auf einer Ideologie, die Weiße in jeder Hinsicht den so genannten Schwarzen, Braunen, Roten und Gelben überordnete.

Im 19. Jahrhundert votierten Psychiater in den USA für die Erhaltung der Sklaverei und führten zu diesem Zweck Statistiken an, die angeblich belegten, dass in der Gruppe der befreiten Sklaven im Vergleich zu den nach wie vor versklavten Schwarzen öfter von Geisteskrankheiten berichtet würde (THOMAS / SILLEN 1972). Etwa um diese Zeit wurde die Geisteskrankheit »drapetomania« erfunden – eine unter den schwarzen Sklaven diagnostizierte Krankheit, die (laut CARTWRIGHT 1851) »sich in dem unwiderstehlichen Drang äußert, davonzulaufen«. Als E. Kraepelin 1904 beobachtete, dass depressive Javaner nicht unter Schuldgefühle litten, schloss er, dass diese »ein psychisch unterentwickeltes Volk« seien, verwandt mit dem »unreifen Teil der europäischen Jugend« (KRAEPELIN 1921). Durch die Vermischung von Kultur und »Rasse« kam er zu einer rassistischen transkulturellen Einschätzung. Auch später noch waren transkulturelle Beobachtungen in der Psychiatrie mit ähnlich rassistischen Vorstellungen verquickt: Dass Afrikaner offensichtlich seltener an Depressionen erkrankten, wurde auf ihr »verantwortungsloses« und »gedankenloses« Wesen zurückgeführt oder auf das »Fehlen jeglichen Sinns für Verantwortung« (Carothers 1953).

In den zwanziger Jahren behauptete der Psychologe C. Jung, dass dem Gehirn des »Negers« »eine komplette historische Schicht« fehle (nach Thomas / Sillen 1972, S. 14), wobei er auf psychologische »Schichten« analog zu den anatomischen Schichten des Hirnkortex rekurrierte. Und nach einem Besuch in den Vereinigten Staaten beklagte er, dass weiße Amerikaner durch ein zu enges Zusammenleben mit Schwarzen der Gefahr »rassischer Ansteckung« ausgesetzt seien: »Der inferiore Mensch übt einen gewaltigen Sog auf seine zivilisierten Artgenossen aus, die gezwungen sind, mit ihm zu leben ...« S. Freud forderte, dass die »Führung der menschlichen Spezies« von den »weißen Nationen« im Gegensatz zu den »Primitiven« übernommen werden solle – zu den Letzteren gehörten für ihn Melanesier, Polynesier und Malaien, die Ureinwohner Australiens, Nord- und Südamerikas und die »Negerrassen Afrikas« (Hodge / Struckman 1975).

Die These, dass Schwarze im Vergleich zu Weißen stark unterentwickelt seien, taucht auch in modernen Theorien wieder auf, so in der Behauptung J. C. Carothers (1951), es bestehe eine »auffallende Ähnlichkeit zwischen afrikanischem Denken und dem lobotomisierter Europäer« (1951, S. 12). Hierher gehört auch das Ergebnis der Analyse von weltweit durchgeführten Studien durch J. Leff (1981), der ausführt, Afrikaner und Asiaten ebenso wie schwarze Amerikaner (die politisch »Schwarzen«) wiesen im Vergleich mit Europäern und weißen Amerikanern eine minder entwickelte Fähigkeit zur Gefühlsdifferenzierung auf – ein Fund, der für J. Leff (1981) belegt, dass Schwarze in der »historischen Entwicklung emotionaler Differenzierung«, einem »evolutionären Prozess« (1981, S. 65–66), zurückstehen. Derlei Gedankengänge decken sich mit neu aufgelegten Ideen zum Zusammenhang von Intelligenz und »Rasse«, die letztlich davon ausgehen, dass Schwarze intellektuell unterentwickelt seien.

Rassismus in der aktuellen psychiatrischen Praxis

Ist der Rassismus – ich kann hier lediglich für Großbritannien sprechen – auch nicht mehr in seiner direkten, eklatantesten Form zu beobachten, so existiert er dennoch. Eben weil es schwieriger ist, einen institutionalisierten Rassismus zu erkennen als den offenen Rassismus der Vergangenheit, entfaltet dieser eine gefährliche Wirkung. Im Großen und Ganzen fördert die Ausbildung von Professionellen das Vertrauen in die Überlegenheit von Wissen und Methoden ihrer speziellen Disziplinen im Vergleich zu dem Wissen von Menschen nichtwestlicher Kulturen. Das reiche Wissen über die menschliche Psyche, das den Philosophien und Religionen fernöstlicher und afrikanischer Kulturen zu entnehmen ist, gilt jenem der westlichen Kultur als unterlegen bzw. dieses wird sogar als »primitiv« abgewertet. Hinzu kommt, dass der in der Ausbildung von Professionellen institutionalisierte Rassismus in der Regel unkritisch als fester Bestandteil psychiatrischer und psychologischer »Fachkenntnis« betrachtet wird.

In der Praxis äußert sich dies darin, dass eurozentristische Analyse- und Bewertungsverfahren benutzt werden, um psychologische Profile und Diagnosen zu erstellen, die nichtwestliche Lebensvorstellungen, Problemlösungen, Überzeugungen und Gefühle nicht berücksichtigen (siehe auch den Beitrag von J. de Jong zum Thema Psychodiagnostik). Die Profile und Diagnosen können daher per se nicht die Folgen von sozialem und politischem Druck einbeziehen und blenden damit einen entscheidenden Aspekt des praktischen Lebens aus. So wird zum Beispiel gerechter Zorn über gesellschaftlichen Rassismus oftmals entweder nicht erkannt, da der gesellschaftlichen Erfahrung Schwarzer oder anderer diskriminierter Menschen keine Glaubwürdigkeit beigemessen wird, oder aber unabhängig vom gesellschaftlichen Defizit im Sinne einer gesteigerten Verletzlichkeit des Individuums interpretiert. Die Entfremdung, die die meisten Schwarzen empfinden, wird in der Regel als ihr persönliches Problem an sie zurückverwiesen; es folgt eine »Behandlung« mit dem Ziel der Akzeptanz von »Wirklichkeit«, ohne das Problem gesamtgesellschaftlich zu orten. Werden die Erfahrungen und Gefühle Schwarzer gegen alle Widerstände doch ernst genommen, greift man auf Erklärungsmodelle wie Krankheit oder Kriminalität zurück, da die Bedürfnisse der Gesellschaft und die traditionellen Verfahrensweisen der Psychiatrie dies nahe legen. Das heißt, Stereotypien beeinflussen das Profil, das Professionelle von Schwarzen erstellen.

Probleme des psychiatrischen Betriebs, die zugleich die Auswirkungen des institutionellen Rassismus wie auch aus der kulturellen Diversifizierung resultierende Konflikte reflektieren, sind in den vergangenen fünfzehn Jahren in Großbritannien schwerpunktmäßig thematisiert worden (FERNANDO 1988).

Dabei fallen zwei zentrale Befunde in der täglichen psychiatrischen Praxis auf:

- die überproportionale Häufigkeit der Diagnose »Schizophrenie« bei Schwarzen;
- die Tendenz, Schwarze weit häufiger zwangsweise in die Psychiatrie einzuweisen als Weiße.

Es herrscht Einigkeit darüber, dass institutioneller Rassismus sich (unter anderem) durch Stereotypisierung auswirkt – feststehende Annahmen über Menschen und ihr Verhalten, die, ohne aktuell gültig zu sein, die Wahrnehmung beeinflussen. Offenbar verläuft der routinemäßige Prozess der Entscheidungsfindung psychiatrischer Professioneller nur selten streng objektiv. Stereotype Bilder prägen die Wahrnehmung, schüren etwa Misstrauen und Ängste bei der Polizei, beeinflussen Entscheidungen, wenn Sozialarbeiter Situationen als bedrohlich einstufen, wirken sich auf die von Psychiatern gestellten Diagnosen und die Auswertung von Testergebnissen durch Psychologen aus usw. (FERNANDO 1988; 1991). Leider liegen bisher nur wenige Forschungsarbeiten zu diesem Problemkomplex vor.

Generell fällt in der psychiatrischen Betreuung Großbritanniens der überproportional große Anteil Schwarzer auf, die

- von der Polizei wegen Erregung öffentlichen Ärgernisses auf Grund des Verdachts auf psychische Störungen in Gewahrsam genommen,
- in die geschlossenen Abteilungen von Krankenhäusern verbracht werden (da sie als »gefährlich« eingestuft werden),
- denen eine Psychotherapie verweigert und
- eine hoch dosierte Medikation verabreicht wird.

All dies lässt sich zum großen Teil mit institutionalisierten Einstellungen gegenüber dunkelhäutigen Menschen erklären, die von Stereotypien und kulturell determinierten unzutreffenden Wahrnehmungen geprägt sind. So werden Afrikaner und Türken häufig allein auf Grund ihres Äußeren als »wütend« wahrgenommen; und oftmals wird ohne entsprechende Indizien vorausgesetzt, dass Türken oder Asiaten ihre Gefühle nicht verbalisieren und somit nicht von Psychotherapien profitieren würden.

Strategien gegen Rassismus und Akzeptanz kultureller Diversifizierung

Obgleich offen rassistische Vorurteile in den meisten westlichen Gesellschaften nach wie vor verbreitet sind, besteht das Hauptproblem in der psychiatrischen Betreuung im institutionellen Rassismus. Dem institutionellen Rassismus entgegenzutreten und ihn nicht nur als das Ergebnis (persönlicher) »rassischer« Vorurteile zu kennzeichnen heißt nicht, dass Individuen die persönliche Verantwortung für Rassismus von sich weisen könnten – schließlich werden institutionelle Praktiken von Menschen vollzogen und wirken sich persönlich auf andere Menschen aus. Es bedeutet eher, dass dieser Rassismus, da indirekt, schwerer festzumachen ist und Strategien gegen institutionellen Rassismus gut durchdacht sein müssen. Im Falle offen rassistischer Vorurteile, die etwa in rassistischen Bemerkungen oder Übergriffen zum Ausdruck kommen, lässt sich hingegen auf vorgegebene gesetzliche Mittel zurückgreifen.

Im Falle auf rassistischen Stereotypen basierender institutionalisierter Praktiken, die dazu führen, dass bestimmte Menschengruppen überproportional als »schizophren« diagnostiziert oder einer Zwangsmedikation unterzogen werden – da sie als »gefährlicher« eingestuft werden als ihre weißen oder »autochthonen« Mitbürger –, könnte eine Gegenstrategie in der Reform institutioneller Praktiken bestehen, ergänzt durch eine Fortbildung der Professionellen, die in den Institutionen arbeiten. Im institutionellen Sektor muss die ethnische Ungleichheit beseitigt, das heißt a) der Rassismus bekämpft und b) Chancengleichheit gefördert werden. Konkret kann dies durch ein überschaubares Monitoring-System geschehen, durch ein Aktionsprogramm, das Disziplinarmaßnahmen einschließt, um die Einhaltung der Vorgaben zu gewährleisten, sowie durch ein System vorausschauender Planung, das allgemeine Richtlinien, Monitoring und Aktionsprogramm einbezieht.

Die Ausbildung ist inhaltlich sowohl an kultureller Differenz als auch an einer Auseinandersetzung mit Rassismus zu orientieren (dazu auch Th. Hegemann in diesem Buch). Das traditionelle medizinische Modell der Psychiatrie muss ergänzt werden durch die Thematisierung von Anschauungen über die menschliche Psyche, die aus nichteuropäischen kulturellen Traditionen stammen. Darüber hinaus sollten alle psychologischen und psychiatrischen Professionellen – ganz besonders Psychiater – in der Ausbildung das Wesen des Rassismus verstehen lernen, insbesondere seinen Einfluss auf psychiatrische und psychologische Theorie und Praxis. Eine spezifisch antirassistische Praxis kann zwar nicht in der Ausbildung erlernt, jedoch aus dem Verständnis des Rassismus im Kontext institutioneller Politik und Praxis gewonnen werden, das die Akzeptanz kultureller Diversifizierung fördert.

Zusammenfassung

»Rasse«, anhand der Hautfarbe identifiziert, stellt keinen genetischen Typus dar (Jones 1981); die genetische Vielfalt der Menschheit, ergänzt durch die einzigartige genetische Ausstattung eines jeden Individuums, stellt ein breites und komplexes (genetisches) Potenzial bereit. Dieses Potenzial kann nicht auf Klassifizierungen wie »Rasse« reduziert werden – wie auch immer der Begriff »Rasse« definiert sein mag. Überdies werden Verhaltensmuster oder psychologische Attribute durch komplizierte Interaktionen von Faktoren erzeugt, die keinesfalls allein auf bestimmte, innerhalb einer so genannten Rasse vererbte Genkomplexe zurückgeführt werden können (Spuler / Lindzey 1967; Fried 1968).

Westeuropa ist heute multikulturell. Die in der Region lebenden Menschen haben daher im Großen und Ganzen eher internationale als nur »europäische« kulturelle Wurzeln. Obgleich der multikulturelle Charakter der Gesellschaft gemeinhin anerkannt wird, erzeugt dies Ängste – ein Ergebnis von verdecktem Rassismus, der im Hinblick auf Multikulturalismus für Verwirrung und verzerrte Wahrnehmung sorgt.

Psychiatrie und Psychologie blicken auf eine lange Tradition des Rassismus zurück. Und diese Tradition ist weiter wirksam, wenn auch eher in der »subtileren« Form des institutionalisierten Rassismus. Um in der Psychiatrie transkulturell tätig zu werden, gilt es, sich mit Fragen der kulturellen Diversifizierung auseinander zu setzen; von höchster Priorität ist jedoch die Auseinandersetzung mit Rassismus. Ausbildung allein kann die schwerwiegenden Probleme in der psychiatrischen Betreuung nicht lösen. Um die Effektivität der Ausbildung zu gewährleisten, müssen Strategien entwickelt werden, die die Akzeptanz kultureller Vielfalt fördern und somit dem institutionellen Rassismus entgegenwirken. Strategien zur Bekämpfung des institutionellen Rassismus können unter anderem aus gesetzlichen Maßnahmen und Satzungsänderungen bestehen. Zunächst einmal aber müssen die institutionellen Prozesse genauestens analysiert werden, um die Bereiche ausfindig zu machen, in denen es zu Veränderungen kommen muss. In der Ausbildung müssen sowohl Rassismus als auch kulturelle Differenz thematisiert werden.

Übersetzt aus dem Englischen von Brigitta Merschmann

Theoretische und methodische Grundlagen

Übersicht

Nützliche Theorien dienen der Praxis. Sie helfen die Komplexität der Aufgabenstellung zu reduzieren, die Praxis erklär- und kommunizierbar zu machen, zu neuen Fragen und Antworten anzuregen und zudem dazu beitragen, das eigene Handeln kritisch zu reflektieren.

Um dies für die transkulturelle Arbeit zu erleichtern, werden in diesem Kapitel Ansätze und Konzepte vorgestellt, die für die psychiatrische Versorgung von Migranten und Minoritäten hilfreich sind.

Inga Britt Krause führt in die Konzepte der Sozialanthropologie ein und stellt vor allem nützliche Konzeptionen zum Begriff »Kultur« vor. *Carlos Sluzki* beschreibt ein Phasenmodell der Migration, welches typische Migrationskrisen erklärt und Ansätze zu derer Behandlung skizziert.

Thomas Hegemann stellt Ansätze für eine ressourcen- und lösungsorientierte Kommunikation in Beratungssituationen mit Menschen aus anderen Kulturen vor.

Joop de Jong diskutiert die Möglichkeiten und Grenzen der Psychodiagnostik und stellt nützliche Ansätze für deren hilfreichen Einsatz vor.

Cornelia Oestereich schließlich beschreibt praktische und leicht integrierbare Ansätze für eine psychotherapeutische Gesprächsführung.

Inga-Britt Krause

Anthropologische Modelle für die multikulturelle psychiatrische Arbeit

»Wie man sich bettet, so liegt man.«
Bertold Brecht

Einführung

Dieses von B. Brecht in *Aufstieg und Fall der Stadt Mahagonny* zitierte deutsche Sprichwort findet sich ähnlich lautend auch im angelsächsischen Sprachraum und in Dänemark. Die dahinter stehende Idee ist bekannt: Man hat Einfluss auf das, was mit einem geschieht, und es besteht eine Relation zwischen dem Handeln einer Person und den Ergebnissen oder Konsequenzen ihrer Handlungen. Wie alle Sprichwörter enthält auch dieses eine Moral, im Sinne von »Jeder ist für sich selbst verantwortlich« oder »Man schafft sich seine Probleme selbst«, was gut passt zu der nordeuropäischen Betonung des Individuums und seiner Kompetenz, das eigene Leben neu und positiv zu gestalten. Sicher kann man dieser Aussage auch widersprechen oder als zu einseitig ablehnen, zumal B. Brecht es zweifellos in kritischer Absicht benutzte, um die deutsche Gesellschaft zu illustrieren.

Schließt man von der individuellen auf die gesellschaftliche oder eine Gruppenebene, dann lässt sich die Botschaft des Sprichworts noch unter einem anderen Akzent deuten, der eher der Intention Brechts in der »Dreigroschenoper« entspricht. Was wir tun und was wir denken ist zu einem großen Teil – manch einer würde sagen: ganz und gar – determiniert vom Sozialsystem, der Kultur und der Gesellschaft, in der wir leben. Auch wenn dies dem Sprichwort auch auf den ersten Blick zu widersprechen scheint, so löst sich dieser Widerspruch auf, solange es auf Gesellschaften bezogen wird, in denen der Individualismus einen zentralen philosophischen Stellenwert einnimmt und individuelle Verantwortung eine große Rolle spielt. Dort wird vorausgesetzt, dass das Individuum imstande ist, immer neue originäre Leistungen zu vollbringen.

Nach allgemeiner Erfahrung besteht ein Zusammenhang zwischen unserem Handeln und seinem Kontext. Dies wird tagtäglich immer aufs Neue bestätigt, wenn unsere Kinder zur Schule gehen, wenn wir Auto fahren, einkaufen, arbeiten, wenn wir fernsehen oder Zeitung lesen und genauso wenn wir krank werden. Es besteht ein Zusammenhang zwischen Leiden und der Art und Weise, wie es einerseits erfasst und benannt (diagnostiziert) und andererseits behandelt wird (LITTLEWOOD 1992). Das heißt nichts anderes, als dass unsere Anschauungen, unser Verhalten, unsere Institutionen und unsere Erfahrungen (zumindest bis zu einem gewissen Grad) sozial konstruiert sind. Man stelle sich nur vor, was geschehen würde, wenn man in der Sprechstunde des Hausarztes klagte, man sei von einem Geist besessen. In Großbritannien und Dänemark ebenso wie in Deutschland wäre dies eine Sprache, mit der sich die meisten Hausärzte schwer tun würden. Höchstwahrscheinlich würden sie die geschilderten Beschwerden in ihre eigene Sprache übersetzen und die Diagnose würde unter Umständen »Schizophrenie« oder »Psychose« lauten.

In verschiedenen Kulturen jedoch stehen unterschiedliche Aspekte eines Krankheitsbildes im Vordergrund und die Beschwerden können in einer Form vorgebracht werden, die einem westlichen Psychiater völlig fremd sind.

Kleinman hat dies im Rahmen der Studie dargelegt, die er in den achtziger Jahren in China durchführte (KLEINMAN 1986). In China diagnostizierte man bei Symptomen wie Nervosität, Schwindel, Kopfschmerzen und Mattigkeit gemeinhin Neurasthenie; die Diagnose Depression wurde dagegen selten gestellt. Zum Teil lag dies daran, dass psychische Störungen stigmatisiert waren und dass somatische Symptome in China auf ein geringeres Maß an persönlicher Verantwortung hindeuteten. Über Depressionen zu klagen stieß auf Abwehr. Man stelle sich demgegenüber vor, welche Konsequenzen es hätte, einem New Yorker Psychoanalytiker zu erklären, man leide an Neurasthenie!

Wie psychische Störungen definiert und etikettiert werden, hängt von dem jeweiligen sozialen Kontext ab, in dem diese auftreten. Daraus ergeben sich für die transkulturelle klinische Praxis in Psychologie und Psychiatrie erhebliche Anforderungen. Zunächst gilt es, darüber nachzudenken, wie eine kulturell sensible, respektvolle, effektive Behandlung gewährleistet werden kann. In dieser Hinsicht könnten sich Forschungen und Ergebnisse der Anthropologie als nützlich erweisen.

Warum eine transkulturelle Perspektive?

Wir leben zunehmend in multikulturellen Zusammenhängen; die kulturelle Herkunft unserer Klientinnen und Klienten unterscheidet sich oftmals von der unseren. Angesichts der gegenwärtigen wirtschaftlichen und politischen Entwicklung wird sich dieser Trend noch verstärken. Im Jahr 1992 gab es weltweit 100 Mio. Migranten, darunter 20 Mio. Flüchtlinge (CASTLES / MILLER 1993), und diese Diaspora von Menschen und Kulturen setzt sich fort und wirkt sich auf ganze Staatswesen und ihre Dienstleistungsstruktur aus. Wir können nicht davon ausgehen, dass dieser Trend zur Globalisierung in eine Homogenisierung münden wird. Stattdessen zeigt sich, dass ethnische und kulturelle Unterschiede noch in der zweiten und dritten Generation wirksam sind, selbst wenn der Charakter der Unterschiede sich verändern mag. Vieles deutet darauf hin, dass zunehmende Globalisierung einhergeht mit wachsender kultureller Differenzierung und Ethnifizierung auf lokaler Ebene (FRIEDMAN 1994; v. d. VEER 1997). Gerade im vergangenen Jahrzehnt wurde dies auf besonders schmerzhafte Weise deutlich, einem Jahrzehnt, in dem weltweit ethnisch und kulturell legitimierte Konflikte und kriegerische Auseinandersetzungen große Opfer unter der Zivilbevölkerung forderten.

Obgleich diese globale Entwicklung bereits ausreicht, um uns die Unverzichtbarkeit einer transkulturellen Perspektive vor Augen zu führen, gibt es noch zwei weitere Gründe, warum sowohl transkulturelle Unterschiede als auch Ähnlichkeiten nicht außer Acht gelassen werden sollten. Erstens ist der transkulturelle der einzige Ansatz, der eine »panhumanistische« Perspektive gestattet. Da die transkulturelle Ausrichtung eine umfassendere Validität anstrebt, hat sie einen überzeugenderen wissenschaftlichen Charakter als all jene Ansätze, die sich aus nur einem einzigen kulturellen Kontext herleiten und folgerichtig ausschließlich innerhalb dieses begrenzten kulturellen Rahmens anwendbar sind (KLEINMAN 1987). Der transkulturelle Ansatz fördert daher die wissenschaftliche Weiterentwicklung. Lässt sich etwa belegen, dass ein bestimmtes Phänomen in ganz unterschiedlichen Kulturen und unter verschiedenen sozialen Rahmenbedingungen zu finden ist, kann man mit Fug und Recht davon ausgehen, dass es sich um ein allgemeines Merkmal der Conditio humana handelt. So sollten wir uns beispielsweise nicht nur damit beschäftigen, was Neurasthenie und Depression unterscheidet, sondern auch damit, was ihnen gemeinsam ist, anstatt nur die eine Diagnose gegen die andere auszutauschen, je nachdem welches Label der politische, ökonomische und soziale Kontext einer psychischen Störung verleiht.

Der zweite Grund folgt aus dem ersten und hat unmittelbar mit uns zu tun. In der psychologischen und psychiatrischen Praxis bietet nur ein transkultureller Rahmen ein geeignetes Instrumentarium zur kritischen Überprüfung unserer Konzepte und Kategorien (siehe auch Beitrag von J. de Jong). Er hilft uns, über uns selbst in Relation zu anderen nachzudenken – diese Form der Selbstreflexion ist für die klinische Arbeit unverzichtbar.

Anthropologie

Die erwähnten Fragen kann die Anthropologie* selbstverständlich nicht im Alleingang klären, zumal die traditionelle Anthropologie ebenso um sich selbst kreiste und ethnozentrisch agierte wie andere an europäischen und amerikanischen Universitäten gelehrte Disziplinen. Ihr Ziel war es aufzuzeigen, wie Menschen in nichtwestlichen, nichteuropäischen Gesellschaften und Kulturen leben und die Welt verstehen, was hauptsächlich mittels der Begrifflichkeit der euroamerikanischen Wissenschaft und Philosophie geschah. Insofern konnte die Anthropologie genutzt werden, verschiedene Spielarten des Kolonialismus zu rechtfertigen, wofür es viele Beispiele gibt. Dennoch hat die Anthropologie auch die – wenn auch manchmal äußerst begrenzte – Möglichkeit zur Selbstkritik eröffnet. So wurde der Titel *The Sexual Life of Savages* von B. Malinowski (1929), dem »Vater« der britischen Anthropologie, ein Bericht über die intimen Beziehungen auf den Trobriand Islands (eine Gesellschaft, in der sich die sozialen und

* Die Anthropologie, im deutschsprachigen Raum auch als Ethnologie bezeichnet, weist in den einzelnen europäischen Ländern unterschiedliche Traditionen und eine jeweils unterschiedliche Geschichte auf. Während die Anthropologie in Nordeuropa eng mit der Volkskunde verknüpft war, wurde sie in Amerika von der Linguistik beeinflusst. Seit der Mitte des 20. Jahrhunderts wurde die amerikanische Anthropologie oftmals als Kulturanthropologie bezeichnet, während der britische Zweig seit Malinowski unter der Bezeichnung der Sozialanthropologie firmierte. In Frankreich gelangte die strukturalistische Anthropologie mit C. Lévi-Strauss zu Berühmtheit. Darüber hinaus kann das Fach in Teildisziplinen wie biologische, ökonomische, politische, medizinische Anthropologie usw. unterteilt werden. Obgleich sich Anthropologen sowohl hinsichtlich ihres theoretischen Interesses als auch der Regionen, in denen sie arbeiten, und der erlernten Sprachen spezialisieren, überschneiden sich die verschiedenen Teildisziplinen. Die medizinische Anthropologie ist eine Neuentwicklung, deckt jedoch ein breites Spektrum praktischer und theoretischer Aspekte ab. Rund um den menschlichen Körper werden individuelle, soziale und kulturelle Themen angesprochen, eine Bereicherung für die Disziplin insgesamt.

verwandtschaftlichen Beziehungen stark von denen Englands unterschieden), direkt nach seinem Erscheinen im Jahr 1929 in einer bekannten englischen Privatschule für Mädchen indiziert, da man das Buch als subversiv befand.

Manch wichtige Erkenntnis, die zur Entwicklung der Feldforschung und der ethnografischen Methode beigetragen hat, stützt sich auf die Arbeit von Pionieren wie B. Malinowski, doch die Anthropologie insgesamt hat sich verändert. Traditionell wurde die Anthropologie als das Studium von Völkern definiert, die in nichtwestlichen Kulturen leben, mit dem Ziel, zum Verständnis der menschlichen Natur zu gelangen. Mit fortschreitender Selbstreflexion der Disziplin haben sich jedoch neue Perspektiven eröffnet. Andere Kulturen und Gesellschaften werden zunehmend weniger aus evolutionärer Perspektive als nicht- oder unterentwickelte Sozialformen aufgefasst, sondern mehr als funktionale Kollektive mit eigenem Raison d'être. Die Anthropologie scheint jetzt Ansätze zu bieten, die Bedeutung nicht von Verhalten, Ideen nicht von Handeln trennt und dem rationalen Denken und Handeln von Menschen durch die Analyse des sozialen Kontextes, in dem sie leben, auf die Spur zu kommen suchen. Insofern geht es sowohl um die Mikroperspektive des Intimen, Persönlichen, Individuellen als auch um die ökonomische, politische und historische Makroperspektive. Die Relation zwischen Individuum und sozialem Kontext ist heute das zentrale Thema der Anthropologie. Das bedeutet, dass Anthropologen neben den sozialen auch an den kulturellen Bezügen interessiert sind und dass für sie das eine stets das andere beinhaltet. Im Folgenden soll dieser Bezug anhand der Begriffe *Kultur*, *Sprache* und *Ethnizität* beleuchtet werden.

Kultur, Sprache und Ethnizität

Kultur

Unter diesem Begriff geht es grob gesprochen um die Naturalismus-Debatte. Uns ist es nicht möglich festzulegen, was die »Natur« des Menschen ist, ja die Einteilung in Natur und Kultur selbst ist eine kulturelle Konstruktion. Unsere Wahrnehmung ist stets durch kulturelle Raster gesteuert. Unsere Anschauungen, unser Verhalten, unsere Reaktionen sind, mehr oder weniger bewusst, kulturell erlernt. Wir wurden sozialisiert und konditioniert; man hat uns eine Sprache für verbale wie für nonverbale Kommunikation mitgegeben, was nicht bedeutet, dass wir allein von Kultur geprägt würden oder dass Kultur gleichsam als Blaupause in Verstand und Gefühlsleben des Individuums präsent wäre. »Natürlich« ist für Menschen die Fähigkeit, soziale Beziehungen herzustellen sowie kulturelle Denksysteme zu entwickeln, um sich des eigenen Handelns zu vergewissern, kurz: unser Vermögen, Kultur zu schaffen. Kultur dagegen ist eher ein ideelles als gegenständliches Phänomen, und da sie sämtliche Bereiche unseres Lebens durchdringt, können diese Bereiche ganz unterschiedlich beschrieben werden, ohne sich ausdrücklich auf den Begriff »Kultur« zu beziehen: Familie, Ehe, Politik, Wirtschaft, Kirche, Krankheit, Leiden usw. Insofern ist Kultur eine, wenngleich komplexe, Illusion. Trotzdem ist es möglich, mehr darüber zu sagen.

Drei Aspekte von Kultur sollen hier näher erläutert werden. Der erste Aspekt umfasst, was oben mit *Sozialisation* bezeichnet wurde; ich habe es, gestützt auf T. INGOLD (1986), den *»generativen«* Aspekt genannt (KRAUSE 1995). Ein generativer Aspekt von Kultur ist all das, was mit dem Wahrnehmen und Erlernen von Handeln in allen Lebensaltern zu tun hat. Ein Teil dieser Prozesse ist den Menschen bewusst, so zum Beispiel das Erlernen einer Sprache, einer neuen Fertigkeit und neuer Verhaltensweisen. Ebenso gehört dazu, wie eine Person lernt, wie man lernt (BATESON 1999). Aber ein großer Teil des generativen Aspekts von Kultur ist dem Individuum nicht oder nicht vollständig bewusst. Das vielleicht augenfälligste Beispiel für diese Kategorie ist die Beziehung zwischen Kleinkind und Bezugsperson. Wie Eltern ihr Kind versorgen, hängt von kulturell konstruierten Vorstellungen ab (LEVINE u. a. 1994). Wie eine Mutter, ein Vater oder eine andere Bezugsperson dieser Aufgabe gerecht wird, prägt schon das Kleinkind in seiner Bindungsfähigkeit und seiner Sicht von Beziehungen. Genauso sind die Eltern oder Bezugspersonen in ihrem Verhalten von eigenen frühkindlichen Erfahrungen geprägt. Dieser Zusammenhang ist Individuen selten bewusst und doch unterliegen sie einer kulturellen Konstruktion. Dasselbe gilt für alle anderen Wissensbereiche: wie man ein Haus baut, wie man den Haushalt organisiert, wie man tanzt, wie man andere begrüßt, wie man sitzt, isst, wie der Körper wahrgenommen wird usw. Die vorgegebenen Muster, die wir nicht notwendigerweise bewusst umsetzen, hat der französische Philosoph und Anthropologe P. Bourdieu als *Habitus* bezeichnet. Habitus umschreibt das praktische Handeln. Es bezieht den individuellen Körper und die Erfahrungen ein, die dem Individuum nicht bewusst sein müssen. P. Bourdieu hat dies als »doxisches Wissen« bezeichnet (BOURDIEU 1972/1977).

Da die genannten Muster die Personen und ihre Körper einbeziehen, bilden körperlich erlebte Personen und andere körperliche Erfahrungen das Bindeglied zwischen der individuell-subjektiven und der sozialen Welt. Die soziale Welt hängt mit den generativen Elementen von Kultur zusammen. Dort wird das Individuum sozialisiert, indem es sich in sozialen Beziehungen bewegt. Die subjektive Welt, also das persönliche Erleben, ist eng mit dem zweiten Element von Kultur verknüpft, das ich, wiederum nach T. INGOLD (1986), als den *»interaktiven«* Aspekt bezeichnen möchte. Wenn generative Elemente von Kultur unbewusst oder doxisch sind, bringen sie regelhafte, gleich bleibende *Muster* hervor. Es kann zufällige Abweichungen geben, aber im Allgemeinen überwiegt die Gleichförmigkeit, ohne dass die Individuen sich des kulturellen Inhalts der Muster bewusst sind. Diese erscheinen ihnen sogar als natürlich. Auf welche Weise Individuen Muster reproduzieren, hängt allerdings ebenso von ihrer Erfahrung wie dem Grad ihrer Bewusstheit ab. Dies sind die interaktiven Elemente von Kultur, die entweder unbewusst, doxisch oder auch bewusst sein können. Obwohl Menschen einerseits sich ihres Handelns und Interagierens nicht bewusst sind, verfügen sie andererseits über die Fähigkeit, sich zumindest einen Teil ihres Verhaltens und einer Interaktion, an der sie beteiligt sind, zu vergegenwärtigen. Vielleicht kann man sagen, dass Menschen sich über Aspekte ihres Handelns bewusst werden können, wenn sie mit anderen Personen interagieren oder aber wenn sie ihr eigenes Handeln in Frage stellen, es reflektieren und kritisch überprüfen.

Holland bietet dazu ein aussagekräftiges Beispiel (HOLLAND 1992). Wir haben ein Wissen über Verliebtheit. Aus Gedichten, Romanen und Theateraufführungen, aus Fernsehen und Zeitschriften haben wir Informationen darüber gesammelt. Weiterhin gibt es physiologische Symptome, die auf den Zustand des Verliebtseins hinweisen. Doch erst wenn wir uns selbst verlieben, sehen wir die Idee des Verliebtseins in völlig neuem Licht. Erst dann wissen wir, wie sich das anfühlt, welche Wirkung dieser Gefühlszustand auf unseren Körper und unseren Geist hat. Vielleicht schreiben wir plötzlich selbst Liebeslyrik oder gehen beschwingten Schrittes durch die Welt. Wir spüren, dass etwas passiert ist. Wir sagen »Ich liebe dich« zu der geliebten Person. Dies ist das interaktive Element von Kultur, denn ich als Dänin mache all dies anders als eine Nepalesin oder eine Somalierin. Wie ich das tue, ist ein Beitrag dazu, wie sich dänische Liebende heutzutage verhalten, denken und empfinden, und sicherlich werde ich Teile davon an meine Kinder weitergeben. Insofern formt mein Handeln zeitgenössische dänische Vorstellungen von Verliebtheit.

Dieser Einfluss meines Handelns auf kulturelle Vorstellungen illustriert, was ich als die dritte zentrale Dimension von Kultur bezeichne, ihren *»konstitutiven«* Aspekt. Neue Muster erweitern die Bedeutung einer Idee, wenn ein solches Muster im Laufe der Zeit von immer mehr Menschen *reproduziert* wird.

Im Grunde genommen sind generative, interaktive und konstitutive Aspekte von Kultur allen kulturellen und sozialen Alltagsprozessen immanent. Dennoch ist eine inhaltliche Unterscheidung der drei Elemente sinnvoll, da dies verdeutlicht, dass Kultur kein fest umrissenes Gebilde ist, sondern ein komplexer und vielschichtiger Prozess.

Sprache

Obgleich ein großer Teil dieser generativen, interaktiven und konstitutiven Prozesse von Kultur mittels Sprache stattfindet, ist Sprache nicht gleichbedeutend mit Kultur. Unterschiedliche Kulturen können sich derselben Sprache bedienen oder in Gesellschaften mit ähnlicher kultureller Ausrichtung können verschiedene Sprachen gesprochen werden. Auch ist es möglich, eine Fremdsprache nahezu perfekt zu erlernen. Sprache ist daher ein Element von Kultur und wird oftmals als zentrales Agens der Weiterentwicklung einer Kultur aufgefasst – für deren Erhalt sich zu kämpfen lohnt.

Daraus folgt aber nicht, dass Sprache mit Kultur identisch ist, genauso wenig wie Worte nicht mit ihrer jeweiligen Bedeutung gleichgesetzt werden können. Bedeutung hängt davon ab, wer mit wem spricht, in welchem Kontext und ebenso von den sozialen Prozessen, die in die Bedeutung einfließen. Obgleich wir Bedeutung verallgemeinern – wie zum Beispiel, wenn wir in einem Wörterbuch nachschlagen –, handelt es sich stets um eine Abstraktion, da die Bedeutung von Worten in verschiedenen Situationen für verschiedene Personen stark variieren kann. Insofern sind Worte oder Zeichen wie Symbole polysem bzw. tragen mehrere Bedeutungsvarianten in sich; es ist Teil ihrer Macht, dass sie solch eine Variationsbreite in sich vereinen können. Aus einem einzelnen Wort, Zeichen oder Symbol können wir nicht exakt ableiten, was ein Individuum ausdrücken will, ohne die Bedeutung zu überprüfen. Psychologische und psychiatrische Professionelle müssen daher ihre Aufmerksamkeit auf *Erfahrungen* richten – dem Ausgangspunkt für jede Erkenntnis über Beziehungen und Kommunikation.

Ethnizität

Kulturelle Erfahrung von Menschen drückt sich zunehmend durch Ethnizität aus, also durch ethnische Identifikation. Ethnizität ist eine Unterscheidungskategorie, die auf Ähnlichkeiten und Unterschiede hinweist. Der bedeutendste und interessanteste Aspekt ethnischer Gruppen ist nicht so sehr die Frage, wie es zu ihrem Zusammenhalt kommt, sondern ihre Relation bzw. Abgrenzung zu anderen Gruppen (BARTH 1969). Diese Beobachtung wurde schon vor dreißig Jahren von F. Barth, einem norwegischen Anthropologen, beschrieben; es dauerte jedoch sehr lange, bis psychologische und psychiatrische Professionelle sich diesen Gedanken zunutze machten. Ethnizität drückt eine Relation aus zwischen den Vertretern einer Ethnie und den Außenstehenden – eine sich je nach den allgemeinen gesellschaftlichen Tendenzen verändernde Relation. Ethnizität ist daher Ausdruck einer politischen Relation.

Ethnizität lässt sich ebenso als eine von außen herangetragene Kategorisierung definieren. Dies wird etwa an Klassifizierungen der letzten britischen Volkszählung deutlich, bei denen nach *Ethnicity* gefragt wurde. Der Fragebogen enthielt keine offene Formulierung wie zum Beispiel »Wie sehen Sie sich selbst?«, sondern es wurde eine Liste von Kategorien wie »schwarz«, »asiatisch« und »sonstige« vorgelegt, aus denen die Befragten auswählen sollten. Ähnliche Verfahrensweisen wurden früher auch von Krankenhäusern und Sozialdiensten benutzt. Dies zeigt, dass die Definition einer Gruppe nicht nur über Selbstdefinition erfolgt, sondern aus der Perspektive Außenstehender, die nicht dieser Kategorie zugehören.

Ethnizität kann jedoch genauso aus der Perspektive der Angehörigen einer Gruppe selbst definiert werden, die nach eigener Auffassung eine gemeinsame Identität haben, die wiederum durch Kennzeichen wie Sprache, Religion, eine gemeinsame Tradition, gemeinsame Vorfahren oder generell eine (wie auch immer definierte) gemeinsame Kultur bestimmt ist. Wenn man eine der betreffenden Personen fragte, würde diese wohl ohne Zögern sagen »Ich sehe mich als dies oder jenes«. So ist jedem Ethnizität zuzuschreiben, so wie jeder über einen kulturellen Hintergrund verfügt, aber nicht jeder vermag eine eigene Ethnizität zu identifizieren, wenn auch die meisten Menschen imstande sind, Angaben zu ihrer Identität zu machen. Es ist zwar ein Unterschied, ob Ethnizität auf Selbstdefinition basiert oder auf gesellschaftlicher Kategorisierung, aber beide Prozesse hängen miteinander zusammen. Menschen mögen sich dagegen verwahren, von der

Staatsbürokratie kategorisiert zu werden, auch wenn sie überzeugt sind, einer bestimmten ethnischen Gruppe anzugehören. Umgekehrt können Gruppen ihre Ethnizität betonen, da bestimmte Ressourcen nur ethnischen Minderheiten vorbehalten sind.

Professionelle und Dienstleistende in der psychologischen und psychiatrischen Betreuung Großbritanniens werden sich zunehmend der selbstdefinitorischen Aspekte von Ethnizität bewusst und erkennen, dass Ethnizität sich mit dem sich verändernden politischen Kontext, in dem die Menschen leben, wandelt. Genauso wirkt sich ein veränderter Kontext auf die Äußerungsformen von Kultur und der Sprache aus, was nicht heißen soll, dass Kultur, Sprache und Ethnizität deckungsgleich sind oder ein und dasselbe Phänomen beschreiben. Wie bereits erwähnt, sind Sprache und Ethnizität verschiedene Aspekte von Kultur. Vermischt man diese, wiederholt man den Fehler der Volkszählung, nämlich blind zu sein für die Komplexität des sozialen Lebens und individueller Erfahrung.

Als Professionelle können wir nur durch Akzeptanz von Heterogenität und Bedeutungsvielfalt darauf hoffen, sowohl als Individuen als auch als Repräsentanten einer Gesellschaft, einer Gruppe oder einer Kultur eine Beziehung zu Klienten herzustellen, deren Hintergrund sich von dem unseren unterscheidet. Dies ist nicht nur wichtig für einzelne Kliniker, die transkulturell mit Patienten arbeiten, sondern auch für Manager und Verwaltungen, deren Aufgabe es ist, transkulturelle Servicedienste zu organisieren. Es gilt zu fragen, welche Konsequenzen es beispielsweise hat, Dienste getrennt nach Sprache oder Ethnizität zu organisieren. So wichtig eine gute sprachliche Verständigung auch sein mag, so sehr sollte darüber nicht vernachlässigt werden, klinische Kompetenzen dahin gehend zu entwickeln, bewusste wie unbewusste generative und interaktive kulturelle Prozesse und Muster zu erkennen. Diese Kompetenz hat zunächst einmal nichts damit zu tun, ob man eine bestimmte Sprache beherrscht. Darüber hinaus sollte die Sorge um ethnische Passung in sozialen Diensten nicht das Bedürfnis nach Selbstdefinition und die zentrale Rolle einer selbstbestimmten Identität in Therapie und Psychiatrie verkennen.

Ethnisch passende Dienste können weitreichende politische und soziale Konsequenzen haben. Beispiele dafür sind die einseitige Zuteilung von Mitteln, die dann anderen Diensten fehlen, oder eine Tendenz, manchmal auch nur der Verdacht, Ungleichheit zu fördern statt abzubauen. Leicht kann es dann langfristig zu einer Ghettoisierung von Fachwissen und Dienstleistungen führen, sodass Professionelle aus dominanten ethnischen Gruppen nicht darauf angewiesen sind, ihr Denken oder ihre Praxis zu ändern. In diesem Falle erscheint eine kulturelle Sensibilisierung der Psychiatrie überflüssig, da jeweils nur eine mehr oder weniger vorherrschende homogene Perspektive gepflegt wird.

Schlussbemerkung

Das oben erwähnte Brecht-Zitat weist auf eine der komplexesten Fragestellungen der Anthropologie hin: Wie kommunizieren und verständigen sich Menschen unterschiedlicher kultureller Herkunft trotz der Fesseln ihrer kulturellen Konstruktionen? Da Anthropologie sich mit Kultur und Gesellschaft beschäftigt, kann sie Professionellen, die von der Notwendigkeit gerechter, kultursensibler psychosozialer Servicedienste überzeugt sind, nützlich sein.

Einer der wichtigsten Beiträge der modernen Anthropologie besteht in der Erkenntnis, dass alle Kulturen ihren Teilnehmerinnen und Teilnehmern eine rationale Grundlage, sozusagen eine Art Raison d'être für ihr Handeln, Denken und Fühlen anbieten. Dabei ist es nicht wichtig, ob Menschen außerhalb bestimmter Kulturen diesen oder jenen Aspekt als irrational oder irrelevant beurteilen. Individuen zu verstehen ist nur möglich, wenn man die Kontexte versteht, in denen sie leben oder gelebt haben, die Beziehungen, die sie unterhalten, und die kulturellen Deutungsmuster, mit deren Hilfe sie der Welt Sinn abzugewinnen suchen. Vor diesem Hintergrund denkt, handelt, lebt jeder Mensch. In der Regel bleiben dieses Hintergrundwissen, dieser Habitus unbewusst, kann jedoch unter bestimmten Voraussetzungen auch bewusst werden und sogar Gegenstand des Gesprächs sein. Neben Berichten und Theorien über das bewusste Handeln von Menschen bietet die Anthropologie auch ein Instrumentarium zum Verständnis von Hintergrundwissen bzw. Habitus.

Für Professionelle in der Psychiatrie sind gerade diese »weichen« Aspekte des Lebens von Interesse, da viele psychische Störungen Elemente beinhalten, die dem Betroffenen nicht unmittelbar verständlich sind. Anthropologen haben psychische Störungen in verschiedenen Kulturen studiert. Dazu gehören Körperwahrnehmungen und kulturell bedingte Syndrome, nichtwestliche medizinische Paradigmen, Heilkunst, Geschlechtsidentität, Identität allgemein und Verwandtschaftsbeziehungen. Diese Arbeiten, von denen einige in diesem Beitrag genannt wurden, bieten Professionellen die Möglichkeit, sich Aufschluss über soziale und kulturelle Vielfalt menschlichen Lebens zu verschaffen.

Mir geht es hier nicht darum, zu fordern, dass Professionelle in der Psychiatrie ein anthropologisches Studium absolvieren sollten. Auch brauchen sie nicht alle potenziellen gesellschaftlichen Varianten im Detail zu kennen. Sie sollten sich jedoch der Diversifizierung an sich bewusst sein. Insbesondere gilt es, sich die Vielfalt in Bereichen klar zu machen, in denen das eigene kulturell bedingte Wissen doxisch ist, namentlich in den Bereichen medizinischer Paradigmen, familiärer Muster und Verwandtschaft sowie der Vorstellungen, was Menschsein bedeutet (KRAUSE 1998).

Ein guter Anfang wäre es, anzuerkennen, dass *Kultur, Sprache* und *Ethnizität* nicht etwa identisch sind, sondern dass die drei Begriffe verschiedene Aspekte bewusster und unbewusster kultureller Prozesse beleuchten, die gemeinsam die Erfahrung von Menschen formen und ihre Entscheidungen beeinflussen. Die Anerkennung solcher Diversifizierung bildet das Fundament für einen respektvollen klinischen Dialog zwischen Professionellen und Klienten und zur Schaffung angemessener, sensibilisierter psychologischer und psychiatrischer Betreuung.

Übersetzt aus dem Englischen von Brigitta Merschmann

Carlos E. Sluzki

Psychologische Phasen der Migration und ihre Auswirkungen

»Wieso bist du noch hier?«
»Wo sollte ich den sein?«
»Zu Hause!«
»Willst Du damit sagen, dass ich hier nicht mehr zu Hause bin?«
***Milan Kundera*: Die Unwissenheit**

In diesem Beitrag werden die Stadien typischer Migrationsprozesse beschrieben und deren Implikationen sowohl für die Familiendynamik wie auch für beraterische und therapeutische Interventionen.

Millionen Menschen migrieren jedes Jahr, allein oder in Gruppen, aus eigenem Entschluss oder infolge von Entscheidungen anderer oder um Naturkatastrophen oder Kriegen zu entkommen. Es gibt Migrantinnen und Migranten, die ihr ganzes bewegliches Eigentum auf Lastwagen oder in Containern mit sich führen oder auch nur ein kleines Bündel mit Habseligkeiten. Einige reisen erste Klasse im Jumbo, andere in einem Kühltransporter. Migranten werden mit Pressekonferenzen empfangen oder zwängen sich unter Stacheldraht hindurch. Sie schauen hoffnungsvoll in die Zukunft oder verängstigt in die Vergangenheit. Es gibt Migranten, die aus Kulturen stammen, in denen eine hohe Mobilität zum Alltag gehört, und die sich daher auf bewährte Traditionen verlassen können. Andere stammen aus eher sesshaften Kulturen, in denen Entwurzelung als Katastrophe erlebt wird. Migranten können bestens vertraut als auch völlig kenntnislos bezüglich der Bedingungen des neuen Landes sein, was zum Beispiel Einreisebestimmungen, Sprache, Unterkunfts- und Arbeitsmöglichkeiten betrifft. Auf jeden Fall schaffen es zahllose Menschen auf die eine oder andere Weise, ihre vertrauten Netzwerke mit Menschen und Orten abzubrechen und ihren Wohnsitz, ihr »Nest«, ihre Lebensperspektiven, ihre Träume und ihre Gespenster in eine neue Umgebung zu verpflanzen.

Als ein einzigartiges Drama zeichnet sich jeder dieser Fälle aus. In der Tat wird dieses Migrationsdrama Teil eines »Familienerbes«. Konkrete, mehr oder weniger anekdotenhafte Geschichten umfassen ein Spektrum, von sehr geordneten und gut unterstützten Übersiedlungen von einem Land in ein anderes, um beispielsweise für eine Firma tätig zu sein, bis zur geheimen Flucht einer Familie eines politische Gefangenen, um Asyl zu finden als Alternative zu fortdauernder Haft und Folter. Es kann sich um die hoffnungsvolle Reise einer Familie zu einem renommierten Krankenhaus handeln, um endlich für ein krankes Kind die richtige Behandlung zu finden, oder um die resignierte Wanderung eines Sizilianers von einem schlecht bezahlten Job in Palermo zu einem schlecht bezahlten Job in Dortmund. Es kann sich um die erzwungene Flucht vor rassischer oder religiöser Verfolgung aus dem faschistischen Deutschland oder jetzt aus Bosnien oder Afrika handeln, oder auch um weitere nicht enden wollenden Variationen davon.

Trotz dieser großen Breite von unterschiedlichen Anekdoten und »Skripten« aus den unterschiedlichen Kulturen und Familien zeigen Migrationsprozesse – sowohl über kulturelle Grenzen hinweg als auch innerhalb ähnlicher Kulturräume – eine erstaunliche Regelhaftigkeit. Ja, es scheint, dass, sobald wir unsere Aufmerksamkeit eher auf Muster richten als auf Inhalte, sich ein Modell des Migrationsprozesses aufzeigen lässt, welches einen recht hohen Grad kulturübergreifender Validität besitzt. Ein solches Modell wäre fast »kulturfrei«, unabhängig davon, wie kulturtypisch die Bewältigungsstile und die vorherrschenden Themen sein mögen.

Stadien des Migrationsprozesses

Der Verlauf eines Migrantionsprozesses kann in die folgenden Stadien unterteilt werden:

1. die Vorbereitungsphase,
2. den Migrationsakt,
3. die Phase der Überkompensierung,
4. die Phase der Dekompensation,
5. die Phase der generationsübergreifenden Anpassungsprozesse.

Jedes dieser Stadien zeichnet sich durch charakteristische Abläufe und typische familiäre Bewältigungsmuster aus. Sie lösen aber ebenso typische Konfliktsituationen mit entsprechenden Symptomkomplexen aus. Jede dieser Migrationsphasen wird im Folgenden detaillierter beschrieben, wobei der Schwerpunkt auf Konflikte, Krisen und Anpassungserfordernisse gelegt wird. Anschließend werden einige allgemeine Empfehlungen für den vorbeugenden und den therapeutischen Umgang gegeben, die sich bei Familien mit migrationstypischen Problemen bewährt haben.

Die folgende Graphik, die den Verlauf der typischen Phasen veranschaulichen soll, lehnt sich an die Stressbewältigungskurven an, wie sie aus der Biologie und der Psychologie bekannt sind.

Belastungen der Migration

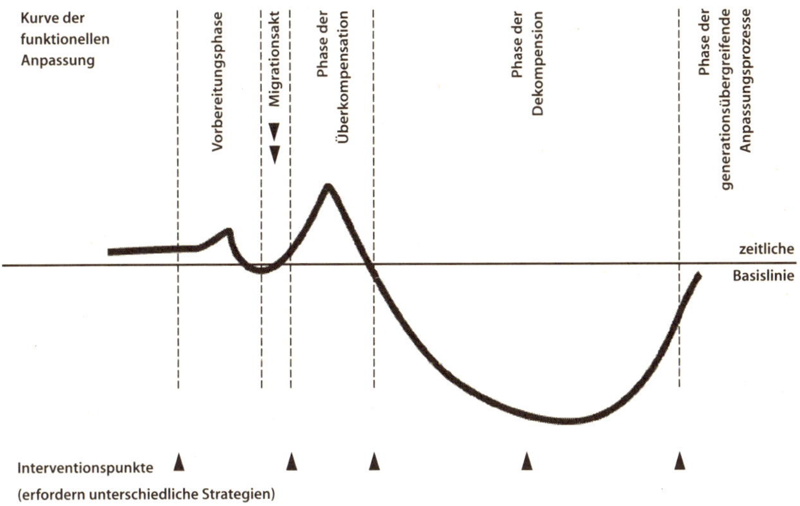

Vorbereitungsphase

Der Vorlauf zur Migration beginnt dann, wenn von einzelnen Familienmitgliedern erste Schritte getan werden, sich überhaupt mit Auswanderung zu beschäftigen. Diese Schritte können im Austausch von Briefen bestehen oder der Beantragung von Visa, aber auch in jedem anderen Bemühen, um eine Auswanderung zu konkretisieren. Der zeitliche Ablauf dieser Phase variierte je nach äußeren Umständen, hängt aber ebenso vom Lebensstil und Zeitrhythmus der einzelnen Familie ab (letztlich gibt es alles: von »explosionsartigen« Entscheidungen bis hin zu jahrelangem »Wiederkäuen«). Im Verlauf dieses Vorbereitungsstadiums gibt es erste »Höhen« und »Tiefen«, die sich in kurzen freudigen Euphorien einerseits, aber auch in kurzen Perioden von Angst, Enttäuschung oder Überlastung äußern können. In der Mehrzahl der Fälle wird in dieser Phase keine Hilfe benötigt und Symptome können leicht als Folge der Anstrengungen, Spannungen und Emotionen erklärt werden. Im Verlauf dieses »Auf« und »Ab« zeigt sich, dass bereits erste Arrangements über die mit der Migration notwendige Neuverteilung von Rollen in der Familie gefunden werden müssen. Neue Rollen, die in dieser Phase ausprobiert werden, können später fest etabliert werden, sobald die Migration tatsächlich stattfindet.

Migrationsprozesse werden von den Betroffenen sowohl negativ konnotiert (etwa »um politischer Unterdrückung zu entkommen«) als auch positiv (»um ein besseres Leben zu finden«). Wichtig ist es, sich klarzumachen, dass die Bevorzugung einer Konnotation gegenüber einer anderen manchmal einleuchtet, in anderen Fällen aber willkürlich, wenn auch nicht zufällig, erscheint. »Ein besseres Leben zu finden« (positiv) kann durchaus beinhalten, »einer schlechten Lebenssituation entkommen« zu wollen (negativ). Die Bevorzugung eines Grundes für die Migration– mit allen dazugehörigen Bewertungen – beleuchtet die Bewältigungsstile von Familien, einschließlich der Regeln, nach denen Rollen eingenommen und gelebt werden.

Trotz der Tatsache, dass derartige Prozesse im Allgemeinen Folge von kollektiven Entscheidungen sind, werden häufig einzelne Personen als »verantwortlich« oder »motivierend« für die Migration beschrieben. Es stellt sich die Frage: Sind sie übergesiedelt, weil dies nützlich für die Arbeitssituation oder die Karriere eines Familienmitglieds – meist des Vaters – war, während andere Mitglieder nachgezogen wurden – meist die Mutter und die Kinder? Sind sie übergesiedelt, weil eines der Kinder chronisch krank war und sie in der Nähe einer guten medizinischen Versorgung leben wollten? Wer bestand in diesem Fall auf der Migration – und hat sich daraufhin die gesundheitliche Lage tatsächlich verbessert? Wurde jemand durch die Migration gerettet? Wer hat dadurch den größten Verlust erlebt? Geschichten, die die Rollen von Helden und Verrätern, Opfern und Unterdrückern festschreiben, können dann sowohl als Familienmythos dem zukünftigen Leben einen Halt bieten als auch als »Leichen im Keller« zu einer dauerhaften Belastung werden.

Ein weiterer wichtiger Aspekt diesbezüglich ist die verbreitete Annahme, das es in Fällen, in denen die Migration positiv motiviert war und die Erwartungen (weit) übertroffen wurden, nichts von dem Zurückgelassenen zu betrauern gäbe. Jede Traurigkeit wird hier sofort als pathologisch oder als ein Zeichen schlechten Willens ausgelegt. Tatsächlich ist es meistens so, dass die für Trauer »verantwortlichen« Familienmitglieder von den übrigen leicht zu Sündenböcken gemacht werden, wodurch nicht nur sie als Personen, sondern auch die Idee, sich mit den Schmerzen des Abschiednehmens auseinander setzten zu müssen, isoliert und abgespalten werden.

Man findet gleichwohl das Gegenteil: Familien, die existenzieller Bedrohung entkommen sind, können an die Vergangenheit gefesselt bleiben und in einem Status permanenter kollektiver Trauer verharren. Sie beschäftigen sich dann ständig mit den grauenhaften Bedingungen, den zwar sie entkommen konnten, andere aber nicht. Familienmitglieder, die aus dieser kollektiven Trauer als erste ausbrechen, werden dann leicht als Verräter gebrandmarkt (Verräter sowohl an der Familie als auch an den Zurückgelassenen). Diese Prozesse zeigen eine kollektive Notwendigkeit auf: Sich sowohl auf die neue Realität einzulassen (wie es die »Verräter« tun) als auch Schuld und Verantwortung zu tragen (wie es die »Ankläger« tun).

Der Migrationsakt

Migration ist ein transitorischer Prozess, für den keine überlieferten Rituale vorgesehen sind. In den meisten Kulturen sind Migranten sich selbst überlassen und müssen für diesen schmerzhaften Akt persönliche Rituale finden. Die bekannteste Ausnahme findet sich in Israel, wo die Ulpan, ein Aufnahme- und Sprachtrainingsprogramm für Neueinwanderer, einen ganzen Komplex von Begrüßungsritualen vorsieht. Weitere Beispiele finden sich auch in anderen Kulturen, wie der »welcome wagon«, einem Begrüßungsritual für neu zugezogenen Nachbarn im Middle-class-Amerika.

Wer mit Migranten arbeitet sollte sich auch darüber im Klaren sein, dass, auch wenn der Migrationsakt sehr kurz sein kann (wie ein dreistündiger Flug), er in vielen Fällen über längere Zeiträume andauert. Dies ist insbesondere dann der Fall, wenn Menschen vor Kriegen flüchten und vielleicht sogar in verschiedenen Ländern Zwischenstopps einlegen mussten oder in Internierungslagern lebten. Ein derart ausgedehnter Prozess führt zur Ausbildung von starken Bindungen zwischen Menschen derselben Schicksalsgemeinschaft, die als Netzwerk so bedeutsam werden können wie die Zurückgebliebenen daheim. So etwas hat es beispielsweise bei den europäischen Juden gegeben, die dem Holocaust entkommen sind und lange gemeinsame Irrfahrten auf Schiffen überstehen mussten, bis sie ein Land fanden, das bereit war sie aufzunehmen (»Schiffsbrüder« und »Schiffsschwestern« sind Begriffe dieser Surrogatfamilien). Vergleichbares findet sich aber auch bei den »Boat-People« aus Vietnam.

Ablauf und Stil des Migrationsaktes können beträchtlich variieren. Es gibt Familien, die alle Brücken abbrechen und die Migration als etwas Endgültiges und Unwiderufliches erleben. Es gibt andere, die sich jahrelang versichern, dass sie »nur für eine gewisse Zeit« migrieren und dann zurückkehren, wie unwahrscheinlich dies auch sein mag. Einige Familien legen sich von Anfang an auf ein bestimmtes Land fest, in dem sie leben wollen. Andere planen Probephasen ein, um dann zwischen verschiedenen Ländern zu wählen. Einige Familien migrieren »en block« und ins Unbekannte, während andere das Feld im voraus sorgfältig erkunden, indem sie »Späher« vorausschicken und Arbeit und Wohnung vor ihrem Eintreffen organisiert haben. Einige Familien kommen legal und haben damit Zugang zu den offiziellen Institutionen des Gastlandes, während andere illegal kommen, was Misstrauen auf beiden Seiten zur Folge hat.

Phase der Überkompensierung

Die Belastungen der Migration sind nicht etwa während der ersten Wochen und Monate nach Ankunft am größten. Im Gegenteil, die Betroffenen sind sich häufig nicht über die Anforderungen dieser Prozesse und ihrer kumulativen Wirkung im Klaren. Tatsächlich kann während dieser ersten Zeit ein Höchstmaß an Anpassungsfähigkeit beobachtet werden, welche mit einer Aufteilung von Rollen verbunden ist. »Instrumentelle« und »affektive« Rollen dienen dazu, die Grundvoraussetzungen für Überleben und Anpassung in einer Umwelt und einer Kultur zu schaffen, die mehr oder weniger fremd ist.

Ethnien können nach den Orientierungen differenziert werden, die sie Individuen bezüglich Normen, Werten, Umgangsformen, Ritualen, Bedeutungsgebungen und kollektiven Zielen anbietet. Orientierung oder Weltanschauung spielt sich aber nicht in einem Vakuum ab, sondern wird dialektisch unterhalten durch die Regulationsprozesse einer Umwelt, Prozesse, welche die Erfahrung von »Passung« gestalten. Eine Person mit einem Baguette unter dem Arm ist passender bezüglich einer gewissen Erwartungshaltung, wie sie sich eher in Paris herausgebildet hat als in Boston. Von blonden Menschen umgeben zu sein ist eher passend für Stockholm als für San Juan. Als Männer sich in den Arm zu nehmen ist passender für Rom als für Arkansas. Eine Siesta einzulegen ist passender für Spanien als für London. Jedes Individuum folgt einer bestimmten Form, die Wirklichkeit zu gestalten, und hat Annahmen darüber, wie die Dinge sein und wie Menschen sich verhalten sollten. Jede unvorhergesehene Abweichung von diesen Mustern erschüttert die Annahmen der Menschen über die Wirklichkeit und löst einen komplexen Prozess sowohl bezüglich der eigenen Wahrnehmung (»Kann ich mich auf meine Sinne verlassen?«) als auch der eigenen Annahmen aus (»Sind meine Werte und mein gesunder Menschenverstand verlässlich?«).

In der Anfangszeit unmittelbar nach der Migration ist das schiere Überleben, sprich die Erfüllung der Basisbedürfnisse, oberste Priorität. Es wundert daher nicht, dass Verdrängung oder Verleugnung von Unstimmigkeiten zwischen den Erwartungen und der Realität dann am größten ist, wenn das Hereinbrechen widersprüchlicher Erfahrungen ebenfalls am größten ist. Es ist häufig festzustellen, dass Neu-Immigranten eine besonders scharfe Beobachtungsgabe zeigen, während ihre generelle Bewusstheit zu Komplexitäten eher reduziert erscheint.

Kommen extreme Belastungen zusammen oder sind die Coping-Fähigkeiten eines Individuums oder einer Familien schlecht entwickelt, können während dieser Periode massive Krisen mit Desorganisation einer Familie oder psychiatrischer Symptomatik ausgelöst werden. Aber das ist nicht die Regel. Tatsächlich schaffen es die meisten Familien, über Monate einen relativ gut funktionierenden Anpassungs- und Akkulturationsprozess zu etablieren. Konflikte treten eher in den Hintergrund, allenfalls erscheinen familientypische Regeln und Stile etwas akzentuierter. Wenn sich die Mitglieder einer Familie immer sehr nah waren, physisch oder emotional, erscheinen sie jetzt noch näher. Wenn sie eher distanziert waren, verstärken sie noch ihre Autonomie, auch wenn ein dürftiges soziales Netz eher das Gegenteil erwarten ließe.

Eine Bewältigungsstrategie, die dann gelegentlich gewählt wird, ist die kollektive Pflege des Mythos »Wir werden ja bald in unsere Heimat zurückkehren«. Familien hängen dann in besonderer Weise an den Normen und Werten des Heimatlandes und weigern sich, sich auf die neue Welt einzulassen. Auch diese Strategie trägt nur eine begrenzte Zeit, bis die Träume und Sehnsüchte unter dem Druck der Realität zusammenbrechen – was heftige Krisen auslösen kann.

Phase der Dekompensation

Diese bewegte Phase ist belastet mit Konflikten, Symptomen und Problemen. Die Mehrzahl der Migranten-Familien, die in beraterische oder therapeutische Institutionen kommen, können auf die eine oder andere Weise in dieser Phase angesiedelt werden. Während dieser Zeit ist die Hauptanforderung für jüngst migrierte Familien, eine neue Realität zu gestalten und sowohl die Kontinuität der Familie zu erhalten wie auch ihre Anpassungsfähigkeit an die neue Umwelt. Diese beiden Facetten des gleichen Ziels können miteinander konkurrieren und erfordern daher sinnvolle Kompromisse zu ihrer Realisierung.

Tatsächlich ist es eine häufige und notwendige Anpassung, bestimmte familiäre Gewohnheiten zu erhalten, auch wenn sie von dem neuen Kontext abweichen. Gleichzeitig kann es notwendig sein, andere Gewohnheiten aufzugeben, da sie zu arg gegen die Werte der neuen Kultur verstoßen oder eine erweiterte Familie erfordern, die jetzt nicht mehr zur Verfügung steht. Diesen Ausgleich zu schaffen ist heikel und schwierig und die gemeinsame Aufgabe komplex und schmerzhaft, aber unausweichlich. Nicht selten schleicht sich bei Versäumnissen die Krise über den Nachwuchs in die Familie ein. Kinder passen sich der neuen Kultur und der neuen Sprache (verbal und nonverbal) viel schneller an als ihre Eltern. Ein Zusammenprall von Werthaltungen ist die Folge, der den Kern der Familie treffen kann.

Viele Familienregeln und -werte, die sich in der Heimat bewährt haben, können sich in einem neuen Land als weniger hilfreich herausstellen. Damit eine Familie aber ihre Regeln und Stile ändern kann, muss sie sich als Gruppe erst einmal auf schwierige und komplexe Regeln *über das Ändern von Regeln* einigen. In vielen Fällen haben Familien sich darauf nicht geeinigt und stehen mit der Migration erstmals vor dieser Aufgabe. Wie viele Eltern beispielsweise können sich schon darauf einigen, wie sie mit ihrer in Deutschland heranwachsenden Tochter Verhütungsfragen besprechen wollen, wenn die Normen ihrer Kultur – und damit ihre aktuellen Regeln – die Diskussion sexueller Themen selbst zwischen ihnen als Paar verbieten?

Die Auswirkungen sowohl der Stärken wie der Schwächen familiärer Bewältigungsmechanismen sind im Kontext einer fremden Kultur kumulativ und zeigen sich oft erst nach Monaten oder gar Jahren. Viele Familienregeln erweisen sich als durchaus hilfreich für beide Kulturen und bedürfen keiner Änderung. Andere aber durchlaufen Veränderungen, die Auswirkungen auf die Rollenverteilung und Normen für alle Familienmitglieder haben. Letztlich werden aber auch viele Muster zu dem Preis einer mehr oder weniger großen Entfremdung zur außerfamiliären Welt aufrechterhalten. Einige dieser Muster werden weiter gepflegt, da sie zentral für die Familienidentität sind, quasi als Zusammengehörigkeitsritual. Andere einfach nur deshalb, weil die Familie noch keinen Weg gefunden hat eine Rollenveränderung mit einer Regelveränderung in einen Ausgleich zu bringen.

Wie oben erwähnt, bilden Familien, um mit den Anforderungen einer Migration zurechtzukommen häufig eine Rollenaufteilung zwischen einer instrumentellen und einer affektiven Position aus. Ein Familienmitglied – gewöhnlich ein männliches – konzentrierte sich auf (gegenwarts- oder zukunftsorientierte) instrumentelle Aktivitäten, die in Verbindung mit den Anforderungen der aktuellen Umwelt stehen. Ein anderes – gewöhnlich ein weibliches – Mitglied konzentriert sich auf gegenwarts- oder vergangenheitsorientierte affektive Aktivitäten, die in Verbindung mit der vergangenen Umwelt stehen (dazu gehört: Briefe schreiben, telefonieren, aber auch trauern um das, was zurückgelassen werden musste). Eine solche Rollenaufteilung, die anfänglich hilfreich sein kann, kann aber durchaus eine katastrophale Entwicklung nehmen, wenn sie rigide beibehalten wird. Der außenorientierte Partner wird immer größere autonome Fähigkeiten entwickeln und schrittweise ein neues, befriedigenderes eigenes Netzwerk aufbauen, während der Innenorientierte eine immer größere Isolierung entwickelt, die durch den Vergleich mit dem früheren Leben eher noch gesteigert wird. Die autonomeren Partner erleben die anderen als ignorant den Normen und Sitten der neuen Umgebung gegenüber sowie auf Grund des schlechteren Kontaktes zu Verwandten und Freunden als letztlich belastend für die Anpassung an die neue Umgebung. Letztlich führt das zu noch mehr Autonomie der einen Seite und noch mehr Isolierung der anderen, was krisenhaft eskalieren kann.

Die Macht dieser Rollenaufteilungen zeigt sich auf vielfältige Weise. In Familien, in denen ein derartiges Splitting in eine Scheidung mündet, kann beobachtet werden, dass vergangenheitsorientierte Partner sich erst *nach der Trennung* von einer solchen fixen Rolle lösen können. Erst durch den Zwang zur Anpassung entdecken sie ihre Fähigkeiten, mit den neuen Bedingungen zurechtzukommen und für die Zukunft zu planen.

Andererseits gibt es Fälle, besonders bei Migrantinnen und Migranten ländlicher Herkunft, dass die Frauen leichter einfache Arbeiten finden als die Männer, was drastische Konsequenzen für die Rollenaufteilung und die Familienstruktur hat. In solchen Fällen neigen eher die Männer dazu, Symptome zu entwickeln (Depression, Alkoholismus, psychosomatische Beschwerden etc.), oder Familienkrisen treten auf.

Es gibt viele Familien, denen es gelingt, zu betrauern, was zurückgelassen werden musste, und die dies in eine neue Mischung von alten und neuen Regeln, Modellen und Gewohnheiten konstruktiv integrieren können. Für solche überwiegen die positiven Erfahrungen den Stress der Trennung und sie kommen – oft erst nach einigen Jahren – gestärkt mit einer neuen individuellen und kollektiven Identität aus diesem Prozess heraus. In anderen Familien dagegen wird das, was in der Heimat zurückgelassen werden musste, zunehmend idealisiert (was die Anpassung erschwert) oder verleugnet (was die Trauer und die Verarbeitung des Verlustes erschwert, siehe Abbildung). Innerfamiliäre Konflikte lassen die Familie oder einzelne Mitglieder dann Beratungseinrichtungen aufsuchen, in denen sich vordergründig Eheschwierigkeiten zeigen. Kinder oder Großeltern ergreifen dann Partei, was generationsübergreifende Koalitionen verstärkt.

Solche Entwicklungen können in heftige Krisen mit medizinischen oder psychiatrischen Symptomen münden. Um aufgestauten Stress, Anspannung, Schmerz oder Konflikt auszudrücken oder bewältigen zu können, greifen Familienmitglieder dann zu für sie sozial akzeptablen und interaktionell recht machtvollen Mustern wie »somatische Beschwerden« oder »psychische Probleme«. Jugendliche wählen nicht selten die weniger akzeptable »Delinquenz«.

Phase der generationsübergreifenden Anpassungsprozesse

Familien vermitteln als wichtigstes Sozialisierungsmedium ja nicht nur die Normen und Gebräuche ihrer Kultur im Allgemeinen, sondern auch ganz speziellen Stile, Sitten, Werte und Mythen, die eine ganz eigene Familiensicht und -geschichte widerspiegeln. Es überrascht daher nicht, dass jede Verzögerung eines familiären Anpassungsprozesses offensichtlich wird, wenn eine neue Generation in dem Aufnahmeland nachwächst. Was auch immer von der ersten Generation vermieden wurde, wird in der nächsten wieder aktuell, meistens in Form eines Generationenkonflikts. Solche Konflikte drücken sich am krassesten in Familien aus, die in Ghettos leben, sei es aus eigenem Entschluss oder durch äußeren Zwang. Chinesische Familien, die in amerikanischen Chinatowns leben, bieten dafür gute Beispiele. Dort aufwachsende Migrantenkinder, die aktiv den Kontakt mit der weiteren Gesellschaft pflegen – sei es durch die Schule, Medien oder formellen und informellen Austausch auf unterschiedlichen Ebenen –, neigen zu heftigeren Konflikten mit ihren Eltern, was Werte, Normen und Haltungen angeht. Diese Konflikte laufen bei chinesich-amerikanischen Familien üblicherweise erst zwischen der zweiten und dritten Geraration ab, da die zweite Generation vor den sechziger Jahren in chinesischen Privatschulen von der Außenwelt weitgehend abgeschlossen waren.

Spannungsfeld zwischen Idealisierung und Abwertung

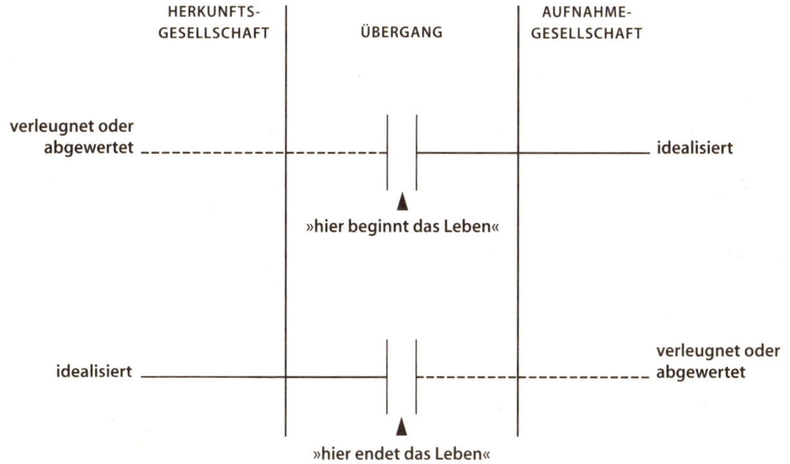

Mehr oder weniger müssen sich alle Migrantenfamilien diesen Konflikten stellen. Das Ausmaß zeigt aber eine proportionale Beziehung zu den früheren Fähigkeiten, sich den komplexen Adaptations- und Akkulturationsanforderungen zu stellen. In zahlreichen Fällen laufen diese Konflikte eher auf einer interkulturellen als auf einer interfamiliären Ebene ab. Die Widersprüche zwischen den von der Herkunftsfamilie und -kultur übernommenen Bewältigungsstrategien einerseits und den unterschiedlich bis gegensätzlich definierten Spielregeln in weiten Bereichen der außerfamiliären Welt andererseits resultieren dann häufig in »delinquenten« Verhaltensweisen.

Implikationen für Vorbeugung und Therapie

Wie aus dem vorgestellten Phasenmodell für Migrationsprozesse hervorgeht, zeichnet sich jede Phase durch eine eigene Phänomenologie, typische Konflikte und eigene Bewältigungsmodalitäten aus. Jede Phase beinhaltet Konflikte, die für Familien in dieser Situation als »normal« angesehen werden können; aus jeder kann aber auch eine familiäre oder individuelle Krise entstehen. Das Ausmaß einer solchen Krise wiederum hängt davon ab, welche Lösungs- und Bewältigungsstrategien Familien mitbringen, über welche Ressourcen sie verfügen und welchen zusätzlichen Belastungen sie ausgesetzt sind.

Eine Reihe vorbeugender Schritte kann hieraus abgeleitet werden, die sich sowohl auf die Vorbereitungsphase als auch auf die Phasen nach dem Migrationsakt beziehen. Für Familien, die eine Migration erwägen, ist es hilfreich, wenn sie darauf hingewiesen werden:

- sich auf Zeiten von Einsamkeit und »Wurzellosigkeit« einzustellen (damit diese Erfahrungen nicht als negativ bewertet werden),
- die Kontakte mit Menschen aus der »Heimat« weiter zu pflegen (um einem willkürlichen Abschneiden dieser Bande vorzubeugen),
- die Sprache des neue Landes so früh wie möglich zu erlernen,
- weitestmögliche Informationen über das neue Land einzuholen, ganz praktisch (wie funktioniert das Gesundheitswesen?) oder auch stilistisch (wie begrüßt man sich dort?),
- Kontinuität in der persönlichen Umgebung zu pflegen, durch Bilder oder andere Symbole.

Vielleicht mit Ausnahme des ersten Punktes haben normalerweise Familien aus der Mittelschicht mit den genannten Punkten keine Schwierigkeiten. Die meisten von ihnen verfügen über ausreichend Zeit und Geld und eine starke Zukunftsorientierung. Programme zur Entwicklung von Bewältigungsmöglichkeiten, die soziale Grenzen überschreiten helfen und sich gezielt an unterprivilegierte Gruppen wenden, sollten aber Teil der gesundheitlichen und sozialen Standardprogramme zur Vorsorge werden. Die Konsequenzen einer Migration können deutlich abgemildert werden, wenn soziale Einrichtungen Netzwerke und Beratung für Betroffene zur Verfügung stellen. Solch ein Ersatz für die fehlenden Verwandtschaftsnetze können sowohl eine praktische Hilfe wie eine emotionale Unterstützung während der ersten schwierigen Zeit anbieten. Es kann aber nicht verhehlt werden, dass die individuumzentrierte Gesundheits- und Sozialpolitik der meisten westlichen Staaten dies nicht als ihre Aufgabe ansieht.

In beraterischen oder therapeutischen Settings können Familien ihre Probleme oder Krisen selbst in einen direkten Zusammenhang mit ihrer Migration bringen oder dieser wird durch eine Exploration offensichtlich. Gerade bei Familien in der Vorbereitungsphase oder ganz zu Beginn der Dekompensationsphase ist dies häufig der Fall. Unmittelbar nach der Übersiedlung neigen Klienten aber eher dazu, die Migration als ein Kontextphänomen zu beschreiben. Gleiches gilt für die späteren Phasen der Dekompensation. Zusammenhänge zwischen Konflikten und Migration werden allenfalls als ursächlich oder geschichtlich beschrieben, so als sei der Konflikt aus seinem Kontext herausgetreten, ohne dass dieser noch Einfluss nähme auf die Bewältigungsmöglichkeiten.

Professionelle sollten darauf hinweisen, dass Migrationsprozesse immer belastend sind und dass die vorgestellten Beschwerden verständlich und alles andere als ungewöhnlich sind. Solche Stellungnahmen kontextualisieren und depathologisieren die Beschwerden (besonders in den frühen Phasen) und schaffen die Voraussetzung für spezifische Interventionen, wenn es darum geht, mit Familien die innerfamiliäre Funktion von Symptomen zu besprechen.

Eine gezielte *Aufmerksamkeit für Unterschiede in der Weltsicht* und bevorzugten Bewältigungsstrategien der Professionellen und der Klienten ist unabdingbare Voraussetzung für diese Arbeit. Unterschiede zwischen individuumzentrierten Kulturen und solchen mit einer Familien- oder Gruppenorientierung oder zwischen langzeitorientierten Lösungsansätzen (typisch für die Mittelschicht) und kurzzeitorientierung (typisch für sozioökonomisch schlechter gestellte Gruppen) werden in anderen Beiträgen dieses Buches ausführlicher diskutiert.

Sollten Berater und Therapeuten mit der Kultur einer Familien nicht vertraut sein, empfiehlt es sich, gezielt nach den Normen der Kindererziehung, den Rollenvorgaben und anderen relevanten Gewohnheiten zu fragen. »Fachleute« verfallen meist zwei typischen, mit einander korrespondierenden Fehlern, die im wissenschaftlichen Sprachgebrauch als »falsch positiv« und »falsch negativ« bezeichnet werden. Im ersten Fall wird davon ausgegangen, dass das gezeigte Verhalten Norm einer speziellen Kultur ist, im zweiten Fall davon, dass Familien sich nach den (stereotypen) Normen einer Kultur verhalten, ohne dass beides überprüft wird. Berater nehmen durch ihr eigenes Verhalten Einfluss auf interkulturelle Prozesse und können sich selbst erfüllende Prophezeiungen initiieren, indem sie selbst ein Verhalten an den Tag legen, von dem sie annehmen, es sei typisch für die Kultur ihrer Klienten. Beispielweise wird ein betont formelles Verhalten japanischen Klienten gegenüber (unter der Annahme, dass dies für sie typisch sei) dazu führen, dass diese mit ebensolcher Formalität reagieren (unter der korrespondierenden Annahme, dies sei das typische Verhalten westlicher Berater). Obwohl alle Familien unterschiedlicher Abstammung auf eine derartig Vorgabe ähnlich reagieren werden, wird die Annahme des Professionellen über eine spezielle Kultur durch derartige Interaktionen eher »verfestigt« werden statt aufgelockert.

Teil der Bemühungen jedes Therapeuten sollte es zudem sein, sich jeder Bewertung über kulturelle Unterschiede zu enthalten. Wenn Lebensgestaltungen, Sitten, Stile oder Gewohnheiten verglichen werden, sollte man sich auf die Konnotierung der Unterschiedlichkeiten beschränken und Bewertungen wie »unterdrückend«, »einschränkend« etc. tunlichst vermeiden.

Während des Erstgespräches bewährt es sich, herauszufinden, in welcher Migrationsphase die Klienten sich aktuell befinden und wie sie die vorherigen Phasen bewältigt haben. Diese Leitlinie schafft günstige Voraussetzungen, um weitere diagnostische und therapeutische Gespräche zu gestalten. Die Eigenheiten jeder Phase und die Bedürfnisse des einzelnen Falles bestimmen dann den weiteren Gesprächsverlauf. Es erübrigt sich schon fast, darauf hinzuweisen, dass die Einführung einer dosierten Zukunftsperspektive gerade für Klienten, die verwirrt und ratlos mit den Anforderungen einer Migration umgehen, hilfreich ist.

Die Einführung eines gewissen Grades von Differenzierung zwischen den Familienmitgliedern bewährt sich bei eher verstrickten Familien. Demgegenüber profitieren distanzierte Familien von der Einführung der Idee von gegenseitiger Verantwortung und Intimität. Familien sollten auch darauf hingewiesen werden, darauf zu achten, den einzelnen Mitglieder »Privatbereiche« zuzugestehen (manchmal reicht schon eine Schublade) – etwas, das gerade Flüchtlinge besonders vermissen. Gleiches gilt für »private Zeiten« besonders für Frauen, die häufig von Hausarbeiten völlig vereinnahmt werden. Es bewährt sich in allen Fällen, gezielt nach den Beziehungen zwischen Familie und Umwelt zu fragen. Gerade Therapeuten und Berater können eine wertvolle Hilfe sein, Familien in einer fremden Umwelt zu »verankern« während der kritischen Zeit der Neustrukturierung von Rollen, Normen, Stilen etc., und so zur Erleichterung des unvermeidlichen Anpassungsstresses beitragen.

Abschließend will ich noch darauf hinweisen, dass das diesem Phasenmodell zu Grunde liegende Konzept nicht allein für Migrationsprozesse hilfreich ist, sondern auch für andere Anpassungsprozesse, in deren Verlauf Familien sich verändernden Umwelten anpassen müssen. Gerade in seiner deskriptiven und pragmatischen Vielseitigkeit liegt seine Stärke.

Übersetzt aus dem Englischen von Thomas Hegemann

Thomas Hegemann

Transkulturelle Kommunikation und Beratung

Die Kompetenz, über kulturelle Grenzen hinweg zu kommunizieren

»Für Menschen ist die Begegnung mit Fremden ein Geschenk.«
Hidekazu Yoshida

Einleitung

Die Effektivität beraterischer und therapeutischer Serviceleistungen für den Personenkreis der Patientinnen und Patienten aus anderen Kulturen hängt entscheidend davon ab, ob es gelingt, *Verständigung* herzustellen. Denn Kommunikation ist schon innerhalb des gleichen Kulturkreises eine komplexe und nicht leicht zu erreichende Aufgabe.

Häufig neigen Professionelle dazu, einerseits menschliches Erleben entsprechend erlernter Vorgehensweisen, Routinen und Praktiken zu erfassen und andererseits persönliche Haltungen zu den zur Diskussion stehenden Lebensfragen einfließen zu lassen. In Fällen, in denen Professionelle und Klienten kulturell, sprachlich, geschlechtlich, sozial und von der Bildung unterschiedliche Hintergründe haben, kann es zu therapeutischen Interventionen kommen, die als »nicht passend« seitens der Patienten und Klienten erlebt werden. So kann die Kommunikation zusammenbrechen oder Verständigung als nicht mehr möglich erscheinen. Sprach- und Kulturgrenzen können zu weiteren Barrieren führen. Zu den Themen, die Konflikte und Dissense in gesundheitlichen und psychosozialen Einrichtungen fördern, zählen:

- unterschiedliche Vorstellungen und Bewältigungsstrategien von Krankheit,
- familiäre und soziale Probleme oder Krisen,
- migrationsbedingte Faktoren oder diesbezügliche Biografien,
- der Grad der Akzeptanz von Migranten durch die Mehrheitsbevölkerung sowie
- unterschiedliche Sichtweisen über Sinn und Zweck spezieller Serviceeinrichtungen und die Aufgaben und Rollen der darin Tätigen.

Durch die unterschiedlichen Voraussetzungen der an Kommunikationssituationen Beteiligten ergibt sich eine ganze Reihe ethischer Dilemmata, die meistens mit Machtfragen und mit Machtbalancen korrelieren. Beispielhaft seien hier die soziale Bewertung der Geschlechterrollen, religiöse Einstellungen, die hierarchischen und beruflichen Positionen, die gesellschaftlichen Schicht- oder sozialen Milieuzugehörigkeiten, die kulturellen Werthaltungen und Sprachkompetenzen genannt.

Ich möchte daher in diesem Beitrag die Grundvoraussetzungen transkultureller Beratungskompetenz vorstellen und die Kommunikation von kulturbedingten Werten und Bedeutungen reflektieren. Es werden Konzepte vorgestellt, die hilfreich sind, sich über aktuelle kulturelle Landkarten kundig zu machen, nach denen Menschen durch ihr Leben reisen. Dies trifft ganz besonders dann zu, wenn deutlich wird, dass die an Gesprächen Beteiligten – Professionelle wie Patienten – von unterschiedlichen Landkarten ausgehen. Angesprochen werden hierbei sowohl inhaltliche Vorstellungen als auch Machtunterschiede, denn diese behindern in ganz besonderem Maße erfolgreiche Verständigungsprozesse in Kommunikationssituationen.

Konzepte und Grundlagen transkultureller Kommunikation

Hilfreich erscheint mir ein Kulturkonzept, in dem Kultur mit dynamischen, gesellschaftlichen und historischen Kontexten verknüpft wird. So kann Kultur als die Summe gemeinsamer Sichtweisen einer Gruppe oder Gesellschaft zu den unterschiedlichen Bereichen des Lebens in Abhängigkeit von den Lebenswirklichkeiten der betroffenen Menschen angesehen werden (Falikov 1995). Dies betrifft auch Gesundheit und Krankheit oder Alter und Beziehungen – seien sie im familiären, erotischen oder ganz allgemein zwischenmenschlichen Bereich zu finden, wozu auch Institutionen und Hierarchien gehören. Dieses Modell beruht auf einer theoretischen Annahme, wie sie am anschaulichsten von K. J. Gergen (1993; 1999) in seinem Konzept des *sozialen Konstruktionismus* beschrieben wurde. Zusammengefasst besagt dies:

- Wir konstruieren unsere Wirklichkeiten gemeinschaftlich und die Sinnhaftigkeit dieser Konstruktionen beruhen auf sozialen Konventionen, die sich im Laufe der Zeit auch ändern.
- Die Worte, mit denen wir unsere Wirklichkeiten kommunizieren, erhalten ihre Bedeutung durch ihren sozialen Gebrauch (Wittgenstein). Dieser ist abhängig

von den Umwelten, in denen wir uns bewegen: städtischer oder ländlicher Lebensraum, Alter, Geschlecht, Familienorganisation, Religion, Erziehung und Ausbildung, wirtschaftlicher und gesellschaftlicher Status, Hautfarbe, politische Ausrichtung, sexuelle Orientierung, Migrationshintergründe etc.

- Unsere Aussagen über uns, über andere oder die Welt beruhen auf einer vorher bestehenden Sprache.
- Diese Sprache basiert auf Beziehungen, wie sie über lange Zeit gepflegt wurden.
- Gedanken, Gefühle, Interaktionen oder Erfahrungen sind uns nur möglich, weil wir an einer kulturellen Geschichte teilhaben, die uns mit einer Sprache als Werkzeug ausstattet, die uns erst erlaubt unsere Welt zu konstruieren.

Ausgangslage des hier vorgestellten Denkmodells ist die konstruktivistische Erkenntnis, dass unser Wissen über die Welt nicht objektive Wirklichkeiten beschreibt, sondern unsere Bemessungs- und Beurteilungskriterien zum Ausdruck bringt und Auskunft über unser soziales oder kulturelles Referenzsystem gibt. Wissen ist demnach weniger Ergebnis eines Suchens und Findens, sondern eher eines Erfindens und Konstruierens innerhalb dieser Referenzsysteme.

A. Kleinman (1987) entwirft aus einer anthropologischen Denkschule heraus ein ähnliches Konzept. Für psychiatrische Kontexte formuliert er diesbezüglich folgende Grundannahmen, die ich knapp zusammenfasse:

- Über die psychosozialen Erfahrungen und Realitäten von Problemen wie Krankheit, Krisen, familiäre oder andere Konflikte gibt es in unterschiedlichen Kulturen unterschiedliche Sichtweisen.
- Die unterschiedliche Inanspruchnahme der vorhandenen psychosozialen Serviceeinrichtungen resultiert aus den unterschiedlichen Sichtweisen, die Angehörige unterschiedlicher Kulturen über Sinn und Zweck dieser Einrichtungen haben.
- Unterschiedliche kommunikative Prozesse, so etwa Erklärungen und Bezeichnungen, führen zu unterschiedlichen Umgehensweisen mit spezifischen Problemen wie Krankheit, Krisen, familiären oder anderen Beziehungskonflikten.
- Alle Behandlungsansätze wie Therapien, Operationen, Pflege, Medikamente oder diesbezügliche Rituale oder Ratschläge haben einen Einfluss auf den Verlauf von kommunikativen Beziehungen. Die Gewichtung und Bewertung dieser Ansätze variieren zwischen unterschiedlichen Kulturen.
- Die Ergebnisse der Behandlung wie Heilung, Misserfolg, Rückfall, Chronizität, Behinderung oder Beziehungsabbruch resultieren aus einer Interaktion

zwischen körperlichen, sozialen und psychischen Dimensionen; mindestens die letzten beiden sind in erheblichem Maße kulturabhängig.

Mit diesen Grundannahmen werden die Denkmodelle traditioneller Beratung und Therapie, die von objektivierbaren universellen Kategorien ausgehen, verlassen (siehe auch den Beitrag von J. de Jong) und es wird eine kontext- und bewertungsorientierte Haltung zu psychologischen Phänomenen eingenommen (siehe auch den Beitrag von R. Littlewood).

Unterschiedliche Verständnisse und Sichtweisen über seelisches und soziales Leiden führen so zu unterschiedlichen Herangehensweisen und Annährungen an Klienten und ihre Familien. Um in der Sprache des sozialen Konstruktionismus zu bleiben: Unterschiedliche Erzählungen über Ursachen, Aufrechterhaltung und soziale Konsequenzen von Problemen führen eben auch zu unterschiedlichen Erzählungen über notwendige und hilfreiche Umgehensweisen und Reaktionen. Dies wiederum führt zu unterschiedlichen Erzählungen über erstrebenswerte Resultate, über Heilung und Erfolg.

Das hier vorgestellte Denkmodell lädt dazu ein, Erzählungen (*narratives*) über Bedeutungen (*meanings*) eine Priorität einzuräumen. Der zentrale Appell dieses Denkansatzes ist es, sich in beraterischen oder therapeutischen Settings über die prozessuale Entwicklung von Geschichten, Mythen oder Erinnerungen in einem konkreten soziokulturellen und historischen Kontext auszutauschen. Diese Herangehensweise begünstigt es, den Haltungen der Patienten Respekt entgegenzubringen und Optionen für Verhaltensänderungen zu eröffnen, selbst wenn den Professionellen nicht alle Dimensionen persönlich verständlich erscheinen. In diesem Sinne lässt interkulturelle Kommunikation nur deutlich werden, was in der intrakulturellen Kommunikation (Kommunikation zwischen Menschen innerhalb derselben Kultur) verborgen scheint, dort aber nicht weniger relevant ist.

Methoden transkultureller Kommunikation

Die hier aufgezeigten Konzepte führen Berater oder Therapeuten weg von einer Position des »alles wissenden Experten« hin zu einer neuen Rolle, nämlich der des dialogisierenden Moderators. Auf der praxisorientierten Ebene finden dabei folgende Aspekte Berücksichtigung:

- die beraterische Haltung,

- die Auftragsklärung,
- die Kontextorientierung,
- die Ressourcensuche,
- die Bestätigung.

Anhand eines konkreten Fallbeispiels aus der Praxis werden im Weiteren Umsetzungsaspekte und Techniken transkultureller Kommunikation vorgestellt und illustriert.

> Herr Ö. ist 53 Jahre alt, religiöser Muslim und vor 25 Jahren aus der Türkei nach Deutschland migriert. Er wurde von seinem Hausarzt mit der Verdachtsdiagnose »larvierte Depression« in eine psychiatrische Klinik eingewiesen. Seit einem halben Jahr esse er nicht mehr regelmäßig, schlafe schlecht, habe diffuse psychosomatische Beschwerden und sei zunehmend reizbar. Ausschlaggebend für die Einweisung waren suizidale Äußerungen bei zunehmendem Alkoholmissbrauch.

Beraterische Haltung

Im Kontakt mit Menschen aus anderen Kulturen hat sich eine Haltung bewährt, wie sie von CECCHIN (1988) als *Anteil nehmende oder wohlwollende Neugier* beschrieben wurde. Fremd erscheinende Haltungen sollten die Neugier wecken herauszufinden, welche Gründe es aus einer Kultur heraus geben mag, die zu einem speziellen, ungewöhnlich erscheinenden Verhalten führen, worüber man mehr erfahren möchte. Damit ist nicht gemeint, dass all diese Verhaltensweisen Zustimmung finden müssen. Berater haben eigene Meinungen zu den verschiedenen Fragen den Lebens, wie alle anderen Menschen auch. Die konsequente Beachtung der Relativität von Werten und die Haltung der Neutralität zu unterschiedlichen kulturell bedingten Haltungen ist jedoch eine Grundvoraussetzung, ohne die transkulturelle Kommunikation nicht gelingen kann.

An dem konstruktionistischen Konzept orientierte Praktiker fördern die Vielschichtigkeit unterschiedlicher Selbstbeschreibungen, legen sich aber auf keine fest. Sie ermutigen die Klienten, die verschiedenen Ebenen des Lebens und der eigenen Person zu erforschen. Sie wertschätzen, dass in konkreten soziokulturellen Situationen eine Haltung oder eine bestimmte Vorgehensweise praktischer oder leichter handhabbar sein kann, wissen aber auch, dass es genauso gut eine andere sein kann. Sie ermutigen Klienten dazu, mit veränderten Gedanken und Sprachstilen zu experimentieren, die später Möglichkeiten zu Verhaltensänderungen eröffnen.

Diese Haltung durchzieht den gesamten Behandlungs- oder Beratungsprozess. Es kann dennoch dazu kommen, dass Haltungen und Sichtweisen der Patientinnen und Patienten derart konfrontieren, dass auf Seiten der Professionellen Befangenheit oder Betroffenheit entstehen kann:

Mit Hilfe eines Dolmetschers fand die betreuende Ärztin (32 Jahre) heraus, dass Herr Ö. darunter litt, dass es seit einem Jahr einen massiven Konflikt mit seiner 19-jährigen Tochter Ayse gab, die sich der arrangierten Verheiratung mit einem entfernten Cousin widersetze. Bereits zwei Verlobungen habe sie platzen lassen. Dieses Familienanliegen widersprach der persönlichen Werthaltung der Ärztin derart stark, dass sie die beschriebene Haltung der Anteil nehmenden Neugier immer wieder verlor.

Es ist wichtig, anzuerkennen, dass der vorübergehende Verlust der Anteil nehmenden Neugier in der transkulturellen Kommunikation eine immer mögliche Begleiterscheinung sein kann. Viel nützlicher, als zu versuchen, sie zu vermeiden, ist es, sie frühzeitig zu erkennen. Es empfiehlt sich, diesbezügliche Kenntnisse und Methoden zu erwerben, um zu einer Haltung der »Anteil nehmenden Neugier« (zurück)finden zu können. Die Thematisierung kulturell unterschiedlicher Haltungen hat sich bewährt, da sie den Klienten in den meisten Fällen ja bekannt sind:

Nachdem die Ärztin Herrn Ö. mitgeteilt hatte, dass sie sich als junge deutsche Frau schwer tue, einen Mann zu verstehen, der seine Tochter gegen deren Willen verheiraten wolle, bemühte sich Herr Ö. mit Hilfe eines Dolmetschers seine Motive zu erklären. Er selbst und seine Frau hätten zeitlebens schwer gearbeitet und viel dafür eingesetzt, dass seine Kinder eine gute Schul- und Berufsausbildung erhalten. Ayse habe gerade Abitur gemacht, ihr älterer Bruder besuche die Meisterschule, ihr jüngerer Bruder mache eine Banklehre. Nachdem in einem ersten Beratungsgespräch eine Vertrauenssituation geschaffen werden konnte und die beschriebene Vorgeschichte geklärt war, berichtete Herr Ö. in der zweiten Sitzung von seinen Sorgen.
Im Wesentlichen ging es dabei um seine Rolle als Vater und Verantwortlicher für die Zukunft der Familie. Herr Ö. machte sich Sorgen, mit oder gar ohne seine Frau im Alter allein leben zu müssen. Durch die Verbindung mit einer anderen Familie aus der Türkei sah er die sicherste Gewähr dafür, im Alter in einem Familienverband mit Enkelkindern und gegenseitiger Unterstützung leben zu können. Angesprochen ist hier die *Sorge um den Familienzusammenhalt.*
Herr Ö. war nach anfänglichem Zögern sehr offen, darüber zu sprechen, dass das für ihn natürliche und selbstverständliche Bedürfnis junger Menschen nach Erotik in »würdiger« und kulturell akzeptabler Weise zu leben sei. Für ihn war das nur in einer Ehe vorstellbar. Alle anderen Formen von Sexualität seien »würdelos« (besonders für

> Frauen) und gefährdeten den Familienzusammenhalt. Ein Schatten würde nicht nur auf die Ehre der handelnden Personen, sondern auf die Familie als Ganzes und besonders die Familienoberhäupter fallen. Diese sähen sich in solchen Fällen gezwungen unter Beweis zu stellen, dass sie in der Lage seien, den Familienzusammenhalt und die Familienzukunft zu garantieren. Hier ist die *Sorge um die Familienehre* angesprochen. Herr Ö. sorgte sich auch um das persönliche Wohlergehen seiner Tochter, von der er befürchtete, dass sie durch ihre Aufsässigkeit ihre persönliche und vor allem soziale Zukunft gefährde. Er konnte zahlreiche Beispiele von unglücklichen Lebensgeschichten anderer Mädchen aus der Türkei als Argument anführen. Es war für ihn nicht vorstellbar, dass junge Frauen, die nicht in einen Familienverband eingebunden sind, langfristig ein erfülltes und zufriedenes Leben führen könnten. Hier ist die *Sorge um die Tochter* angesprochen.

Anfänglich musste sich die Ärztin um eine Haltung der Anteil nehmenden Neugier dezidiert bemühen. Durch das Entstehen einer Vertrauensatmosphäre erfuhr sie aber mehr über die kulturellen Hintergründe, was die Anteilnahme förderte und Verständigungsprozesse erleichterte.

Solche Fälle, in denen Berater und Therapeuten selbst wahrgenommene kulturelle Unterschiede und Übersetzungsschwierigkeiten ansprechen, eröffnen die Möglichkeit, sich als aufmerksam für dieses Thema einzuführen. Es obliegt dann den Klienten, darüber zu befinden, welche Relevanz sie diesen beimessen. Auch für transkulturell Interessierte und Aufmerksame ist es unmöglich, alle Kulturen und ihre reichhaltigen Fassetten zu kennen. Die Haltung der *Anteil nehmenden Neugier* lädt Menschen, die Erfahrung mit Rassismus und anderen Formen von Diskriminierung gemacht haben oder die aus anderen Gründen Vertrauensvorbehalte haben, dazu ein, sich mehr über Wertsysteme, Traditionen und Emotionen auszutauschen und zu reflektieren.

Auftragsklärung

Wie es guter Praxis entspricht, stehen am Anfang eines guten Services die Klärung der Anliegen und deren Abstimmung mit den eigenen Ressourcen bzw. Möglichkeiten. In transkulturellen Kontakten ist dies von besonderer Wichtigkeit, da Selbstverständlichkeiten noch weniger zu erwarten sind als bei Menschen aus vertrauten Kulturen. »Wer will was von wem?« ist die zentrale Frage. Die Befolgung dieser Grundsätze bewährt sich bereits bei der ersten Kontaktaufnahme. Th. KELLER (1996) plädiert dafür, aus der oben beschriebenen Haltung heraus erst einmal zu klären, mit welcher Erwartung sich ein Klient einer psychosozialen Einrichtung annähert. Er empfiehlt zu prüfen, ob man es mit Zwangspatienten zu tun hat, die nachfühlbare Vertrauensvorbehalte haben, oder mit welchen, die Versorgung oder Ruhe suchen, mit Neugierigen, die sich umschauen möchten, mit Menschen, die einen medizinischen Service oder Informationen suchen, oder mit Therapiekunden im engeren Sinne, die ihr Leben ändern wollen.

Dieses Vorgehen erleichtert es, mit angepassten Angeboten die unterschiedlichen Bedürfnisse der Klienten und ihrer Angehörigen anzusprechen. Es erhöht auch die Chance, dass Zwangspatienten zu Neugierigen werden oder Erholung und Versorgung Suchende zu Therapiekunden, denn sehr häufig stimmen die Beschreibungen ihrer Einrichtungen durch die Mitarbeiter oder Träger nicht mit den Beschreibungen der Klienten überein (»therapeutische Einrichtung« versus »Irrenhaus«). Eine sorgfältige Klärung erhöht daher die Chance, dass Optionen erweitert werden können:

Herr Ö. berichtete, sich von seinen Angehörigen und seinem Hausarzt überrumpelt zu fühlen. Man habe ihm gesagt, er käme zur Erholung in ein Sanatorium, und jetzt müsse er mit Menschen auf einer Station sein, die sich ungebührlich benähmen und beleidigend mit ihm umgingen. Er fühle sich kontrolliert, könne seine Gebete nicht durchführen und müsse Dinge essen, die ihm nicht gut täten. Er gehöre doch nicht in ein »Irrenhaus«.

Unerlässlich für eine erfolgreiche transkulturelle Kommunikation ist eine transparente Darstellung der Sinnzusammenhänge der Routinen, eine Verlässlichkeit der Zusagen (selbst dann, wenn sie enttäuschend sein mögen) und das Bemühen, kulturellen Bedürfnissen im Rahmen der institutionellen Möglichkeiten entgegenzukommen:

Die Ärztin teilte Herrn Ö. mit, dass sie ihn aus rechtlichen Gründen in ihrem eigenen Interesse nicht entlassen könne, solange die Frage der Suizidalität nicht geklärt sei. Sie wolle sich bemühen, gemeinsam mit seinen Angehörigen und ihm eine bessere Perspektive für seine Familie zu finden. In den meisten Fällen wäre dies in einer Woche zu erreichen. Die Pflegenden auf der Station verhandelten mit ihm Möglichkeiten zu Kompromissen bezüglich des Essens und fanden einen Raum, in dem er ungestört beten konnte. Der Klinikpfarrer traf sich mit ihm zu kleinen Gesprächen über den Halt, den Religion und Glaube in schwierigen Lebenslagen bietet. Nach fünf Tagen äußerte Herr Ö. erstmals, dass er auf der Station eine Freundlichkeit antreffe, die er jahrelang bei vielen deutschen Arbeitskollegen vermisst habe. Dies eröffnete die Möglichkeit, mit ihm *vorsichtig* wieder über die Familienzukunft ins Gespräch zu kommen.

Neben den kommunikativen Prozessen wird deutlich, dass ein guter Service für Menschen aus anderen Kulturen wesentlich von der Gestaltung kultursensibler Rahmenbedingungen abhängt.

Herr Ö. konnte im Laufe der Zeit auch deutlich machen, dass er sich Hilfe wünsche zur Verbesserung oder Wiederherstellung des Familienzusammenhalts. Die kulturelle Vermittlung des Dolmetschers war da sehr hilfreich. Es wurde aber vereinbart, dass die Vermittlung einer geeigneteren und vertrauteren Person wohl erforderlich sei, um ein Gespräch zwischen Vater und Tochter möglich zu machen. Man einigte sich auf eine Tante, 34 Jahre alt, die mit einem Mann deutsch-türkischer Abstammung verheiratet war und als Sprachlehrerin arbeitete.

Kontextorientierung

In der ethno- und sozialmedizinischen Literatur ist immer wieder auf die Dynamik von Macht- und Einflussunterschieden zwischen Professionellen und Patienten, zwischen unterschiedlichen Berufsgruppen (Ärzte, Pflegende, Sozialarbeiter etc.) und zwischen psychiatrischen Institutionen (z. B. Unikliniken, Landeskrankenhäuser, komplementäre Dienste) hingewiesen worden. Diese Dynamiken nehmen beträchtlichen Einfluss auf die Kommunikation zwischen den Beteiligten:

Herr Ö. versuchte immer wieder »an seiner Ärztin vorbei« seine Angelegenheiten mit älteren Ärzten aus der Leitungsebene zu besprechen. Andererseits sprach er gelegentlich mit jüngeren Schwestern in einer Tonlage, die von diesen als unangemessen empfunden wurde. Es war daher notwendig, immer wieder mit ihm die Rollen und Aufgaben der Mitarbeiter zu besprechen. Auch hier bewährte sich die Einbeziehung kultureller Mittler beiderlei Geschlechts und unterschiedlichen Alters. Deutlich wurde während des Aufenthalts von Herrn Ö., dass die Stationsmitarbeiter eine ganze Reihe von Beziehungsfragen, die sie selbst betrafen, nicht geklärt hatten und als klärungsbedürftig, aber auch als nicht klärbar empfanden. Dadurch, dass angesprochen wurde, wie schwer es Herrn Ö. fiel, persönliche Fragen mit jüngeren Frauen zu besprechen, konnten kleinere Veränderungen eingeführt werden. Beispielweise, dass diese sich um ein formelleres Auftreten bemühten, als dies ihrem üblichen Stil entsprach.

Kontextfragen betreffen aber nicht nur die Gegebenheiten der Psychiatrie, sondern auch die aktuellen und vergangenen Lebensbedingungen, die bestimmend für die vorgetragene Problemlage und Aufträge sind (siehe auch die Beiträge von C. Sluzki und U. Seibert).

Herr Ö. berichtete über seine harte, aber »freie« Kindheit in Anatolien, die für ihn prägenden Personen, die Binnenmigration in die Vorstadt von Ankara sowie den Einfluss, den die kriegerischen Auseinandersetzungen um die Kurdenfrage auf seine Familie genommen hat. Seine Einsamkeit im deutschen Umfeld wurde deutlich und seine große Sehnsucht nach Familienzusammenhalt vor dem Hintergrund der eigenen Migrationsgeschichte verständlich.

Ressourcensuche

Es ist hilfreich, sich immer wieder zu vergegenwärtigen, dass das zentrale Thema in beraterischen und therapeutischen Kontexten Versagen und Misserfolg ist. Sich selbst erzählte Geschichten, die sich jahrelang, häufig sogar über mehrere Generationen hinweg als hilfreich und unterstützend erwiesen haben, können in einer sich verändernden Umwelt nicht mehr passend sein (siehe den Beitrag von C. Sluzki). Kaum jemand erlebt dies so direkt wie Migrantinnen und Migranten in ihren Familien. Verschiedene Generationen und Geschlechter beteiligen sich dann an unterschiedlichen Diskursen, die vielfach neue Entwicklungen einleiten können, in ungünstigen Fällen aber nicht mehr »kompatibel« sind. Psychische Krankheiten können da eine Möglichkeit des Auswegs sein, andere sind Delinquenz, Sucht, Suizidalität oder andere Formen des Abbruchs von Beziehungen.

Im Umgang mit Menschen, die an einen derartigen Punkt der »Niederlage« angekommen sind und die sich selbst und anderen überwiegend Geschichten von Ausweglosigkeit erzählen, haben sich lösungsorientierte Vorgehensweisen bewährt. Ausführliche Beschreibungen entsprechender Modelle seitens der Professionellen finden sich bei de St. Shazer (1992), M. White und D. Epstein (1990) sowie bei B. Furman und T. Ahola (1996).

Bestimmte Fragenkomplexe bewähren sich, um Patienten, die schwierige Situationen beklagen, zu neuen Perspektiven einzuladen (siehe Tabelle S. 126).

In einem solchen Vorgehen können vertraute Rituale genutzt werden und es kann zum Experimentieren mit neuen eingeladen werden (Imber-Black u. a. 1993). Erzählerische Konstruktionen bleiben auf diese Weise im Fluss und offen für die Veränderlichkeit und Dynamik der Zeitumstände und stellen so die emanzipatorischste Form der Unterstützung dar.

Die Ärztin besprach mit Herrn Ö. die unterschiedlichen Dimensionen seines Problems. Nachdem gedanklich die unterschiedlichen Möglichkeiten durchgespielt waren, einschließlich seiner Bitten zu möglichen Familiengesprächen, wurden seine

Frau, Ayse, sein ältester Sohn und die Tante eingeladen. Die Ärztin beschrieb allen die Rahmenbedingungen und das Anliegen für dieses Gespräch. Alle Beteiligten konnten sich darauf einigen, dass familiärer Friede ein wichtiges Ziel sei. Herr Ö. teilte Ayse sein Verständnis für ihren Wunsch nach Freiheit, aber auch seine Angst um ihre und die Zukunft der Familie mit. Es gelang, zu vereinbaren, dass Ayse ein Studium beginnen würde und während dieser Zeit zu ihrer Tante ziehen sollte. Ihr Bruder lud sie ein, wieder regelmäßig zu den Musikabenden seiner Folkloregruppe zu kommen, für die sie schon früher gesungen hatte. Die Tante und die beiden Kinder wollten sich dafür einsetzen, dass die Eltern wieder stärker Kontakte zur erweiterten Familie pflegen und mehr in die Veranstaltungen der Kulturvereine einbezogen würden, in denen sie selbst sich seit längerem engagierten. Herr Ö. gab zu, dass diese Perspektive für ihn und seine Frau hoffnungsvoll sei, dass sie aber auch Angst um die Zukunft hätten.

Die Ärztin achtete darauf, dass gute Rahmenbedingungen herrschten, die zur Vertrauensbildung beitrugen. Dazu gehörte die Beschreibung der Möglichkeiten und Grenzen der Einrichtung, die Einführung des Dolmetschersettings, die Einbeziehung eines albanischen Pflegers im gleichen Alter wie Herr Ö., die konsequente Verfolgung eines lösungs- und ressourcenorientierten Ansatzes und die Einbeziehung der kulturellen Gemeinschaften. Die Mehrzahl der Migranten sind dicht in Familienbezüge eingebunden. Selbst dann, wenn diese sich weit entfernt befinden, sind sie für die Identität der Betroffenen und für die Ressourcenmobilisierung von großer Bedeutung. Grundkenntnisse, wie Familiengespräche zu führen sind, haben sich daher bei dieser Arbeit bewährt (HEGEMANN u. a. 2000).

Bestätigung

Auch dann, wenn erste Schritte gemacht sind, gilt es, Patienten zu ermutigen, mit den neuen Erfahrungen in den für sie nicht immer leichten Migrationskontexten zu experimentieren und schrittweise eine größere Sicherheit zu erwerben. Meistens gelingt das nicht, ohne sich auch als Person zu zeigen. Viele Menschen aus unterschiedlichen Kulturen machen keine so deutliche Unterscheidung zwischen professionellen und privaten Beziehungen, wie das in westlichen Kulturen mittlerweile üblich ist. Es bedarf daher eines Fingerspitzengefühls, einen ganz persönlichen Stil zwischen freundlicher Zuwendung und angemessener Abgrenzung zu finden. Auch dies lernt man am besten in interkulturellen Teams. Von Zeit zu Zeit gilt es, Bilanz zu ziehen, welche Entwicklungen erreicht werden

Fragen der Therapeuten	Antworten von Herrn Ö.
Welche Ausnahmen gibt es zu Ihren Erfahrungen, wegen Ihrer kulturellen Werte in Schwierigkeiten mit anderen Menschen zu geraten?	Ich denke immer, wenn Jungen und Mädchen zusammen sind, das kann nicht gut gehen. Vielleicht wenn Ältere dabei sind oder wenn sie schwer arbeiten oder lernen.
Von welchen Menschen in Ihrem Leben haben Sie welche Kenntnisse und Fähigkeiten gelernt?	Von meinem Großvater, er war Hirte in den Bergen und immer etwas außerhalb des Dorfes, habe ich Unabhängigkeit und Würde gelernt und mit der Einsamkeit umzugehen.
Zu welchen Reaktionen laden Sie andere Menschen durch Ihre Verhaltensweise und Ihre Gewohnheiten ein – sowohl die Menschen aus der Ihnen vertrauten wie die einer Ihnen fremden Kultur?	Vielleicht lebe ich noch in einer Zeit, die zu Ende geht. Wenn man zu streng ist, werden die Jungen nur noch verstockter. Aber was soll man machen?
Was mögen die Erwartungen und Erfahrungen der anderen mit Ihrem Verhalten sein?	Sie denken, ich bin ein alter, altmodischer Mann, der keine Gefühle kennt.
Was würde sich verändern, wenn Sie selber von anderen als den bisherigen Annahmen ausgehen würden?	Wenn ich mehr erlauben würde, würden sie mich sicher mehr mögen. Aber werden sie mich dann noch achten?
Wie würden Sie dann handeln und welche Ressourcen könnten Sie aus unterschiedlichen Kontexten mobilisieren?	Wenn ich mir sicher sein könnte, dass Ayse gut auf sich achten könnte, dass sie einen Mann findet, der zu uns allen passt, und dass sie nicht für uns und ihre Geschwister zu einer Sorge werden wird, könnte ich ruhiger werden. Vielleicht finden wir ja jemanden, der besser auf sie achtet und dem sie mehr vertraut.
Welche bewährten Rezepte der Vergangenheit könnten wiederbelebt werden, die schon lange aufgegeben wurden?	Ich war auch ein Wilder. Meine Eltern haben mich dann zum Großvater in die Berge geschickt. Von ihm habe ich so viel gelernt.
Welche neuen Lösungen konnten daraufhin auftauchen?	Wenn sich meine Schwester um Ayse kümmert und sie uns nicht fremd wird, würden wir alle besser miteinander auskommen.

konnten, welche weiteren Herausforderungen warten und welche als unabänderlich erlebten Dimensionen des Lebens man vorläufig hinnehmen muss, denn Kontexte ändern sich und neue Entwicklungen bieten sich immer.

Nach zwei Wochen wurde Herr Ö. in gegenseitigem Einverständnis entlassen. Seine Ärztin überwies ihn an einen Nervenarzt, von dem sie wusste, dass er offen für transkulturelle und familienmedizinische Fragen war. Herr Ö. nahm das Angebot an, monatlich noch an einer ambulanten Gruppe teilzunehmen. Mit Hilfe des Sozialdienstes fand er die Möglichkeit, erstmalig in seinem Leben an einem Sprachkurs teilzunehmen, was ihm große Bestätigung verschaffte. Es gelang ihm auch, mit seinem Arbeitgeber die Möglichkeit einer Arbeitsreduzierung zu verhandeln. Nicht zuletzt hat ihn die Erfahrung mit dem Dolmetscher darin bestätigt, dass Verhandlungen mit Deutschen auch erfolgreich verlaufen können. Nach einem Jahr wurde die thymoleptische Medikation ohne Nachteile reduziert. Wenige Wochen später erkrankte seine Frau an einem Karzinom. Herr Ö. entwickelte soziale Kompetenzen, die ihm niemand zugetraut hatte. Ayse kehrte nach Hause zurück und beteiligte sich an der Pflege der Mutter, ohne ihr Studium zu vernachlässigen. Da sie ihr Verantwortungsbewusstsein in einer Familienkrise derartig unter Beweis stellte, fiel es dem Vater leichter, darauf zu vertrauen, dass sie eine gute Entwicklung nehmen werde.

Epilog

Die Fähigkeit, über kulturelle Grenzen hinweg kommunizieren zu können, erfordert Aufmerksamkeit für die sozialen Dimensionen des Lebens und psychischen Leidens. Migranten und Menschen in einer ethnisch-kulturellen Minderheitensituation leben in Kontexten, die zusätzliche Anforderungen stellen – aber auch Chancen bieten. Über Fachkompetenz der eigenen Branche hinaus erfordert der effektive Umgang mit dieser wachsenden Klientel eine interkulturelle Kompetenz, die folgenden Voraussetzungen genügen sollte.

Eigene Kulturgebundenheit reflektieren: Bereitschaft von Professionellen über die eigene Person und Position zu reflektieren und sich darüber klar zu werden, dass Selbstbeschreibungen nicht losgelöst von kulturellen Umfeldern existieren. Weiterhin gehört dazu, sich darüber klar zu werden, wie wir über Normalität oder Gesundheit denken und über Abweichungen davon.

Wissen über andere Kulturen erhöhen: Eine zweite Voraussetzung ist die Bereitschaft der Mitarbeiterinnen und Mitarbeiter psychosozialer Einrichtungen, ihr Wissen über Werte und Ansichten der Kulturen, mit denen sie am häufigsten zu tun haben, zu erweitern. Grundkenntnisse darüber, was es für die individuelle und familiäre Entwicklung bedeutet, beispielsweise in einer islamischen oder einer kommunistischen Gesellschaft aufgewachsen zu sein, sollten jedem in diesem Bereich Tätigen geläufig sein. Es gibt ganz unterschiedliche Möglichkeiten, sich mehr Wissen über Kulturen zuzulegen: Aufsuchen, Reisen, Lesen, Fort- und Weiterbildung.

Kulturelles Wissen nicht stereotypisieren: Die letzte und wichtigste Voraussetzung ist meines Erachtens, über dieses Wissen zu reflektieren, um nicht stereotypen Vorstellungen zu erliegen. Die Merkmale wie »islamisch«, »kommunistisch«, »türkisch« können für Einzelne etwas ganz Unterschiedliches bedeuten. Migranten beispielsweise waren häufig schon in ihrem Herkunftsland in einer Minderheitensituation und wollen nicht unter generalisierten Vorstellungen über dieses Land und seine Kultur gesehen werden. Wie oben ausgeführt, übernehmen wir und unsere Klienten nicht nur die überlieferten Sichtweisen, Werte, Ansichten und Haltungen unserer Herkunftskultur. Wir können auch wählen, wie wir diese Möglichkeiten modifizieren und sie im konkreten sozialen und wirtschaftlichen Kontexten in Abhängigkeit von eigenen Stärken und Schwächen auf ganz individuelle Weise weiterentwickeln wollen.

Für Migranten und Migrantinnen erfolgt diese Weiterentwicklung üblicherweise anders als bei Menschen, die in ihrer Herkunftskultur verbleiben. Ähnliches gilt für Gesellschaften, die rapide Transformationsprozesse durchlaufen, wie dies beispielsweise in Ländern des ehemaligen Ostblocks und praktisch allen Großstädten der so genannten Dritten Welt der Fall ist. Gerade Jugendliche sind Vorreiter einer solchen Weiterentwicklung, die mit ganz charakteristischen Krisen einhergeht. Die Vermittlung einer guten Verbindung zwischen den kulturellen Werten der Vergangenheit der Klienten und deren sozialer Gegenwart ist eine besondere Aufgabe transkultureller Beratung und Therapie.

Auch die interessiertesten Mitarbeiter psychosozialer Einrichtungen können nicht in allen kulturrelevanten Fragen kundig sein. Um selber ein komplexeres Bild über die Wechselwirkungen zwischen kulturellen Werten und gesundheitlichen wie sozialen Belastungen zu entwickeln, ist einer Haltung der respektvollen Neugier die beste Voraussetzung, denn Neugier hat viele Funktionen in therapeutischer – speziell in kulturübergreifender – Arbeit: Sie zeigt Respekt! Sie eröffnet neue Informationen! Sie ermöglicht gemeinsame Suchprozesse!

Joop de Jong

Klassifizieren oder nuancieren?

Psychodiagnostik mit Hilfe von DSM oder ICD

»Listen to the story told by the reed, of being separated:
›Since I was cut from the reedbed, I made this crying sound.
Anyone apart from someone he loves understands what I say.
Anyone pulled from a source longs to go back …‹«
***Rumi*: The Reed Flute Song (13. Jahrhundert)**

Einleitung

Die klassische Psychopathologie geht davon aus, dass psychische Probleme individuell zu sehen sind und ihren Ursprung in einer biologisch-genetischen Verletzlichkeit von Individuen haben. Die Erfordernisse von Migranten und Flüchtlingen zeigen jedoch in besonderer Weise Widersprüche zu der wieder allerdings zunehmend verbreiteten Betonung des Primats der Biologie auf. Sie zwingt Hilfeleistende, sich auf die Rolle, die die Kultur in ihrem Beruf spielt, zu besinnen. Denn einerseits wird von ihnen erwartet, dass sie die Klassifikationssysteme DSM oder ICD bei der Diagnostik kennen und verwenden; andererseits werden sie mit der Kritik an der Anwendbarkeit beider Systeme bei Allochthonen* konfrontiert. Manchmal ist es einfach, bei Allochthonen eine Diagnose zu stellen, aber oft ist es sehr kompliziert, denn das theoretische Bezugssystem des DSM und ICD baut auf Annahmen auf, die eng mit der historischen Entwicklung der westlichen Psychologie und Psychiatrie verbunden sind.

Die Psychopathologie geht von der »Universalität« ihrer Annahmen aus, was auf bestimmten sozialen und kulturellen Prozessen ihrer Entwicklung beruht: an erster Stelle das selektive Studium von Menschen und Verhalten, im Weiteren eine westliche konzeptuelle Begrifflichkeit, die die Grundlage der beschreibenden Psychopathologie bildet. Außerdem werden bestimmter Emotio-

* Im niederländischen Kulturraum werden als *allochthon* Menschen bezeichnet, die aus einem auswärtigen, und als *autochthon* Menschen, die aus dem heimischen Kulturraum stammen.

nen, wie Schwermut und Depression, selektiv gegenüber anderen Emotionen betont. Schließlich ist man selektiv bezüglich der Behandlungsziele, auf deren Grundlage die beschriebenen Symptome letztendlich konstruiert werden. Die derart gewonnenen Annahmen werden mit Fallbeispielen illustriert, die meistens auf Katamnesen beruhen. Am Ende der psychopathologischen Berichte werden dann Vorschläge gemacht, wie die beschriebenen Mängel behoben werden können.

Die Grundlage für die moderne psychiatrische Krankheitslehre wurde am Ende des 19. Jahrhunderts vor allem von E. Kraepelin geschaffen. Zu dieser Zeit gingen die meisten Fachleute von einer biologischen Ursache psychiatrischer Störungen aus. So stellte man in 1922 bei mehr als 33 Prozent der zum ersten Mal aufgenommenen psychotischen Patienten eine somatische Ursache für die Psychose fest (Grob 1991; Henselmans 1995). Das erste DSM aus dem Jahre 1952 war dagegen nicht somatisch, sondern psychodynamisch orientiert. Dieses DSM-I wurde stark von Klassifikationssystemen geprägt, die von Psychiatern entworfen waren, die im Zweiten Weltkrieg traumatisierte Soldaten behandelt hatten.

Bei der zweiten Version des DSM stand die theoretische und ätiologische Neutralität stärker im Vordergrund. Trotzdem waren Kliniker der Meinung, dass das DSM-II keine verlässlichen Diagnosen liefern würde und deshalb für die Forschung nach neurobiologischen Ursachen und Effekten von Psychopharmaka bei psychischen Krankheiten nicht brauchbar sei (Klerman 1990; Good 1993). Außerdem nahm die Kritik an der Unterscheidung zwischen funktionellen und organischen Krankheiten zu. Man zweifelte zudem an der Klassifikation von Neurosen, die auf einer der Psychoanalyse entliehenen ätiologischen Grundlage beruhte. Die Psychoanalyse war nach Meinung ihrer Kritiker nicht im Stande, die von ihr benutzten Kategorien empirisch zu belegen und psychiatrische Störungen effektiv zu behandeln.

Beim Übergang zum DSM III verschob sich der Akzent von einem klinischen bio-psycho-sozialen Modell zu einem auf empirischer Forschung aufbauenden medizinischen Modell; man legte auch viel Wert auf die Zuverlässigkeit des Modells und auf die operationellen Kriterien. Allmählich wurden die bestehenden psychopathologischen Konzepte grundlegend verändert. Psychopathologie wurde in zunehmendem Maße als ein individuelles Problem angesehen, das seinen Ursprung in einer biologisch-genetischen Vulnerabilität hat. Die soziale

Psychiatrie, die dem sozialen Umfeld beim Entstehen von Psychopathologie große Bedeutung zumaß, trat in den Hintergrund. Seit dem Ende der Antipsychiatrie, die durch die extremen Formulierungen von Antipsychiatern wie Th. Szasz oder die grandiose Anmaßung von R. Laing diskreditiert worden war, hat sich diese Tendenz noch verstärkt. Der Begriff »Klassenunterschied« ist in Diskredit geraten, die sozialen Determinanten von Psychopathologie treten in den Hintergrund und die Bedeutung von Kultur als bestimmender Faktor der sozialen Umgebung ist aus dem Blickfeld verschwunden.

Die Anwesenheit von Migranten und Flüchtlingen widerspricht jedoch der immer weiter verbreiteten Betonung des biologischen Modells. Mit deren Ankunft im Westen findet transkulturelle Psychiatrie nicht länger nur auf Samoa, Java oder in Neu-Guinea statt, sondern auch in Kreuzberg, Wilhelmsburg, Neuperlach und Chorweiler. Die wachsende Zahl von Allochthonen zwingt Hilfeleistende, sich auf die allgegenwärtige Rolle, die Kultur in ihrem Beruf spielt, zu besinnen. In den letzten Jahren wurden für alle Professionellen die Dimensionen von Qualitätskontrolle, Diagnostik und Behandlungsplänen immer bedeutsamer. Es war zu Zwecken der Vergleichbarkeit erforderlich, Patientinnen und Patienten mit Hilfe vom DSM oder ICD zu klassifizieren. Gleichzeitig mehrt sich die Kritik an der Anwendbarkeit dieser Systeme besonders bei Allochthonen.

Dieser Beitrag zeigt, welchen überaus großen Einfluss kulturelle Variablen bei der Psychodiagnostik von Allochthonen haben. Hilfeleistende sollen ermutigt werden sich den spannenden und komplexen Aufgaben zu stellen, die sich bei der Diagnostik mit Menschen ergeben, die einen anderen kulturellen Hintergrund haben.

Der diagnostische Prozess

Bei der Diagnostik geht es darum, psychische Störungen zu begreifen, indem man ein Ganzes in seine Teile zerlegt. Während dieses Prozesses wird eine Reihe beliebiger Symptome mit vagen und unsicheren Daten und Ideen zu Ablauf, Ursache und Pathogenese anhand abstrakter Konzepte eingeordnet. Durch die zunehmende Popularität vom DSM und ICD und die Pflicht, sie gegenüber den Kostenträgern anzuwenden, hat sich jedoch der Irrtum verbreitet, dass *Diagnostizieren* dasselbe wie *Klassifizieren* sei. Klassifikation kann aber nur ein erster Schritt im diagnostischen Prozess sein. Der zweite Schritt – die analytische Phase

– hat eine erklärende Funktion zu der Frage: Warum besteht diese Störung bei gerade diesem Patienten und warum bleibt sie weiter bestehen?

Es ist hilfreich, sich immer wieder klar zu machen, dass Klassifizieren letztlich ein Hilfsmittel ist, um klinisch und wissenschaftlich über psychische Probleme kommunizieren zu können. Genau wie in anderen Bereichen des Lebens und der Wissenschaft entsprechen Klassifikationen dem menschlichen Bedürfnis nach Ordnung, zielgerechtem Handeln und Zeitersparnis. Eine jeweils neue individuelle Beschreibung eines jeden Einzelfalles würde Wissenschaft nicht mehr erlauben, und wir wären dazu verdammt, jede neue Erfahrung so zu verarbeiten, als wäre sie die erste; wir könnten nicht mehr auf frühere Erfahrungen derselben oder analogen Art aufbauen (MENNINGER u. a. 1964).

Diagnostik kann man auf unterschiedlichen Ebenen betreiben. In ihrer elementarsten Form ist Diagnostizieren ein Prozess von Zugucken, Zuhören und Übersetzen. Bei näherem Hinsehen ergibt sich jedoch schnell eine Komplexität, die Professionelle im Wesentlichen mit vier verschiedenen diagnostischen Methoden zu reduzieren versuchen (SACKET u. a. 1985):

1. unter *Mustererkennung* verstehen wir den Eindruck des Wiedererkennens, das Hilfeleistende bei Begegnungen mit Patienten haben können, wie beim umstrittenen Praecox-Gefühl;
2. beim *Entscheidungsbaum* vollzieht sich der diagnostische Prozess anhand einer Reihe von Fragen, die automatisch von der einen zur nächsten führen;
3. bei der *Anamnese* werden alle menschlichen Funktionen auf einer Zeitachse untersucht und
4. bei der *hypothetisch-deduktiven Methode* formuliert der Kliniker eine kurze Liste möglicher Diagnosen, die der Reihe nach verworfen werden, bis eine übrig bleibt.

Ein erster komplizierender Faktor bei der Mustererkennung und der hypothetisch-deduktiven Methode sind die Eigenarten von Patient und Therapeut sowie die Wechselwirkung zwischen beiden. Außerdem kommunizieren Patient und Therapeut sowohl auf inhaltlichem als auf Beziehungsniveau, wobei Übertragung und Gegenübertragung eine Rolle spielen (siehe dazu Esenbeek in diesem Band). Da Intuition und Erfahrung bei der Mustererkennung und der hypothetisch-deduktiven Methode einen wesentlichen Beitrag leisten, spielt das oben genannte Problem bei diesen Arbeitsweisen eine größere Rolle als beim Entscheidungsbaum oder der Anamnese. Ein zweiter komplizierender Faktor beim diagnostischen Prozess ist, dass sowohl Patient als Therapeut von ihren eigenen individuellen Normen und Gruppennormen ausgehen, wenn sie normales und abweichendes Verhalten beurteilen.

Dieses Buch beschreibt in anderen Kapiteln die kommunikativen und emotionalen Elemente des diagnostischen Prozesses: interkulturelle Kommunikation (Hegemann) und die Rolle von Übersetzern (Salman), therapeutische Prozesse (Oestereich) und die Rolle von Sozialisation (Colijn) und Migration (Sluzki). An anderer Stelle ist zudem beschrieben, wie schwierig es sein kann, grundlegende psychologische und psychiatrische Funktionen gut zu beurteilen (DE JONG 1996), ganz zu schweigen von der Beurteilung grundlegender Persönlichkeitskennzeichen und Dimensionen wie *locus of control* oder die extrapunitive Haltung.

Flüchtlinge konfrontieren uns außerdem mit diagnostischen Problemen, die wir im Westen im Allgemeinen nicht kennen (Steinkopf). Differenzialdiagnostisch ist es oft schwierig, die Folgen von neurologischen Beeinträchtigungen oder posttraumatischem Stress (BURGESS / WATSON u. a. 1988) zu trennen. Die Folgen von Unterernährung, beispielsweise in der Form von Pellagra, was im Alter eine Prädisposition zur Demenz geben kann, oder Krankheiten wie Malaria und Schlafkrankheit, können körperliche Untersuchungen nötig machen.

Diagnostik und die internationalen Klassifikationssysteme

Ein wichtiger Vorteil, aber eben auch eine inhärente Schwäche der internationalen Klassifikationssysteme DSM und ICD ist, dass sie die gerade beschriebene Komplexität auf das Kategorisieren von Problemen reduzieren. Ihre Struktur soll hier kurz zusammengefasst werden:

Das DSM IV (SASS u. a. 1996) ist ein mehrachsiges Klassifikationssystem psychischer Störungen. Die fünf Achsen beziehen sich auf verschiedene Klassifikationsaspekte. Auf Achse I werden klinische Syndrome (wie die depressive Störung oder die Angststörung) notiert. Es ist möglich, die Störungen je nach Schwere des Krankheitsablaufs näher zu präzisieren. In einem angehängten V-Code können weitere Probleme beschrieben werden wie Beziehungsprobleme, Nebenwirkungen von Psychopharmaka, Kindesmisshandlung, lebensphasenabhängige Probleme, Trauerproblematik oder das Nachahmen von Störungen. Auf der Achse II findet man mehr oder weniger konstante Eigenschaften des Patienten wie Persönlichkeitsstörungen und Minderbegabungen.

Achse III behandelt die körperlichen Krankheiten und jene Probleme, die »möglicherweise für den Umgang mit der psychiatrischen Störung« (ebd.) eines Betroffenen oder für deren Verständnis relevant sind. Psychosoziale Schwierigkeiten und Probleme mit der Umgebung können auf der Achse IV beschrieben werden, hierzu gehören Scheidung, Wohnungsprobleme, finanzielle Schwierigkeiten und Arbeitslosigkeit. Auf der Achse V schließlich erfolgt die globale Erfassung des Funktionsniveaus. Die Skala läuft von 0 bis 100 und misst den Grad der Symptomatik und des tatsächlichen »Funktionierens« des Patienten.

Die ICD (Dilling u. a. 1999) hat drei Achsen. Auf der ersten Achse stehen die klinische Diagnose des psychischen und somatischen Problems sowie Persönlichkeitsstörungen und dauerhafte Persönlichkeitsveränderungen. Auf der zweiten Achse finden sich Rollenausfälle infolge von Störungen, auf der dritten Achse findet man Umgebungsfaktoren und Faktoren, die Einfluss nahmen auf das Vorkommen, die Erscheinungsform, den Ablauf und die Prognose der Störungen, die auf der ersten Achse stehen.

Kultursensibilität

Alle diagnostischen Kategorien des DSM IV kommen auch in der ICD-10 vor, aber nicht umgekehrt. Die ICD-10 ist kultursensibler, weil sie kulturelle Unterschiede stärker mit einbezieht und daher mehr als das DSM den Anspruch hat, überall anwendbar zu sein. Andererseits hat sich die Arbeitsgruppe, die das DSM IV vorbereitete, viel Mühe gegeben, um die kulturelle Sensibilität zu vergrößern. Bei der Beschreibung der verschiedenen Probleme wird der mögliche Einfluss kultureller Faktoren herausgestellt, und im Anhang werden verschiedene kulturelle (kulturgebundene) Syndrome, wie Amok, Koro und Latah, aufgeführt, die vor allem in Ländern der so genannten Dritten Welt beschrieben wurden.

Im DSM IV wurde versucht, Bezeichnungen wie »psychisch krank« und die damit verbundene »klinische Relevanz« etwas prägnanter zu benennen, indem zu den Kriterien aller Störungen hervorgehoben wird, dass es sich um klinisch relevante Belastung oder Beeinträchtigung der sozialen, beruflichen oder anderer wichtiger Funktionen handeln muss. Innerhalb der autochthonen Bevölkerung in bürgerlichen Wohnvierteln werden jedoch Verhaltensweisen als »anti-sozial« angesehen, die in Problemvierteln adäquates Verhalten zum Überleben sein können. In besonderer Weise gilt dies für Flüchtlinge und Illegale, die ihr Leben während der Flucht möglicherweise nur durch »anti-soziales« Verhalten retten konnten. Für die Diagnostik ist vor allem der zweite Teil der genannten Forderung problematisch, denn Allochthone sind oft schon wegen ihrer sozial-ökonomischen Position in ihrer soziale und berufliche Funktion beeinträchtigt. All dies erschwert eine Differenzierung eines beeinträchtigten sozialen Funktionierens als Folge einer psychischen Störung oder einer gesellschaftlichen Situation.

Herr A. (27 Jahr alt), ein Imam aus Marokko, erzählt, seit seinem neunzehnten Geburtstag »Stimmen« zu hören und unter diffuser Schwermut zu leiden. Er, wie auch seine Frau, findet, dass er misstrauisch ist, vor allem dann, wenn eine seiner Stimmen ihm etwas zuflüstert. Diese seien weibliche Geister (*jinniya*), die aus der Nähe appellierend und kommentierend zu ihm sprächen. Weil die Stimmen ihm auch erzählen, dass seine Frau ihm mit Hilfe von *shur* (Zauberei) schaden will, versucht er seiner Angst Herr zu werden, indem er sie schlägt, was seine Schuldgefühle steigert, und diese wiederum seine Angst. Er hat weiterhin haptische Halluzinationen in der Form von *jnun*, die ihn schlagen, und er sieht manchmal verformte Menschen mit Tierköpfen (so können *djinn* sich Menschen zeigen). Wenn er in der Vergangenheit zu einem guten Heiler (*fgih*) ging, hörten die Stimmen für einige Wochen auf. Herr A. denkt zudem, dass andere Menschen ihm Böses wollen, indem sie seinen Magen entfernen (sein Magen ist wegen eines bösartigen Tumors entfernt), oder ihn mit Gift oder *shur* töten wollen. Er verwahrlost zunehmend und hat seine spirituelle Motivation als Imam verloren.

Vor sechs Jahren sei er aus Marokko eingewandert und habe für eine Reinigungsfirma gearbeitet. Der Betriebsarzt will ihn wieder zur Arbeit schicken, weil er seiner Meinung nach simuliert. Differenzialdiagnostisch wird an paranoide Schizophrenie gedacht, an eine schizo-affektive Störung des depressiven Typs oder an einen psychotischen Prozess als Folge des bösartigen Magenleidens.

Dieser Mann zeigt beispielhaft, dass es bei vielen Migranten schwer zu klären ist, ob sein sozialer Absturz die Psychose verursacht hat oder ob es sich um ein *social drift*-Phänomen handelt, wobei es durch den psychotischen Prozesses zu einer Außenseiterposition gekommen ist. Weiterhin stellt sich die Frage, inwiefern es Sinn macht, dem DSM IV entsprechend das Niveau des gesellschaftlichen Funktionierens als Indikator für Psychopathologie mit einzubeziehen? Oder sind Migranten, die *socially impaired* sind, doch eher zähe Überleber in einem System, das ihnen wenig Chancen bietet? Diese letzte Frage ist noch schwerer zu beantworten, wenn es sich nicht, wie bei dem hier beschriebenen Mann, um ernsthafte Psychopathologie, sondern um Persönlichkeitsstörungen handelt, die auf Grund ihres psychosozialen Funktionierens beurteilt werden sollen.

Dieser Fall illustriert weiterhin, dass die Form des psychotischen Prozesses universell ist, die Inhalte jedoch kulturell bestimmt sein können (PFEIFFER 1994), was durchaus nicht ausschließt, dass es weltweit Störungen geben kann, die bisher unvollständig beschrieben sind, oder noch unbekannte Subtypen von (schizophrenen) Psychosen.

Kulturtheoretische Kritik am DSM

Im zweiten Teil dieses Beitrags werde ich versuchen, mit Hilfe einer kulturtheoretischen Kritik am DSM einige typische »Fallgruben« bei der Diagnostik von Allochthonen näher zu beleuchten.

In den folgenden Absätzen werden die Annahmen und ethnozentrischen Aspekte der gängigen Klassifikationssysteme auf der Grundlage von FABREGA (1994) in Frage gestellt, nämlich:

- die klinische Validität universeller psychopathologischer Kategorien;
- die konzeptuelle und linguistische Vergleichbarkeit psychischer Probleme;
- die Annahme, dass anhand operationeller Kriterien universelle Kategorien definiert werden können;
- die Vorstellung, dass die bisherige Zahl diagnostischer Kategorien ausreicht und dass die Neurobiologie das beste Bezugssystem bietet;
- die Annahme, dass bereits anerkannte Kategorien stabil und identisch bleiben;
- die Validität der Achsen IV und V;
- das Spannungsfeld zwischen der deskriptiven Arbeitsweisen des DSM IV und der ICD-10 einerseits sowie der ätiologischen Herangehensweise in der klinischen Arbeit andererseits.

Sind die psychopathologischen Kategorien universell und valide? Spitzer, einer der Autoren des DSM III, bemerkte bereits 1974, dass Zuverlässigkeit keine Garantie für Validität bietet, Unzuverlässigkeit jedoch mit Sicherheit zu einem nicht validen Klassifikationssystem führen wird (SPITZER / FLEISS 1974). Eine psychiatrische Diagnose setzt voraus, dass die betreffende Störung »real«, also wahrnehmbar und signifikant ist. Der Wirklichkeitsgehalt einer Diagnose wurzelt im erkenntnistheoretischen Sinne in der deskriptiven oder beschreibenden Psychopathologie. Sprachlich basiert die Psychopathologie auf einer systematischen Sammlung von Annahmen, Begriffen, grammatikalischen und syntaktischen Regeln, die zur Beschreibung von Verhalten angewandt werden (BERRI-

OS 1994) und aus der deutschen und französischen Psychiatrie zwischen 1830 und 1880 stammen.

Die Verhaltensanalyse besteht für viele Professionelle darin, Basiselemente der Psychopathologie zu finden und deren äußeres Erscheinen von ihrem »kulturellen Rauschen« oder einer Pathoplastik zu befreien. Die Anhänger dieses Striptease-, Zwiebel- oder russischen Matrjoschka-Modells sind der Meinung, dass Probleme wie Somatisationen entkleidet werden müssen, bis sich die »echten« psychiatrischen Störungen zeigen (DE JONG 1992). Die dabei verwendete Sprache wird als allgemein gültig angesehen. Stillschweigend wird davon ausgegangen, dass die gesamte Weltbevölkerung mehr oder weniger dasselbe versteht unter Begriffen aus der westlichen Kultur wie Bewusstsein, Aufmerksamkeit, Wahrnehmung, Wille, Selbst, Seele oder Persönlichkeit. Insbesondere das Beispiel des »Selbst« zeigt deutlich, dass dem nicht so ist (LEWIS-FERNANDEZ / KLEINMAN 1994).

Das westliche Selbst, Grundlage unserer Auffassungen von Gesundheit und Krankheit, wird für autonom und frei gehalten. Das gesunde Selbst weiß, wann und wie es physisch und psychisch handelt, und es registriert externe Einflüsse und assimiliert diese in das eigene subjektive Erleben und Handeln.

In anderen Kulturen werden Form und Inhalt des Selbst in Bezug zu seiner Umgebung anders konzipiert. So beschreibt HARDMAN (1981) anschaulich von den Lohorung in Ost-Nepal, dass sie das Selbst als ein Resultat von Wechselwirkung zwischen der Kraft der Vorfahren (*saya*) und einer Lebenskraft (*lawa*) sehen. Vergleichbare Konzepte des Selbst finden sich in West-Afrika (HORTON 1993) und in der afrikanisch-surinamisch-karibischen Tradition. Viele kreolische Surinamer sind in einem Selbstkonzept erzogen worden, nach dem der Mensch aus einem biologischen Teil von Körper und Blut besteht und einem geistigen Teil, der aus der Triade *Djodjo*, *Kra* und *Jorka* besteht. Die *Djodjo* empfangen vom höchsten Wesen die Seele, die die *Kra* an die Menschen weitergeben. Beide sind schon während der Befruchtung anwesend. Die *Jorka* bestehen aus Lebenserfahrung, Atem, Gedächtnis und der Persönlichkeit; sie kommen erst im Laufe des Lebens dazu, führen nach dem Tod ein soziales Leben im Jenseits und beschützen dann die noch lebenden Verwandten. Sowohl die *Djodjo* als die *Jorka* haben menschliche Züge, gute wie schlechte, die einander ergänzen, bekämpfen oder im Gleichgewicht halten können. Aus einer westlichen Perspektive sehen diese Entitäten Subpersönlichkeiten am ähnlichsten, wie Janet oder M. Erikson sie beschreiben.

Ein solches Konzept steht im Gegensatz sowohl zu unserer westlichen Vorstellung, dass das Selbst eine integrierte Identität darstellt, als auch zu alltäglichen Begriffen der Hilfeleistung wie Ich-Stärke und Ich-Verständnis, Begriffe, die an die westliche Kultur und deren Traditionen von Hilfeleistung gebunden sind.

Ein vergleichbares Problem entsteht, wenn man das DSM bei geriatrischen Problemen der autochthonen Bevölkerung anwendet. Die geriatrische Problematik ist – ähnlich der Probleme von Allochthonen – das Resultat einer dauerhaften Interaktion zahlloser Faktoren, die zusammen die Eigenheit des Menschen vergegenwärtigen. Sowohl alte Menschen wie Allochthone sind häufig nicht vertraut mit unser heutigen Psycho-Kultur; sie sind es gewohnt, »zu tragen und nicht zu klagen«, und haben oft eine andere Auffassung von Rängen und Ständen, von Religion und wie man sich als Partner oder Kind zu benehmen hat. Mit der Alterung der ersten Migrantengeneration können sich diese Probleme potenzieren! (Siehe A. Ertel in diesem Buch.)

Neben der Universalität stellt sich mit gleicher Dringlichkeit die Frage der Validität. Kann man das DSM beispielsweise in nichtwestlichen Kulturen benutzen, wenn die Anwendung des DSM bei puerto-ricanischen Schulkindern eine Prävalenz von 46 Prozent für alle Störungen aufweist? Und was bedeutet die Validität von Posttraumatischer Belastungsstörung (PTBS) in Staaten, in denen die ganze Bevölkerung jahrelang Gewalt, Terror und Folter ausgesetzt ist? Bei Patienten aus Südost-Asien und speziell Kambodscha wird eine PTBS-Prävalenz von 50 Prozent gefunden (Mollica u. a. 1987; Kinzie u. a. 1986; Bernstein / Rosser-Hogan 1994). Was bedeutet es für die Validität einer Störung, wenn unter bestimmten Umständen beinah die ganze Bevölkerung an ihr leidet? Was ist in einer solchen Situation der Normalwert? Ist es angemessen, von einer posttraumatischen Störung zu sprechen, wenn die Traumatisierung andauert? Oder: Darf man eigentlich Opfer politischer Unterdrückung mit medizinischen Etiketten pathologisieren? Ist die Diagnose PTBS nach Folterung wirklich stigmatisierender als die Diagnose einer Brandwunde oder eines Rippenbruchs? Letztlich stellt sich auch die Frage, wie weit individuelle Normen und Gruppennormen, die wir als Diagnostiker bei der Beurteilung von Psychopathologie anwenden, von quantitativen Dimensionen abhängen.

Als letzten Aspekt der klinischen Validität möchte ich die Frage stellen, welche Relevanz die Lebensgeschichte eines Menschen für die Beurteilung einer

Störung hat. M. BAŞOGLU u. a. (1994) verglichen 55 gefolterte türkische, politische Aktivisten mit einer Kontrollgruppe. Im Durchschnitt waren sie 291 mal mit Hilfe von 23 verschiedenen Methoden gefoltert worden. Danach litten 33 Prozent an PTBS und 31 Prozent an einer Depression im engeren Sinn. Diese Autoren stellten weiterhin (BAŞOGLU u. a. 1994) fest, dass das Trauma von denjenigen, die eine Folterung überleben, am ehesten als eine Aneinanderreihung traumatischer Erlebnisse (nämlich der Folter) verstanden werden kann, die auf Dauer das körperliche, psychische und soziale Funktionieren beeinträchtigen. Das gilt nicht nur für individuelle Opfer der Staatsgewalt, sondern auch für kollektive Traumatisierung durch Krieg. Was ist dann die Bedeutung einer Diagnose in so genannten makro-depressogenen Gesellschaften, in denen eine Kultur der Gewalt herrscht? Hier stellt sich unter anderem die Frage, ob die Behandlung sich auf die dauerhafte Zerrüttung der Persönlichkeit oder die soziale Struktur konzentrieren sollte oder ob man sich auf die möglicherweise auch gegebene klassifizierbare posttraumatische Depression oder Angststörung richtet. Die verkürzte Geschichte von Herrn B., ein kurdischer Flüchtling von 22 Jahren, illustriert diese Zweifel.

> Ich bin in Kurdistan im Nord-Irak geboren. Nach meiner fünften Grundschulklasse im Jahr 1982 beherrschte der Krieg unser Leben. Seit meinem achten Lebensjahr fühle ich mich immer schwermütig ... Mein Vater schloss sich den Guerillas an, wodurch ich die Verantwortung für die jüngeren Geschwister bekam. Später nötigte uns die irakische Regierung, sich ihren Truppen in den Bergen anzuschließen. Dorthin sandte Saddam Hussein Flugzeuge, die uns bombardierten. Während dieser Zeiten des *El anfal* – der Vernichtungskampagne, die sich gegen alle Gegner richtete, einschließlich Frauen und Kinder – schlug mein Herz rasend schnell, und ich hatte ein beklemmendes Gefühl. Ich sah viele durch Giftgas sterben und wir flüchteten zusammen mit 60.000 Menschen. Zwölf Tage hatten wir nichts zu essen und zu trinken ...
> Später, nachdem wir uns ergeben mussten, wurden alle festgenommenen Männer gefoltert und die meisten getötet. Jedes Mal, wenn der Krieg wieder heftiger wurde, nahmen meine Beschwerden zu. Schließlich hat meine Familie gehofft, dass ich aus dem Elend erlöst werden würde, wenn ich meine Nichte in den Niederlanden heiraten würde.

Kritische Fragenkomplexe

Sind psychische Beschwerden international vergleichbar?

Nach Meinung von H. FABREGA (1994) werden beim Thema der internationalen Bedeutung gleich mehrere Fragen aufgeworfen: Wie ist es der deutschen und englischen Psychiatrietradition gelungen, die derzeitige westliche Psychiatrie gegenüber der französische Psychiatrietradition zu dominieren? Warum tritt die asiatische Psychiatrie, die auf Ayurveda oder der chinesischen Tradition aufbaut, nicht international bestimmender auf? Die Antworten finden sich in der europäischen Entwicklung der Wissenschaften und des veränderten Umgangs mit Geisteskrankheit in den letzten 150 Jahren. Sie wurden zahlenmäßig bedeutsamer und sichtbarer, wurden zu einer medizinischen Angelegenheit und damit zu einem Teil der öffentlichen Gesundheitsfürsorge (FOUCAULT 1975).

Auch die sprachliche Vergleichbarkeit wirft erhebliche Fragen auf. Ein internationales Klassifikationssystem hat nur dann Sinn, wenn Experten Störungen mit Hilfe derselben Sprache beschreiben und interpretieren. Verschiedene Traditionen von Kultur- und Gesundheitssystemen begrenzen daher die Validität. Dieses Problem wird deutlich, wenn man das japanische System mit dem DSM und der ICD vergleicht. Bestimmte Kategorien des japanischen Systems können kaum in andere Systeme integriert werden. Es geht hierbei um Kategorien wie die atypische Psychose, Anthropophobie, das *olfactory reference syndrome*, die Dysmorphophobie und die coenestopatische Störung. Japanische Psychiater beklagen, dass das *tajin kyofushu*-Syndrom, das bei 40 Prozent der ambulanten Patienten in Japan vorkommt, nicht mit Hilfe des DSM kodiert werden kann. Sie verstehen darunter eine Angst, andere zu stören und mit etwas Unangenehmem zu konfrontieren, zum Beispiel mit einem missgestalteten Körper oder Mundgeruch. Der Unterschied zur sozialen Phobie bestehe darin, dass der Patient seine Angst nicht für übertrieben oder ungerechtfertigt halte und dass der Akzent nicht auf Vermeidung, sondern auf der Furcht, von anderen gemieden zu werden, liegt (KIRMAYER 1991; LITTLEWOOD 1992).

Frau C., 40 Jahre, aus China stammend, meldet sich mit Ermüdungsbeschwerden, die sie morgens nicht aus dem Bett kommen lassen. Seitdem ihr jüngster Sohn vor zwei Jahren das Elternhaus wegen Streitigkeiten über Zukunftspläne verlassen hat, grübelt sie den ganzen Tag. Außerdem klagt sie über Schlafstörungen, Albträume, Konzentrationsschwierigkeiten, Vergesslichkeit, Reizbarkeit, Nervosität, Bewegungsdrang und über das Gefühl, dass ihr beim Zu-Bett-Gehen ein Nerv im Kopf zerspringe. Wegen Herzrhythmusstörungen ist sie in kardiologischer Behandlung. Sie kommt aus einer armen Familie vom Land und ist vor 20 Jahren eingewandert, um ihren Mann, der hier in einem Restaurant arbeitet, zu heiraten.

In China und auch nach ICD-10 würden die Beschwerden von Frau C. als Neurasthenie und nach DSM IV als chronisch depressive Störung mit melancholischen Anteilen diagnostiziert werden. »Neurasthenie« ist die in China am häufigsten gestellte psychiatrische Diagnose, ja angesichts der Bevölkerungszahl dieses Landes möglicherweise sogar die meist gestellte Diagnose der Welt. Dieser Begriff illustriert besonders deutlich die Grenzen der westlichen Klassifikation. A. Kleinman (1986) stellte fest, dass von hundert als Neurastheniker diagnostizierten chinesischen Patienten 93 die DSM III-Kriterien für eine Depression erfüllen, 69 die Kriterien der Angststörung (35 panische Störungen, 13 allgemeine Angststörungen, 20 phobische Störungen), 25 Patienten die einer somatoformen Störung und 44 die Kriterien für eine chronische Schmerzstörung. Weil das DSM III eine Angststörung ausschließt, wenn gleichzeitig eine depressive Störung vorliegt, wäre es einfach, Neurasthenie als eine chinesische Form der depressiven Störung zu übersetzen. Aber wenn man hierarchische Kriterien außer Acht lässt, wird Neurasthenie zu Co-Morbidität (mit durchschnittlich 2,5 Diagnosen pro Patient), was ermöglicht, Patienten mit anderen zu vergleichen, die beispielsweise an einer co-morbiden Depression mit Angststörung leiden. Genauso gut könnte man auch die chinesische Wahrnehmung der Neurasthenie als Schwäche und Ermüdung oder als co-morbide Depression oder chronisches Ermüdungssyndrom ansehen.

Können universelle Kategorien mit Hilfe operationaler Kriterien definiert werden?

Bisher ist es nicht gelungen, »operationelle« Kriterien für psychische Störungen zu formulieren. Die zentrale Frage ist, nach welchen Kriterien die Unterscheidung psychiatrischer Störungen erfolgen soll. Würden Kliniker Diagnosen nach einem sozialen Abweichungs- oder Schädlichkeitsgrad erstellen, dann könnten subjektive Wahrnehmungen und körperliche Beschwerden keine akzeptablen Kriterien sein. Wenn ein System auf körperlichen Symptomen aufbauen würde, wäre psychisches Erleben als Kriterium unakzeptabel.

Angesichts der Tatsache, dass in nichtwestlichen Kulturen inzwischen mehrere hundert Somatisationsbeschwerden beschrieben sind, wäre es durchaus möglich, ein Klassifikationssystem auf der Basis körperlicher Beschwerden aufzubauen. Ein System, das auf physischen Verhaltensmustern aufbaut, wäre in Kulturen, in denen moralische und ethische Aspekte des Verhaltens am wichtigsten gefunden werden, dagegen deplatziert. Selbst wenn man Störungen anhand biologischer Determinanten bestimmen würde, stellt sich die Frage, nach welchen sozialen und kulturellen Kriterien die neurochemischen Tests durchgeführt werden sollen (FABREGA 1994). Es ist demnach unvermeidlich, bei jeglicher psychiatrischer Diagnostik kulturelle und soziale Konventionen zu berücksichtigen!

Reicht die Zahl diagnostischer Kategorien aus und bietet die Neurobiologie das beste Bezugssystem?

Auch bei Anerkennung des Primats der Neurobiologie ist es wahrscheinlich, dass es etwa für Probleme aus der Kindheit und traumatische Gehirnschäden neue Kategorien geben wird oder dass neue Kategorien notwendig werden, um Somatisations-, Angst- und Stimmungsstörungen voneinander abgrenzen zu können. In nichtwestlichen Kulturen und unter Allochthonen kommen Mischbilder von Depression und Angst öfter vor als unter Autochthonen. Beispiele hierfür liefern die vorgestellten Frau C. aus China und Herr E. aus Marokko. Die ICD-10 bietet im Gegensatz zum DSM IV die Möglichkeit, »Gemischte Angststörungen und depressive Störung« zu diagnostizieren.

Die westliche Fixierung auf Glück und Optimismus rückt Depression in den Mittelpunkt unserer Aufmerksamkeit, was sich in DSM und ICD widerspiegelt. Andere emotionale Erfahrungen (wie Eifersucht, Scham, Sexualität, Liebe und Hass) werden dagegen den Anpassungs- und Persönlichkeitsstörungen zugeordnet.

Störungen, die epidemiologisch gesehen erheblichen Grund zur Sorge geben, lassen sich mit einem neurobiologischen Bezugsrahmen schlecht erklären, während sozialpsychologische Paradigmen geeigneter erscheinen. Dazu könnten die folgenden typischen »Frauenprobleme« gehören: Parasuizid, Anorexia und Bulimia nervosa etc. (LITTLEWOOD / LIPSEDGE 1986). Entsprechende »Männerprobleme« sind: Exhibitionismus oder Kindesentführung bei einem Sorgerechtsstreit. Andere kulturgebundene Syndrome können hier beliebig angefügt werden: Telefonabhängigkeit, prämenstruelles Syndrom, Menopause (LOCK

1991), Aufzugsphobie oder Calciomanie (»Fußballverrücktheit« nach J. DE JONG 1992).

Neben der Selektivität bezüglich sozial erklärbarer Störungsbilder ist die Selektivität bezüglich Gender-Fragen (siehe M. Moro / G. Sturm in diesem Band) geradezu typisch für die Klassifikationssysteme. Männliche Psychopathologie wie Typ-A-Persönlichkeit, Profitmanie, unabhängige Persönlichkeitsstörung und »Delusional Dominating Personality Disorder« (CAPLAN 1991) sind nicht klassifiziert im Gegensatz zu frauentypischen Problemen wie Anorexia, Bulimia und die abhängige Persönlichkeitsstörung.

Sind die bisher anerkannten Kategorien über die Zeit stabil?

Es entspricht der Lebenserfahrung, dass sich Ideen und Konzepte, die in einem sich verändernden historischen, sozialen und kulturellen Kontext formuliert wurden, mit der Zeit ebenfalls verändern. Die Sichtweise zu Homosexualität ist ein Beispiel für sich verändernde Auffassungen über »normal« und »abweichend«. Ob eine medizinische Klassifikation sinnvoll ist, hängt weiterhin von den Behandlungs- und Heilungsmöglichkeiten ab. Historische und kulturelle Prozesse bestimmen auch die aktuelle Phänomenologie potenziell problematischen Verhaltens. »Hysterie«, wie wir sie von Charcot kennen, ist im Westen weitgehend passé; in anderen Kulturen zeigt sie sich jedoch in vielen Varianten von dissoziativem Verhalten. Migration und Akkulturation haben ebenfalls Einfluss auf das selektive Auftreten von bestimmtem Verhalten. So fällt es auf, dass die klassische Besessenheit von Geistern (*djnin*) bei Frauen aus dem Maghreb in Europa oft beobachtet werden kann, während sie in Nordafrika im letzten Jahrzehnt immer seltener vorkommt. In der Diaspora konservieren Migranten nicht nur (traditionelle) Regeln und Werte, sondern auch eine bestimmte, kulturtypische Psychopathologie (siehe auch den Beitrag von C. Sluzki).

Frau D. aus Marokko wurde wegen »diffuser körperlicher Beschwerden, ohne organische Ursache« überwiesen. Ich mache einen Hausbesuch und treffe auf die Frau und ihren Mann. Sie berichtet, ihr tue alles weh: der Kopf, der Nacken, der Dickdarm, die Gebärmutter. Die Krankheit sei auch im Kopf und es seien »ganz scheußliche Dinge passiert«, die sie nicht näher erklären kann. Sie komme aus einem kleinen Dorf, habe neun Geschwister und erzählt ansonsten von daheim nur, dass dort immer hart gearbeitet wurde. Vor 14 Jahren sei sie eingewandert, habe neun Jahre später einen einheimischen Mann geheiratet, von dem sie seit wenigen Monaten geschieden sei. Kinder haben sie nicht. Hier habe sie all die Jahre in einer Reinigungsfirma und im Gast-

> gewerbe gearbeitet. Es werden »atypische somatische Beschwerden« diagnostiziert. Sie habe inzwischen einen zwölf Jahre jüngeren marokkanischen Mann geheiratet, von dem sie ebenfalls nicht schwanger werden könne.
> Plötzlich sinkt die Frau mit weit aufgerissenen Augen langsam zu Boden. Ihr Mann schiebt geübt den Tisch zur Seite, wonach sie mit über ihrem Kopf ausgestreckten Armen durch das Zimmer rollt. Der Mann flüstert respektvoll: *Ieriah*, die »Geister«. Später berichtet die Frau, von sieben Geistern besessen zu sein, von denen ein eifersüchtiger männlicher Geist sie in Besitz nehme, um eine Schwangerschaft zu verhindern. Bei einem Besuch in Marokko seien ihr in einem speziellen Heiligtum bestimmte Kulthandlungen gegen Besessenheit empfohlen worden. Sie habe deswegen eine Ziege geschlachtet, um die Geister freundlich zu stimmen. Ihre Beschwerden kündigen sich mit Träumen an; die *djnin* folgten ihr und machten ihr das Leben schwer. Im Streit mit ihnen falle sie zu Boden, auch unter der Dusche, sie sei schwermütig und schlage sich selbst. In einer Art Versammlung verhandelten die sieben *djnin* miteinander. Das Abbrennen von Kräutern unter ihrer Nase hätten ebenso wie das Schlachten der Ziege und von ein paar Hühnern etwas geholfen. Täglich höre sie die Stimmen, die ihr Aufträge gäben. Wenn sie den Geistern nicht gehorche, würde sie bestraft, zum Beispiel mit blauen Flecken; einmal hatte sie sogar einen gebrochenen Arm. Nach Einführung in den Opferkult hoffe sie jetzt, sich mit den Geistern gut gestellt zu haben. Im Laufe der Therapie wurden in Hypnose die Geister herbeigerufen, sodass mit ihnen über ihre Wünsche und deren Erfüllung verhandelt werden konnte.

In der für Migranten häufigen Situation der sozialen Isolierung bietet sich »Besessenheit« als ein aus dem Vaterland mitgebrachtes *idiom of distress* an, um psychische Not auszudrücken. Hierdurch ist es möglich, Verhalten und Probleme einer externen Instanz zuzuschreiben, für Unfruchtbarkeit ebenso wie für die der zweiten Achse zugehörige Borderline-Problematik. Bei Migrantinnen ist diese oft schlecht zu erkennen. Diagnostisch und therapeutisch wird oft übersehen, dass es für Patienten schwierig ist, Verantwortung für ihr Verhalten zu übernehmen, besonders wenn dieses mit antisozialen Elementen oder mit Alkohol- oder Medikamentenmissbrauch verbunden ist. Die beschriebene Patientin war nicht in der Lage, den eigenen Anteil an ihrem Verhalten und den Wünschen der Geister zu erkennen. Dies betrifft die meisten Patienten, die extrem dissoziatives Verhalten zeigen, was sich bei Allochthonen in Besessenheit und Autochthonen als »dissoziative Identitätsstörung« äußert. Die Geister während der Therapie herbeizurufen und ihre Wünsche auf Tonband aufzunehmen und sie abzuspielen ermöglicht den Patienten, dissoziierte Persönlichkeitsanteile zu integrieren, ohne dass eine »Krankheitseinsicht« erforderlich wäre (de Jong 1996).

Wie steht es um die Validität der Achsen IV und V?

Die meisten Migrantinnen und Migranten und besonders Flüchtlinge stehen ständig vor Problemen, die nach DSM »Anlass zur Sorge geben«, da sie grundsätzlich benachteiligt sind und Akkulturationsstress ausgesetzt sind. Wie in anderen Beiträgen dieses Buches ausführlicher dargestellt ist, sind sie von Arbeitslosigkeit, schlechten Wohnverhältnissen, Schulproblemen, Konflikten mit der Justiz, Folgen von unterschiedlichen Traumata, unterschiedlichen Formen von Diskriminierung und anderen psychosozialen Problemen deutlich häufiger betroffen als die Durchschnittsbevölkerung.

Die beschriebenen Situationen von Allochthonen und die Systematik der Klassifikationssysteme erschweren ebenso die Beurteilung auf der Achse V. Die Skala ist widersprüchlich: Es darf »ausschließlich das psychische, soziale und berufliche Funktionieren gemessen werden«. Die Anweisungen besagen: »Funktionsbeeinträchtigungen, auf Grund von körperlichen und umgebungsbedingten Einschränkungen, sollen nicht einbezogen werden.« Das heißt, das soziale und berufliche Funktionieren soll zwar beurteilt werden, aber ohne die belastenden Umgebungsfaktoren mit einzubeziehen. Wegen fehlender Forschungsergebnisse und fehlender Vergleichsmöglichkeiten mit einer autochthonen Kontrollgruppe kann derzeit kaum beurteilt werden, ob Allochthone als Benachteiligte anzusehen sind oder ob es sich bei ihnen um eine Positiv-Auswahl talentierter Überleber geht. Bei Achse IV und V ist es weiterhin von Bedeutung, dass die Bedeutungsgebung von Stressoren von kulturellen Dimensionen abhängt. Viele Menschen im Westen sind beispielsweise der Meinung, dass der Tod eines Kindes in Gebieten mit hoher Kindersterblichkeit für Eltern weniger traumatisch ist als im Westen. Auch wissen viele nicht, dass in großen Teilen Afrikas und Asiens der Tod der Eltern ein Grund zum Feiern sein kann, da Verstorbene, die sich durch Kinder oder auf eine andere Weise »Verdienste erworben haben«, Anlass für besonderen Respekt geben. Der Verstorbene hat daher im Reich der Vorfahren besondere Möglichkeiten, ein gutes Wort einzulegen.

Zusätzlich zu diesen sozialen und kulturellen Stressoren können Migranten durch die Gesetzgebung in schwierige Situationen geraten, wie das folgende Fallbeispiel belegt.

Herr E. (36 Jahre) aus der Türkei kam vor fünf Jahren erstmals in die Beratung. Er war neunzehn, als er seinem Vater hierher gefolgt war, und hat bisher angelernte Arbeiten ausgeführt. Es fand sich eine unspezifische Angststörung mit depressiven

Stimmungen und somatoformen Beschwerden. Die Betreuung durch einen türkischen Sozialarbeiter, die antidepressive Medikation (Abbruch wegen Nebenwirkungen), die Bertreuung durch einen ethnologisch geschulten Psychologen und eine Verhaltenstherapie (Atmungs- und Entspannungsübungen; Training im Umgang mit Hyperventilation, Angstwahrnehmungen, Panik und Schlafstörungen) waren alle nicht erfolgreich. Der Patient konnte keinen Zusammenhang zwischen seinen Beschwerden und seiner Situation (keine Arbeit, keine Beziehung seit seiner Scheidung, ein Bruder in der Nähe, aber mit wenig Kontakt, fehlende Zukunftsperspektiven) herstellen. Er blieb überzeugt davon, dass seine Beschwerden körperlich seien und eine übernatürliche Ursache hätten (Zauberei). Besuche bei einem kulturellen Heiler waren wenig erfolgreich.

Nach drei Jahren wurden in einer universitären Fachabteilung für Angststörungen eine Panikstörung mit Agoraphobie (Achse I) und theatrale Symptome (Achse II) diagnostiziert. Der Patient hatte zwar auch über Schwermut, häufiges Weinen, Schlafstörungen, Appetitlosigkeit, Gewichtsverlust und Suizidideen geklagt; diesem bei Allochthonen häufig unlösbaren Geflecht von depressiven und ängstlichen Symptomen wurde aber wenig Aufmerksamkeit geschenkt. Erneut hatte eine verhaltenstherapeutische und eine medikamentöse Behandlung bei unterschiedlichen Therapeuten nur wenig Erfolg.

Als der Patient mir überwiesen wurde, fand ich einen intelligenten Mann, der jedoch nicht in der Lage war mitzuteilen, was er aus seinen Erfahrungen gelernt hatte oder was er ändern könne; er blieb in seinem komplexen Dilemma gefangen. Seine Frau, die er vor anderthalb Jahren in der Türkei geheiratet hatte, wollte er nachkommen lassen, sodass sie ihn versorgen könne. Die aktuelle Gesetzesänderung verhindere aber den Nachzug, solange er ihren Lebensunterhalt nicht bezahlen könne; nur im Krankheitsfall könne eine Ausnahme gemacht werden. Er »musste« also krank bleiben, wenn er seine Frau nachkommen lassen wollte, um dann mit ihrer Hilfe gesund zu werden. Nachdem ich ihm mitgeteilt hatte, dass mir eine Therapie in dieser Situation sinnlos erscheint, berichtete er, dass er allerlei Wesen (*djinns*) sehe, die ihn sehr unfreundlich ansähen. Oft höre er auch Stimmen und während des Schlafens habe er manchmal das Gefühl, dass jemand ihn an den Haaren ziehe. Deshalb hatte er seinen Kopf schon ein paarmal kahl rasiert. Obwohl das Letzte an Schlaflähmung denken lässt und seine Halluzinationen auch zu einer gemischten depressiven Angststörung passen (nach ICD-10, aber nicht nach DSM IV), ist eine atypische Psychose nicht auszuschließen. Nachdem ein Behandlungsversuch mit einem Antipsychotikum keinen Erfolg zeigt, schließe ich die Behandlung ab mit der Mitteilung, dass er, wenn nötig, zurückkommen kann, sobald er die Probleme mit seiner Frau gelöst habe.

Spannungsfelder

Welche Spannungsfelder bestehen zwischen den deskriptiven Arbeitsweisen des DSM IV und ICD-10 einerseits und der ätiologischen Herangehensweise in der klinischen Arbeit andererseits?

Die DSM-Task-Force hofft, dass es in Zukunft möglich sein wird, ein auf ätiologischen Überlegungen aufbauendes Klassifikationssystem zu entwerfen. Bisher ist das nur für wenige Beschwerden gelungen: zum Beispiel für Medikamentenmissbrauch und posttraumatische Belastungsstörungen. Der psychiatrischen Tradition folgend und um voreilige ätiologische Aussagen zu vermeiden, wurde das DSM vor allem auf der Phänomenologie aufgebaut. Weiterhin sollte im theoretischen Schulen-Streit zwischen Psychoanalyse und biologischer Psychiatrie eine neutrale Position eingenommen werden. Bei der Diagnostik von Allochthonen sind Ätiologie und Phänomenologie jedoch oft unlösbar miteinander verbunden. Das gilt vor allem für Menschen aus Kulturen mit externalistischen medizinischen Denksystemen (siehe auch B. Krause in diesem Buch). Deren ätiologischer Ansatz kann mit dem phänomenologischen Ansatz westlicher Klassifikationssysteme in Konflikt geraten.

Professionelle, die sich am DSM orientieren, machen es sich selbst und dem Patienten oft schwer, die Beschwerden zu begreifen und zu behandeln, wenn sie die Erklärungsmodelle der Patienten vernachlässigen. M. Eisenbruch (1991) beschreibt für Kambodscha, dass die Diagnose PTBS oft auf einer ethnozentrischen Auffassung von Gesundheit aufbaue, die dem Flüchtling vorschreibt, wie er seinen Disstress äußern, wie seine Störung klassifiziert werden und wie das Problem gelöst werden sollte, ohne dass man der Vermengung von Ätiologie und Phänomenologie in der kambodschanischen Kultur Rechnung trägt. Dasselbe kann man bei Marokkanern und Surinamer beobachten, die ihre Beschwerden als Besessenheit von einem *winti* oder *djinin* interpretieren.

Wenn mir ein Patient mit dem Problem der Besessenheit vorgestellt wird, diagnostiziere ich das als eine »Dissoziative Störung«. Manchmal schicke ich Patienten zu kulturellen Heilern, um die magisch-religiösen Kräfte zu beeinflussen. Dies erleichtert die Differenzierung zwischen einer Psychose wie der Schizophrenie und einer Depression mit psychotischen Merkmalen. Der geringe Effekt des Besuches unseres oben beschriebenen Imam aus Marokko bei einem Heiler beispielsweise bestätigte mich in meinem Verdacht auf einen schizophrenen Prozess. Es kommt jedoch oft vor, dass die bizarren halluzinatorischen Besessenheitszeichen irrtümlich als Symptome der Schizophrenie oder der schizoaffektiven Psychose interpretiert werden. Ich möchte das am Beispiel einer surinamischen Frau illustrieren.

Frau F., eine 35-jährige Frau aus Surinam, wurde wegen unerklärlicher Anfälle und Suizidgefahr unter dem Verdacht eines schizophrenen Prozesses überwiesen. Während der Anfälle gerät sie in Trance, wobei ihr Körper heftig bebt, sich ihre Augen verdrehen und ihre Hände und Arme verkrampfen. Sie murmelt unverständliche Worte, ist unerreichbar und kommt nach fünf Minuten wieder zu sich, ohne sich erinnern zu können. Sie berichtet, ihr Leben beenden zu wollen, um so den bösen Geistern zuvorzukommen, und sie fühlt sich von Leichenwagen verfolgt. In fünf Krankheitsepisoden im Laufe der vergangenen Jahre sei sie von bösen Geistern gequält worden, die ihre guten Geister verdrängt haben und sie töten wollten. Sie beschreibt die Geister als Figuren aus der Mythologie ihres Heimatlandes, die sie ständig bedrohten. Sie sagt, dass sie genauso viel isst wie früher, aber die Geister äßen sie auf, wodurch sie schon elf Kilo Gewicht verloren habe. Manchmal habe sie auch das Gefühl, dass sich ihr Körper verändere und sie schon nach Tod stinke. Sowohl sie selbst als auch ihr Mann finden, dass sie, die Frau, in der letzter Zeit zunehmend apathisch sei.

Die Diagnose Schizophrenie scheint im obigen Fall passend: bizarre Wahnbilder und Halluzinationen, sich streitende Stimmen und sozialer Funktionsverlust während mehrerer, über Jahre wiederkehrender Episoden. Die Erklärungsmodelle ihrer kreolischen Kultur messen diesen Phänomenen wenig Bedeutung zu. Sie beziehen sich eher auf einen Zusammenhang zwischen ihrem Verhalten und dem Charakter und den Wünschen der Geister, die Besitz von ihr nehmen. Ein großer Mann mit dem weißen Hut ist die Substanz der Vorfahren (*jorka*) und ein Zwerg ein Waldgeist (*apoekoe*). Die Erfahrung von Druck und Erwürgen durch diese Wesen erkennt ihre Kultur unter anderem als Zauberei, während wir von Schlaflähmung sprechen (DE JONG 1991). Ihr Erleben, aus ihrem Körper zu treten, und die anderen dissoziativen Anzeichen werden von ihrer Kultur wahrscheinlich zu Recht als eine erhöhte Trance-Empfindlichkeit verstanden. Die Gabe und die damit verbundene Fähigkeit, die Zukunft vorauszusagen (ein Begriff, der in der afrikanisch-kreolischen Sprache gleichzeitig Weisheit und intelligente Intuition impliziert), werden in ihrer Kultur als Zeichen einer sehr hohen spirituellen Entwicklung angesehen und als eine Berufung zur Heilerschaft verstanden. Diese Interpretation ist von völlig anderer Art als die diagnostische Schlussfolgerung, dass hier eine rezidive, depressive Störung vorliege mit melancholischen Merkmalen und stimmungs(in)kongruenten psychotischen Anzeichen, in Kombination mit einer dissoziativen Störung. Ein Behandler, der die Interpretation und die Erklärungsmodelle seines Klienten begreift, wird also eine andere Beziehung zu ihm aufbauen, einen differenzierteren Behandlungsplan erstellen und hat wahrscheinlich bessere Chancen, den Klienten in der Therapie zu halten und eine erfolgreiche Behandlung durchzuführen.

Schlussfolgerung

Von Behandelnden wird erwartet, dass sie im Stande sind, eine gute DSM- oder ICD-Diagnose zu erstellen. Manchmal ist das bei Allochthonen eine relativ einfache Sache, aber oft ist es auch kompliziert. Ein Grund dafür liegt darin, dass der Bezugsrahmen des DSM oder der ICD von Annahmen ausgeht, die an die historische Entwicklung der westlichen Psychologie und Psychiatrie gebunden sind. Diese Prämissen wurden in diesem Kapitel beschrieben und anhand von Fallbeispielen näher erläutert, wobei es mir hoffentlich gelungen ist, zu zeigen, dass der transkulturell offene Diagnostiker versucht weiter zu schauen als die an die westliche Kultur gebundenen Konzepte des DSM oder der ICD, die einen universellen Anspruch erheben. Das selektive Studium des Menschen und seines Verhaltens führt dazu, dass das Fallbuch DSM IV und die ICD-10 (Zaudig u. a. 2000) von Fällen von weißen, der westlichen Mittelschicht zugehörigen Patienten wimmelt. Ergänzend hinzugezogene interkulturelle Fälle wurden in das DSM-Korsett gepresst, nachdem man alle abweichenden Symptome, die eine besondere Herausforderung der universellen Anwendbarkeit darstellen, weggelassen hatte. Um besser verstehen zu können, ob die gängigen Klassifikationen weltweit repräsentativ und allumfassend sind, ist es meiner Meinung nach besonders wichtig, Fälle zu sammeln, die nicht oder nur schwierig zu klassifizieren sind.

Westliche Begriffe und Konzepte, wie Selbst oder Ego, Bewusstsein, Aufmerksamkeit, zeitliche und räumliche Orientierung sowie Willenskraft, sind oft schlecht definierte Überreste aus der alten französischen und deutschen Psychopathologie. Ohne weitere Überprüfung wird angenommen, dass die Begriffe aus dem neunzehnten Jahrhundert bei einer Weltbevölkerung angewandt werden könnte, die zu 80 Prozent aus nichtwestlichen Menschen besteht. Weiterhin ist das DSM wählerisch, was die zentrale Stellung von Emotionen und Affekten wie Schwermut und Depression auf der ersten Achse betrifft. Affekte, die in anderen

Teilen der Welt wichtiger sind, wurden auf die zweite Achse verwiesen. Schließlich müssen wir uns klar machen, dass man auch aus den Behandlungszielen eine Auswahl getroffen hat. Die Zielsetzungen bilden aber letztendlich die Grundlage für die Art und Weise, wie Störungsbilder konstruiert werden.

Es wurden bislang schon mehrere Vorschläge gemacht, wie man die hier beschriebenen Fehler vermeiden kann. Eine Möglichkeit ist es, eine spezielle Kategorie von »atypischen« oder kulturspezifischen Verhaltensmustern zu formulieren. Es wäre ja auch möglich, diagnostisch relevante kulturelle Dimensionen und psychosoziale Stressfaktoren, Sozialverhalten und das Maß der Akkulturation getrennt zu bestimmen. Ein anderer Vorschlag wäre, eine gesonderte Achse für kulturelle Faktoren zu schaffen, die die kulturellen Einflüsse auf das klinische Erscheinungsbild und die Behandlung benennen könnten. Einstweilen ist es noch ein weiter, aber sicher doch lohnender Weg, bis die Klassifikationssysteme auch in der Diagnostik und Behandlung bei nichtdominanten Kulturen zuverlässig angewandt werden können.

Anmerkung: An dieser Stelle möchte ich die Leserinnen und Leser bitten, mir Fallbeispiele von Patienten zu schicken, die nicht in das DSM oder die ICD passen. Mich interessieren vor allem kulturspezifisches Verhalten sowie Erlebnisse, die nur schwer im medizinisch-psychiatrischen Sinn zu kategorisieren sind.

Übersetzt aus dem Niederländischen von Bettina Bock und Thomas Hegemann

Cornelia Oestereich

Interkulturelle Psychotherapie in der Psychiatrie

Eine professionelle Herausforderung

**»Wir leben alle unter dem selben Himmel,
aber wir haben nicht den gleichen Horizont.«**

Die Behandlung, Beratung und Betreuung von Migranten und Angehörigen ethnischer Minderheiten werden von Professionellen der psychiatrischen Versorgungseinrichtungen als »schwierig« beschrieben. Diese Beschreibung kann auf stereotypen Zuschreibungen für bestimmte Migrantengruppen beruhen wie auch auf der verbreiteten Annahme, dass Migration an sich eine psychosozial schwierige Situation sei, die Krankheit fördere und aufrechterhalte. Damit ist in den Vorstellungen der in der Psychiatrie Tätigen häufig per se eine schlechtere Prognose verbunden als bei Menschen aus der eigenen Kultur. Zusätzlich wird die eigene Hilflosigkeit formuliert, die jeweils andere Kultur nicht ausreichend zu kennen, sowie die Annahme, nur bei spezifischen Kulturkenntnissen könnten diese Patienten »richtig« behandelt werden. Eine häufige Schlussfolgerung dieser Argumentation ist die Forderung nach ethnospezifischen Behandlungssettings, eine Folgerung, die schon angesichts der Vielfalt der Kulturen, mit denen wir es zu tun haben, nicht weiterführen würde.

Therapie als Begegnung zwischen Experten

W. Pfeiffer (1994) beschreibt Kultur als einen Komplex von überlieferten Erfahrungen, Vorstellungen und Werten sowie gesellschaftlichen Ordnungen, Kategorien und Verhaltensregeln, nach denen Menschen ihr Handeln in einem rekursiven, reflexiven und zirkulären gemeinsamen Prozess mit anderen Angehörigen dieser Kultur ausrichten. Unter dieser Annahme bedeutet interkulturelle Arbeit in Psychiatrie und Psychotherapie zunächst, den eigenen Kontext, also den kulturellen Hintergrund, auf dem der Therapeut bzw. die Therapeutin Krankheit und Gesundheit erlebt, zu reflektieren. Dies schließt in besonderer Weise die Beachtung der speziellen Rahmenbedingungen unseres Gesundheitssystems, also der Eigenheiten der Institutionen, der eigenen professionellen Rolle und des jeweiligen Auftrages ein.

Bewährt hat sich daher Therapie und Beratung von Patientinnen und Patienten aus unterschiedlichen Kulturen als Begegnung mit Experten anzusehen, sie sind am besten kundig bezüglich ihrer kulturell bedingten Wertvorstellungen, seien es Ansichten und Haltungen über das Leben und den Tod, über persönliche und familiäre Entwicklungsphasen, über religiöse Fragen und auch über Krankheit und Gesundheit.

Systemisch-konstruktivistische Konzepte

In der interkulturellen Arbeit in der Psychiatrie habe ich die Erfahrung gemacht, dass systemisch-konstruktivistische Konzepte besonders hilfreiche Methoden bieten, Aspekte von Kultur und Migration neu zu sehen und zu bewerten und sie für die Entwicklung neuer Lösungen zu nutzen. Sie beziehen in der Therapie und Beratung den Kontext ein, in dem ein Problem oder eine Krankheit entstanden ist und / oder sich auswirkt. Sie erfragen die »innere Landkarte« eines Therapie- oder Beratungssystems, d. h., sie reflektieren die Wechselbeziehungen zwischen den Voranahmen, den Ideen und Bedeutungsgebungen innerhalb eines Systems. Sie fragen nach Ressourcen, pflegen eine wertschätzende, nicht stigmatisierende und nicht festschreibende Sprache und sind lösungs- und zielorientiert. Das Mailänder Familientherapieteam um M. Selvini Palazzoli u. a. (1981) entwickelte eine fragende Haltung in der Gesprächsführung, die besonders geeignet ist gleichzeitig Informationen zu erhalten und zu geben. Diese von ihnen entwickelte Vorgehensweise des *zirkulären Fragens* führt neue Ideen ein und sucht zugeschriebene Eigenschaften und Rollen in Beziehungen zu verflüssigen. Dadurch wird ein Umdeuten des bisher Gedachten erwirkt. Innere Landkarten werden erfragt, Beziehungsmuster beleuchtet sowie wann und durch welche Ereignisse Beziehungen eine Veränderung erfahren haben. Die Aufmerksamkeit wird auf Entwicklungsmöglichkeiten und Ressourcen gelenkt, statt auf Defizite und Pathologie. Auf diese Weise werden hypothetisch neue Wahlmöglichkeiten eingeführt und positive Zukunftsbilder entworfen.

In interkultureller Therapie und Beratung bewähren sich vor allem Fragen zu den folgenden Themenbereichen.

Fragen zur Situation der Familie vor der Migration: Wer traf die Entscheidung zur

Migration und unter welchen wirtschaftlichen, politischen, familiären Umständen? Wer war am ehesten einverstanden mit dieser Entscheidung, wer am wenigsten? Welche anderen Entscheidungsoptionen hätten bestanden? (Zu diesen Problemen siehe auch den Beitrag von C. Sluzki.)

Fragen zu den Kindern: Sind alle Kinder mitgereist? Welches Kind durfte oder musste mit nach Deutschland und warum gerade dieses? Wie sehen die Großeltern diese Entscheidung? Wie haben die später nachgereisten Kinder ihren Platz in der Familie gefunden? Wie gestaltete sich die Beziehung zu den in Deutschland geborenen Kindern? Gibt es in der Familie »Pendelkinder«, die zwischen beiden Kulturen wandern? Welches Kind kommt am besten mit der Schulsituation zurecht, welches am wenigsten? Wird eine Berufsausbildung in Deutschland Einfluss auf die Wahrscheinlichkeit einer Rückkehr ins Heimatland haben und in welcher Weise? Wer in der Familie vermutet, dass eine deutsche Berufsausbildung Einfluss auf die Partnerwahl haben wird? Wird die Wahrscheinlichkeit, einen deutschen Partner zu finden, eher erhöht oder eher verringert? Wie werden Vater, Mutter, Großeltern und andere Familienangehörige sich dazu stellen? (Zu diesen Problemen siehe auch den Beitrag von S. Colijn.)

Fragen zur Familienstruktur: Wer trifft in welchen Lebens- und Alltagsbereichen die Entscheidungen? Wie werden anstehende Entscheidungen gemeinsam besprochen? Wer setzt welche familiären Entscheidungen um? Welche Einflussmöglichkeiten hat der Partner bei kontroversen Entscheidungen? Welche formellen, welche informellen? Wo und bei wem findet er oder sie Unterstützung? Auf welcher Seite steht dann die Großelterngeneration? Unterstützen die Männer in der Familie eher die Männer und die Frauen eher die Frauen? Gibt es Veränderungen in Macht- und Entscheidungsstrukturen in der Familie im Vergleich zu der Zeit vor der Migration? In welcher Weise hätte die Berufstätigkeit der Ehefrau dieses Gleichgewicht verändert? Angenommen, der Ehemann verlöre seinen Arbeitsplatz, würde das eher die Position der Ehefrau oder die des ältesten Sohnes stärken? (Zur Situation von Frauen siehe auch den Beitrag von R. M. Moro und G. Sturm.)

Fragen zum Problem, das in die Therapie oder Beratung geführt hat: Wie erklärt sich wer (die anwesenden Familienmitglieder, Verwandte in der alten Heimat, Problemzugehörige in Deutschland, der behandelnde Arzt, der Heilkundige der eigenen Kultur etc.) das Problem? Wer reagiert als Erster, wenn der Indexpatient das symptomatische Verhalten zeigt, und in welcher Weise? Welche Unterschiede gibt es in den Erklärungsmodellen, wer erklärt das Problem eher pädagogisch, medizinisch, magisch, biologisch, situationsbezogen, religiös etc.? Wie lauten die Erklärungen und welche Konsequenzen hätten sie auf der Handlungsebene?

Fragen zu Ressourcen: Wer gehört zum unterstützenden System aus der eigenen Kultur (Familienangehörige in Deutschland, Freunde, Besucher aus der Heimat)? Wer in der Familie fühlt sich dort bei Besuchen am ehesten angenommen und wer weniger oder gar nicht? Gibt es im Verwandten- und Freundeskreis Beispiele für besonders gut gelungene Migration? Wie sehen diese aus in Bezug auf Anpassung, Assimilation oder Bewahrung der Herkunftskultur? Wie will man es eher nicht machen?

Dazu auch: Wer gilt als Familienoberhaupt außerhalb der Kernfamilie? Welchen Rat würde diese Person in Bezug auf das Problem geben? Gibt es jemanden, der die Situation ganz anders beurteilt und in welcher Beziehung steht diese Person zur Familie? Wer hört am ehesten auf dessen Einschätzung und wer am wenigsten? Welches Familienmitglied hält am ehesten den Kontakt zur deutschen Umwelt und wer am wenigsten? Wie sehen diese Kontakte bzw. Nicht-Kontakte aus? Wie würde das Problem gelöst werden, wenn die Familie in der alten Heimat leben würde? Welche Helfer, welche Autoritäten würden dort einbezogen werden? Gibt es wichtige Beziehungen zu religiösen Autoritäten, die in der Heimat in Anspruch genommen würden? Welche Möglichkeiten gäbe es in Deutschland, solche Kontakte zu nutzen?

Hypothetische Fragen: Was wird sein, wenn sich das Problem verstärkt? Wer wird das als Erster bemerken und woran? Welchen Einfluss hätte das auf die Frage, ob die Familie in die Heimat zurückkehren würde? Würde das die Wahrscheinlichkeit der Rückkehr eher erhöhen oder verringern? Welche Familienmitglieder würden dann unter welchen Umständen getrennt von den anderen hier leben und welche Auswirkung hätte dies auf die anderen? Würde die Familie unter diesen Umständen eher als erfolgreich oder eher als gescheitert gelten? Wie würde sich das auf die Beziehung zur deutschen Umwelt auswirken? Angenommen, das Problem verschwindet plötzlich: Wie werden die Lebensumstände der einzelnen Familienmitglieder dann aussehen? Wo würde die Familie dann leben? Würde sie zusammenleben oder eher getrennt? Gäbe es die Möglichkeit, dies phasenweise unterschiedlich zu handhaben, und wenn ja, wie könnte das aussehen? Wie würden dann Besuche untereinander gestaltet werden? Würde es unter solchen Bedingungen eher familiäre Bindungen mit Mitgliedern der anderen Kultur geben oder hätte das keinen Einfluss? Wie wird die Situation der Familie in fünf Jahren aussehen? Wer wäre am ehesten verheiratet? Gäbe es schon Enkelkinder?

Fragen bei bikulturellen Paaren: Wie gelingt die Integration der unterschiedlichen Kulturen im Alltag? Aus welcher der beiden Kulturen der Partner kommt die überwiegende Esskultur der Familie und wie hat die Familie sich dazu entschieden? Wie sieht die Wohnungseinrichtung aus und wie ist diese Gestaltung und die Entscheidung zustande gekommen? Welche Jahresfeste und religiöse Feste werden in der Familie begangen, welche Sprache im Alltag, welche in der Intimität des Paares gesprochen? Sprechen die Kinder die Muttersprache des Elternteils, das aus der anderen Kultur kommt? Wie gelingt es diesem Elternteil, den Kindern seine Kultur zu zeigen (Erzählungen, Märchen, Lieder, Besuche in der Heimat etc.). Wie werden die Kinder es schaffen, ihre unterschiedlichen Wurzeln zu schätzen und die Unterschiedlichkeit als Ressource in ihr Leben zu integrieren? Welche der Aspekte der jeweiligen Kultur werden sie übernehmen, welche eher ablehnen? In welcher Kultur werden sie wahrscheinlich ihre Partner suchen?

Zirkuläre Fragen sind also wirksame psychotherapeutische Interventionen. Sie sind geeignet für Erstgespräche, Therapiesituationen mit Einzelnen, für Therapiegespräche mit Paaren und Familien sowie für Konsultationsgespräche mit psychiatrischen Behandlungsteams etc.

Die sprachliche Dimension

Grundvoraussetzung dieser wirksamen Interventionen ist die sprachliche Verständigung. Dolmetscherinnen und Dolmetscher sollten in jede interkulturelle psychiatrisch-psychotherapeutische Behandlung einbezogen werden, sobald auch nur einer der Gesprächsteilnehmer nicht fließend Deutsch spricht. Sie sollten nicht zum Patientensystem gehören, da Koalitionen und Loyalitäten in jeder Familie wirksam sind und dadurch entstehende Konflikte vorausgesetzt werden müssen, die den Therapieprozess stören, wenn sie nicht gesehen werden können. Wer der Sprache mächtig ist, verfügt innerhalb eines Systems auch über Macht, wenn die anderen dieses Fähigkeit nicht in gleichem Maße haben. Dolmetscher sollten im Übersetzen im Therapiekontext geschult sein, sie sollten in der Lage sein, ebenso wie die Therapeuten, eine wertschätzende, nicht stigmatisierende

Sprache zu benutzen und die Therapeuten auch als Kulturmittler unterstützen können (siehe auch den Beitrag von R. Salman).

Der psychiatrische Kontext

Psychisch kranke Menschen werden unabhängig von ihrer Herkunft in psychiatrische Krankenhäuser der Pflichtversorgung eingewiesen. Mit zunehmender Akkulturation nutzen sie nicht nur die Akutpsychiatrie, sondern vermehrt auch andere Einrichtungen psychosozialer Versorgung wie medizinische und berufliche Rehabilitationseinrichtungen, Betreutes Wohnen, Wohnheime, sozialpsychiatrische Beratungsstellen und Institutsambulanzen. Die Psychiatrie ist also aufgerufen sich der Herausforderung zu stellen, in ein und derselben Behandlungseinheit Menschen aus vielen verschiedenen Kulturen ein angemessenes Behandlungs- und Betreuungsangebot zu machen und damit auch innerhalb der Psychiatrie kulturelle Integrationsarbeit zu leisten. Für professionelle Therapeuten, Berater und andere Mitarbeiter gilt es also, interkulturelle Kompetenz zu erwerben, um diese Aufgabe qualifiziert zu bewältigen (siehe auch den Beitrag dazu von Th. Hegemann).

Als erster Schritt hat es sich bewährt, darauf zu achten, in welcher Beziehung Psychiatriepatienten zur psychiatrischen Institution stehen. Th. Keller (1996) schlägt folgende Einteilung vor.

Zwangspatienten: Unter den Migrantinnen und Migranten finden sich besonders häufig Angehörige der Kategorie Zwangspatienten, da der Zugang zu den hiesigen psychiatrischen und psychosozialen Versorgungsstrukturen für Migranten immer noch beschwerlicher ist als für deutsche Klienten. Daher kommen Klienten oft erst dann, wenn psychische Störungen sich krisenhaft zugespitzt und beispielsweise zu schweren Störungen im psychosozialen Beziehungsfeld geführt haben, eigene Lösungsstrategien unter Einbeziehung des eigenen psychosozialen Netzes sowie Heilungswege der eigenen Kultur versagt haben oder nicht zugänglich sind. Bei der Behandlung von Zwangspatienten geht es zunächst nicht um einen therapeutischen Auftrag im eigentlichen Sinne, sondern vielmehr um Sicherheit und soziale Kontrolle. Umso wichtiger ist es, diesen gesellschaftlichen Auftrag der Psychiatrie den Zwangspatienten und ihren Angehörigen, die unsere Sprache nicht oder nicht ausreichend sprechen, mit Hilfe von Dolmetschern zu vermitteln, die Konsequenzen verständlich zu machen und geduldig über eine wenn auch kleine gemeinsame Zielsetzung zu verhandeln, unter der auch ein Zwangsaufenthalt erträglich, besser noch: nützlich erlebt werden und vielleicht sogar ein eigenes Anliegen der Klienten formuliert werden kann (siehe dazu auch F. Koenraadt in diesem Buch).

Gesprächsvorschläge

»Sie müssen zunächst hier bleiben, weil Ihre Nachbarn und der Amtsarzt Ihr Verhalten in Ihrer Wohnung gleichermaßen als gefährlich eingestuft haben. Wer könnte zur Klärung dieser Situation beitragen? Wen könnte ich zu einem Gespräch einladen, dem Sie vertrauen und der hilfreich sein könnte?«

»Sie beschreiben mir als Ärztin, dass Sie vom bösen Blick getroffen worden seien. Bei uns würden wir Ihre Beschwerden als Ausdruck einer psychotischen Erkrankung bezeichnen. Unabhängig davon, wie Sie und wir uns Ihre Störung erklären, haben wir die Erfahrung gemacht, dass dieses Medikament, das ich Ihnen verordnen möchte, hilft, die Gedanken wieder zu ordnen, die Ängste zu mindern, den Schlaf zu regulieren etc.«

Versorgung Suchende: Migranten finden sich auch in der Kategorie der »nur« Versorgung oder Unterstützung Suchenden, die aus ihren psychosozialen Bezügen oft durch Chronifizierung einer psychischen Störung herausgefallen sind und sich zurzeit nicht zutrauen, bestimmte Lebensanforderungen, sei es das Stellen eines Sozialhilfeantrages oder die Suche nach einer Wohnung, zu bewältigen.
»Besucher«: Manche Klienten, auch Migranten, kommen als »Besucher«, also auf den Vorschlag naher Angehöriger, auf Empfehlung des Betriebsarztes oder des Hausarztes; sie haben aber (noch) kein eigenes Anliegen bezüglich aktiver Veränderungswünsche ihrer Lebenssituation. Gelingt der therapeutische Kontakt, wird der Wunsch nach Nicht-Veränderung gesehen und als sinnvoll respektiert, dann kann daraus später, vielleicht erst bei einer erneuten Aufnahme, ein explizit formulierter therapeutischer Auftrag werden.
Medizinische Patienten: Eine weitere Gruppe psychiatrischer Patienten, auch aus anderen Kulturen, kommt mit klaren medizinischen Erwartungen an die Behandelbarkeit einer psychischen Erkrankung. Die psychische Störung wird diagnostiziert und es besteht die Erwartung, dass Medikamente bei dieser Erkrankung helfen könnten, aber die Notwendigkeit, etwa in therapeutischen Gesprächen eine Verbindung zur Lebenssituation herzustellen, wird nicht gesehen oder sogar abgelehnt.
Therapiekunden: Diese Klienten erwarten ein psychiatrisch-psychotherapeutisches oder familientherapeutisches Angebot, das ihnen in Bezug auf die Lösung

schwieriger Lebens- und Beziehungsprobleme förderlich ist. Sie kommen mit der Vorstellung, dass es einen Zusammenhang zwischen ihrem schlechten Befinden und ihren Lebensproblemen gibt. In dieser Gruppe finden sich bisher nicht so viele Menschen aus einem anderen Kulturkreis, was mit den unterschiedlichen Erklärungen psychischer Störungen und den unterschiedlichen Konzepten der Möglichkeiten der Einflussnahme auf das seelische Wohlbefinden zusammenhängt.

Gesprächsvorschläge:

»Sie sagen, dass Sie die Gespräche mit dem Psychologen als sehr nützlich empfinden. Ich würde gerne auch Ihre Frau einladen und ihre Meinung zu diesem Sie beide betreffenden Problem hören. Was macht Sie so skeptisch, dass Ihre Frau keinen Sinn in so einem gemeinsamen Gespräch sehen könnte? Wie kommen Sie darauf, dass Ihre Frau einem solchen Gespräch nicht folgen könnte, auch wenn wir eine Dolmetscherin hinzuziehen würden?«

»Wie können wir Ihnen hilfreich sein? Was erwartet Ihr Mann von diesem heutigen Gespräch? Was sollte am Ende des Gesprächs für ihn herausgekommen sein, damit er das Gefühl hätte, nicht umsonst hergekommen zu sein? Welche Erwartungen hat Ihre Frau an das heutige Gespräch? Was wäre für Ihre Frau ein gutes Ergebnis des heutigen Gesprächs? Wie würde Ihre Frau mir das Problem schildern, dass Sie als Familie in die Therapie geführt hat? Wer in der erweiterten Familie, in Ihrem Heimatland wäre noch der Meinung, dass Sprechen über das Problem nützlich sein könnte? Wer wäre eher skeptisch oder würde sogar abraten? Zu welchen Themen sollte ich als deutsche Therapeutin lieber keine Fragen stellen? Wen müsste ich um Erlaubnis fragen, falls ich ein solches Thema doch für das Gespräch für wichtig erachten sollte?«

Psychiatrische Klienten haben also ganz unterschiedliche Erwartungen an eine psychiatrische Einrichtung. Für die interkulturelle psychiatrisch-psychotherapeutische Arbeit erklärt A. Kleinman (1987) die unterschiedliche Inanspruchnahme psychiatrischer Einrichtungen darüber hinaus mit den unterschiedlichen Sichtweisen, die Angehörige verschiedener Kulturen über Sinn und Zweck der Einrichtungen der Gesundheitsversorgung haben.

Psychotherapie fängt in der Psychiatrie schon mit der *Aufnahme* an. Sie begleitet differenziert die gesamte psychiatrische Behandlung und sollte sich in ihren Methoden und in der Art, wie kommuniziert wird, den jeweiligen Erfordernissen der Patientinnen und Patienten anpassen. Zu Beginn einer akutpsychiatrischen Behandlung, in einer akuten Krise, geht es um andere Anliegen als in der Rehabilitationsphase einer Behandlung oder wenn ein spezifischer psychotherapeutischer oder familientherapeutischer Auftrag formuliert wurde. Es bewährt sich, möglichst frühzeitig und während der gesamten Behandlung

Angehörige, Vertrauenspersonen und Betreuer ins Gespräch einzubeziehen, sie in bestimmten Fragen zu berücksichtigen und somit als wichtige Ressource zu nutzen.

In der akuten Aufnahmesituation könnte die Gelegenheit genutzt werden, den Patienten und seine Begleiter auf die Migrationsgeschichte anzusprechen und etwa zu fragen, wie in der Heimat mit einem solchen Problem umgegangen würde.

Gesprächsvorschläge für die Aufnahmesituation:

»Gibt es in Ihrem Herkunftsland Einrichtungen / Krankenhäuser etc., zu denen Sie Menschen mit diesen Beschwerden zur Versorgung bringen könnten? Wie würden sie dort behandelt werden? Wer tut das in erster Linie? Ist es üblich, dass Familienangehörige sich dort an der Versorgung beteiligen? In welcher Weise? Wie lange dauert eine solche Behandlung bei Ihnen zu Hause? Hat der Patient oder jemand aus Ihrer Familie ein Mitspracherecht bei der Behandlung? Was könnten wir tun, um Ihre Sorge / Ihr Misstrauen gegenüber der Behandlung hier zu beruhigen? Und an die Angehörigen: Was hat sich in der Vergangenheit aus Ihrer Sicht als hilfreich erwiesen?«

Zum Gelingen interkultureller Kommunikation in der Psychiatrie und Psychotherapie

Menschen bilden Vorurteile aus, die in hohem Maße kulturell bedingt sind und ebenso viel über das Weltbild dessen aussagen, der ein Vorurteil äußert, wie sie eine Aussage treffen über die Person, auf die das Vorurteil bezogen ist. Menschen formulieren ständig Vorurteile. Sie legen sich selbst allerdings meist keine Rechenschaft darüber ab und äußern Vorurteile je nach Kontext in unterschiedlichem Ausmaß. Diesen Vorurteilen liegen Annahmen über zugeschriebene ethnische oder individuelle Eigenschaften zu Grunde, die in einer bestimmten Gruppierung besonders häufig anzutreffen seien. Sie beziehen sich weiter auf Geschlechtsrollen und auf die Bedeutung von Autorität und hierarchischen oder komplementären Machtverhältnissen.

Aber nicht nur Professionelle in der Psychiatrie sind Teil ihrer Kultur und haben daher Befangenheiten Fremdem gegenüber, wie andere Menschen auch. Gleiches gilt für Patienten. Deren Vorurteile können sich auf die Therapeuten oder Berater als Mitglieder der heimischen Bevölkerungsgruppe ebenso wie auf die Berufsrollen der einzelnen Professionellen, auf die Vorstellungen von Hierarchie in Behandlungseinrichtungen, auf die Beziehung zu Autorität und Vorstellungen von Machtverhältnissen beziehen. Vorurteile bestehen aber auch bezüglich der eigenen Geschlechtsrollen und der ihnen unterstellten Vorstellungen über das Zusammenleben der Geschlechter in Familien.

Da jeder Verantwortung trägt für sein Bild der Welt und für sein Handeln, ist er auch verantwortlich für seine ethischen und moralischen Konstrukte. In der interkulturellen Begegnung stellt sich diese Frage nach der persönlichen Verantwortung für das kulturell bedingte Weltbild, der eigenen Weltanschauung und dem daraus folgenden Umgang mit einer fremden Kultur. Teilnehmerinnen und Teilnehmer von meinen Trainingsseminaren zur interkulturellen Arbeit zeigen den Weg auf für einen respektvollen Umgang. Auf die Frage, unter welchen Umständen es ihnen möglich wäre, in einer fremden Kultur psychosoziale Hilfe in Anspruch nehmen zu können, erfolgen typische Antworten: Es wird zunächst Angst und Erschrecken bei der Vorstellung geäußert, sich in einer fremden Kultur Therapeuten, Heilern, Beratern, deren Störungsmodelle sie nicht kennen oder nicht teilen, anvertrauen zu müssen. Falls keine Alternativen zur Verfügung ständen, wird eine therapeutische Haltung erwartet, die Respekt vor den Werten der eigenen Heimatkultur zeigt, die gegenüber der eigenen Problembeschreibungen und bisherigen Lösungsversuchen eine zugewandte, respektvoll interessierte Neugier an den Tag legt und den Wunsch respektiert, auch in einer fremden Kultur die kulturelle Identität behalten zu möchten (Oestereich 1998). Es kann vorausgesetzt werden, dass Menschen aus allen Kulturen ähnliche Wünsche und Erwartungen an ihre Therapeuten und Berater richten.

Grundlage kompetenter interkultureller Arbeit ist es also, die eigenen Vorurteile und Vorannahmen zu reflektieren und sich Rechenschaft abzulegen über den eigenen politischen, sozialen, kulturellen Hintergrund, in dem sie entstanden sind. Es kann nicht darum gehen, Vorurteilsfreiheit anzustreben, sondern darum, eigene und fremde Vorannahmen in die Kommunikation einzubringen, gemeinsam darüber zu reflektieren und sie auf ihre Nützlichkeit für die jeweils einmalige, diesen individuellen Patienten betreffende Behandlungssituation zu überprüfen. Weniger nützliche Vorannahmen können dann zurückgestellt werden. Die in diesem Kontext Sinn machenden Vorannahmen können aber als weiterführende Hypothesen in der Kommunikation über den Behandlungsprozess verfolgt werden.

Gesprächsvorschläge:

»Mir ist von vielen Muslimen bekannt, dass sie Zeit und Raum für Gebete benötigen. Wie ist das bei Ihnen? Ist es Ihnen wichtig, dass das im Tagesplan berücksichtigt wird? Welche Möglichkeiten könnten Sie sich zusammen mit dem Pflegepersonal auf der Station vorstellen?«

»Viele Menschen aus Ihrem Land erzählen mir, dass Töchter das Elternhaus üblicherweise erst verlassen, wenn sie heiraten und eine eigene Familie gründen. Wie haben Sie und Ihr Mann sich das für Ihre Tochter gewünscht? Hat Ihr Mann andere Vorstellungen dazu als Sie? Wer würde sich durchsetzen, wenn Sie in dieser Frage unterschiedlicher Meinung wären? Gibt es Lebensbereiche, in denen die Entscheidungskompetenz anders verteilt ist? Wenn ich Ihre Tochter, die hier aufgewachsen und zur Schule gegangen ist, fragen würde, was würde sie mir hierzu sagen? Wie würde sie es sich vorstellen, das Elternhaus zu verlassen? Würde sie es eher wie ihre deutschen Freundinnen machen und eine Zeit lang ihre Selbstständigkeit erproben wollen, indem sie allein wohnt? Was würde Ihr Mann zu einem solchen Vorhaben sagen?«

Welche Hypothesen bewähren sich in der interkulturellen Arbeit?

Alle Therapieprozesse spielen sich auf der Grundlage von mehr oder weniger wissenschaftlich begründeten Hypothesen ab, die sich herleiten aus dem theoretischen Konzept des Therapeuten, dem Krankheitsmodell, welches er für wahrscheinlich hält, und seinen persönlichen und professionellen Erfahrungen innerhalb seines kulturellen Kontextes. Dies gilt auch für transkulturell und ethnomedizinisch begründete Hypothesen in der Psychiatrie und Psychotherapie. Leicht wird solchen Hypothesen »Wahrheit« unterstellt (siehe dazu auch den Beitrag von J. de Jong). Ihre Vertreter nehmen für sich in Anspruch zu wissen, wie es »wirklich« ist. A. Kleinman (1987) hingegen wies darauf hin, dass es über die psychosozialen Erfahrungen und Realitäten von Kranksein (Illness) in unterschiedlichen Kulturen unterschiedliche Konstruktionen gibt und dass unterschiedliche kommunikative Prozesse (z. B. Erklärungen und Bezeichnungen) zu unterschiedlichen Umgehensweisen mit spezifischen Episoden von Krankheit führen.

Gesprächsvorschläge:

»Wie erklären Sie sich, dass Ihre Frau jetzt krank geworden ist? Wie sah der Alltag Ihrer Frau aus, als sie noch immer bei der Arbeit so fröhlich war und gesungen hat? Wann war das zuletzt?«

»Wie würde Ihre Mutter im Heimatland mir Ihre Erkrankung erklären? Wie würde sie die Schmerzen im ganzen Körper nennen? Was bedeutet das im Deutschen, wenn sie es mir übersetzen würde? Wie würde die Familie in der Heimat mit einer solchen Erkrankung umgehen? Wer würde die Patientin versorgen? Wer würde den Haushalt übernehmen? Wie würden die Kinder versorgt werden?«

»Haben Sie schon einen Arzt oder Heilkundigen Ihrer Heimat zu Rate gezogen? Wie erklärt sich dieser Ihre Beschwerden? Was würde er mir empfehlen, wenn ich mich mit ihm beraten könnte?«

Welche Haltungen bewähren sich im Umgang mit Fremdem?

Interkulturelle psychotherapeutische Arbeit kann nur gelingen, wenn den verschiedenen kulturellen Werthaltungen mit einer Haltung des Respekts und der Wertschätzung begegnet wird. Ein Ziel professioneller Qualifizierung könnte es sein, eine Perspektive Anteil nehmender Neugier und engagierter Neutralität auch gegenüber Werthaltungen zu entwickeln, die unseren widersprechen. Eine solche professionelle Haltung ist notwendig, um in der interkulturellen therapeutischen Begegnung den Menschen, die zum Problemsystem gehören, bei der Entwicklung guter Lösungen hilfreich sein zu können und die problemorientierten Beschreibungen von Migration um alternative, ressourcenorientierte Narrative zu ergänzen und damit eine neue, der Entwicklung förderliche Selbstbeschreibung eines Problemsystems zu ermöglichen.

Gesprächsvorschläge:

»Mir ist bekannt, dass in Ihrem Heimatland in der Regel die Eltern die Ehepartner für ihre Söhne und Töchter aussuchen. Aber mich interessiert, wie dies in Ihrer Familie gehalten wird. Wie finden Sie eine passende Frau für Ihren Sohn? Wer ist an der Auswahl beteiligt? Gibt es so etwas wie einen Vermittler? Wie müsste Ihr Sohn Ihnen sein Einverständnis signalisieren? Welche Möglichkeit hätte er, deutlich zu machen, dass er mit dieser Braut nicht einverstanden ist? Mit wie viel Prozent Wahrscheinlichkeit könnte er sich durchsetzen? Wenn er eine Tochter wäre, was wäre dann anders? Welche Möglichkeiten hätte die ausgewählte Braut, zu erklären, dass sie mit diesem jungen Mann nicht einverstanden ist? Welche Folgen hätte das für sie in Ihrer Familie, in ihrem Dorf? Würde ihr Ansehen oder das einer der beiden Familien darunter leiden?«

»Eine unserer Hypothesen ist, dass die Erkrankung ihrer Tochter mit Ihrer Absicht zusammenhängt, sie gegen ihren Willen zu verheiraten, was zu diesem Zeitpunkt auch bedeuten würde, dass sie ihre Ausbildung nicht fertig machen kann. Sie wissen sicher, dass es in diesem Land verboten ist, minderjährige Mädchen gegen ihren Willen zu verheiraten. Wenn Ihre Tochter sich in diese Einrichtung geflüchtet hätte, um Unterstützung gegen Ihre Entscheidung zu suchen, wie könnte ich Ihr Anliegen als Eltern berücksichtigen und gleichzeitig Ihre Tochter unterstützen, sich mit den Wünschen der Eltern angemessen auseinander setzen zu können?«

Wer sollte einbezogen werden?

Unter *Problemsystem* können alle Personen verstanden werden, die von einem Problem, zum Beispiel eine Krankheit und ihre Auswirkungen, betroffen sind und um dieses Problem herum ein System bilden. Dazu gehören also nicht nur die Familienangehörigen, sondern auch professionelle und nichtprofessionelle Helfer beider beteiligter Kulturen. Auch Behörden sind in die Überlegungen einzubeziehen. Die Bedeutung von Krankheit und das Erleben von Kranksein sowie die angestrebten Lösungen im Umgang damit sind in hohem Maße kulturabhängig. Sie erhalten im Migrationsprozess eine zusätzlich strukurierende Bedeutung. Es ist deshalb empfehlenswert, auch die Beschreibungen und Erklärungen, die die jeweils andere Kultur benutzen würde, von den Patienten und anderen Mitgliedern des Systems zu erfragen. Alle, die in irgendeiner Weise zum Finden neuer Lösungen beitragen könnten, sollten zumindest in den Fragen einbezogen werden.

Welche Möglichkeiten bieten Genogramme, um innere Bilder wiederzufinden?

Migration ist in der Regel mit Verlust von wichtigen Bezugspersonen, Rollen, sozialen Bezügen und Status verbunden. Bei der psychotherapeutischen Bewältigung von Trauer, Ohnmacht und Hilflosigkeitsgefühlen sowie bei der Wiedererstehung der inneren Bilder der Familie, der Heimat, der man angehört, ist das gemeinsame Erstellen eines *Genogramms* förderlich und hilfreich. Es handelt sich um die grafische Darstellung einer Art Familienstammbaum, die dann genutzt wird für zirkuläre Fragen zu den Beziehungen innerhalb des Familiensystems. Dieser kann erweitert werden um andere wichtige soziale Bezugspersonen. Es kann gezielt nach vorhandenen Ressourcen, etwa Modellen der Problembewältigung, gefragt werden. Es ergibt sich die Gelegenheit, über die dargestellten Personen Geschichten zu erzählen, Sitten und Gebräuche in dieser Familie und in dieser Kultur darzustellen. Therapeuten können erfragen, wie bestimmte Personen die jetzige Situation bewerten würden, welchen Rat sie geben würden. Tote Angehörige können im Gespräch innerlich wiedererstehen und in ihrer Bedeutung Wertschätzung erfahren. Wenn Fotos vorhanden sind, können sie das Genogramm illustrieren und damit die inneren Bilder der Patientinnen und Patienten auf besondere Weise beleben.

Diese Methode kann in jeder psychiatrisch-psychotherapeutischen Behandlungssituation angewandt werden. Sie ist im interkulturellen Kontext eine hochwirksame psychotherapeutische Intervention. Sie bedeutet eine Ergänzung und Bereicherung der klassischen Anamnese, öffnet den Blick auf vorhandene Ressourcen und eröffnet neue Lösungsmöglichkeiten.

Wie kann Kooperation unterschiedlicher Institutionen hergestellt werden?

An der psychosozialen Versorgung von Migrantinnen und Migranten sind häufig viele Institutionen mit einander oft widersprechenden professionellen Aufträgen beteiligt. Kooperationskonferenzen, zu denen die verantwortlichen Therapeutinnen und Therapeuten der Psychiatrie einladen, können im interkulturellen Kontext in besonderem Maße dazu beitragen, die kulturell bedingten Sichtweisen der Betroffenen und ihrer Angehörigen über den Umgang mit Krankheit und Gesundheit mit den Belangen der hiesigen Kultur, den Möglichkeiten des Gesundheitssystems und der psychosozialen Versorgungsangebote sinnvoll abzustimmen.

Abschließen möchte ich diesen Beitrag mit einer provokativen Frage: Angenommen, die für die interkulturelle Therapie und Beratung dargestellten Sichtweisen, Konzepte und Methoden würden auch die Qualität der psychiatrisch-psychotherapeutischen Behandlung und Beratung von Menschen der hiesigen Kultur sprunghaft erhöhen, wer würde das als Erstes bemerken? Wer wäre am meisten überrascht? Wer am wenigsten?

Transkulturelle Querschnittsaufgaben

Übersicht

Es gibt Aufgaben, die für alle Bereiche der transkulturellen Arbeit zu beachten sind, und andere, die typisch für bestimmte Aufgaben sind.

In diesem Kapitel werden übergreifende Organisations- und Praxisideen für eine kulturumfassende Psychiatrie beschrieben.

Ramazan Salman weist auf die Basisvoraussetzung der sprachlichen Verständigung für eine effektive psychiatrische Versorgung hin und stellt praxisorientierte Methoden für kulturkompetentes Dolmetschen vor.

Thomas Hegemann beschreibt, dass alle in diesem Buch beschriebenen notwendigen Entwicklungen nur zu erreichen sind, wenn Aus- und Weiterbildungen eine kulturelle Orientierung erhalten, und er stellt dafür bewährte Konzepte vor.

Gari Pavkovic stellt die Notwendigkeiten eine kulturorientierten Personal- und Teamentwicklung da und schlägt Methoden zum Aufbau von interkulturellen Teams vor.

Ulrich Seibert beschreibt die sozialen Netzwerke der Migrantinnen und Migranten und stellt Konzepte vor für deren ressourcenorientierte Einbindung in die psychiatrische Versorgung.

Gerhard Ebner schließlich führt in die Grundlagen eine kulturumfassenden Begutachtung ein und beschreibt die dazu erforderlichen konzeptionellen Voraussetzungen und Techniken.

Ramazan Salman

Sprach- und Kulturvermittlung

Konzepte und Methoden der Arbeit mit Dolmetschern in therapeutischen Prozessen

»Und sie bewegt sich doch!«
Galileo Galilei

Einführung

Menschen aus anderen Ländern erweitern zunehmend das kulturelle und sprachliche Spektrum der Patienten und Mitarbeiter in psychiatrischen Einrichtungen. Immigrations- und Integrationsprozesse fordern unsere multikulturelle Gesellschaft als Ganzes und so auch die Psychiatrie und deren Akteure im besonderen Maße heraus (PAVKOVIC 1993; COLLATZ u. a. 1999; OESTEREICH 2000; GARDEMANN u. a. 2000). Missverständnisse erfolgen aus sprachlichen und kulturellen Gründen und erschweren Diagnose wie Therapie. Sie führen zu Unsicherheiten und Vertrauensvorbehalten und können zur unüberbrückbaren *Hürde* in beraterischen und therapeutischen Prozessen werden. Das psychosoziale Feld reagiert unterschiedlich auf diese Problematik.

Traditionell vorherrschend in Deutschland ist die Einrichtung von speziellen Versorgungseinrichtungen für bestimmte ethnische Gruppen. In letzter Zeit nimmt glücklicherweise auch die Personaleinstellung von mehrsprachigen Fachkräften zu. Es ist jedoch unrealistisch, davon auszugehen, in jeder Klinik (und erst recht in jeder Beratungsstelle) ausreichend in allen Sprachen und Fachbereichen versiertes muttersprachliches Personal einstellen zu können, denn in den meisten europäischen Immigrationsgesellschaften, so auch der deutschen, finden sich in der psychiatrischen Praxis Patientinnen und Patienten aus weit mehr als 100 Sprach- und Kulturgruppen. Daher wird eine Verbesserung der psychiatrischen Versorgung von Migranten im Konsens nur zu erreichen sein, wenn neben den neuen, in diesem Buch ausführlich dargestellten konzeptionellen und methodischen Entwicklungen der professionelle Einsatz von *geschulten Dolmetschern* möglich wird. Die hierzu in der Fachwelt geführte Diskussion lässt sich wie folgt zusammenfassen:

- Eine psychiatrische Therapie (insbesondere psychoanalytische) ist mit Dolmetschern nicht möglich, da der Einfluss Dritter den psychiatrischen Therapieprozess beeinträchtigt.
- Alle Gespräche, so auch psychiatrische und psychotherapeutische, lassen sich mit Dolmetschern führen, solange von den Beteiligten die erforderlichen Qualitätsstandards eingehalten werden.
- Der Einsatz von Dolmetschern ist dort hilfreich, wo bessere Möglichkeiten der Verständigung nicht gegeben sind.

Die zentrale Fragestellung lautet: Ist es hilfreich, bei gegebenem Behandlungsbedarf fremdsprachige Patienten unter Einsatz von Dolmetschern zu behandeln, und rechtfertigt dies mögliche organisatorische und finanzielle Schwierigkeiten gegenüber einer unzureichenden Behandlung bei sprachlichen Hindernissen?

Auf Grund einer über 10-jährigen Erfahrung in der Leitung eines öffentlichen medizinischen Dolmetscherservices möchte ich im Folgenden die professionellen Standards für den Einsatz von Dolmetschern und Kulturmittlern (community interpreters) im Gesundheits- und Sozialwesen vorstellen.

Unsere Erfahrungen zeigen, dass die Hinzunahme eines Dolmetschers die Chancen der Patientinnen und Patienten auf *therapeutische Teilhabe* erhöht und zur Linderung ihrer Leiden beizutragen vermag. Auch im engeren Bereich von Psychotherapie (siehe die Beiträge von C. Oestereich und B. Abdallah-Steinkopff) können Dolmetscher höchst nützlich sein. Durchgehende Leitidee folgender Ausführungen zu Konzepten und Methoden des Zusammenwirkens von Professionellen (Psychiatern, Pflegekräften, Sozialarbeitern etc.) und Dolmetschern wird es sein, Fachkräften von psychiatrischen Einrichtungen und psychosozialen Fachdiensten zu ermöglichen, mit ihren fremdsprachigen Patienten zu arbeiten und bestmögliche Erfolge zu erzielen sowie, nicht zuletzt durch den Dolmetschereinsatz, einen Beitrag zur gesellschaftlichen Ausgestaltung von Integration zu leisten.

Dolmetscherdienste in Deutschland und im internationalen Vergleich

In den mittlerweile zahlreichen Publikationen zur Problematik der medizinischen, psychiatrischen und sozialen Unterversorgung von Migrantinnen und Migranten (Collatz u. a. 1999; Zimmermann 2000) wird der sprachlichen

Verständigung die größte Bedeutung beigemessen. Ohne diese sind alle weiteren Fragen – wie unterschiedliche beiderseitige Erwartungen, Zielvorstellungen, Vorurteilsstrukturen und Informationsdefizite, die für Migranten zu einer eingeschränkten Inanspruchnahme präventiver, kurativer und rehabilitativer Angebote und Leistungen führen – schlichtweg nicht zu besprechen. Auch zwischen Professionellen und Patienten innerhalb einer Kultur führen Missverständnisse auf Grund bildungsbedingter Gefälle zu Verunsicherung und Vertrauensvorbehalten. Die besonderen Schwierigkeiten, die Migranten haben, um sich verständlich zu machen und zu verstehen, führen jedoch dazu, dass ohne Dolmetscherhilfen die Betroffenen, ihre Krankheitskultur und ihre Beziehung zum Kranksein fremd und nicht nachfühlbar bleiben.

Daher sind in den meisten Ländern der europäischen Gemeinschaft öffentlich finanzierte Dolmetscherdienste, so genannte Interpreterservices, entstanden. Das Leistungsspektrum reicht von der Bereitstellung speziell geschulter Dolmetscher vor Ort bis hin zu Telefondolmetschern. Allein im Pariser »Centre Migrants«, in den schwedischen »Tolkcentralen« oder »Tolkförmedling« oder auch im niederländischen »Tolkencentrum« werden zusammen mehrere Hunderttausend solcher kommunikativer Dienstleistungen vermittelt. In diesen Ländern ist, bei aller kontroverser Diskussion, das »Recht, verstanden zu werden«, öffentlich und teilweise juristisch verankert. Mehrsprachigkeit gilt daher als Norm und nicht als Ausnahme und wird auch im Gesundheitswesen fachlich umgesetzt. Auf Grund der eindeutigeren Rahmenbedingungen wird von einer Diskriminierung ausgegangen, wenn ohne Dolmetscher gesundheitliche und soziale Chancengleichheit in Frage gestellt sind (Drenthen 2000).

Auch in der Schweiz und in Österreich gibt es vereinzelte Pionierprojekte, die im Allgemeinen auf ehrenamtlicher Basis subsidiär für die Kommune oder gar nur für einzelne Einrichtungen tätig sind. Als vorbildhaft kann der Einsatz von Dolmetschern in sozialpsychiatrischen Einrichtungen etwa in den Niederlanden und in Kanada angesehen werden, denn dort wurden professionellste Ausbildungs- und Qualitätssicherungskriterien installiert. Ohne solche Kriterien werden langfristig erfolgreiche Verständigungsprozesse nicht einzuführen sein; Übersetzung von Sprache allein jedenfalls wird nicht ausreichen (Vermeer 1994).

In Deutschland können Fachkräfte bisher auf geschulte Dolmetscher, die als soziokulturelle und sprachliche Mittler fungieren, nur eingeschränkt zurückgreifen. Vorhandene professionelle Dolmetscher sind auf Grund häufig fehlender psychologischer, medizinischer und sozialer Kompetenzen kaum in der Lage, die Bedarfslücke zu schließen. Da diese (zumeist) nach dem Zeugen- und Sachverständigengesetz bezahlt werden müssen, verursachen sie zudem hohe Kosten. Auch tritt jeder einzelne Dolmetscher als Vertragspartner auf, was für den einzelnen psychiatrischen Servicedienst enormen Organisationsaufwand bedeutet. So verhinderten die unzureichende Rechtslage, zu einseitige Kompetenzprofile, Kostenfaktoren und mangelnde Infrastruktur, dass der Dolmetschereinsatz bisher zu integraler gesundheitlicher Dienstleistung und Sozialberatung in den deutschsprachigen Ländern wurde.

Projekte wie das Ethno-Medizinischen Zentrum in Hannover (HEISE u. a. 2000) oder das Bayrische Zentrum für transkulturelle Medizin e. V. (HEGEMANN 2000a) stehen bisher nur beschränkten Regionen zur Verfügung und müssten in den nächsten Jahren dringend in andere Regionen ausgeweitet werden. Die Dolmetscherdienste in Hannover und München decken mit über 200 Dolmetscherinnen und Dolmetschern ein Spektrum von über 50 Sprachen ab. Ein Vermittlungsservice sendet den Dolmetscher, schreibt die Rechnung, evaluiert den Einsatz und berät die beteiligten Akteure zu einem *professionell qualifizierten und ökonomischen* Dolmetschereinsatz.

Rolle, Aufgabe, Eignung und Auswahl von Dolmetschern

Bisherige Erfahrungen zeigen, dass sich der Einsatz von Dolmetschern positiv auf den Verlauf der therapeutischen Beziehung auswirkt, da in der Muttersprache meist ein direkter Zugang zu den Gefühlen betroffener Patienten möglich ist (SAUVETRE 1996). Meistens führen Bemühungen, die den Faktoren Kultur und Sprache in der transkulturellen therapeutischen Arbeit Rechnung tragen, auf Seiten der Patienten und des therapeutische Teams zu einer positiven Resonanz (siehe den Beitrag von M. v. Cranach und R. Fresser-Kuby). Aus einer oft hilflosen Sprachlosigkeit entsteht nicht selten ein *wechselseitiger Dialog* mit dem Patienten, der perspektivisch weiterführt (KRAUSE 1998).

Therapie mit der »Hilfe« eines Dolmetschers ist jedoch keine leichte und risikolose Lösung. Auch wenn die rein sprachliche Verständigung mit den Ärzten und dem Pflegepersonal unproblematisch ist, kann die gegenseitige »Fremdenangst« in der Arzt-Patient-Beziehung nicht immer überwunden werden, wenn eine zur Herstellung des Kohärenzgefühls führende Kommunikation nicht gelingt, die von gegenseitigem Vertrauen und Verständnis ausgeht (KLEINMAN 1987). Auch stehen in verschiedenen Kulturen unterschiedliche Aspekte eines Krankheitsbildes im Vordergrund, und die Beschwerden können in einer Form vorgebracht werden, die einem westlichen Professionellen fremd sind. Hier wachsen also Dolmetschern neben rein sprachlichen auch kulturelle Verständigungsaufgaben zu (KAPP 1991; VERMEER 1994).

Es ist für Dolmetscher eine anspruchsvolle Aufgabe, einen Puffer zwischen interdependenten Erwartungen und Vorstellungen der an Übersetzungssituationen beteiligten Akteure zu bilden. Gerade in der Psychiatrie sind Aspekte wie Co-Abhängigkeit, Co-Therapie oder professionelle Umgangsweisen mit bestimmten Störungen, so beispielsweise einer paranoiden Schizophrenie, von besonderer Bedeutung, denn hier sind neben sprachlichen auch erhebliche Kenntnisse über Therapieansätze und Therapieverläufe oder über psychiatrische Arbeitsweisen erforderlich. Nicht nur aus diesen Gründen sehen sich Dolmetscher, die in psychiatrisch relevanten Arbeitsfeldern eingesetzt werden, mit sehr umfassenden, teilweise sogar widersprüchlichen Erwartungshaltungen konfrontiert:

- Sie sollen verlässliche Experten für soziale Kommunikation sein und zugleich Loyalität gegenüber »Landsleuten« und »Auftraggebern« ausüben, also fachliche Verantwortung übernehmen.
- Als »kulturelle Brücke zwischen Majorität und Minorität« sollen sie zwischen den psychiatrischen Fachkräften auf der einen und den Migranten auf der anderen Seite zu sprachlicher und zugleich kultureller Verständigung sowie effektiver Hilfeleistung verhelfen, also individuelle Verantwortung übernehmen.
- Sie sollen institutionell (im forensischen Setting sogar ordnungspolitisch!) vermitteln und so Interessenausgleich und Integration ermöglichen, also gesellschaftliche Verantwortung übernehmen.

Festzuhalten bleibt, dass viele dieser Erwartungen und Forderungen dem Dolmetscher insgesamt erhebliche Verantwortung zuweisen. Wer trägt jedoch die Verantwortung für das Gelingen einer Therapie oder Diagnose? Dolmetscher, behandelnde Fachkräfte oder Gesellschaft? Fehlendes Bemühen zur Reflexion solcher Fragen kann, wie folgendes Fallbeispiel illustriert, zu nachhaltigen therapeutischen Fehlverläufen führen:

Vor einigen Jahren wurde vom Ethno-Medizinischen Zentrum einer psychiatrischen

Klinik ein sprachlich versierter serbokroatischer Dolmetscher für einen Patienten, der ambulant behandelt wurde, vermittelt. Kurze Zeit später bat die Mitarbeiterin des Sozialdienstes dieser Klinik darum, dass der Dolmetscher auf dem Weg zur Klinik einen Abstecher bei einem Flüchtlingsheim machen möge, um dort den Patienten abzuholen und zur Klinik mitzubringen. Dies war sicherlich gut gemeint und der Dolmetscherservice wollte diesem humanen Anliegen nicht entgegenstehen. Leider beschwerte sich in der Folge die zuständige Therapeutin und verlangte, mit diesem Dolmetscher nicht mehr zusammenarbeiten zu müssen. Sie hätte sich ausgeschlossen gefühlt und kaum Zugang zu dem Patienten gefunden. So hätte sie beispielsweise gebeten, dem Patienten etwas Bestimmtes zu übersetzen, worauf der Dolmetscher geantwortet habe, dass dies nicht nötig sei, da er das dem Patienten bereits auf dem Weg zur Klinik selbst gesagt habe.

Patient und Dolmetscher waren »Landsleute« und hatten während der dreißigminütigen Fahrt eine Beziehung zueinander aufgebaut. Der Dolmetscher war in die Rolle des Vertreters des Patienten geraten und emotional involviert. Sicherlich ohne Absicht hat er so Therapeutin und Patienten zugleich Kompetenzen entzogen und war selbst in eine seiner Rolle nicht mehr angemessenen *Machtposition* geraten. Hiermit war er dann letztlich überfordert. Unter dem Verständnis eines persönlichen Kontakts zwischen »Landsleuten« rief der Patient häufig bei dem Dolmetscher privat an und bat um Zusammentreffen und um Hilfen bei Behördengängen. Unbewusst hatte der Dolmetscher erreicht, dass sich der Patient auf ihn fixiert hatte und ihn an seinem Problem teilhaben ließ.

Dieses Beispiel verdeutlicht auch, dass Fachpersonen Kenntnisse über den professionellen Umgang mit dem Dolmetschen benötigen. An Dolmetscher eigene, professionelle Verantwortlichkeiten zu delegieren hat sich bisher nur in den seltensten Fällen bewährt. Die genuine Aufgabe von Dolmetschern ist es, »Sprachrohr« der Beteiligten zu sein und nicht eigene Gespräche oder Kontakte mit Patienten zu führen, wie auch folgendes Fallbeispiel untermauert:

Ein Psychiater hatte zu einem Angehörigengespräch, zu dem neun Sinti und Roma erschienen waren, einen serbokroatisch sprechenden Dolmetscher hinzugezogen. Das Gespräch verlief sehr konfliktreich, denn die Angehörigen waren uneins und begannen untereinander heftig zu streiten. Der Psychiater wurde ärgerlich, sagte dem Dolmetscher, er solle doch zunächst einmal die Gruppe besänftigen und mitteilen, diese sollten sich erst einmal untereinander einigen. Daraufhin verließ der Psychiater den Raum und der Dolmetscher sollte nun alles regeln.

Nun war alle individuelle, gesellschaftliche ebenso wie fachliche und institutionelle Verantwortung auf den Dolmetscher übertragen. Diese hier zu Tage getretene und wenig konstruktive Haltung ist aus therapeutischer, rechtlicher, ethischer und institutioneller Perspektive fragwürdig. Ein Dolmetscher kann nicht zugleich übersetzen, als Sozialarbeiter oder Pfleger tätig sein und selbstständig innerhalb von Therapieprozessen agieren. Dolmetscher und Patienten werden durch dieses »Delegationsprinzip« überfordert. Dolmetscher werden in der Regel lediglich auf sprachliche und nicht auf therapeutische oder sozialarbeiterische Kompetenzen zurückgreifen können. Letztere obliegen psychiatrischen und psychosozialen Fachpersonen. Übersetzung dagegen ist eine Sekundärkompetenz.

Dies berührt nun auch die wichtige Dimension der Neutralität, die für alle Dolmetscher eine besondere psychische und ethnische Herausforderung darstellt. Leicht können sie in die Rolle eines Co-Therapeuten, der großen Einfluss auf die Therapie ausüben kann, geraten. Nicht selten solidarisieren sie sich mit Patienten und geraten so in die Rolle eines Koalitionspartners, der die Rechte des Patienten zu verteidigen habe. Umgekehrt kommt es häufig vor, dass Dolmetscher als »privilegierte Migranten« versuchen Professionelle dadurch zu unterstützen, indem sie Patienten »überreden«, doch den behandelnden Fachkräften ohne Widerspruch zu folgen oder diese stärker zu akzeptieren, da sie doch gemeinsam ihr Bestes wollen würden.

Die große Mehrheit der Dolmetscher haben als Migranten, entsprechend der von C. Sluzki in diesem Band beschriebenen Migrationsphasen, eigene Erfahrungen bezüglich der innerfamiliären Zerreißproben, Identitätskrisen, Geschlechtsrollenprobleme und Rollendiffusionen. Auch können sie, wie vielleicht auch die Patienten, schmerzhafte Diskriminierungserfahrungen zu verarbeiten haben. Die nicht nur bei Patienten, sondern häufig auch bei Dolmetschern traumatisch erfahrene kulturelle Entwurzelung als »Gastarbeiter«, »Aussiedler« oder »Asylant« sind Belastungen, die sich auf Übersetzungssituationen auswirken könnten. Im Verlauf der hier angesprochenen Prozesse sind Migranten sensibel und neigen zu Misstrauen (Hettlage-Vargas 1992; Salman 1995). Von daher ist es sehr wichtig, eine Idee darüber zu entwickeln, in welcher psychologischen Migrationsphase sich der Patient und in welcher sich der Dolmetscher befindet (siehe den Beitrag von C. Sluzki). Hiervon ist der Grad abhängig, wie sehr Dolmetscher in der Lage sind abzugrenzen, eigene Übertragungen zu vermeiden und neutral zu sein. Deshalb bewährt es sich, bei der Auswahl von Dolmetschern auf Personen zuzugehen, für die kulturelle Vielfalt zu einer lebensgeschichtlichen Selbstverständlichkeit gehört.

Eine weitere große Bedeutung haben Kriterien der Geschlechterrollen und des Lebensalters sowie der Kontinuität. Es hat sich in der Praxis als hilfreich erwiesen, möglichst gleichgeschlechtliche Dolmetscher einzusetzen und Altersunterschiede nicht zu groß ausfallen zu lassen. Es ist vorteilhaft, Dolmetscher, mit denen bereits positive Erfahrungen erzielt wurden, erneut und kontinuierlich einzusetzen. Kritisch zu bewerten sind ständig wechselnde Dolmetscher innerhalb einer Therapie. Vieles spricht dafür, in diese Arbeit Berufsdolmetscher einzubeziehen. Sie kennen die ethischen Grundsätze dafür, wörtlich wie inhaltlich genau, kommentarlos und unparteiisch zu übersetzen und sich an die Schweigepflicht zu halten. Dolmetscherdienste, wie sie oben beispielhaft erwähnt wurden, achten darauf, ob Dolmetscher für bestimmte Fachgebiete oder geschlechtlich bzw. generativ geeignet sind. Vertrauen und Respekt wachsen eher durch kontinuierliche Zusammenarbeit, bei der beide Seiten gemeinsam Erfahrungen sammeln und dazulernen können. Dolmetscher, die neben ihren Sprachkenntnissen nicht über ausreichendes zusätzliches Hintergrundwissen verfügen, erschweren Therapieprozesse (Oestereich 2000; Zimmermann 2000; Drenthen 2000).

Die »amtlich vereidigten« Dolmetscher allein garantieren diese Qualität nicht. In den siebziger und neunziger Jahren wurden viele amtliche (gerichtliche) Vereidigungen auf Grund des großen Bedarfs bei den Gerichten vorgenommen. Meistens reichte es, eine Bescheinigung über die Sprachfertigkeiten, bestimmte Rechtskenntnisse und persönliche Seriosität nachzuweisen. Für den Bereich der psychosozialen Arbeit oder der Psychiatrie kann dies jedoch allein nicht ausreichen. Sehr wohl aber kann es sinnvoll sein, muttersprachliche Studenten verschiedener Fachrichtungen, Sozialberater oder Personen anderer Berufsgruppen, die über gute Sprachkenntnisse verfügen, als Dolmetscher einzusetzen, selbst wenn sie nicht in speziellen Fachschulen ausgebildet oder gerichtlich vereidigt sind. Ausschlaggebend sind hierbei neben sprachlichen eben auch ihre Hintergrundkenntnisse und persönlichen Fähigkeiten.

Es obliegt dann den auftraggebenden Fachkräften oder Institutionen selbst, durch sachgerechten Umgang, konzeptionell und methodisch fundiert, einen erfolgreichen Gesprächsverlauf sicherzustellen und den Dolmetschervermittlungsdiensten durch Training und Supervision die Qualität der Sprach- und Kulturvermittlung zu garantieren.

Empfehlungen für die Arbeit mit Dolmetschern in therapeutischen Gesprächen

Das Gelingen eines guten, verständlichen und effektiven Gesprächs zwischen Patienten, Dolmetschern und medizinischen wie Sozialfachkräften in professionellen Zusammenhängen – ich nenne es den »translingualen Trialog« – basiert auf methodischen Konzepten. Der translinguale Trialog erfordert, ebenso wie eine therapeutische Sitzung, Planung, Ziel, Methode, Konzept und Auswertung.

Der Dolmetschereinsatz im Sozial- und Gesundheitswesen lässt sich demnach standardmäßig in fünf Phasen unterteilen:

- die Planung des Dolmetschereinsatzes;
- das Vorgespräch mit dem Dolmetscher;
- das Übersetzungsgespräch;
- das Nachgespräch;
- die Auswertung des Dolmetschereinsatzes.

Die hier vorgeschlagene Unterteilung in Phasen hilft, Dolmetschergespräche effektiv und zur Zufriedenheit aller Beteiligten zu gestalten.

Die Planung des Dolmetschereinsatzes

Meistens werden Dolmetschereinsätze erwogen, wenn Sprachprobleme eine adäquate Behandlung unmöglich erscheinen lassen, bereits kommunikative Konflikte infolge von Missverständnissen vorliegen, eine Anamnese oder Diagnose nicht gelungen scheint, vor Operationsaufklärungen, bei Entlassungsgesprächen, Familiensitzungen etc. In der Regel geht die Idee von behandelnden oder betreuenden Personen aus. Hier beginnt bereits die planerische Phase des Einsatzes. Beteiligte Professionelle, wie Ärzte oder Pflegekräfte, sollten vorab untereinander oder gemeinsam mit einem qualifizierten Vermittlungsdienst oder mit dem Dolmetscher selbst klären,

- welches die am besten geeignete Uhrzeit ist (Zu welcher Zeit sind die Beteiligten am ehesten zusammenzubringen und wie lange soll das Gespräch genau dauern?);
- wo die Örtlichkeiten sind (Besprechungszimmer, Krankenbett etc.?);
- wer für die Bestellung, den Empfang und die Abrechnung des Dolmetschers zuständig ist (hierzu mehr weiter unten);
- welcher Dolmetscher geeignet ist (ob ein jüngerer, älterer, weiblicher oder

männlicher Dolmetscher benötigt wird und ob etwaige Fachkenntnisse oder Erfahrungen erforderlich sind);

- wer den Patienten oder seine Betreuer informiert und alle Beteiligten zusammenführt.

In der Planungsphase gilt es, festzulegen, wer überhaupt am Gespräch teilnimmt. Vertrauen, Anonymität und Chancengleichheit sind Voraussetzung für intime und offene Gespräche. Diese gelingt eher, wenn Personen, die nicht direkt an der Heilung beteiligt sind, ausgeschlossen werden, selbst dann, wenn Patienten einverstanden sind. Zum Gelingen gehört es auch, Wartezeiten zu vermeiden. Diese sorgen häufig für Missmut und verhindern das Aufkommen partnerschaftlicher Haltungen, wie folgendes Fallbeispiel verdeutlicht:

> Eine Patientin wartete vor dem Arztzimmer einer sozialpsychiatrischen Ambulanz bereits zwanzig Minuten auf das vereinbarte Gespräch mit einer Therapeutin unter Beteiligung einer Dolmetscherin. Die Therapeutin hatte einige Gespräche vorgezogen und war so in zeitliche Bedrängnis geraten, hatte aber vergessen Patientin und Dolmetscherin zu informieren und zu empfangen. Nun standen diese, sich musternd, auf dem Gang, während im Umfeld unbeteiligte Fachkräfte umherliefen. Die Patientin fühlte sich verunsichert und missachtet – für ein Therapiegespräch, in dem es nach Missbrauchserfahrung um Motivation zu neuem Lebensmut gehen soll, nicht die beste Voraussetzung. Ebenso verärgert war die Dolmetscherin, denn sie hatte bereits andere Termine vereinbart und geriet nun ihrerseits unter Druck. Auch erwartete sie Konflikte, denn sie hatte die Erfahrung gemacht, dass solche Anwesenheitszeiten nicht immer bezahlt werden. Entsprechend verlief das Gespräch, denn die Patientin war verunsichert, die Dolmetscherin verärgert und die Therapeutin hatte ein schlechtes Gewissen. Die Patientin blieb in der Folge »verschlossen«, die Dolmetscherin »beeilte« sich mit der Übersetzung und die Therapeutin konnte die Gesprächsführung kaum behalten und wurde von der Stimmung »überrollt«. Später fanden mehrere zusätzliche Sitzungen statt, um den entstandenen »Schaden« wieder gutzumachen.

Das Beispiel zeigt, dass eine umfassende Planung den Zeitaufwand lohnt. Sie führt zu reibungsloseren Abläufen und im Endeffekt zu *Zeitersparnissen* im Therapieprozess. Das gilt auch für Vorgespräche mit Dolmetschern.

Das Vorgespräch mit dem Dolmetscher

Bewährt haben sich kurze Vorgespräche von fünf bis zehn Minuten zwischen gesprächsführenden Professionellen und den Dolmetschern unmittelbar vor dem Übersetzungsgespräch. Dolmetscher können hier mit notwendigen Informationen versorgt und mit etwaigen Gesprächszielen vertraut werden. Professionelle signalisieren so den Dolmetschern, wem das Gespräch »gehört« und dass sie planvoll und professionell genaue Absichten verfolgen. Die Rollen und Verantwortlichkeiten sind so festgelegt und definiert. Weiterhin besteht die Möglichkeit, hilfreiche Informationen über kulturelle Hintergründe einzuholen. Es sollte auch sichergestellt sein, dass Dolmetscher und Patient sich nicht kennen. Zur Illustration das gelungene Fallbeispiel eines Vorgesprächs in einer sozialpsychiatrischen Beratungsstelle:

> *THERAPEUTIN:* Guten Tag! Ich heiße K. M. und ich nehme an, Sie sind Frau L. Wie darf ich die Patientin anreden, ist es in Ihrer Kultur üblich, dass man sich mit dem Vornamen anspricht?
>
> *DOLMETSCHERIN:* Guten Tag! Bei Gleichaltrigen ist das möglich.
>
> *THERAPEUTIN:* Es geht in dem zu führenden Gespräch um die 23-jährige Frau Y. Wir wissen nur wenig über sie, vermuten aber, dass sie von einem männlichen Familienangehörigen missbraucht worden ist. Möglicherweise steht sie unter Schock oder ist verzweifelt. Im Gespräch kann sie verschiedene Emotionen durchleben und auch sehr passiv und schweigsam sein. Ich möchte zunächst über ihre Gefühle sprechen und sie dann über medizinische und juristische Möglichkeiten informieren. Frau L., haben Sie bereits in Fällen von Missbrauch übersetzt? Ich würde gerne mehr über Ihre Kultur wissen: Welche Folgen können Missbrauch für Frauen haben?
>
> *DOLMETSCHERIN:* Einige Mal habe ich in solchen Fällen bereits übersetzt. Ich kann Ihnen Ihre zweite Frage aber nur sehr subjektiv beantworten. Mir fehlen Informationen über die Person, ihre Familie, wie lange sie in der Migration lebt, ihren Herkunftsort und über ihre individuellen kulturellen und religiösen Bindungen. Wichtig aber ist, dass bei uns die Jungfräulichkeit von großer Bedeutung sein kann. Ihre Heiratschancen, ebenso wie das Familienansehen, können stark beeinträchtigt sein. Eventuell wird Y geächtet oder verstoßen. Das kann alles so sein, muss aber nicht zwangsläufig zutreffen.
>
> *THERAPEUTIN:* Danke für Ihre kurzen verständlichen Erklärungen. Ich weise Sie jedoch mit Nachdruck auf Schweigepflicht und genaue Übersetzung hin. Ich würde Sie bitten konsekutiv zu dolmetschen.
>
> *DOLMETSCHERIN:* Ich respektiere selbstverständlich die Schweigepflicht und übersetze gerne konsekutiv. Bitte sprechen Sie langsam, klar und deutlich. Möglichst auch kurze Sätze und einfache Worte.

Das Fallbeispiel unterstreicht die Notwendigkeit von *Kürze, Sachlichkeit* und *Klarheit.* Überflüssige Unterhaltung, Austausch von Klischees und Ungenauigkeiten haben hier keinen Platz. *Rollen, Ziele, Methoden* und *Hintergründe* sind vereinbart. Standardmäßig sollten Professionelle und Dolmetscher absolute Schweigepflicht, Übersetzungsart und -methode sowie Exaktheit vereinbaren.

Optimal ist das *Simultandolmetschen* (KAPP 1991), aber nur selten realisierbar. Diese Methode bedeutet, dass Dolmetscher fast zeitgleich, nicht zu laut und bei Verzicht auf Wiedergabe von Gesten und Mimiken, etwa einen halben Satz verspätet, genau wörtlich übersetzen. Der Umgang mit dieser Methode erfordert erhebliche Erfahrungen und Übung. Auch sind psychiatrische Patienten mit den gleichzeitigen Stimmen meistens überfordert. Deshalb sollte diese Methode nur zwischen Dolmetschern und Auftraggebern vereinbart werden, die schon oft zusammengearbeitet haben und so über einige Übung verfügen.

Geeignet ist eher das *Konsekutivdolmetschen* (ebd.). Hier sprechen alle Beteiligten möglichst einfach strukturierte (ca. ein bis drei) Sätze, die danach vom Dolmetscher genau und wörtlich übersetzt werden, während die anderen Beteiligten zuhören. Diese Methode hat sich in klinischer und ambulanter Arbeit am besten bewährt. Hierbei wird ebenso wie beim Simultandolmetschen auf die Kommentierung oder Darstellung von Gesten oder Mimiken verzichtet.

Das Übersetzungsgespräch mit Dolmetschern und Patienten

Das Übersetzungsgespräch mit Dolmetschern und Patienten beginnt mit der *Begrüßung* durch die gastgebenden Professionellen, denen es obliegt, alle Beteiligten und ihre Funktionen (Rollen) vorzustellen. Die Dolmetscher beginnen sofort mit der Übersetzung dieser Ausführungen, um gar nicht erst den Eindruck entstehen zu lassen, sie könnten die *Moderation* übernehmen. Die Auftraggeber weisen Sitzplätze oder Stehpositionen zu. Nachteilig sind Sitzordnungen oder Stehpositionen in Form eines gleichschenkeligen Dreiecks. Am besten geeignet ist die *Positionierung* des Dolmetschers direkt neben dem betroffenen Patienten, sodass beide direkten Blickkontakt zu den Professionellen haben. Diese Positionierung bewährt sich gegenüber der Alternative, bei der der Dolmetscher direkt neben dem Professionellen positioniert ist und Blickkontakt zu den Patienten hat. Für die meisten Menschen ist es unangenehm, über intime Inhalte zu sprechen und dabei »Landsleute« ansehen zu müssen. Auch sollten Dolmetscher nicht zwischen zwei oder noch mehr Angehörige positioniert werden, sondern eher an deren äußerer Seite. Größere Entfernungen zwischen den Gesprächsteilnehmern bewirken zu lautes Sprechen. Genau genommen sitzt ein Paar (nämlich Dolmetscher und Patient) mit geringem Abstand nebeneinander. Das Paar hat ein wenig größeren Abstand zu dem gegenüber sitzenden behandelnden Professionellen. Patient und Professioneller können nun direkt miteinander sprechen, der Dolmetscher kann scheinbar unbeteiligt und »unsichtbar« von der Seite mit ruhiger Stimme übersetzen und hat nur Augenkontakt mit dem Professionellen. Dieser hat die beste Positionierung und kann nun alle verbalen und nonverbalen Äußerungen wahrnehmen und bewerten.

Dolmetscher müssen nicht alles sehen, erst recht nicht sich »entblößende« oder ihren Emotionen freien Lauf lassende, weinende Patientinnen und Patienten. Ein Taschentuch sollte in solchen Fällen deshalb eher vom Professionellen gereicht werden und nicht durch den Dolmetscher. Der Patient soll sich auf den Professionellen konzentrieren können und dieser wiederum auf den Patienten, während Dolmetscher vermeiden können sich zu stark emotional zu involvieren. Eine durchdachte Positionierung erleichtert den *Kommunikationsfluss* und verhindert auch das (anstrengende) ständige Hin- und Herwenden der Köpfe. Die räumlichen Bedingungen vor Ort fallen jedoch sehr unterschiedlich aus, deshalb können Professionelle ruhig auch mal etwas Neues ausprobieren und so ihren eigenen Stil durch Erfahrungen finden.

Die *Grundregeln* des Gesprächs bei Gesprächsbeginn festzulegen ist sinnvoll. Generell bewährte sich in Übersetzungsgesprächen das Ansprechen mit »Sie« sowie die Vermeidung des »Du«. Die Patienten sollten dazu eingeladen werden, den Professionellen direkt anzusprechen und sich nicht auf den Dolmetscher zu konzentrieren, wie in folgendem Fallbeispiel deutlich wird:

THERAPEUTIN: Frau Y, haben Sie mal in Gegenwart einer Dolmetscherin gesprochen?

DOLMETSCHERIN: Frau Y, haben Sie mal in Gegenwart einer Dolmetscherin gesprochen?

PATIENTIN: Nein!

DOLMETSCHERIN: Nein!

THERAPEUTIN: Lassen Sie uns das gemeinsam versuchen und mit der Zeit werden wir mit Hilfe von Frau L. das sicher gut machen können, obwohl es sicherlich ungewohnt ist, zwei Stimmen zugleich zu hören. Sie wird alles genau übersetzen und sie ist zur Verschwiegenheit über alles, was sie hier hört, verpflichtet. Sind Sie einverstanden?

Die Dolmetscherin übersetzt erneut wörtlich. Die Situation ist somit offen angesprochen.
PATIENTIN: Ja, danke!
DOLMETSCHERIN: Ja, danke!

Viel Augenkontakt zwischen Patient und behandelndem Professionellen stimuliert eine partnerschaftliche Heilbeziehung. Direkter Augenkontakt ist dann zu vermeiden, wenn dies gegen kulturelle Tabus verstößt. Konsequentes direktes Ansprechen sowie langsames, deutliches und natürliches Sprechen fördern den Kommunikationsfluss. Ungeeignet sind Appelle wie: »Sagen Sie bitte der Patientin ...« oder »Ich werde das Wichtigste übersetzen ...« oder »Sagen Sie bitte der Frau Doktor ...«. Slang oder humorvolle Aussagen mit der Absicht, atmosphärisch aufzulockern, erzeugen eher das Gegenteil und sind kaum ohne Bedeutungsverschiebung zu übersetzen.

Gegebenenfalls sollte in regelmäßigen Abständen das Besprochene von dem gesprächsführenden Professionellen zusammengefasst und vom Dolmetscher übersetzt werden. Aber auch hier gilt: kurze und einfache Sätze, nicht laut sprechen, keine Gesten, »weiche«, arbeitsweltlich orientierte Sprachstile. Sollte der Gesprächsfaden mal reißen oder indirekte Rede aufkommen, sollten zu häufige Nachfragen zwischen Dolmetscher und Patient erfolgen und dazu führen, dass sich diese beiden untereinander zu viel eigenständig »austauschen« oder »unterhalten«, ist es angemessen, dass gesprächsführende Professionelle die Gesprächsordnung wiederherstellen. Mutig kann sofort abgebrochen und die Grundregeln rekapituliert werden. Das Gespräch führen die professionell Behandelnden! Dolmetscher sollen, sofern keine lebensbedrohlichen Konsequenzen für den Patienten befürchtet werden, lediglich genau übersetzen und nicht kommentieren, eigene Fragen einbringen oder Einfluss auf anderen Wegen ausüben. Für Interessen des Patienten ist eher der Professionelle als der Dolmetscher zuständig. Der spricht »durch« den Dolmetscher zu den Patienten. Dolmetscher und Professionelle sprechen auch nicht in Gegenwart der Patienten über diese. Auch die Patienten müssen die Chance haben, »durch« die Dolmetscher zu den Professionellen zu sprechen. Dolmetscher und Professionelle können aber später in einem Nachgespräch das Gespräch kurz reflektieren.

Das Nachgespräch mit Dolmetschern

Das Nachgespräch zu Dolmetschereinsätzen ist hilfreich direkt im Anschluss an das übersetzte Gespräch und sollte, so wie das Vorgespräch auch, zwischen fünf und zehn Minuten dauern. Um die bereits beschriebene notwendige Distanz wahren zu können, ist auch hier von der Gegenwart der Patienten abzuraten. In diesem Zusammenhang kann nicht eindrücklich genug davor gewarnt werden, dass Dolmetscher außerhalb der Übersetzungssituation keinerlei eigenständigen Kontakt zu Patienten unterhalten sollten. Nachgespräche können erst beginnen, wenn der Patient durch den Professionellen verabschiedet wird. Es bewähren sich Formulierungen, die den Übergang erleichtern, etwa: »Dolmetscher, bleiben Sie bitte noch einen Augenblick, dann können wir noch die Rechnung besprechen.«

Im Nachgespräch können Dolmetscher und Professioneller – auf Nachfrage – ihre Eindrücke mitteilen, eventuell im Gespräch entstandene Emotionen und Belastungen des Dolmetschers, häufig auch »Landsmann« oder »Landsfrau« der Patienten, im Sinne einer »Psychohygiene« abzubauen.

Abgerundet wird der Dolmetschereinsatz durch die Abwicklung der Formalitäten. Den Dolmetschern sollte schriftlich, zum Beispiel durch einen vorbereiteten, immer vorliegenden Einsatzbogen, das Gespräch bestätigt werden, damit auch die spätere finanzielle Abwicklung reibungslos verläuft. Diese Bestätigung sollte Termin, Dauer, Fallstichwort, Rechnungsadresse, Sprache, beteiligte hinzugezogene Fachkräfte und Besteller enthalten. Eine Kopie aufzubewahren ist immer sinnvoll, da eine Auswertung gesammelter Bestätigungen durchaus eine tendenzielle Evaluation (siehe unten) und die Auswertung des Dolmetschereinsatzes ermöglichen kann.

Die Auswertung des Dolmetschereinsatzes

Die Professionellen sollten für sich eine Reflexionsmöglichkeit schaffen. Bewährt haben sich »Übersetzungstagebücher«, in denen Eindrücke, Ideen und Erfahrungen mit Übersetzungssituationen dokumentiert werden. Auch ein mündlicher Austausch über Übersetzungsgespräche mit denen an der Situation beteiligten Kolleginnen und Kollegen oder beteiligten Patienten ist nützlich. Solche Reflexionen werden zu erfolgreicheren Umsetzungen führen und signalisieren den beteiligten Akteuren, wie ernst es der Professionelle meint und dass alle an dieser Ernsthaftigkeit teilhaben können und motiviert werden, ihren Beitrag zum Gesamtverlauf zu erbringen. Der Austausch mit Kolleginnen und Kollegen ermutigt auch diese, bedarfsorientiert und qualitätsgerecht mit Dolmetschern umzugehen.

Kompetenzsicherung, Qualifizierung, Finanzierung und Controlling

Kompetenzen und Fertigkeiten für den Einsatz von Dolmetschern im Gesundheitswesen sind in Deutschland sehr uneinheitlich vorausgesetzt. Alle Dolmetscher, auch die »vereidigten«, benötigen spezielles Handlungswissen und fachliche sowie organisatorische Unterstützung bei der Bewältigung der anspruchsvollen Arbeit in psychologischen und psychiatrischen Einsatzfeldern, die sich erheblich von wirtschaftlichen oder juristischen unterscheiden. Diesbezügliche Erfahrungen führten zu den im Weiteren beschriebenen Standards. Hauptsächlich werden Kompetenzen und Qualitäten der Dolmetscher gesichert durch:

- Fort-, Weiter- und Ausbildung, Training, Seminare, Teilnahme an Vorträgen;
- Eigenstudium von geeigneter Fachliteratur oder Nutzung von Medien;
- Supervision, klinikinterne Mitarbeitersitzungen, Dolmetscherarbeitskreise;
- Fallbesprechungen im Umfeld des Dolmetschereinsatzes, Tendenz-Evaluation;
- strukturelle, organisatorische, rechtliche und finanzielle Voraussetzungen.

Fort- und Ausbildung, Training, Seminare, Teilnahme an Vorträgen

In Qualifizierungsmaßnahmen für Dolmetscher bewährte sich bisher, Kenntnisse zur Beantwortung der Fragen, wo, was und für wen gedolmetscht wird, worum es beim Dolmetschen geht und welche Begriffe benötigt werden, zu erwerben oder zu vermitteln:

- Kenntnisse zu Einsatzgebieten: Struktur und Organisation nationaler und örtlicher Sozial- und Gesundheitswesen;
- Kenntnisse über Migranten und Migrationsprozesse: soziopolitische Gründe für Migration, Psychologie der Migration sowie deren Auswirkungen auf familiäre Dynamiken;
- Kenntnisse über kulturelle und soziale Dimensionen von Krankheit und Gesundheit: Bedeutungsgebung und Bewältigungsstrategien;
- Kenntnisse über verbale und nonverbale Ausdrucksformen: Sensibilisierung für die kulturelle Einbettung von Sprache, die Bedeutungsgebung durch Satzbau und Intonation, Entwicklung von Einfühlungsvermögen und Stressbewältigung, Inhalts- und Beziehungsaspekte von Sprache, »Helfersyndrom«, Umgang mit Angst, Trauer, Leid, Tod und Emotionalität in der Übersetzungssituation;

- Kenntnisse zur interkulturellen Kommunikation: Strukturen im translingualen Trialog, Sensibilisierung für Rollenverortungen im Spannungsfeld von Engagement und Distanzierung, Beachtung der Interessen der Kommunizierenden, Management von Kulturkonflikten, Kodieren und Dekodieren etc.;
- Kenntnisse zu medizinischer, psychologischer und psychiatrischer Terminologie: gebräuchliche Termini, Umgang mit Lexika, Fachliteratur, Recherchetechniken etc.;
- Training und Schulung zu Methoden des Dolmetschens: Übersetzungstechniken, Gesprächsstrukturierung und situationsgerechte Umgangsformen oder Sitzordnung bzw. Stehpositionierungen.

Das hier skizzierte Qualifizierungsprogramm wird in seinem optimalen Umfang aus finanziellen und organisatorischen Gründen nicht immer zu realisieren sein. Je nach vorhandenen Möglichkeiten kann aber durchaus auf eine bereits vorhandene Infrastruktur zurückgegriffen werden. So kann eine Klinik beispielsweise in ihrer eigenen Fortbildungsabteilung oder in ihrer Pflegeschule viele der genannten Themen durch entsprechende Qualifizierungsangebote abdecken. Auch die Zusammenarbeit mit sozialpädagogischen oder medizinischen Hochschulen ist hilfreich. Dort könnten durchaus Veranstaltungen zum genannten Themengebiet verhandelt werden, und dies nicht nur für geeignete fremdsprachige Studenten, sondern auch andere Interessenten, die später »genutzt« werden könnten. Gleiches gilt für Volkshochschulen und vergleichbare Institutionen. Im Übrigen bleibt festzuhalten, dass viele der aufgeführten Kenntnisse auch dem Personal der Gesundheitsdienste sehr nützlich sind.

Eigenstudium von geeigneter Fachliteratur oder Nutzung von Medien

Institutionen oder deren Fachkräfte sollten zu immer wieder auftretenden Fragen verständliche Fachliteratur, Lehrvideos, Broschüren etc. sammeln bzw. dokumentieren und sie häufig eingesetzten Dolmetschern bereitstellen. Dolmetscher, die häufiger eingesetzt werden, also etwa des Öfteren mit Schizophreniepatienten zu tun hatten, sind durchaus motiviert im Eigenstudium dazuzulernen, indem sie sich beispielsweise mehr über Schizophrenie informieren. In keiner guten Bibliothek sollten medizinische Wörterbücher in den häufigsten Sprachen wie Türkisch, Russisch, Englisch, Französisch, Spanisch, Serbokroatisch oder weiteren fehlen.

Supervision, Mitarbeitersitzungen, Dolmetscherarbeitskreise

Es ist sinnvoll, häufiger eingesetzten Dolmetschern die Möglichkeit zur Teilnahme an Supervisionen anzubieten. Der Umgang mit ständig neuen inhaltlichen Herausforderungen, mit Krisen von Patienten und Erlebnisse bezogen auf Loyalitätskonflikte oder eigene Rollendiffusionen kann emotional sehr belasten. Auch die Teilnahme an Mitarbeitergesprächen erweitert das Feldwissen und erhöht die Fähigkeit, sich abzugrenzen. Der Grad des Einbezugs sollte immer in angemessener Relation zu der Häufigkeit von Dolmetscheinsätzen und zu den individuellen Interessen der Dolmetscher stehen.

Nützlich und weiterführend sind auch regelmäßige Dolmetscherarbeitskreise, in denen Dolmetscher gemeinsam mit Auftraggebern und Partnern über Erfahrungen oder über Verbesserungen diskutieren können. Hier könnten aber auch bestimmte Themen, wie beispielsweise Suizid, dargestellt werden oder Supervisionssitzungen stattfinden.

Fallbesprechungen im Umfeld des Dolmetschereinsatzes

Ergebnisse von Besprechungen mit Dolmetschern oder in der Institution stattfindende Fallbesprechungen sollten schriftlich festgehalten und anderen Kolleginnen und Kollegen mitgeteilt werden. Tendenz-Evaluation sollte Auskunft darüber geben können, wie häufig in der Einrichtung oder wie lange durchschnittlich pro Fall gedolmetscht wurde, wie die Geschlechter- und Sprachenverteilung ist, wie es mit der Kontinuität beschaffen ist, welche Dolmetscher sich bewährt haben und welche Erfahrungen bei Einsätzen gemacht wurden. Ziel ist es, eine Tendenz verfolgen zu können, um so rechtzeitig auf Bedarf reagieren oder diese Dritten gegenüber (Verwaltungen etc.) darstellen und begründen zu können.

Strukturelle, organisatorische, rechtliche und finanzielle Voraussetzungen

Der effektive Dolmetschereinsatz ist auch von strukturellen und organisatorischen Voraussetzungen abhängig. Ein reibungsloser und konfliktfreier Ablauf eines Dolmetschereinsatzes motiviert alle Beteiligten und sensibilisiert zu Seriosität, Fachlichkeit, Respekt und Vertrauen. Das Aufstellen einvernehmlicher institutioneller Regeln, wer für die Auswahl, die Bestellung oder Dokumentation des Dolmetschereinsatzes zuständig ist, in welchen Fällen und Zusammenhängen sowie in welchem Umfang überhaupt Dolmetscher bestellt werden dürfen, wer die Einsätze quittiert und der Finanzabteilung gegenüber begründet, gehört zur wesentlichen strukturellen und organisatorischen Voraussetzung erfolgreicher Kommunikationsprozesse im multilingualen Trialog. Wartezeiten lassen sich vermeiden, wenn bei der Einsatzplanung auch interne Arbeitsabläufe wie Essenszeiten oder beispielsweise bei praktizierenden Muslimen die Gebetszeiten Berücksichtigung finden.

In der Bundesrepublik ist der Einsatz von Dolmetschern lediglich in der Justiz (Gerichtsdolmetscher) rechtlich und organisatorisch ausreichend geregelt. Für den Bereich des Sozial- und Gesundheitswesens ist bisher nur die Hinzuziehung von Dolmetschern vor operativen Eingriffen in Krankenhäusern durch ein Urteil des Oberlandesgerichtes Düsseldorf (Az.: 8 U 60/88) abgesichert. Die Finanzierung von Dolmetschern fällt bei stationärer Behandlung in den *Pflegesatz* und wird in der Regel auch deshalb von Kassen als Kostenfaktor akzeptiert.

In der ambulanten Versorgung sind dagegen Dolmetscherleistungen finanziell nicht ausreichend gesichert. Benötigen Kranke einen Dolmetscher, um sich einem Arzt, und hier besonders in Praxen niedergelassener Ärzte, verständlich zu machen, braucht die gesetzliche Krankenkasse diesen, nach einem Urteil des Bundessozialgerichtes (Az.: 1 RK 20/94), nicht zu bezahlen. Bei ambulant behandelten Patienten in den psychiatrischen Kliniken kann aber in der Regel über eine Einzelfallbegründung die Finanzierung aus dem Kliniketat gesichert werden. Da die Verantwortung bisher jedoch beim zuständigen Therapeuten oder Arzt liegt, bewährt es sich gegenüber den Verwaltungen, kurz schriftlich zu begründen, dass ohne einen Dolmetscher keine sichere Diagnose sowie therapeutische Behandlung oder medikamentöse Einstellung möglich ist. Letztendlich liegt es an den verantwortlichen Therapeuten selbst, sich durch den Verzicht auf die Finanzierung eines Dolmetschers nicht zu misserfolgsträchtigen therapeutischen Maßnahmen verleiten zu lassen.

Niedergelassene Fachärzte haben jedoch kaum vergleichbare Möglichkeiten, denn sie sind (zumindest) formell gezwungen, Dolmetscherkosten selber aufzubringen, oder sie müssen diesen Patienten die Kosten privat berechnen. Krankenkassen und Sozialämter weigern sich bisher beharrlich, diese Kosten zu übernehmen. In ihrer Not greifen Fachkräfte häufig auf Familienangehörige der Patienten, Reinigungskräfte oder »Landsleute« der Patienten als Übersetzer zurück.

Familienangehörige, Reinigungskräfte und »Landsleute« als Übersetzer

Mitarbeiter psychiatrischer oder psychosozialer Fachdienste beteiligen bei sprachlichen Verständigungsschwierigkeiten häufig ausländische Reinigungskräfte, Familienangehörige oder Freunde sowie engagierte Landsleute der Patientinnen und Patienten als »Helfer in der Not«. Dieses Vorgehen führt jedoch zu einer ganzen Reihe von Schwierigkeiten, wie folgendes Fallbeispiel aus der Praxis illustrieren soll:

> In einer Suchtklinik wurde ein alkoholabhängiger, langzeitarbeitsloser älterer türkischer Mann entzugsbehandelt. Der Therapeutin fiel auf, dass er in den Gruppensitzungen sehr häufig mit »ja«, »nein« oder »natürlich« antwortete. Er hatte offensichtlich weder die Behandlungsmethode noch die Gründe seines Klinikaufenthaltes realisiert oder verstanden. Da er sich schämte, als muslimischer Familienvater versagt zu haben, und annahm, als »Irrer« mit dem Aufenthalt in der Suchtklinik bestraft worden zu sein, wollte er nicht auffallen und sich kooperativ zeigen, damit er wieder entlassen würde. Hinzu kam natürlich seine kulturelle Abwehr, nämlich in Gegenwart mehrerer Personen in der Gruppe offen über seine persönlichen Probleme zu sprechen, denn sein »Ehrgefühl« war bedroht. Deshalb setzte die Therapeutin seinen sechzehnjährigen Sohn als Übersetzer ein. Hier sollte nun der Patient in Gegenwart des minderjährigen Sohnes über intimste Beweggründe sprechen. Problematisch war, wie sich später herausstellte, dass eine seiner Bedrückungen darin bestand, dass er sich hilflos und unnütz empfand, da er sich von seinem Sohn (ein Gymnasiast) nicht respektiert fühlte und er offensichtlich an einem großen Autoritätsverlust litt. Auch wichtige sexuelle Probleme konnte er natürlich nicht ansprechen. Er wurde mehrfach rückfällig, und erst als eine Therapie mit einem neutralen Dolmetscher begonnen wurde, verbesserte sich seine kommunikative, später auch die therapeutische Situation und in der Folge auch teilweise seine Lebenssituation.

Ein muttersprachlicher Therapeut wäre in diesem Fall recht nützlich gewesen, war aber nicht vorhanden. Die Dolmetscherfunktion des Sohnes war ebenso für den Vater und für den Therapieverlauf eine Belastung wie für den jungen Minderjährigen selbst. Eltern leiden darunter, in Gegenwart ihrer minderjährigen Kinder, ihrer Verwandten, ihrer Nachbarn oder in Gegenwart von Reinigungskräften über schwer wiegende gesundheitliche und psychische Leiden zu berichten, und sie befürchten den Verlust der Anonymität. Angehörige, die meistens Teil des sozialen Systems sind, in dem die Störung sich entwickelt hat, als Dolmetscher hinzuzuziehen, führt im Allgemeinen zu einer negativen Beeinflussung der Balance von Macht und Ohnmacht innerhalb von Migrantenfamilien. Der Einsatz eines Dolmetschers hilft sogar, wie folgendes Fallbeispiel einer Landesklinik verdeutlicht, zur Emanzipation in den persönlichen Beziehungssystemen der Patienten beizutragen:

> Eine kaum Deutsch verstehende griechische Patientin sollte nach einjährigem Aufenthalt in einer geschlossenen psychiatrischen Einrichtung entlassen und in ihre familiäre Umgebung reintegriert werden. Zu dem entscheidenden Familiengespräch wurden neben den behandelnden Therapeuten der gut Deutsch sprechende Ehemann, der ebenfalls sehr gut Deutsch sprechende Sohn und ein professioneller Dolmetscher eingeladen. Alle Beteiligten konnten ihre Ängste und Unsicherheiten thematisieren und die Patientin konnte sich bei allen Beteiligten Respekt und Anerkennung für ihre Wünsche und Bedürfnisse verschaffen. Es gelang, einen innerfamiliären Verhandlungsprozess auszulösen. Die Mitglieder der Familie lernten gemeinsam mit der »Krankheit« und miteinander verantwortungsvoll umzugehen.

Anders als professionelle Dolmetscher sind kostenlose ehrenamtliche Helfer und Reinigungskräfte nicht an die Schweigepflicht gebunden. Der Einsatz eines professionellen oder versierten Dolmetschers spart Zeit, erhöht die Chance zu erfolgreicher therapeutischer Intervention und schafft bei Patienten Vertrauen.

Ausblick

Die in diesem Aufsatz vorgestellten Konzepte, Methoden und Fallbeispiele der Zusammenarbeit mit Dolmetschern in psychiatrischer und sozialer Arbeit stellen einen konstruktiven und praxisorientierten Beitrag auf dem Weg zur Realisierung einer fundamentalen neuen transkulturellen Psychiatrie dar. Um soziokulturell und sprachlich geprägte Unterschiedlichkeiten zwischen Professionellen, Dolmetschern und Patienten zu überbrücken, sind Einfühlungsvermögen, eine größere Aufmerksamkeit sowie Wissen und Kenntnisse über Existenz und Bedeutung fremder und eigener Elemente im transkulturellen Miteinander notwendig. Gelungene Verständigung setzt voraus, dass Professionelle sich bewusst sind, dass sie selbst in die transkulturelle Kommunikation ihre Sprache und die Dominanz der Mehrheitsgesellschaft, ihre Position und Institution, die sie vertreten, sowie ihre eigenen soziokulturellen und biografischen Prägungen einbringen. Erforderlich sind also auch die Reflexion von routinemäßigen Vorgehensweisen und das Eingehen auf bisher ungewohnte Rituale sowie die Bereitschaft zu strukturellen Veränderungen.

Der Einsatz öffentlich finanzierter Gemeindedolmetscher wäre geeignet, die Kompetenzlücke zwischen Angebot und Nachfrage zu schließen. Sprachkundige kompetente Migrantinnen und Migranten bilden dabei eine Brücke zwischen kultureller Majorität und Minorität. Durch Qualifizierung und Finanzierung können sie zu Experten reifen und so zur Integration sowie effektiver medizinischer Hilfe beitragen. Der Umgang mit der transkulturellen Kommunikation im Trialog zwischen Professionellen, Dolmetschern und Patienten muss daher zum festen Bestandteil der beruflichen Fachkompetenz, so auch bei Akteuren psychiatrischer und psychosozialer Servicedienste, werden.

Alle Professionellen sind eingeladen, hier vorgeschlagene Methoden mit Lust und Freude auszuprobieren, mit ihnen zu experimentieren und sie weiterzuentwickeln. Es ist zu hoffen, dass in diesem Text deutlich werden konnte, dass das Arbeiten mit professionellen Dolmetschern, trotz des finanziellen und organisatorischen Aufwands, mehr als nur eine Alternative zu einer unzureichenden Behandlung mit sprachlichen Hindernissen anzusehen ist.

Thomas Hegemann

Interkulturelles Lernen

Ein multidimensionaler Ansatz zum Erwerb interkultureller Kompetenzen

»Wenn du Schiffe bauen willst, dann trommle nicht Männer zusammen, um Holz zu beschaffen, Aufgaben zu vergeben und die Arbeit einzuteilen, sondern lehre die Männer die Sehnsucht nach dem weiten, endlosen Meer.«
Antoine de Saint Exupéry

Einführung

»Globalisierung« und »Europäisierung« beschreiben Entwicklungen, deren Dynamik zunehmend für gesellschaftliche und private Beziehungen zu einer Herausforderung werden. Fachkräfte der Sozial- und Gesundheitsdienste treffen auf Patientinnen und Patienten, die ganz unterschiedlichen Kulturen und Ländern entstammen (vgl. die Beiträge von U. Brucks, R. Littlewood, I.-B. Krause). Sie konfrontieren Professionelle mit Erfordernissen, Bedürfnissen, Erwartungen, Sprachen, Affekten, Beziehungsmustern und Biografien, die nicht selten zu Gefühlen von Unsicherheit, Hilflosigkeit und Ungeduld führen. Interkulturelle Fachkompetenzen werden immer notwendiger, denn ohne diese sind angemessene und effektive Hilfeleistung bei vielen Klienten nur noch eingeschränkt möglich (Salman 1999; Pavkovic 2000). Das Fehlen interkultureller Kompetenzen wird in der Wirtschaft europäischer Länder bereits als »Standortnachteil« lokalisiert, es werden Gegenkonzepte vorgeschlagen und vielerorts erfolgreich umgesetzt. Auch in der Sozial- und Gesundheitsversorgung bedarf es verstärkt solcher Innovationen, damit fehlende kulturelle Kompetenzen nicht zu »Versorgungsnachteilen« führen.

Soziale Dienstleister, zu denen psychiatrische Einrichtungen gehören, werden um die Entwicklung interkultureller Kompetenz nicht herumkommen, wenn sie ihnen »fremde« Patienten und deren Familien ein normgerechtes und zeitgemäßes Service-Angebot anbieten wollen (Fernando 1991). Die Frage kann kaum noch lauten, *ob*, sondern *wie* dies zu realisieren ist. Alle Autorinnen und Autoren dieses Buches stimmen hierin überein und beschreiben, aus ganz unterschiedlichen Perspektiven, die Vorteile, die sich ergeben, wenn psychiatrische Einrichtungen diese zu einer Dimension ihrer Servicequalität machen.

Deshalb werden in diesem Beitrag weniger die Fragen, *ob* transkulturelle Kompetenz wichtig oder »notwendig« ist, als die Frage nach dem *Wie* und dessen Umsetzung im Vordergrund stehen. Leitfrage folgender Ausführungen, Konzepte und Vorschläge ist, wie einzelne Institutionen und ihre Mitarbeiter und Mitarbeiterinnen Fähigkeiten, interkulturell zu denken, in strukturierten Prozessen erwerben, erlernen oder ausbauen können. Im Rahmen dieses »multidimensionalen« Ansatzes werden überwiegend Trainingsmodule und Qualifizierungskonzepte aus den USA, Großbritannien und den Niederlanden dargestellt, die sich nicht nur dort, sondern auch in anderen Ländern bewährt haben,

Der Erwerb kultureller Kompetenzen im fachlichen Kontext erscheint nicht selten als »mühsame Reise« und wird daher auch nicht häufig angetroffen oder konzeptionell umgesetzt.

Transkulturelle Kompetenz: Konzeptionen und Orientierungen

Einer Reise geht gewöhnlich Ziel- oder Richtungsbestimmung (wohin?) voraus. Finanzrahmen sowie sonstige Konditionen, Ressourcen, Reiseteilnehmer sowie Reiseleitung (wer?), Informationsbeschaffung (Landkarten, Literatur etc.) müssen eingeplant werden. Vor allem aber müssen die Beweggründe geklärt und vereinbart sein (warum?). Bei der Klärung dieser Fragen können beispielsweise Sprach- und Landeskenntnisse oder ausreichend vorhandene finanzielle oder humane Ressourcen sicherlich zu einer günstigen Ausgangslage verhelfen. Für das Gelingen des gesamten Prozesses sind sie jedoch alles andere als ausreichend.

Kulturelles Verständnis in die unterschiedlichen Arbeitskulturen und in Aus- und Weiterbildungscurricula der Psychiatrie einzuführen ist ein komplexer Vorgang, der auf ganz unterschiedliche Weise erfolgen kann. Im Zentrum stehen meistens vielfältige Ideen und Definitionen von Kultur, die aus verschiedenen Perspektiven beleuchtet werden. In der Praxis fallen im Wesentlichen vier Ansätze auf, nach denen die Relevanz von Kultur vermittelt wird: Sie können als *universalistisch, individualistisch, ethnisch orientiert* oder *multidimensional* (FALICOV 1995) beschrieben werden.

Universalistisch orientierte Konzepte

Ein universalistisches Konzept geht davon aus, dass Menschen und Familien sich eher gleichen als unterscheiden. Diese Herangehensweise ist am häufigsten in Einrichtungen anzutreffen, in denen biologische Determiniertheit menschlichen Verhaltens stark betont wird. Die Mehrzahl der Akteure in psychiatrischen Arbeitsfeldern stimmen sicher darin überein, dass zwischen Menschen grundlegende Ähnlichkeiten vorhanden sind. Dass alle Kinder und Jugendlichen Liebe und Kontrolle brauchen und dass es dazu ein Zusammenspiel von Unterstützung, Wertschätzung und Disziplinierung bedarf, kann als beispielhaft für eine derartige Vorstellung angesehen werden, ebenso dass Menschen unter Einsamkeit, Isolierung und sozialem Ausschluss leiden und dass Traumata psychische Veränderungen zur Folge haben.

Dazu gehören aber auch die Diagnose- und Klassifizierungskategorien der Medizin (einschließlich Psychiatrie), die, wie R. Littlewood und J. de Jong in diesem Buch beschreiben, einen universalistischen Anspruch erheben. Kulturelle Phänomene werden hier als »Störung« oder allenfalls als »Hintergrundrauschen« angesehen, die die Sicht auf die universellen Eigenschaften trüben. Typisch für universalistische Ansätze ist die Entwicklung von Standardbehandlungsprogrammen, die sich für die Lösung vieler gesundheitlicher Fragen, insbesondere solcher mit eindeutig monokausaler biologischer Ursache, als praktisch erwiesen haben. Der Nachteil universalistischer Ansätze und ihrer Standardbehandlungen liegt jedoch darin begründet, dass sie auf ausgesuchte, möglichst ähnliche Personengruppen zugeschnitten sind. Menschen und Gruppen, die diesem Bild bzw. »Raster« nicht entsprechen, werden eher institutionell (konzeptionell) benachteiligt. Dies kann Konsequenzen wie Rassismus und Diskriminierung nach sich ziehen oder bedingen (siehe auch den Beitrag von S. Fernando).

Individualistisch orientierte Konzepte

Ein individualistisch orientierter Ansatz zur Vermittlung der Relevanz von Kultur steht entgegengesetzt oben beschriebener universalistischer Konzepte: Hier wird davon ausgegangen, dass einzelne Menschen oder Familien sich eher unterscheiden als gleichen. Der Fokus der Beobachtung liegt auf den individuellen Dimensionen von Menschen und Generalisierungen werden als Vereinfachungen und Simplifizierungen eher diskreditiert.

Dieser Ansatz wird meistens in psychotherapeutisch geprägten Einrichtungen, wo Einzelpersonen im Mittelpunkt der Beobachtung stehen, bevorzugt. Sofern dort der Begriff »Kultur« überhaupt Berücksichtigung findet, beschränkt er sich meistens auf das individuelle Glaubenssystem einer einzelnen Person oder bestenfalls einer Familie. Nachteilig ist, dass der Einfluss soziokultureller Umfelder als relevante Kontexte für menschliches Verhalten vernachlässigt wird. Vorteilhaft kann sein, dass hierin auch große Potenziale der Unvoreingenommenheit einzelnen Personen gegenüber vorhanden sind.

Ethnisch orientierte Konzepte

Der ethnisch orientierte Ansatz betont, wie auch der individualistisch orientierte, Unterschiede zwischen einzelnen Menschen und Familien. Diese werden hier allerdings hauptsächlich auf Ethnizität (siehe auch den Beitrag von I.-B. Krause) bei Menschen zurückgeführt. Auf der Grundlage dieses Denkkonzeptes wurden schon viele migrantenspezifische (spezialisierte) Servicedienste für einzelne ethnische Gruppierungen fachlich oder politisch durchgesetzt und in der Folge aufgebaut. Dies war sicherlich nicht selten auch nützlich bei der Vertretung einer Lobby- und Interessenpolitik. Häufig wurden dabei ähnliche, gleiche oder einheitliche Denk- oder Handlungsweisen, Glaubenssysteme und Rituale bei einer ethnischen Gruppe (so Kurden, Serben, Molukker) hervorgehoben, erklärt oder unterstellt.

Dies schlägt sich häufig in Trainingskonzepten nieder, in denen der »geeignete« ethnisch-spezifische Umgang mit beispielsweise »kurdischen Patienten« oder »moslemischen Frauen« vorgeschlagen wird. Auch sprachliche Formulierungen wie »südländisch«, »orientalisch« oder »asiatisch« lassen auf ein entsprechendes Denkmodell der jeweiligen Autoren schließen.

Historisch hat dieser Ansatz viel dazu beigetragen, die Sensibilität für die kulturelle Dimension psychosozialer Versorgung zu schärfen. Er führt jedoch in einer immer multikultureller werdenden Welt schnell an die Grenzen des Wissens und des realistisch Machbaren. Nicht nur das Spektrum ethnischer Gruppen, mit denen Gesundheitsdienste konfrontiert sind – in Deutschland allein über 100 sprachliche oder ethnische »communities« –, sondern auch die Vielfalt unterschiedlicher kultureller Werthaltungen vermehren sich ständig. Es wird immer schwieriger, von geschlossenen Weltbildern auszugehen. Der »türkische« Kulturraum beispielsweise beherbergt mindestens 30 ethnische Gruppen und zeichnet sich durch keine geringere Komplexität aus als der »deutsche«. So fördern tendenziell ethnisch orientierte Ansätze, wie McGoldrick u. a. (1982) in ihrem Standardwerk beispielhaft an *German Families* eindrucksvoll veranschaulichen, stereotype Sichtweisen über einzelne ethnische Gruppen.

Die bisher beschriebenen universalistisch, individualistisch und ethnisch orientierten Ansätze werden üblicherweise in abgeschlossenen Vorträgen und Seminaren dargeboten. Meistens werden Informationen über unterschiedliche Details kultureller Sicht- und Handlungsweisen vorgestellt. Leider fällt es den so »trainierten« oder informierten »Lernenden«, häufig sogar den jeweiligen »Trainern« oder Lehrenden selbst, nicht leicht, das erworbene Wissen in den klinischen Alltag zu übertragen, also Theorie in Praxis zu transformieren. Da die Vermittlung durch Fallvorstellungen und Literaturangebote auf eine Ebene des »Lernens erster Ordnung« verbleibt, bleibt die durchaus geschärfte »kulturelle Sensibilität« *marginal* zu anderen Lernthemen.

Möglicherweise liegt die geringe Tiefenwirkung darin begründet, dass die Struktur des Trainingsablaufes implizit folgende Botschaften vermittelt: 1. Kultur ist etwas *Eigenes*, neben anderen gesundheitlichen und sozialen Dimensionen; 2. Kultur ist etwas *Zusätzliches*, was man *auch noch* wissen sollte, und 3. die anderen Inhalte professioneller Aus- und Weiterbildungen sind *kulturfrei* und haben mit Kultur nichts zu tun (Falicov 1995). Gerade die letzte Botschaft vermittelt genau das Gegenteil von dem, was sie sollte, nämlich die kulturelle Determiniertheit *aller* sozialen und professionellen Konstruktionen.

Multidimensionale Konzepte

Der vierte Ansatz folgt den in diesem Band vorgestellten Konzepten und versucht der Komplexität, denen die beschriebenen drei Ansätze nicht entsprechen konnten, gerecht zu werden. Voraussetzung dafür ist eine Konzeptualisierung von Kultur, die die relevanten sozioökonomischen Kontexte mit einbezieht und die die dynamische Entwicklung kultureller Einheiten berücksichtigt. In Anlehnung an C. Falicov (1995) habe ich in anderen Arbeiten (Hegemann 1998) die folgende multidimensionale Definition von Kultur vorgeschlagen:

Kultur stellt für uns alle einen Hintergrund von etablierten und über Generationen überlieferten Sichtweisen, Werten, Ansichten und Haltungen dar, die einerseits unser ganzes Denken, Fühlen und Handeln beeinflussen, die wir andererseits aber in individueller wie auch kollektiver Weise übernehmen, modifizieren und weiterentwickeln, und zwar in Abhängigkeit von Kontexten.

Zusammengefasst kann Kultur demnach verstanden werden als Sichtweisen in Abhängigkeit von Kontexten, beispielhaft seien genannt: städtischer oder ländlicher Lebensraum, Familienorganisation, Sprache, Religion, Erziehung und Ausbildung sowie sexuelle Orientierung, Alter, Geschlecht, wirtschaftlicher und gesellschaftlicher Status, Hautfarbe, politische Ausrichtung sowie Migration und Akulturation.

Anders als Gruppen oder Menschen, die aus ethnisch orientierter Perspektive beschrieben werden, werden Gruppen oder einzelne Menschen, die sich durch Teilhabe an gleichen oder multiplen Kontexten auszeichnen, als viel unterschiedlicher, veränderlicher und unvorhersehbarer angesehen.

> Eine kurdische Frau kann eine traditionelle Frauenrolle leben, die die strikte Unterordnung unter männliche Familienmitglieder erfordert und den Lebenssinn in den Kindern sieht, sie kann sich aber auch mit der kemalistischen Staatsidee der modernen Türkei identifizieren und sich für die wirtschaftliche oder wissenschaftliche Entwicklung dieses Landes einsetzen, sie kann mit beiden Lebenskonzepten gebrochen haben und ein »typisch westliches«, an persönlicher Autonomie ausgerichtetes Lebenskonzept haben, und dies dann mit heftigen Konflikten mit der Herkunftsfamilie oder in einem abgestimmten Dialog mit dieser. Alle diese Formen sind denkbar oder Mischformen oder auch ganz andere Konzepte.
> Alle diese Lebenskonzepte ziehen verschiedene Lebenskontexte nach sich und prägen so wiederum die Person.

Generell wird deshalb bei der Erlangung interkultureller Kompetenzen in Qualifizierungsmaßnahmen, die auf einem multidimensionalen Kulturverständnis beruhen, auf Kontextzusammenhänge und deren Zusammenwirken fokussiert. Für die Hintergründe der Klienten wie auch für die der Professionellen gilt diese in gleicher Weise. Aus- und Weiterbildungsprogramme, die ein solches Konzept vermitteln wollen, stehen daher vor der Aufgabe, ein Verständnis zu allen diesen Bereichen und deren gegenseitigen Abhängigkeiten zu vermitteln. Als bedeutsame möchte ich im Weiteren die folgenden ausführlicher beleuchten:

- Konzepte zu Gesundheit und Krankheit sowie zu sozialen Rollen,
- kulturelle Traditionen und Konstruktionen relevanter Berufsfelder,
- Psychologie von Migration und Minoritätenstatus,
- sozialpolitische Kontexte,
- Dynamik menschlicher und familiärer Entwicklung,
- Menschenbilder und Haltungen,
- Gestaltung interkulturell förderlicher Arbeitsbedingungen.

Alle diese Bereiche können nur dann mit der ausreichenden Tiefenwirkung vermittelt werden, wenn die Verantwortlichen, sowohl die Trainer als auch die Veranstalter und die Kursteilnehmern, Form und Stil des Lernens reflektieren und gemeinsam eine Lernkultur entwickeln, die ich nach G. BATESON (1999) als Lernen »zweiter Ordnung« (siehe unten) bezeichnen möchte.

Bereiche und Inhalte interkultureller Trainings

Soziale Rollen sowie Gesundheits- und Krankheitskonzepte

Akteure der Gesundheitsdienste beklagen häufig eigene Unkenntnis und Unsicherheit sowie Missverständnisse und Konflikte bezogen auf krankheitsbezogene Sicht- und Umgangsweisen im Zusammenwirken mit ihren Klienten. Die in der Praxis entstehenden Probleme lassen sich jedoch nicht allein aus unterschiedlichen Krankheitsverständnissen heraus erklären. Sie entstehen ebenso häufig aus unterschiedlichen Rollenverständnissen. Nicht selten sind klischeebeladene Sichtweisen auf beiden Seiten anzutreffen: Beispielsweise finden sich türkische oder andere Patienten, die Krankenschwestern als »rassistisch« beschreiben. Umgekehrt finden sich durchaus Krankenschwestern, die solche oder andere Patienten unangemessen als »chauvinistisch« diskreditieren. Leicht kann es zur »Inkompatibilität« von Haltungen oder zu unangemessenem sozialem Verhalten kommen.

Es gilt daher, nicht nur Krankheitsverständnisse oder diesbezügliche Bewältigungsideen, sondern auch kulturelle Haltungen und adäquates Rollenverhalten zu reflektieren. Eine Auseinandersetzung mit *geschlechtlichen, generativen* und *professionellen Rollen* ist unvermeidlich:

- Die *Geschlechterrolle* meint in diesem Kontext, wie Menschen glauben sich dem anderen Geschlecht gegenüber verhalten zu müssen oder zu dürfen.
- *Generative Rolle* beschreibt, wie Menschen glauben sich im Umgang mit Jüngern oder Älteren verhalten zu müssen oder zu dürfen und welche Sichtweisen sie bezüglich »Familie« haben (wer gehört dazu?).
- *Professionelle Rolle* umreißt Vorstellungen, wie sich Vertreter bestimmter Professionen zu verhalten haben, wie diesen zu begegnen ist und welche Aufgaben sie zu erledigen haben (was ist zu tun?).

In der Beschäftigung mit sozialen Rollen sowie Gesundheits- und Krankheitskonzepten ergeben sich daraus hilfreiche *Lernziele*:

- die Reflexion von kulturellen Konzepten zu Gesundheit und Krankheit;
- das Erkennen kultureller Einbettung von Rollenverständnissen;
- das Erkennen der Relativität von Werten;
- das Verstehen sozialer Konstruktionen;
- Übungen zu eigenen Werthaltungen.

Professionelle und berufliche Kulturtraditionen

Eine weitere Voraussetzung zur Entwicklung eines kulturellen Denkens und Handelns ist das Reflektieren der eigenen (kulturell bedingten) professionellen Rollen. Die Art und Weise, wie im eigenen Land Psychiatrie (und jede andere Profession) betrieben, gestaltet und umgesetzt wird, gehört zu diesem Themenkomplex. Ebenso ist auch im eigenen Land das Verständnis bezüglich des Umgangs mit menschlichen Problemen kulturell geprägt. Auch ohne die Herausforderung durch Migranten können innerhalb der eigenen Profession höchst unterschiedliche Sichtweisen über Sinn und Zweck psychiatrischer Institutionen und deren Arbeitsweisen vorhanden sein. In den Traditionen der Universitätskrankenhäuser, der Landes- und Bezirkskrankenhäuser sowie der komplementären Einrichtungen finden sich Vertreter biologischer, tiefenpsychologischer, sozial- oder gar antipsychiatrischer Ausrichtung, die mitunter gewaltige Verständigungsprobleme haben. Auch Pflegende, Ärzte, Seelsorger oder Psychologen, Sozialarbeiter sowie Ergo-, Sport-, Musik-, Kunst- oder Arbeitstherapeuten haben aus einem unterschiedlichen beruflichen Selbstverständnis heraus abweichende Vorstellungen (siehe auch die Beiträge von R. Littlewood und J. de Jong).

Daher gilt es zu erarbeiten, dass jeweilige Prämissen im Umgang mit bestimmten psychiatrischen Phänomenen ihren Sinn nur in entsprechenden historischen Umfeldern finden. In konkreten soziokulturellen Situationen kann eine Haltung oder eine bestimmte Vorgehensweise einfacher zu handhaben sein, es könnte aber genauso gut eine andere möglich sein. Ein multidimensional konzeptioniertes Training kann dazu ermutigen, zunächst mit veränderten Gedanken und Sprachstilen zu experimentieren, die dann später veränderte Umgangsweisen ermöglichen. Sicherlich wird es dennoch nicht leicht sein, als Fachkraft ausreichend fremde Sichtweisen, wie magische, spirituelle oder fundamentalistische, als gleichberechtigt zu akzeptieren, selbst dann nicht, wenn entsprechende Muster aus der eigenen Kultur bekannt sein sollten.

Deshalb eignen sich bezogen auf eigene berufliche Rollen folgende *Lernziele*:

- kulturelle und historische Reflexion psychiatrischer Theorie und Praxis;
- Kennenlernen psychiatrischer Theorien und Modelle anderer Kulturen;
- Rekapitulation eigener Berufs- und gesundheitspolitischer Traditionen.

Psychologie der Migration

In die Bundesrepublik wurden in den letzten 50 Jahren mehr Migrantinnen und Migranten aufgenommen als in jedes andere Land der Europäischen Union. Mindestens jeder vierte Bewohner ist entweder selbst außerhalb der jetzigen Grenzen der Bundesrepublik geboren oder hat ein Elternteil, für den dies zutrifft. Sie entstammen den Gruppen der Vertriebenen, Aussiedler, Arbeitsmigranten oder Flüchtlingen. Für Fachkräfte der Sozial- und Gesundheitsdienste ist ein adäquater professioneller Umgang mit Menschen, die diesen Gruppen entstammen, besonders dann schwer, wenn nicht klar ist, welchen Grad der kulturellen Adaptation die jeweiligen Individuen oder Familien erreicht haben. C. Sluzki weist im vorliegenden Buch diesbezüglich auf interne, also psychologische Dimensionen und Prozesse der Migration von Individuen und Familien hin. Diese Dimensionen und Prozesse prägen nachhaltig Entwicklungen in Jugend und Alter. Auch wenn diese Prozesse individuell unterschiedlich ausfallen oder erlebt werden können, sind Kenntnisse zu tendenziellen psychologischen und phasenhaften Verläufen orientierend.

Auch der Status einer Minorität wirkt sich nachhaltig auf solche Gruppen aus. Viele von ihnen bringen Sichtweisen und Haltungen über das Aufnahmeland und seine Bürger mit, die bestätigt, enttäuscht oder verbessert werden können. Persönliche oder kollektive Erfahrung von Diskriminierung und offenem oder institutionellem Rassismus erklären Vorbehalte, die für beide Seiten beziehungsgestaltend sein können. Hierbei gilt es, bei realistischer Einschätzung gesellschaftlicher Wirklichkeiten, Rassismus als ein kulturübergreifendes Phänomen anzuerkennen und damit aufmerksamer umzugehen.

Weitere *Lernziele* entsprechender Trainingsmodule zur Psychologie der Migration sind:

- Umsetzung theoretischer Modelle der Psychologie der Migration auf die Praxis;
- Erlernen eines professionellen Umgangs mit typischen Krisen bei Migranten;
- Entwicklung von Sensibilität bezüglich der Sichtweisen auf Rassismus.

Sozialpolitische Kontexte

Die kulturelle Determiniertheit von Verhalten kann nur verstanden werden, wenn man sich mit den vergangenen und aktuellen Lebenswirklichkeiten der Menschen vertaut macht. Auch wenn im Umgang mit Migranten kulturelle Unterschiede vorrangig zu sein scheinen, hat für die Beziehungsgestaltung in psychosozialen Serviceeinrichtungen die Beachtung der Lebenswirklichkeiten, wie bei allen anderen Klienten auch, zentrale Bedeutung.

Hier einige orientierende Schwerpunkte zu den hier angesprochenen Lebenswirklichkeiten:

- Wie sind die aktuellen Lebensbedingungen? (Wohnen, Arbeit, Ausbildung, Sprache, Gesundheitsversorgung etc.)
- Wie ist der Migrationsstatus der Betroffenen und ihrer Familien? (rechtlich, psychologisch, gesundheitlich, Identität, Anpassung etc.)
- Wie sind die Betroffenen in Netzwerke eingebunden? (Familie, Freunde, Nachbarschaft, Arbeitskollegen, religiöse Gemeinschaften, Vereine, Parteien etc.)

Trainingsziel in diesem Bereich ist der Erwerb sozialpsychiatrischer Kompetenzen, wie sie andernorts ausführlich beschrieben wurden (Dörner / Plog 1996). Es gilt, die Aufmerksamkeit zu schärfen für die Zusammenhänge zwischen psychischem Leid, psychiatrischen Symptomen und sozialem Umfeld und diese um die Bereiche Kultur und Migration zu erweitern.

Als *Lernziele* diesbezüglicher Trainings wären angemessen:

- Reflexion sozialer Dimensionen der Psychiatrie;
- Auflistung regionaler sozialer Verhältnisse und Ressourcen;
- Erkennen vorherrschender rechtlicher sowie gesundheits- und sozialpolitischer Tendenzen und Rahmenbedingungen.

Individuelle und familiäre Dynamiken

Um menschliches Verhalten verstehen und in einen weiteren Zusammenhang einordnen zu können, sind Kenntnisse unterschiedlicher Phasen des Lebens- oder Familienzyklus erforderlich (vgl. Carter / McGoldrick 1989 sowie die Beiträge von S. Colijn und A. Ertl in diesem Buch). Partnerbeziehung, Geburt, Trennung, Berufsleben, Tod und Verlust sind Lebensereignisse, die in typischen Lebensphasen Menschen aller Kulturen auf die eine oder andere Art prägen. In Übergansphasen kann es zu charakteristischen Interessengegensätzen und Konfliktmustern in generativen oder Geschlechterbeziehungen kommen. Je nach kultureller Herkunft oder Bindung kann dies unterschiedliche Ausprägung erfahren, was in der Literatur und Mythologie der Kulturen dieser Welt anschaulich beschrieben wird. Psychiatrische Symptomatik tritt zu Zeiten *erhöhter Vulnerabilität* gehäuft auf; Suchterkrankungen und Schizophrenien werden häufig während des Übergangs von der Adoleszenz zum Erwachsenenalter und Depressionen während des Übergangs ins Alter (Senium) beschrieben. Es gilt aber nicht nur, diese Muster zu kennen, sondern auch Handlungskompetenzen zu erwerben, um derartige Krisen gemeinsam mit Betroffenen besprechen und Hilfe anbieten zu können (HEGEMANN u. a. 2000).

Weitere sinnvolle *Lernziele* geeigneter Trainings sollten folgende sein:

- Erkennen typischer Phasenübergänge;
- Erarbeiten geeigneter Bewältigungsmöglichkeiten (für beide Kulturen);
- Erwerb von Kompetenzen, mit Familien Lösungen erarbeiten zu können.

Menschenbilder und Haltungen

Interkulturelle Kompetenzen lassen sich kaum vermitteln, ohne sich als verantwortliche Trainer über ein gemeinsames Menschenbild einig zu sein. Ganz sicher ist dies eine der schwierigsten Aufgaben in der Arbeit, denn auch in anderen thematischen Bereichen psychiatrischer Aus- und Weiterbildungen ist dies schwer erreichbar. Die schwere Vereinbarkeit biologischer, psychoanalytischer, lerntheoretischer oder sozialpsychiatrischer Ansätze liegt ja nicht zuletzt darin begründet, dass sie von unterschiedlichen Menschenbildern, die unterschiedliche Facetten des Menschseins betonen, ausgehen. Ein pragmatisches Vorgehen, das im Hinblick auf die Entwicklung praktikabler Lösungen auch Reduktionen der Komplexität menschlichen Lebens in Kauf zu nehmen bereit ist, scheint hier das geeignetste. Ich möchte dazu drei zielführende Fragestellungen vorschlagen (HEGEMANN 1996):

- Was ist das Anliegen der Klienten in dieser konkreten Situation?
- Welche eigenen Lösungsideen bringen diese aus ihrer sozialen und kulturellen Lebenserfahrung mit?
- Wie lassen sich zwischen diesen Anliegen und Bewältigungsideen und den Möglichkeiten der angefragten Institution sowie den kulturellen Werten des hiesigen soziokulturellen Umfeldes lebbare Kompromisse verhandeln?

Das diesem Vorgehen zu Grunde liegende Menschenbild geht davon aus, dass

Menschen in der Lage sind, ihre Probleme und mögliche Lösungen zu beschreiben, dass sie über Ressourcen verfügen, die besser als bisher genutzt werden könnten, und dass alle Kulturen mehr oder weniger nützliche Lösungsmöglichkeiten für menschliche Probleme, gesundheitliche wie soziale, entwickelt haben. Zugegebenermaßen ein vielleicht vereinfachendes Konzept, welches aber ohne größere Schwierigkeiten in unterschiedliche Kulturen (auch Berufskulturen) übertragbar ist (HEGEMANN / HECK 1995).

Dieses Konzepte hat zur Konsequenz, dass Professionelle sich zunehmend von einer Position der wissenden Experten fortbewegen und zunehmend die Position von dialogisierenden Moderatoren einnehmen. Richtungsweisend ist dabei eine Haltung, wie sie von G. CECCHIN (1988) als *Anteil nehmende oder wohlwollende Neugier* beschrieben wurde. Damit ist nicht gemeint, dass man allen Haltungen zustimmend gegenüber treten sollte, sondern eher, dass fremd erscheinende Haltungen Neugier wecken und motivieren könnten herauszufinden, welche kulturellen Aspekte zu solchem Verhalten führen können (praktische Hinweise dazu finden sich im Beitrag von C. Oestereich).

Diesbezügliche Trainings und entsprechende Lernziele sind:

- Reflexion des eigenen Menschenbildes;
- Reflexion der ethischen Dimension professionellen Handelns;
- Motivation zur professionellen Grundhaltung der Anteil nehmenden Neugier.

Aufbau transkultureller Arbeitsbedingungen

Untersuchungen in anderen Ländern haben gezeigt, dass die Verbesserung des Standards der psychosozialen Versorgung im Wesentlichen ein strukturelles und damit nur bedingt ein fachliches Problem ist (LITTLEWOOD / LIPSEDGE 1997; SALMAN 1999). Veränderungen werden daher in erster Linie über die Gestaltung günstiger Rahmenbedingungen zu erreichen sein. Hierbei stehen Gestaltungs-, Leitungs- und Managementaufgaben im Vordergrund. In anderem Zusammenhang (HEGEMANN 2000 b) habe ich dazu einige Dimensionen genannt:

- kulturorientierte Personalpolitik (siehe auch G. Pavkovic in diesem Band),
- Förderung epidemiologischer Forschung und Bestandserhebung,
- Bereitstellung von Dolmetscher- und Übersetzungsdiensten,
- Einführung von Standard-Curricula für die psychiatrierelevanten Berufsgruppen,
- Antidiskriminierungsgesetzgebung.

Die Gesetzgebung war wesentliche Voraussetzung dafür, dass in Ländern wie Großbritannien, Frankreich, den Niederlanden und den USA positivere Entwicklungen in der psychiatrischen Versorgung von Minderheiten beobachtet werden können. Da die Politik dieser Länder sich zu einem multikulturellen Staatsverständnis bekennt, besteht durch entsprechende Rahmengesetze eine Verpflichtung, kultursensible Angebote zu machen, die einer juristischen Überprüfung standhalten müssen. Für die unterschiedlichen Professionen entstehen dadurch ganz andere Notwendigkeiten, kultursensible Angebote zu machen, als in unserem Land, wo derartige Angebote häufig den Charakter von Gefälligkeiten haben. Dies gilt auch für die institutionelle Psychiatrie. Anders als in Deutschland wurde (musste?) in den genannten Ländern bei teilweise deutlich kleineren Migrantenpopulationen eindeutiger Position bezogen. Das Royal College of Psychiatry (1996), die oberste Fach- und Interessenvertretung dieser Profession in Großbritannien, hat ausführlich dazu Stellung genommen, in welcher Weise die psychiatrische Praxis den Bedürfnissen einer multiethnischen Gesellschaft entspricht und welche Trainingscurricula diesbezüglich zu entwickeln sind.

Solange sich unser Staat – auf Bundes-, Landes- und Kommunalebene – zu einer derartigen Eindeutigkeit nicht durchringen kann, wird es den einzelnen Einrichtungen und Verbänden überlassen bleiben, Qualitätskriterien für eine interkulturelle Fachlichkeit zu definieren, welche Grundlage für interkulturelle Fort- und Weiterbildungen sein sollen.

Bei der Formulierung von *Lernzielen* sollten folgende Aspekte berücksichtigt werden:

- Abhängigkeit interkultureller Arbeit von sozialpolitischen Kontexten;
- Gestaltungsmöglichkeiten in psychosozialen Kontexten;
- Abgleich mit Modellen und Ansätzen anderer Länder.

Gestaltung von Lernkulturen

Eine Vermittlung der kulturellen Dimension von Psychiatrie entsprechend dem oben vorgestellten multidimensionalen Modell wird nur möglich sein, wenn eine dafür förderliche Lernkultur geschaffen werden kann. Optimal geschieht dies dadurch, dass Leitung, Mitarbeiter und Gestalter der soziopolitischen Rahmenbedingungen sich derart vernetzen, dass alle auf ihren unterschiedlichen Arbeitsebenen daran mitarbeiten, den Service für Menschen aus anderen Kulturen kontinuierlich zu verbessern. Da sich die gesellschaftlichen Bedingungen, die Psychiatrie als Fachgebiet und die beteiligten Personen, Mitarbeiter wie Klienten, kontinuierlich verändern, kann es nicht Ziel sein, bei Erreichen eines Qualitätsniveaus dort zu verharren. Wie in allen anderen gesellschaftlichen Bereichen auch ist eher eine Kultur anzustreben, die in letzter Zeit mit dem Schlagwort der *lernenden Organisation* (SENGE 1999) beschrieben wurde. Es gilt, Feed-back-Schleifen einzuführen, die ein Lernen aus der Praxis ermöglichen, und Erfahrungen, die im Umgang mit Patienten gemacht werden, in der Gestaltung von Rahmenbedingungen umzusetzen.

Nicht zuletzt kommen auf Leitungen damit ganz neue Verantwortungen zu, Rahmenbedingungen zu fördern, die zu erfahrungsgestütztem Lernen anregen. Dazu gehört im Besonderen die Förderung persönlicher Kompetenzen, die dem Einzelnen gestatten, sich in komplexen beruflichen und institutionellen Kontexten bewegen zu können. Hier ist von *Systemkompetenz* (KRIZ 1997) die Rede. Kulturelles Lernen geschieht primär, wie alles Lernen, im Austausch mit anderen. Deshalb ist der Aufbau interkultureller Teams (siehe G. Pavkovic im vorliegenden Buch) so bedeutsam. Auch in direkten Trainingkontexten hat sich das Lernen in interkulturellen Gruppen bewährt, was durch die wissenschaftlichen Konzepte der Lernpädagogik bestätigt wird (REINMANN-ROTHMEIER/MANDL 1997).

Schlussbetrachtungen

Diese Zusammenstellung mag vielen Leserinnen und Lesern utopisch und fern ab der Realitäten der Mehrzahl der psychosozialen Einrichtungen dieses Landes vorkommen. Die psychiatrischen und psychosozialen Servicedienste befinden sich in einem rasanten finanziellen und organisatorischen Umbauprozess, bei dem eine Vielzahl komplexer Anforderungen zu bewältigen ist und bei dem interkulturelles Arbeiten nicht die höchste Priorität genießt. Auch wenn dies nahe liegen mag, so sollte diese Beobachtung jedoch nicht zur Resignation einladen. Die hier vorgestellten Ideen und Konzepte sind primär als Visionen gedacht, welche eine Richtung für zukünftige Entwicklungen beschreiben könnten. Es gilt in jedem einzelnen Fall, Nischen zu suchen und diese zum Ausbau und zur Sicherung von Qualität professioneller Arbeit auszugestalten. Jede Institution bietet innerhalb solcher Nischen die Chance, kleine Schritte in Richtung multidimensionaler Trainingsmaßnahmen umzusetzen. Es gilt, Verbündete zu suchen, die in allen Berufsgruppen und auf allen Hierarchieebenen anzutreffen sind, und mit ihnen ein kleines Stück des Weges auf der oben beschriebenen Reise zu gehen.

Zum Schluss möchte ich an einen Gedanken erinnern, der mir auf dieser faszinierenden, wenn auch gelegentlich beschwerlichen Reise geholfen hat. *Interkulturelle Kompetenz bewährt sich in vielen Kontexten.* Auch wenn heute unter diesem Begriff vieles verstanden wird, möchte ich ihn wie folgt präzisieren: Es handelt sich ganz einfach um die Fähigkeit, mit Menschen eines fremden kulturellen Hintergrundes kommunizieren zu können, dazu gehört:

- sich über den kulturellen Hintergrund anderer kundig machen zu können,
- sich über den kulturellen Hintergrund des eigenen Handelns klarer zu werden,
- sich der Relativität von Werten bewusst zu sein,
- Stereotypen nicht zu erliegen,
- sich verbal und nonverbal für beide Kulturen akzeptabel ausdrücken zu können,
- mit Menschen unterschiedlicher Kulturen gemeinsame Realitäten und Lösungen finden zu können,
- mit Dolmetschern arbeiten zu können.

Das mag nach einem hohen Anspruch klingen. Wichtig ist, mit den ersten Schritten anzufangen und die Reise zu beginnen.

Gari Pavkovic

Interkulturelle Teamarbeit

»Wolle wird nur deshalb zu einem Teppich,
weil das entsprechende Wissen vorhanden ist.«
Rumi

Wozu interkulturell zusammengesetzte Teams?

Gesundheits- und Sozialdienste haben den Auftrag, wirksame und effiziente Leistungen für *alle* Bevölkerungsgruppen zu erbringen, d. h. auch für Menschen anderer kultureller und sprachlicher Herkunft und Tradition. In psychosozialen und sozialpsychiatrischen Arbeitsfeldern sind Migrantinnen und Migranten nach wie vor unterrepräsentiert und sie werden dort auf Grund fehlender interkultureller Fachkompetenz weniger effektiv und effizient beraten, betreut und behandelt als die deutsche Mehrheitsbevölkerung (SALMAN 1999; COLLATZ 1998).

Damit der Gesamtversorgungsauftrag »Gesundheit und Chancengleichheit für alle« realisiert werden kann, müssen sich die bisher monokulturell ausgerichteten Gesundheits- und Sozialdienste interkulturell öffnen und weiterqualifizieren. Zu den wichtigsten personellen Konsequenzen zur Umsetzung dieses Ziels gehört die Einstellung von Fachkräften mit zusätzlicher Kompetenz im Umgang mit den Migrantengruppen, die man besser erreichen und versorgen will: bikulturell erfahrene Personen, meistens Fachleute anderer ethnisch-kultureller Herkunft.

Merkmale einer zielgruppenorientierten (spezifischen) *bikulturellen Kompetenz* sind: Vertrautsein mit der Herkunftskultur einer ethnischen Minderheit und mit der deutschen Mehrheitskultur, gute Verständigung in der Herkunftssprache dieser Migrantengruppe und in Deutsch, Kenntnisse über Migrationsverläufe und möglichst eigene Migrationserfahrung, ferner das Vertrautsein mit den sozialen Netzwerken dieser ethnischen Minderheit hierzulande. Ein solches Anforderungsprofil erfüllen Einwanderer aus den jeweiligen Herkunftsländern mit entsprechender professioneller Ausbildung, bisweilen auch Deutsche mit längeren beruflichen Aufenthalten im Ausland.

Durch die Zusammenarbeit von deutschen und nichtdeutschen Fachleuten in multikulturellen bzw. multiethnischen Teams wird nicht nur die Angebotspalette eines Dienstes durch Beratung in anderen Sprachen erweitert. Interkulturell zusammengesetzte Teams können Synergieeffekte im Sinne einer sich gegenseitig anregenden Zusammenarbeit von deutschen und nichtdeutschen Kollegen erzielen, bei der *alle* Mitarbeiter ihre interkulturelle Kompetenz erweitern.

> Zuwanderer aus der Türkei und aus dem ehemaligen Jugoslawien gehören zu den größten nichtdeutschen Minderheiten in einer Stadt. Als Klienten der Sozialpsychiatrischen Dienste sind sie aber deutlich unterrepräsentiert. Deshalb werden in einem Sozialpsychiatrischen Dienst, in dem drei deutsche Fachkräfte arbeiten, zusätzlich zwei bikulturell kompetente Fachkräfte eingestellt, ein Mann mit Herkunft aus der Türkei und eine Frau mit Herkunft aus dem ehemaligen Jugoslawien (eine Bosnierin). Ihre Stellen werden für drei Jahre aus externen Projektmitteln finanziert.
>
> Dadurch wandelt sich das rein deutsche zu einem multikulturell zusammengesetzten Team. Der Synergieeffekt der interkulturellen Teamarbeit tritt als Idealfall ein, wenn deutsche Fachkräfte mit der Zeit ihre Handlungskompetenz in der Arbeit mit den Klienten türkischer und ex-jugoslawischer Herkunft erweitern, die nichtdeutschen Kollegen ebenso ihre Kompetenz mit den beiden anderen Klientengruppen. Darüber hinaus entwickeln alle Teammitarbeiter eine *generelle* interkulturelle oder transkulturelle Handlungskompetenz, die sich unter anderem darin zeigt, dass sie auch mit Klienten ganz anderer kultureller Herkunft besser arbeiten können (Hinz-Rommel 1994; Pavkovic 2000).

In diesem Beitrag werden notwendige Voraussetzungen für solche idealtypischen interkulturellen Teamprozesse beschrieben. Für psychosoziale Handlungsfelder ist die Nutzung von Synergieeffekten durch heterogen zusammengesetzte Teams nichts Neues. Die meisten ambulanten und stationären Gesundheits- und Sozialdienste haben *multidisziplinär* zusammengesetzte Teams, zum Beispiel mit Ärzten, Psychologen, Sozialpädagogen und Pflegern. Im wieder idealtypischen Fall einer guten und intensiven Zusammenarbeit im multidisziplinären Team erwerben Mitarbeiter aller Professionen ebenfalls erweitertes Wissen, Fähigkeiten und Fertigkeiten aus den Nachbardisziplinen.

Interkulturelle Teams sind Arbeitsgemeinschaften, die kulturelle Verschiedenheiten ihrer Mitglieder in den psychologisch relevanten Dimensionen wie Einstellungen, Werte, Denkstrategien, Verhaltensmuster und Kommunikationsstile systematisch als eine Ressource bei ihrer Aufgabenerfüllung nutzen

(ZEUTSCHEL 1999). Interkulturelle Teams werden gebildet, damit alle Mitarbeiterinnen und Mitarbeiter die für ihre Aufgabenerfüllung erforderliche interkulturelle Sach- und Handlungskompetenz erwerben und kontinuierlich weiterentwickeln können. Denn »kulturelle Orientierungssysteme unterliegen einem ständigen Wandel. Der Erwerb interkultureller Kompetenz ist damit ein fortlaufender, dialogischer Lernprozess. Interkulturelle Arbeit ist Übersetzungsarbeit in kulturellen Überschneidungssituationen mit dem Ziel, interkulturelle Missverständnisse zu verringern und Partizipationsmöglichkeiten zu erhöhen.« (SCHRÖER 2000, S. 21)

Für den Gesundheits- und Sozialbereich gibt es mehrere Gründe, interkulturelle Teams einzurichten:

1. Interkulturelle Öffnung: Es gilt, die strukturellen Barrieren bei der Inanspruchnahme der Regelversorgung durch ethnische Minderheiten abzubauen. Multiethnisch zusammengesetzte Teams machen die interkulturelle Orientierung und das mehrsprachige Angebot der Organisation nach außen hin sichtbar. Wenn die kulturelle Vielfalt der Gesellschaft sich in der Zusammensetzung des Teams widerspiegelt und Vielfalt auch in der Einrichtung zur Normalität wird, werden Migranten bestärkt, Verantwortung für ihre Belange zu übernehmen und sich am Gemeinwesen zu beteiligen (Empowerment). Somit hat die interkulturell ausgerichtete Gesundheitsversorgung eine wichtige integrative Funktion.

2. Qualität und Wirtschaftlichkeit: Es gilt, die Prozess- und Ergebnisqualität der erbrachten Leistungen im Rahmen der dafür zur Verfügung stehenden Mittel zu optimieren. Kundenzufriedenheit, Erfolg und Wirtschaftlichkeit sind Ziele, die auch in der Arbeit mit Migrantinnen und Migranten evaluiert gehören. Interkulturelle Teams gelten als die geeignetste Arbeitsform, um diese Qualitätskriterien zu erfüllen. Sie verfügen neben der erweiterten Sprachkompetenz über verschiedene Sichtweisen (Zugänge), Methoden und Lösungsstrategien, die zusammen mehr sind als die Summe ihrer Einzelteile. In interkulturellen und multidisziplinären Teamprozessen können die Teammitglieder weit über ihre gewohnten individuellen Fähigkeiten hinausgehen und etwas wirklich Neues hervorbringen im Sinne einer »interkulturellen Synergie« (ZEUTSCHEL 1999).

Derzeit sind interkulturelle Teams trotz ihrer enormen Potenziale im psychosozialen Bereich noch eine Ausnahmeerscheinung. Häufiger dagegen sind bikulturelle / binationale Teams anzutreffen, in denen neben deutschen Mitarbeitern meistens nur ein nichtdeutscher Kollege tätig ist, der als »Ausländerspezialist« nachträglich hinzugekommen ist. Die (bisher insgesamt spärliche) Auswertung der Kooperationserfahrungen in bikulturellen und multikulturellen Teams bietet ein widersprüchliches Bild. Einerseits führen solche Teams zu einer deutlich höheren Inanspruchnahme der psychosozialen Angebote durch Migranten und erzielen daher die interkulturelle Öffnung. Auf der anderen Seite werden Schwierigkeiten auf der Mitarbeiterebene beschrieben, die die Zusammenarbeit von deutschen und nichtdeutschen Fachleuten im Team beeinträchtigen – und somit die Qualität der Arbeit insgesamt (PAVKOVIC 1993; GÜRSEL 1993; NESTMANN 1999). Die bisherigen Erfahrungen aus der Praxis machen deutlich, dass das Gelingen interkultureller Teamarbeit sich nicht selbstverständlich einstellt, sondern dass einige wesentliche Voraussetzungen beachtet werden müssen.

Voraussetzungen für eine effektive interkulturelle Teamarbeit

Interkulturlle Arbeit als Querschnittsaufgabe

Die interkulturelle Öffnung der Versorgung muss von der Gesamtorganisation (bzw. vom gesamten Hilfeverbund) gewollt sein, da interkulturelles Arbeiten eine Querschnittsaufgabe ist.

Interkulturelle Kompetenz und Qualität ist eine Querschnittsaufgabe in allen psychosozialen Tätigkeitsbereichen, die nur gelingt, wenn sie sowohl von der Führungsebene als auch von möglichst vielen Fachkollegen mitgetragen wird. Es reicht daher nicht, wenn ein Träger einen interkulturellen Dienst einrichtet, aber in den anderen Arbeitsfeldern die interkulturelle Dimension ausblendet. Die Reduzierung der interkulturellen Angebote auf *einen* Dienst (oder sogar auf *eine* Person) führt zu einer Überbeanspruchung durch Migranten, die an anderen für sie zuständigen Stellen kein adäquates Hilfeangebot bekommen. Interkulturelle Teams können in solchen Fällen eine differenzierte fachspezifische Arbeit nicht im erforderlichen Maße leisten und weiterentwickeln, vor allem wenn es die Arbeitsaufträge für Migrantinnen und Migranten aus der Zuständigkeit anderer Dienste übernimmt.

Kehren wir zur Veranschaulichung zurück zu dem Beispiel von oben.

> Nach der Einstellung einer türkischen und einer bosnischen Fachkraft im Sozialpsychiatrischen Dienst einer Stadt, in der es keine weiteren muttersprachlichen Angebote für diese Migrantengruppen gibt, werden Ratsuchende mit Herkunft aus der Tür-

kei und aus dem ehemaligen Jugoslawien bei verschiedensten Problemen an diesen Dienst vermittelt: neben chronisch psychisch Kranken auch noch Familien mit Erziehungsproblemen, Paare mit Partnerschaftskonflikten, Alkohol- und Drogenabhängige, traumatisierte Flüchtlinge und Folteropfer etc. Der Dienst bekommt eine »Allzuständigkeit« im Falle dieser (und anderer) Migranten zugeschrieben und übernimmt sie gegebenenfalls selbst.

Auf Grund der insgesamt schlechten psychosozialen Versorgung von Migranten in ihren Herkunftssprachen in Deutschland ist dies leider eine häufige Dynamik. Synergieeffekte und höhere Erfolgsraten werden dagegen eher erzielt, wenn alle miteinander kooperierenden Dienste über bikulturell kompetente Fachkräfte verfügen.

Ein anderes Beispiel:

Eine Fachklinik für Alkoholabhängige und die mit ihr zusammenarbeitende Suchtberatungsstelle haben bikulturelle Teams gebildet (deutsch/kroatisch); darüber hinaus wurden muttersprachliche Selbsthilfegruppen für suchtkranke Arbeitsmigranten aus dem ehemaligen Jugoslawien aufgebaut. Die Leiter der Selbsthilfegruppen werden von bikulturellen Kollegenteams der Beratungsstelle und der Fachklinik unterstützt und für die Selbsthilfearbeit geschult. Die Klienten erfahren die aufeinander aufbauenden muttersprachlichen Angebote als einen ganzheitlichen Hilfeprozess: ambulante Beratung, stationäre Therapie und Nachsorge im Rahmen der Selbsthilfegruppe (dazu auch Pavkovic 1994).

Die Verantwortlichkeit aller

Interkulturelle Arbeit liegt in der Verantwortlichkeit *aller* Fachkollegen im interkulturellen Team (integrativer Ansatz).

Bikulturelle oder multikulturelle Teams, in denen deutsche Teammitglieder vorwiegend mit deutschen Klienten arbeiten und ihre nichtdeutschen Kollegen mit Nichtdeutschen, sind keine interkulturellen Teams im obigen Sinne. Sowohl die deutschen als auch die nichtdeutschen Mitarbeiter bewegen sich in der Einzelfallarbeit in einem intrakulturellen (monokulturellen) Rahmen. Fremdkulturelle Ratsuchende werden schnell an den »zuständigen Ausländerspezialisten« weitervermittelt. Der gemeinsame Fachaustausch über die verschiedenen Spezialbereiche im Rahmen der Teambesprechungen hat ohne die eigene Praxis im interkulturellen Arbeitsfeld nur einen begrenzten Wert, kann aber eine Quelle für Missverständnisse und Fehlinterpretationen sein.

Beim integrativen Arbeitsansatz sind alle Teammitarbeiter für alle Bevölkerungsgruppen zuständig und erweitern ihre interkulturelle Sach- *und* Handlungskompetenz, sowohl bezogen auf bestimmte Zielgruppen als auch generell. In solchen Teams werden gemeinsame Beratungsprozesse von deutschen und nichtdeutschen Kollegen (interkulturelle Beratungstandems) bei allen Klientengruppen (deutsche, nichtdeutsche, binationale) durchgeführt. Die interkulturelle Beratungspraxis wird regelmäßig im Rahmen von Fallbesprechungen im Team, in der Supervision und in anderen Arbeitsgruppen reflektiert (interkulturelle Teamreflexion). Auch hierbei kommt es häufig vor, dass etwa die türkische oder die bosnische Fachkraft Ratsuchende mit Herkunft aus der Türkei oder aus dem ehemaligen Jugoslawien betreut. Solche Zuweisungen von fremdkulturellen Klienten zu ihrem »Landsmann« sind aber kein Automatismus, sondern werden nach differenzierten Kriterien vorgenommen, im Wesentlichen auf Grund der Sprachkompetenz.

Qualität als Leitungsaufgabe

Die Wahrung der interkulturellen Qualität der erbrachten Leistungen ist eine Leitungsaufgabe.

Auch im Nonprofit-Bereich sind Teams hierarchisch strukturierte Arbeitsgruppen, die sehr stark von der Persönlichkeit, dem Führungsstil und den fachthematischen Prioritäten der Leitung beeinflusst werden. Erfolgreiche und innovative interkulturelle Teams in der psychosozialen Arbeit zeichnen sich dadurch aus, dass ihre Leiter die interkulturelle Qualitätsentwicklung der Arbeit sowohl nach innen als auch nach außen offensiv und mit Begeisterung unterstützen. Wenn die Leitung diesem Thema keine hohe Priorität einräumt, beschränkt sich die Themenpflege auf 1–2 Mitarbeiter, die auf Grund eigener Migrationserfahrung (»Betroffenheit«) zu Schwerpunktmitarbeitern für Interkulturelles im Team werden.

In solchen Fällen hängt die Entwicklung der interkulturellen Teamarbeit vom Engagement und vom Geschick dieser Einzelpersonen ab und hat keine nachhaltige Wirkung nach deren Ausscheiden.

Vielfalt erhöhen!

Gleichgestellte Position mehrerer nichtdeutscher Fachkräfte im Team erhöht die kulturelle Vielfalt und den gleichberechtigten Austausch aller Mitarbeiter.

Multiethnischen Teams ist gegenüber binationalen Teams der Vorrang zu geben. Eine einzelne Fachkraft fremdkultureller Herkunft hat in einem relativ homogenen und bis dahin monokulturell ausgerichteten Team kaum die Möglichkeit, die gewünschte interkulturelle Öffnung und Vielfalt zu initiieren. Da Teams häufig lange Traditionen eines bestimmten Umgangs miteinander pflegen, neigen sie dazu, neuen Kollegen an die Traditionen und an die Orientierungsmuster der dominanten Teamkultur anzupassen. Die Teams verhindern dadurch, sich mit interpersoneller Verschiedenheit oder gar Fremdheit auseinander zu setzen und verlieren dadurch auch die Möglichkeit, ihr Handlungsrepertoire durch Abstimmung des eigenen Handelns auf fremdkulturelle Elemente zu erweitern und neuartige Interaktionsformen zu entwickeln. Wenn zwei oder mehr nichtdeutsche Mitarbeiter in ein Team kommen, ist der Prozess der Auseinandersetzung mit den verschiedenen kulturellen Handlungsrepertoires dagegen kaum zu vermeiden. Diese spannende, aber auch kritische Phase im Prozess der interkulturellen Teamentwicklung bietet unterschiedliche Möglichkeiten. Es kann durchaus zu einer Polarisierung zwischen deutschen und nichtdeutschen (zwischen alten und neuen) Teamkollegen kommen und der beschriebene integrative Teamansatz kann unter Umständen nicht effektiv praktiziert werden, da die Kollegen mit ihren Beziehungsproblemen innerhalb des Teams beschäftigt sind. Die konzeptionellen Folgen einer solchen Fehlentwicklung für die Arbeit mit Klienten zeigen sich dann darin, dass sich Teams dann zwar formal auf einen universalistischen Ansatz verständigt haben – »wir arbeiten alle gleich« –, in der Praxis aber jeder für sich allein arbeitet oder die beschriebene, als »kulturalistischen Ansatz« bezeichnete Polarisierung auftritt: Die nichtdeutschen Kollegen arbeiten fast ausschließlich mit Migranten (»sie können es besser«), die deutschen Kollegen arbeiten weiter so wie bisher.

Für eine gute Integration der nichtdeutschen Kolleginnen und Kollegen in ein bestehendes Team ist es also wichtig, dass die nichtdeutschen Kollegen keine benachteiligte Position bekommen, wie dies in der Praxis durch befristete Arbeitsverträge (z. B. unsichere Finanzierungsgrundlage über externe Projektmittel) oder durch eine Ungleichbezahlung für die gleiche Arbeit (z. B. fehlender Anerkennung ausländischer Berufsabschlüsse) häufig geschieht. Bewährt hat es sich, ein Klima zu schaffen, in dem die benannten Schwierigkeiten im Team offen thematisiert werden können. Fachleute können so in interkulturellen Teams ihre Angst vor Verschiedenheit schneller überwinden als in monokulturellen Teams, sodass sie die Vielfalt von kulturellen Orientierungsmustern als eine wichtige Ressource in ihrer Arbeit wertschätzen und nutzen können.

Ganz neu zusammengesetzte interkulturelle Teams haben in der Regel eine bessere Ausgangsposition. Es kann von Anfang an eine optimale Zusammensetzung der Mitarbeiter angestrebt werden (Verhältnis Deutsche und andere ethnische Gruppen, Männer und Frauen, erfahrene und neue Mitarbeiter, sachorientierte und beziehungsorientierte Personen etc.). Diversität kann als Ressource in jeder Hinsicht genutzt werden, nicht nur in Bezug auf ethnisch-kulturelle Vielfalt. Auch die Leitungsfrage ist leichter zu thematisieren: Warum soll ein entsprechend qualifizierter nichtdeutscher Mitarbeiter nicht auch die Leitung eines Teams übernehmen?

Heterogenität als Ressource

Ein ausgewogenes Verhältnis von Heterogenität und Homogenität und die Pflege der kollegialen Beziehungen sind für die Prozess- und Ergebnisqualität der Arbeit in interkulturellen Teams von großer Bedeutung. Diversität wird zur Ressource bei guter Beziehungsqualität und übereinstimmender Sachorientierung im Team.

Multikulturell zusammengesetzte Gruppen durchlaufen längere störanfällige Anfangsphasen des Miteinander-vertraut-Werdens. Um Heterogenität und Diversität im Sinne der Zielorientierung produktiv nutzen zu können, stehen interkulturelle Teams vor der Aufgabe, die verschiedenen beziehungsorientierten Bedürfnisse der einzelnen Mitglieder befriedigen zu können. Kulturbedingte unterschiedliche Arbeits- und Kommunikationsstile können dabei die Verständigung im Hinblick auf die gemeinsame Aufgabenerfüllung erschweren. A. THOMAS (1999) stellt verschiedene Dimensionen dar, die heterogenitätsfördernde Wirkungen haben können und auf die ein aktives »Heterogenitäts-/Homogenitäts-Management« Rücksicht nehmen muss (siehe folgende Abbildung).

Sachorientierung	→	Beziehungsorientierung
Kausalität	→	Finalität
Zukunftsorientierung	→	Gegenwartsorientierung
Defizitanalyse	→	Erfolgsanalyse
Konfliktanalyse	→	Konfliktvermeidung
Funktionale Aufgaben- und Verantwortungsdifferenzierung	→	Flexible Handhabung von Zuständigkeiten und Verantwortlichkeiten
Verantwortungskonzentration	→	Verantwortungsverteilung
Konsekutives, monochromes Vorgehen	→	Simultanes, polychrones Vorgehen beim Problemlösen

In kulturvergleichenden Untersuchungen (v. a. im Profit-Bereich) hat sich immer wieder gezeigt, dass sich zum Beispiel Deutsche im Vergleich zu Kollegen aus anderen Ländern dadurch unterscheiden, dass sie sehr stark sachorientiert waren, wogegegen andere eher beziehungsorientiert handelten (zuerst die Beziehungspflege, dann die Beschäftigung mit Sachfragen).

In einem deutsch-türkischen binationalen Team einer Drogenberatungsstelle (drei deutsche und zwei türkische Mitarbeiter) verlaufen die gemeinsamen Besprechungen sehr strukturiert. Die Themen werden Punkt für Punkt abgearbeitet, mit einer Kaffeepause dazwischen.
Wenn sich das türkische Subteam zu eigenen Besprechungen in türkischer Sprache trifft, gleicht der *gesamte* Besprechungsrahmen einer Kaffeepause. Es wird gleichzeitig gegessen, getrunken und gearbeitet. Persönliche und verschiedene berufliche Themen werden parallel und nicht nacheinander besprochen und es wird gegebenenfalls viel gelacht (»süß essen und süß reden«). Für den deutschen Leiter des Gesamtteams stellt sich die Frage (wenn er von außen nur den Prozess der Besprechung wahrnimmt und nicht die Ergebnisse), inwieweit die türkischen Mitarbeiter »bei der Sache« sind. Er hat ein anderes kulturelles Konzept von Arbeitsbesprechungen als seine türkischen Kollegen. Hier können schnell Missverständnisse auftreten, die die Zusammenarbeit insgesamt beeinträchtigen können.

Für die Entwicklung eines konstruktiven Umgangs mit verschiedenen Arbeitsstilen (wechselseitige Wertschätzung der Verschiedenheit) ganz besonders in der Entstehungsphase der interkulturellen Teams (»Pionierphase«) hat sich eine *kultursensible externe Supervision* bewährt (siehe auch Themenheft »Kultur« der Zeitschrift *Supervision*, Heft 35, 1999).

Neben Fallbesprechungen (Sachorientierung) gilt es, genügend Raum für die konflikthaften Prozesse in der Zusammenarbeit der Teammitglieder zu schaffen (Beziehungsorientierung). Eine kultursensible Team-Supervision sollte auch in den späteren Phasen der interkulturellen Teamentwicklung regelmäßig in Anspruch genommen werden (Differenzierungsphase, Konsolidierungs- bzw. Integrationsphase). Vorhandene Stärken und Schwächen können unter einem kulturellen Aspekt reflektiert werden: Wie werden die Stärken wechselseitig wertgeschätzt und welchen Nutzen bieten sie zur gemeinsamen Zielerreichung? Wie können die vorhandenen Schwächen ausgeglichen werden? »Erfolge und positive Ergebnisse sollten bewusst zur Kenntnis genommen und gemeinsam ›gefeiert‹ werden.« (ZEUTSCHEL 1999, S. 158)

Heterogen zusammengesetzte Teams suchen die für die Gruppenkohäsion erforderlichen Gemeinsamkeiten teilweise auf der Sachebene (z. B. ähnliche therapeutische Denkansätze und Methoden, Entwicklung eines gemeinsamen interkulturellen Rahmenkonzeptes für die Durchführung und Reflexion der Arbeit), teilweise auf der Beziehungsebene (eine neue Kultur des Umgangs miteinander), teilweise durch externe Anerkennung als ein besonderer Dienst (gemeinsame Identität als interkulturelles Zentrum mit innovativen und integrativen Eigenschaften).

Die ideale Mischung von Heterogenität und Homogenität umfasst:

- Vielfalt von fachlichen Sichtweisen und Methoden (kulturelle und professionelle Multiperspektivität),
- eine gemeinsame Haltung der Wertschätzung und der Offenheit gegenüber fremdkulturellen Lebens- und Arbeitsformen,
- eine gemeinsame Entwicklung von kulturspezifisch und von transkulturell wirksamen Interventionsverfahren.

Reflexion der Praxis

Gemeinsame Konzepte fördern die Reflexion der interkulturellen Praxis, ihre Weiterentwicklung und Evaluierung.

In der Pionierphase der interkulturellen Teams steht das Experimentieren im Vordergrund. Es werden verschiedene Ansätze erprobt und gegebenenfalls modifiziert. Viele Teammitglieder suchen in dieser Zeit fachliche Orientierung und Sicherheit in bestimmten psychotherapeutischen Zusatzausbildungen. Interkulturelle Arbeit bleibt jedoch ein »work in process«. Nach 2–4 Jahren kommen die Teams in der Regel in eine Differenzierungsphase, in der eigene Handlungskonzepte ausformuliert werden. Manche interkulturellen Teams verständigen sich darauf, ihre Arbeit im Rahmen eines psychotherapeutischen Konzepts zu reflektieren (z. B. im Rahmen der systemischen Therapie; siehe auch C. Oestereich im vorliegenden Buch). Psychologische Erklärungs- und Handlungsansätze reichen jedoch allein nicht aus, um die kultur- und migrationsspezifischen, die gesellschaftspolitischen und die sozialen Wirkfaktoren zu erfassen, die für die Entstehung und vor allem für die Lösung von Problemen der Klienten relevant sein können. Ausformulierte, spezifisch interkulturelle Beratungskonzepte sind hierzulande noch eher die Ausnahme, die wenigen bieten jedoch gute Arbeitshilfen für kollegiale Fallbesprechungen im Team (Kunze 1998; Pavkovic 2000).

Hürden beim Aufbau von interkulturellen Teams – und ihre Überwindung

Aus den bisherigen Ausführungen mag schnell der Eindruck entstehen, dass interkulturelle Teamarbeit nur Schwierigkeiten beinhaltet. Nach Überwindung der Anfangsschwierigkeiten zeigt sich jedoch in den meisten Fällen, dass interkulturelle Arbeitsgruppen viele Anreize für die berufliche und für die persönliche Weiterentwicklung aller Mitglieder bieten. Die Beziehungsqualität erreicht durch die Vielfalt von Sichtweisen, Lebenserfahrungen und Kommunikationsstilen ein neues Niveau. Der *Gewinn* bei dieser Arbeit besteht in einer zunehmenden Offenheit gegenüber neuen Betrachtungsweisen, der Wertschätzung der verschiedenen kulturellen Orientierungen als Ressourcen, Mut und »Respektlosigkeit« (im Sinne des ständigen In-Frage-Stellens von eigenen und fremden Einstellungen), Humor, Gelassenheit, Konfliktfähigkeit, Abbau der Angst vor Verschiedenheit und eine erhöhte Sicherheit im Umgang mit unbekannten und unvorhergesehenen Situationen, Erweiterung der eigenen kommunikativen Fähigkeiten sowie eine erhöhte Sensibilisierung für kulturelle, gesellschaftliche, migrationsspezifische, soziale und individuell-biografische Zusammenhänge in der Arbeit mit Menschen verschiedener soziokultureller Herkunft.

Es soll hier jedoch nicht versäumt werden, auf die Hürden und Stolpersteine im Prozess der interkulturellen Teambildung hinzuweisen, damit sie rechtzeitig erkannt und bewältigt werden können:

1. Angst der monokulturell ausgerichteten Teammitglieder vor dem Fremden.

Für Kollegen, die keine beruflichen und privaten Erfahrungen im Umgang mit fremden Kulturen oder auch mit anderen soziokulturellen Milieus haben, kann das unbekannte Terrain der interkulturellen Arbeit etwas Bedrohliches darstellen. Solche Ängste werden selten offen thematisiert. Meistens verbergen sie sich hinter Rationalisierungen wie: Kann die nichtdeutsche Fachkraft deutsche Klienten beraten, betreuen oder behandeln? Wird diese Person als »Ausländer« von den deutschen Klienten akzeptiert? Wir würden gern eine nichtdeutsche Fachkraft einstellen, aber es gibt keine Bewerber, oder: aber wir haben uns lieber für eine deutsche Fachkraft entschieden, weil diese mehr Berufserfahrung oder eine bessere Zusatzausbildung hat. Interkulturelle Arbeit ist zwar wichtig, aber es gibt viel zu oft andere Prioritäten, sodass nichtdeutsche Fachkräfte beinahe nie eingestellt werden.

Sicherlich bedarf es mehr Mühe, geeignete bikulturelle Experten ausfindig zu machen, die ja zudem neben ihrer bikulturellen Kompetenz auch alle anderen fachlichen Anforderungen erfüllen sollen. Da die Auswahl nicht sehr groß ist, muss dann häufig in psychosozialen Arbeitsfeldern auf junge Berufsanfänger und auf Quereinsteiger aus anderen Berufsgruppen zurückgegriffen werden. Die Investition einer verlängerten Zeit des Einarbeitens und der Weiterqualifizierung zahlt sich aber langfristig aus.

2. Angst der deutschen Mitarbeiter vor der Überlegenheit der bikulturell und zweisprachig kompetenten Kollegen.

Falls die nichtdeutschen Arbeitskollegen neben den fachlichen Anforderungen über zusätzliche bikulturelle Kompetenzen verfügen, wird dieser Qualifikationsvorsprung häufig von ihren monokulturellen Kollegen als Überlegenheit erlebt. Erhöhte Beachtung und Wertschätzung in der Außendarstellung der interkulturellen Arbeit kann für die Dynamik im Team nicht unproblematisch werden, zumal das Thema Konkurrenz im Nonprofit-Bereich selten offen und souverän thematisiert wird. Dabei bieten die neuen Anregungen der fremdkulturellen Teamkollegen zahlreiche Anreize für die Weiterentwicklung der eigenen und der gemeinsamen Arbeit, von der alle profitieren.

3. Angst der deutschen Leitung vor der »Unkontrollierbarkeit« der Arbeitsleistung von fremdkulturellen Mitarbeitern.

Die Arbeit der nichtdeutschen Mitarbeiter mit Migranten erfolgt meistens in einer fremden Sprache und oft auch an anderen Orten, in anderen Settings, mit anderen Arbeitsmethoden. Die Leitung, die auf Grund ihrer Funktion die Dienst- und Fachaufsicht für alle Mitarbeiter erfüllen muss, hat bei nichtdeutschen Kollegen in der Regel weniger Einblick in den Arbeitsprozess.

Von einem modernen Führungsverständnis ausgehend sind verschiedene Zugänge und Prozesse in der Beratungsarbeit ausdrücklich erwünscht und die Kontrolle sollte sich auf die erzielten Ergebnisse beschränken. Solange die Klienten qualitativ gleichwertig behandelt werden, muss dies nicht methodisch gleichartig geschehen. Leitungen haben dafür die notwendigen Rahmenbedingungen sicherzustellen, die Ergebnisse überprüfen und für die Weiterentwicklung der Arbeit insgesamt sorgen. Ein klares Berichtswesen und gemeinsame Reflexion und Evaluation der Arbeit im Team sorgt für die notwendige Transparenz der Arbeit.

4. Angst der nichtdeutschen Arbeitskollegen, den sprachlichen oder fachlichen Anforderungen des Teams nicht zu genügen.

Selbst fachlich hoch qualifizierte fremdkulturelle Teammitarbeiter können unter dem Gefühl leiden, sich nicht ausreichend differenziert in der deutschen Sprache ausdrücken zu können (v. a. im schriftlichen Ausdruck). Dies führt leicht dazu, dass sie ihre Fachkompetenz nicht genügend in die Teamarbeit einbringen. Auch können sie befürchten, durch die Anwendung anderer (z. T. unkonventionellere) Problemlösungsstrategien von ihren deutsche Kollegen als unwissenschaftlich oder als exotisch angesehen zu werden. Leitung und Kollegenteam obliegt es hier, die »interkulturellen Tugenden« zu pflegen: Offenheit, Neugier, Wertschätzung anderer Denk- und Handlungsmodelle sowie Bereitschaft, neue Ansätze zu erlernen und auszuprobieren (was zwangsläufig bedeutet, auch immer wieder Fehler zu machen).

5. Angst vor neuen Schwierigkeiten in der klientenbezogenen Arbeit (Überforderung und Arbeitsverdichtung).

Durch die interkulturelle Öffnung der Gesundheits- und Sozialdienste werden neue Klientengruppen erreicht, die alten müssen aber weiterhin auch bedient werden. Es kann schnell zu einer Arbeitsverdichtung kommen, vor allem wenn bikulturelle Mitarbeiter durch Nachbesetzung frei gewordener Stellen dazukommen (und nicht als zusätzliche Personalressource). Da die Schaffung neuer Stellen in psychosozialen Arbeitsfeldern derzeit eher die Ausnahme darstellt, ist die Befürchtung gerechtfertigt, dass ein Dienst mit der Einstellung nichtdeutscher Fachkräfte nicht nur qualitativ andere, sondern insgesamt auch quantitativ mehr Klienten zu versorgen hat als zuvor.

Die Kommunalpolitiker in einer Stadt beschließen die Angebote der sozialpsychiatrischen Versorgung für die beiden größten Zuwanderergruppen in dieser Stadt (Türken und Aussiedler aus Russland) zu verbessern, ohne dafür zusätzliche Mittel bereitzustellen. Der Gemeinderat gibt der Verwaltung und den freien Trägern den Auftrag, dieses Ziel »kostenneutral« umzusetzen. In einem Sozialpsychiatrischen Dienst wird eine von insgesamt drei Stellen frei und kann neu besetzt werden. Die Stelle wird zu je 50 Prozent mit einer Fachkraft türkischer und mit einer Fachkraft russischer Herkunft besetzt. Die beiden neuen Fachkräfte schaffen es auf Grund ihrer zusätzlichen sprachlichen und kulturspezifischen Kompetenz, den Anteil der Klienten türkischer und russischer Herkunft am Gesamtklientel von zuvor je 5 auf je 25 Prozent zu erhöhen. Das heißt, diese Migrantengruppen bilden nun zusammen die Hälfte aller Klienten in diesem Dienst (und werden hauptsächlich von den Teilzeitkräften versorgt!).

> Nach außen hin wird die interkulturelle Öffnung des Dienstes als ein großer Erfolg verkauft. Die interkulturelle Arbeit im Team ist dagegen zahlreichen Belastungen ausgesetzt, die langfristig auch die Qualität der sozialpsychiatrischen Versorgung insgesamt beeinträchtigen können.

Zu der Arbeitsverdichtung (Quantität) kann sehr schnell auch die fachlichen Überforderung (Qualität) kommen. Mitarbeiter, die sich bis dahin mit psychischen Störungsbildern aus den vertrauten psychiatrischen und psychosozialen Kategorien beschäftigt haben, sehen sich plötzlich mit fremdkulturellen Kategorien konfrontiert, für die ihnen eine professionelle Handhabung fehlt: »Verhexung«, »böser Blick«, traditionelle Heilverfahren, religiöse Heilmethoden etc. Auch ausländerrechtliche Probleme können zu einem großen Problem werden (siehe den Beitrag von B. Huber in diesem Buch). Interkulturelle Arbeit ist als ein komplexes innovatives Handlungsfeld sehr zeitintensiv – nicht nur in der direkten Arbeit mit Klienten, sondern auch im Rahmen der Kooperation im Team. Mit »kostenneutralen« Lösungen lassen sich die für eine effektive interkulturelle Teamarbeit notwendigen Voraussetzungen selten erfüllen.

6. Schwierigkeiten im Umgang mit kulturellen Vorurteilen und Rassismus.
Deutsche stehen schnell unter dem Kollektivverdacht, ausländerfeindlich zu sein. Dementsprechend groß ist ihre Angst, unabsichtlich in kulturelle »Fettnäpfchen« zu treten und so ihre nichtdeutschen Klienten zu diskriminieren. Interkulturell unerfahrene Fachleute vergessen im Umgang mit fremdkulturellen Menschen manchmal ihre professionellen Regeln und Methoden, die auch in der Arbeit mit Migrantinnen und Migranten ihre Gültigkeit und Wirksamkeit behalten (siehe dazu S. Fernando in diesem Buch). Unterschiedliche Vorstellungen darüber, was unter Integration zu verstehen ist (Anpassung an die Dominanzkultur, Partizipation als Gleichberechtigte in kultureller Vielfalt), beeinflussen auch die professionellen Kooperationsstrukturen in den psychosozialen Arbeitsfeldern. Die Vorstellungen darüber, was Integration (oder Partizipation) ist und wie sie zu bewerkstelligen sei (Wer soll sich worin wem anpassen, wer soll wie auf wen zugehen?), variieren auch unter den Fachleuten. Missverständnisse gehören daher zum interkulturellen Alltag.

Diskriminierung und Rassismus gibt es auch unter den verschiedenen Migrantengruppen. Vorbehalte und Vorurteile treten nicht nur im Umgang zwischen Deutschen und Türken auf, sondern auch zwischen Türken und Kurden, zwischen Serben, Kroaten, Bosniern, Albanern usw. Die Ethnisierung von zwischenmenschlichen, sozialen oder machtpolitischen Konflikten nimmt weltweit zu. Auch die Mitarbeiter von interkulturellen Teams können auf Kollegenebene Erfahrungen von Diskriminierung und Rassismus machen.

Entscheidend ist, ob und wie sich multiethnisch zusammengesetzte Teams mit diesen Erfahrungen auseinander setzen. Ein Merkmal interkultureller Kompetenz in Bezug auf das Verhältnis Mehrheitsbevölkerung–Minderheiten ist die Sensibilität für gesellschaftliche Machtverhältnisse und für die strukturelle Benachteiligung und Ausgrenzung von Minderheiten (Pavkovic 2000). Insofern haben interkulturelle Teams in psychosozialen Arbeitsfeldern die besten Voraussetzungen für ein erfolgreiches Umgehen mit Verschiedenheit (»managing diversity«), sowohl auf der Ebene der Individuen und Familien als auch auf der Ebene der professionellen Arbeitsgruppen und der größeren Systeme.

Ausblick: Die Wolle zum Teppich machen

Die Zahl der gut ausgebildeten Einwanderer der zweiten und vor allem der dritten Generation steigt, ebenso die Zahl der qualifizierten Neuzuwanderer. Das Arbeiten in multikulturell zusammengesetzten Teams wird in allen Handlungsfeldern zwangsläufig zunehmen. Interkulturelle Teams werden somit zu einer normalen Arbeitsform in allen modernen Gesellschaften. Mit der wachsenden Einsicht, dass interkulturelle Kompetenz und Teamwork notwendige Schlüsselqualifikationen sind, wird sich interkulturelle Teamarbeit auch im Gesundheits- und Sozialbereich weiterentwickeln.

Dieser Entwicklungsprozess läuft jedoch nicht selbstverständlich und automatisch ab. Damit aus verschiedenfarbigen Wollfäden (Kulturen und Kompetenzen der Mitarbeiter) ein gemeinsames Gewebe, ein Teppich (interkulturell effektives Team) wird, muss entsprechendes Fachwissen gezielt angewendet werden.

Ulrich Seibert

Kulturelle Gemeinschaften

Eine Ressource für gemeindenahe Psychiatrie

»Der Klang der Sprache: Da durfte natürlich der Ausspruch Karls des Fünften nicht fehlen, dass er mit seinen Damen italienisch spreche, mit den Herren seines Hofes französisch, zu seinem Pferd deutsch und zu Gott spanisch.«
***M. Wandruszka*: Die Mehrsprachigkeit des Menschen**

Zum Standard gemeindepsychiatrischer Versorgungsangebote gehört neben den vorwiegend medizinischen Angeboten psychiatrischer Fachärzte und Kliniken die Unterstützung der Betroffenen durch ihr privates soziales Umfeld und die Aufrechterhaltung der alltäglichen Lebensbezüge trotz psychischer Krankheit. Für die deutsche Klientel ist heute die »Angehörigenarbeit« als Stütze der verschiedenen Behandlungs- und Hilfemöglichkeiten allgemein akzeptiert. Ein weiterer Schwerpunkt des gemeindepsychiatrischen Ansatzes ist die Aufklärung der Öffentlichkeit über die verschiedenen Dimensionen der Psychiatrie und die Möglichkeiten der Hilfe.

Hier stellt sich die Frage nach der Bedeutung der sozialen Bezugsgruppen der Migranten-Bevölkerung und ihrem Verhältnis zu den psychiatrischen Angeboten.

Die Entwicklung der Gemeindepsychiatrie wurde an Prinzipien der *Gemeinwesenarbeit* orientiert. Im angloamerikanischen Sprachraum wurden diese Modelle mit den Konzepten der *Community Mental Health Centers* und des *Social Community Work* eingeführt.

Im Gegensatz zum deutschen Begriff *Gemeinde*, der im allgemeinen Sprachgebrauch eng auf die (politische) Verwaltung und auf Kirchengemeinden bezogen ist, wird der englische Begriff *Community* wesentlich weiter benutzt und entspricht etwa dem deutschen Begriff *Gemeinschaft*. Für unsere Überlegungen können wir etwas präziser auch von »sozialen Bezugsgruppen« sprechen. Aber auch die Ideen der Gemeindepsychiatrie und der *Community Centers* nahmen in ihrer historischen Entwicklung schon Bezug zu politischen oder kirchlichen Gemeinden; diese wurden als Alternative zur wohnortfernen Unterbringung in Kliniken und Heimen konzipiert. Psychiatrische Versorgung sollte wieder in die

Verantwortung der Gemeinde als Nachbarschaft und Lebensort von psychiatrisch Erkrankten zurückverlagert werden.

Soziale Bezugsgruppen

In diesem Beitrag sollen die Notwendigkeit und die Möglichkeiten psychiatrischer Arbeit vor dem Hintergrund der persönlichen Bezugsgruppen besprochen werden. Es geht dabei nicht nur um Familie und Nationalität. Menschen können sich verschiedenen Bezugsgruppen zugehörig fühlen, die jeweils spezifische Werte und Verhaltensweisen repräsentieren. Im Folgenden möchte ich wichtige Gruppierungen vorstellen:

Familien: Familien bieten in den meisten Kulturen das Fundament der sozialen Struktur. Die Größe dieser Bezugsgruppe, die von jedem Einzelnen als relevant erachtet wird, unterschiedet sich je nach individuellen, kulturellen und sozialen Gegebenheiten beträchtlich. Ob man sich in eine Kleinfamilie eingebunden fühlt oder in eine Großfamilie oder in einen größeren Verwandtschaftsverband (»Clan«), in dem Kontrolle ausgeübt wird und dem gegenüber jeder Einzelne verantwortlich ist, macht einen bedeutsamen Unterschied.

Gemeinden: Gemeinden sind hier als Organisationen zu verstehen, die für ihre Mitglieder in einem gewissen Umfang Verantwortung tragen, Hilfen anbieten, Zusammengehörigkeit zeigen und Pflichten haben. Über die administrativ-politischen und die religiösen Gemeinden hinaus kann es sich auch um andere Zusammenschlüsse handeln, beispielsweise bei den »Griechischen Gemeinden« der Arbeitsmigranten in Deutschland.

Politische Gruppen: Für Migranten, insbesondere für Menschen, die aus politischen Gründen im Exil leben, kann ihre politische Gruppe oder Partei die wichtigste Bezugsgruppe sein; sie kann die Identität stabilisieren und persönliche Kontakte bieten als Ersatz für die nicht mehr erreichbaren Freunde, Nachbarn, Verwandten usw. Hier spielt nicht nur die gemeinsame Wertorientierung eine Rolle, sondern auch das gemeinsame Schicksal der Exilierung bzw. Flucht. Politische Orientierungen sind auch bei Arbeitsemigranten oft ein Anlass zur Gruppenbildung und gemeinsamen Wertorientierung. Bei türkischen und bei griechischen Migranten in Deutschland war zum Beispiel die Zugehörigkeit und Sympathie zu linken oder rechten Parteien im Herkunftsland ebenso wichtig wie die Nationalität.

Schicksalsgemeinschaften: Ein gemeinsames Schicksal, etwa als Flüchtling und Asylbewerber mit Zwangsaufenthalt in einer amtlichen Unterkunft oder als illegaler Arbeitsmigrant, kann zur Bildung von solidarischen Gruppen führen, die dem Einzelnen Halt und Hilfe bieten. In diesen Fällen ist entweder keine andere Bezugsgruppe erreichbar (z. B. aus dem gleichen Herkunftsland) oder das gemeinsame belastende Schicksal ist dominanter als andere Faktoren der sozialen Beziehungen. Ein Bespiel dafür sind vergewaltigte Frauen aus einem Bürgerkriegsland, die in einer betreuten Wohngemeinschaft wohnen.

Kulturelle Gruppierungen und Sprachgruppen: Hierbei handelt es sich um offenere Gruppen, die sich erst in der Fremde als zusammengehörig wahrnehmen. Als Beispiel seien die in Deutschland lebenden Lateinamerikaner genannt, die sich als »Latinos« definieren. Weitere Beispiele wären frankophone Westafrikaner oder Angehörige arabischsprachiger Länder. Auch allein die Zugehörigkeit zu einer Religion kann dann gruppenbildend wirken, wenn diese Religion Marginalstatus hat und keine persönliche Bezugsgruppe besteht. Nicht gemeint ist natürlich die pauschale Vorstellung der Mehrheitsbevölkerung, dass etwa alle Moslems eine homogene Gruppe und Kultur darstellen.

Nationalität: Die Zugehörigkeit zu einer Nationalität wird üblicherweise als Prototyp der Gruppenbildung von Migrantinnen und Migranten gesehen. Die vorhergehenden Kategorien zeigen jedoch, dass für gesundheitliche Belange die Kategorie »Nationalität« meist zu grob ist. Für ethnische Minderheiten, die sich im Herkunftsland einer kulturellen Diskriminierung ausgesetzt sehen (z. B. Kurden oder assyrische Christen in der Türkei), ist die nationalstaatliche Zuordnung inadäquat. Aber auch Angehörige anderer Nationen, wie beispielsweise Italiener, verstehen sich eher als Angehörige ihrer Heimatregion, als nur »Italiener« zu sein. Bekannt ist die Ablehnung der nationalstaatlichen Identität bei Sizilianern und Sarden.

Ergänzend ist noch zu erwähnen, dass auch geschlechtsspezifische und Altersgruppen als wertorientierende Bezugsgruppen innerhalb der jeweiligen Nationalität oder Kultur erlebt werden. Ferner ist für die (sozial-)psychiatrische Praxis daran zu denken, dass innerhalb einer Familie verschiedene Orientierungen bestehen können; Migrantenkinder zum Beispiel wollen oft lieber »Deutsche« sein, um der Diskriminierung als »Ausländer« zu entgehen.

Die Zugehörigkeit zu einer bestimmten Bezugsgruppe und ihre subjektive Bedeutung ist natürlich auch bei Migranten abhängig von der Biografie.

Abschließend möchte ich noch auf ein bedeutsames Unterscheidungskriterium der Migrationsforschung hinweisen. Es wird unterschieden zwischen Menschen mit *parochialer* Orientierung, die sich eher auf die »Kirchengemeinde« beziehen und im Umfeld der Herkunftsgruppe verbleiben; im Gegensatz dazu meint *kosmopolitsche* Orientierung die Offenheit für Neues, vielleicht gerade um die Enge der Herkunftsgruppe zu überwinden. Dass diese Orientierungen sich im Lauf des Migrantenlebens wandeln können, zeigt das Beispiel der »Re-Islamisierung« (HALM 1986) von türkischen Einwanderern in Deutschland: Viele waren zum Zeitpunkt der Auswanderung kosmopolitisch und politisch links orientiert. Die negativen Erfahrungen im Aufnahmeland, Diskriminierung und soziale Isolierung können aber zur Rückkehr zu türkischem Nationalbewusstsein und verstärkter Hinwendung zum Islam führen. Eine soziale Nichtaufnahme im neuen Land ist für Identität und Selbstbewusstsein negativ. Die bewusste Hinwendung zur Herkunftsgruppe kann dagegen identitätsstabilisierend wirken. In der Ethnologie wurde für dieses Phänomen der Begriff »Traditionalismus als Widerstand gegen Unterdrückung« geprägt.

Für die psychiatrische Behandlung ist die Beachtung von Gruppenzugehörigkeiten unter dem Aspekt der Stabilisierung oder Destabilisierung der Identität zu sehen. Die für den Praktiker wichtige Frage nach »Compliance« und »Krankheitseinsicht« hängt für die meisten Patienten ganz wesentlich davon ab, ob die Behandlung auch von den Bezugspersonen akzeptiert oder abgelehnt wird.

Drei Bereiche interkultureller psychiatrischer Arbeit

Welche Bedeutung haben Bezugsgruppen nun für die Gemeinwesenarbeit mit Migrantinnen und Migranten? Im Folgenden möchte ich dazu drei konzeptionelle Anregungen geben. Ich verwende dabei manchmal den Begriff »Nationalität« zur Beschreibung der jeweils gruppenspezifischen Angebote aus Gründen der sprachlichen Vereinfachung und des üblichen Sprachgebrauchs. Ich bitte aber darum, hierbei alle der oben benannten Gruppierungen mitzudenken.

Nationalitäten- und kulturspezifische Angebote

Nationalitäten- und kulturspezifische professionelle Behandlungs-, Beratungs- und Betreuungsangebote für psychisch Erkrankte gibt es in Deutschland nur vereinzelt. Es handelt sich dabei um einzelne muttersprachliche Ärzte und Psychotherapeuten in Kliniken oder in eigener Praxis (Koch / Özek / Pfeiffer 1995; Mehari 1995). Seltener sind Angebote in internationalen Zentren, wie im *Internationalen Familienzentrum Frankfurt* (Heilbronn 1995) oder in Psychosozialen Zentren für Flüchtlinge (Peltzer / Diallo 1993; Wirtgen 1997; Psychosoziales Zentrum 1997). Neben den psychiatrischen Einrichtungen im engeren Sinne haben mit psychisch kranken Migranten auch die Ausländer- und Sozialberatungsstellen zu tun sowie teilweise vorhandene psychologische Beratungsstellen für einzelne Nationalitäten. Ferner sind Fachleute in den amtlichen Flüchtlingsunterkünften tätig und auch in der Drogenberatung gibt es in manchen Großstädten spezifische Hilfen.

Diese muttersprachlichen Fachleute können von den Erfahrungen und Erwartungen der jeweiligen Klientengruppe ausgehen. Sie sollten in formellen und informellen Informationsnetzen bekannt gemacht sein und dort ein den Erwartungen entsprechendes Image entwickeln. Eine Einschränkung dieser Angebote wird aber häufig übersehen: Deutsche haben freie Arzt- und Krankenhauswahl und machen davon sehr bewusst Gebrauch. Wenn es aber in einer Region nur einen türkischen Psychiater und eine arabischsprachige Psychotherapeutin gibt, dann haben die türkischen und die arabischsprachigen Klienten noch keine freie Arztwahl und können nicht ein ihnen persönlich entsprechendes Angebot auswählen. Das von deutscher Seite gerne vorgebrachte Argument »Hier gibt es ja entsprechende Fachleute« führt dann leicht dazu, dass zusätzliche muttersprachliche Experten für überflüssig gehalten werden. Im Hinblick auf die oben dargestellte Vielfalt von kulturellen Gruppierungen innerhalb einer Nationalität oder eines Kulturkreises sind differenzierte Angebote notwendig, die die Verschiedenheit der individuellen Bedürfnisse und die Nachfrage nach weiblichen und männlichen Fachleuten berücksichtigen sollten. Eine weitere spezifische Aufgabe ist die Beratung für eine eventuelle Rückkehr ins Herkunftsland, die bei psychisch Kranken relativ häufig als mögliche Alternative angesprochen wird. Deutsche Fachleute haben in der Regel keine realistischen Vorstellungen von Behandlungs- und Lebensmöglichkeiten für Menschen mit psychischen Problemen in den Heimatländern. Die Möglichkeiten der Remigration in ihren unterschiedlichen Zusammenhängen gilt es im Umgang mit schweren psychischen Problemen sorgfältiger zu reflektieren (Steinhilber 1994).

Bei den genannten Angeboten handelt es sich um Ärzte und Berater, die über in Deutschland übliche Ausbildungen und Behandlungskonzepte verfügen.

Als Kenner der Migranten- bzw. Herkunftskultur sind sie eher in der Lage, auf die traditionellen Vorstellungen ihrer Klientel einzugehen und damit eine wichtige Vermittlerfunktion zu erfüllen.

Für unseren Zusammenhang gilt der Grundsatz, dass ein Klient nur jene Beratung und Behandlung bejahen kann, die auch von seinen persönlichen Bezugspersonen für gut gehalten wird. Gegen den Widerstand von Bezugsgruppen, in die der Klient sich eingebunden fühlt, wird kaum eine erfolgreiche Behandlung durchgeführt werden können.

Migrationsfachleute bieten sich hier besonders als Kontaktpersonen zu den Bezugsgruppen an, auch wenn der Klient selbst vielleicht ein ausschließlich deutsches Angebot wahrnehmen könnte.

Kooperation zwischen professionellen und traditionellen Hilfesystemen

Viele Migrantinnen und Migranten kommen aus Gesellschaften, in denen neben oder anstelle der »westlichen« Medizin traditionelle Gesundheits- und Krankheitsvorstellungen zum Heilersystem gehören. Heiler sind oft Personen, die auch religiöse Funktionen ausüben und insofern als Autoritätspersonen eine große Bedeutung haben. Am bekanntesten sind hier die türkisch-islamischen Hodjas; beispielsweise schreiben sie Koranverse auf, die dann in ein Kleidungsstück des psychisch Kranken eingenäht werden. Berater fragen sich häufig: Soll ich die Ratsuchenden zum Hodja oder zum Facharzt für Psychiatrie empfehlen? Fachärzte könnten kaum hilfreich sein, wenn sie nicht das Vertrauen der Familie haben und ein Besuch beim Hodja als sinnvoller erachtet wird. Hier ist die Vermittlerfunktion gefragt. Mit den Betroffenen gilt es über die unterschiedlichen Gesundheits- und Heilsysteme zu sprechen und über Möglichkeiten und Grenzen des »westlich«-deutschen Systems aufzuklären, und zwar ohne die bisherige traditionelle Volksmedizin zu diskriminieren. Bei uns ist es im öffentlichen Bewusstsein wenig präsent, dass die Gleichzeitigkeit von solchen unterschiedlichen Heilsystemen auch in der deutschen Bevölkerung sehr verbreitet ist. Nicht nur »Großmutters Rezepte« und Naturheilmethoden werden alltäglich praktiziert, sondern nicht selten auch »Gesundbeten«. Letzteres wird dann gern als »magische Praktik« abqualifiziert, wenn es in fernen Kulturen beobachtet wird. Derartige Abwertungen führen dann dazu, dass solche Methoden im Verborgenen bleiben und nicht mehr besprechbar sind.

Die Kenntnis von volksmedizinischen Vorstellungen und Praktiken ist für kulturspezifische Angebote unerlässlich. Professionelle haben daher die Aufgabe, in beiden Richtungen Informationen zu vermitteln: Deutsche, die mit Migranten-Klientel arbeiten, sollten über deren Vorstellungen aufgeklärt werden und die Migranten-Klientel über die Vorstellungen und Methoden der hiesigen Behandlungsformen.

Der Sprachstil kann dabei jedoch leicht zu Irritationen auf beiden Seiten führen. In Deutschland gilt es als wünschenswert, über alles »offen« zu sprechen. Deshalb glauben Fachleute häufig, jede Frage stellen zu können, ohne ausdrücklich um Verständnis oder Entschuldigung für die indiskrete Fragerei bitten zu müssen. In den meisten Kulturen gibt es zahlreiche Tabubereiche, über die nicht gesprochen wird, schon gar nicht vor einem Fremden. Darüber hinaus gibt es auch andere Bewertungen von »über alles reden«: In einem meiner gruppendynamischen Seminare äußerte ein älterer Ire im vertrauten Zweiergespräch, dass er die Forderung, offen zu reden, sehr unangenehm fände, in seiner Kultur sei gerade das Schweigen ein hoher Wert. Man könne sich zusammengehörig fühlen und die Akzeptanz des Schweigens sei dabei ein Vertrauensbeweis. In Sizilien gibt es einen Begriff »Kultur des Schweigens«, die Omertà; sie wird bei uns zwar immer im Zusammenhang mit der Schweigepflicht der Mafiosi genannt, tatsächlich ist sie aber ein allgemeines Kulturgut, das eng mit sozialen Beziehungen verknüpft ist (BLOK 1981).

Solche Aufklärung in beiden Richtungen kann vor allem von *Schlüsselpersonen* geleistet werden: Autoritätspersonen in der jeweiligen Migrantengruppe wie »Clan-Älteste« oder anerkannte Vertreter der betreffenden Religionsgemeinschaft. Die Vertretung einer Gemeinschaft durch eine Autoritätsperson kann ein spezielles Kulturgut sein. Der Begriff »Clientelismo« hat sich auch außerhalb von Sizilien in der Soziologie eingebürgert und besagt, dass eine Autoritätsperson mit viel Wissen und guten Verbindungen die Interessen der Gemeinschaft, zum Beispiel Bewohner eines Dorfes, nach oben vertritt (wie ehemals »der Patron«).

Als wichtige Vermittlungsinstanzen sind ferner die Nationalitätenvereine zu nennen (HAASEN 1998). Neben den lokalen, eher privat strukturierten Vereinigungen, einschließlich Elternvereinen, gehören dazu auch große Organisationen, wie zum Beispiel ENAIP-ACLI für italienische Arbeitsmigranten. Informationsvermittlung und Diskussionen können hier durch Themenabende und persönliche Berichte erfolgen oder durch schriftliches Informationsmaterial zu einzelnen Krankheiten und Behandlungsmöglichkeiten, zum Gesundheitssystem und zu Beratungs- und Hilfeangebote. Für Eltern sind beispielsweise Informationen zu Drogenproblemen von großem Interesse.

Während in anderen medizinischen Fachgebieten Informationsmaterial für fremdsprachige Patienten vielfach entwickelt wurde und heute in Kliniken ausliegt, herrscht in psychiatrischen Kliniken und bei niedergelassenen Nervenärzten noch ein großer Nachholbedarf. Da es sehr wenig Psychiatrie-Fachleute für andere Sprach- und Kulturbereiche in Deutschland gibt, bleibt es Aufgabe der deutschen Institutionen, die Informierung zu übernehmen. Die Einrichtung von Informationspools mit Adressen von Ärzten, Krankenhäusern, Psychotherapeuten und Beratungsstellen mit interkultureller Kompetenz und über rechtliche Rahmenbedingungen ist eine wichtige Dienstleistung von Gesundheitsämtern, Krankenkassen, kassenärztlichen Vereinigungen und vergleichbaren Institutionen. Wichtig ist ferner Informationsmaterial für Deutsche, die mit Migranten arbeiten. Ein Beispiel wäre eine entsprechende Broschüre der Stadt München für »gesetzliche Betreuer«.

Vermittlungs- und Unterstützungsfunktionen können ferner von Jugendzentren und Seniorenzentren ausgehen, die für ihre Zielgruppen Angebote für Migranten haben oder haben könnten. Auch informelle Hilfesysteme haben ihren Nutzen, wie sie beispielsweise für die zunehmende Zahl von »Illegalen« entstehen. Da diese nicht öffentlich in Erscheinung treten dürfen, können wichtige Informationen nur mündlich durch Mittelspersonen erfolgen.

Arbeit mit persönlichen Bezugsgruppen

Die in Deutschland übliche Angehörigenarbeit in der Psychiatrie beschränkt sich in der Regel auf die Eltern oder Ehepartner eines Patienten. Das entspricht der Sozialstruktur der »isolierten Kleinfamilie«. In Gesellschaften mit größeren Gruppierungen, in denen viele Menschen zusammenleben, sind andere Formen der (sozial-)therapeutischen Arbeit entwickelt worden, die sich an Großfamilien, Clans oder Dorfgemeinschaften orientieren (Speck / Attneave 1976; Radice von Wogau 1994). Das bei uns übliche Therapieziel der individuellen Bewältigung von Problemen (»Coping-Strategien«) entspricht der in Deutschland vorherrschenden individualistischen Werthaltung. In der Psychotherapie ist durch C. G. Jung der entsprechende Begriff »Individuation« geprägt worden. In kollektiv geprägten Kulturen ist eine individuelle Problembewältigung gar nicht vorgesehen. Bewältigungsstrategien werden dort von der Gemeinschaft entwickelt und realisiert. »Ich-Stärke« und »Ablösung vom Elternhaus« erscheinen dabei kontraproduktiv. Sie führen tendenziell zum Identitätsverlust und sind damit eher pathologisierend als heilend, es sei denn, die Ablösung vom Kollektiv als persönliche Entscheidung mit der Integration in die »westliche« Sozial- und Wertestruktur erscheint als möglich und erwünscht.

»Netzwerktherapie« kann als eine erweiterte Familientherapie angesehen werden. Die Grundprinzipien sind:

- Die psychische Erkrankung eines Mitglieds ist nicht dessen Privatangelegenheit, sondern sie betrifft alle. Damit sind per Definition alle passiv oder aktiv involviert.
- Die Interpretation einer »Krankheit« und ihrer Ursachen besteht als Gruppenmeinung.
- Neue Interpretationen und Veränderungsziele sind nur möglich, wenn sie von der Gruppe akzeptiert werden. Die Entwicklung neuer Meinungen und neuer Ziele durch Einzelne, möglicherweise in westlichen Augen besonders fortschrittliche Mitglieder, genügt dabei nicht, wenn dies von der Gesamtgruppe als abweichendes Verhalten kritisiert wird.
- Entscheidend ist, ob sich die einflussreichen Schlüsselpersonen des Kollektivs auf die Helferpersonen und deren Vorstellungen einlassen. Nur über ihr Vertrauen ist eine Beratung und Behandlung Erfolg versprechend.

Der Zugang zur jeweiligen Bezugsgruppe hängt von den Normen der Gruppe und von den konkreten Umständen ab. Es kann sich um relativ geschlossene Gruppierungen einer Großfamilie handeln oder um eine weniger klar strukturierte Gruppe von »Ketten-Migranten«, die aus einem bestimmten Ort in der Heimatregion stammen. In solchen Fällen wird das Beratungsangebot sich eher offen an alle wenden, die Interesse an dem Fall haben. In beiden Fällen läuft die Kontaktaufnahme und die weitere Vermittlung aber über Schlüsselpersonen.

Methodisch wird, wie sonst auch in systemischen Therapieansätzen, mit den Beiträgen aller Beteiligten zur Problemdefinition und zu Lösungsvorschlägen gearbeitet.

Neben diesem Netzwerkansatz stehen auch andere, in der Arbeit mit (Klein-)Familien entwickelte Therapieverfahren zur Wahl, die jeweils an die Bedürfnisse größerer Gruppen adaptiert werden können. Besondere Aufmerksamkeit sollte aber auf einen anderen Umgang mit »Macht« gelegt werden. Während wir eher auf eine »demokratische« Verteilung der Einflussmöglichkeiten hinarbeiten und daher dominierende Personen einschränken möchten, kann in Kulturen mit stabiler hierarchischer Familienstruktur zumeist nicht eine Veränderung dieser Struktur angestrebt werden. Innerhalb der anderen familiären Sozialstrukturen bieten sich manchmal ganz andere Ansatzpunkte: In vielen Kulturen besteht eine ausgeprägte Trennung von Männer- und Frauenwelten, die sich auch auf die Nachbarschaft erstreckt. Ebenso können Mutter-Sohn-Beziehungen eine herausgehobene Rolle spielen.

Paten übernehmen häufig gleichfalls Helferfunktionen bei persönlichen und familiären Problemen. Eine junge Griechin kam durch Vermittlung einer deutschen Freundin zu mir zur Beratung wegen massiver Probleme mit ihren Eltern. Sie kam gemeinsam mit einem älteren, männlichen Verwandten, der in der Migration eine Patenrolle übernommen hatte und als Vermittler gegenüber dem Vater der Klientin fungierte. Die junge Frau wäre weder allein noch gemeinsam mit ihrer Familie zur Beratung gegangen.

Abschließend möchte ich noch die Möglichkeit der Einzelgespräche mit wichtigen Familienmitgliedern, anstelle oder zusätzlich zu Gesprächen mit dem psychisch Erkrankten, hervorheben. Um Misstrauen und Vorbehalte gegenüber einer psychiatrischen Behandlung zu zerstreuen und damit die Behandlung überhaupt erst zu ermöglichen, kann es sehr hilfreich sein, zunächst mit dem Familienoberhaupt oder einer anderen einflussreichen Person zu sprechen. Das Ziel ist, die Erlaubnis zu bewirken, dass das »abhängige« Familienmitglied zur Behandlung gehen darf.

Beraterische Haltungen oder die Quadratur des Kreises

Die in diesem Beitrag geforderte Haltung des Verständnisses und der Akzeptanz von Wertvorstellungen und Verhaltensweisen anderer Kulturen kann bei Therapeuten und Beratern zu Widersprüchen führen, die nicht leicht aufzulösen sind.

Ich bin mir klar darüber, dass ich die Wertvorstellungen und beruflichen Orientierungen meiner eigenen Kultur keineswegs aufgeben möchte. Es ist mir auch sehr angenehm, dass ich quer durch Sprachen, Länder und Erdteile gewisse gemeinsame Denkmuster unter Kolleginnen und Kollegen benutzen kann. Aber wie kann ich dann die Denk- und Verhaltensmuster anderer Kulturen beruflich und kommunikativ aufnehmen, ohne meine eigenen beruflichen Standards zu verleugnen?

Bewährt hat sich für mich das Bild des Grenzgängers. Wenn ich die Grenze in ein anderes Gebiet überschreite, relativiere ich die Normen meiner Heimatregion. Ich vollziehe eine gewisse Anpassung, indem ich versuche den anderen Normen gerecht zu werden. Die Fähigkeit zur Relativierung der eigenen Werte ist für mich eine Voraussetzung für interkulturelle Arbeit. Mit dieser Relativierung meine ich nicht eine Ablehnung der bisherigen Wertewelt (wie sie bei »Auswanderung« oder sozialem Aufstieg vorkommen kann). Ich meine mit Grenzgängertum das wiederholte Pendeln über die Grenzen – nicht die einmalige und endgültige Überschreitung der Grenze in einer Richtung.

Zwei einander widersprechende Lehren lassen sich nicht »vereinbaren«, sondern sie bleiben verschieden. Der Begriff »Ambiguitätstoleranz« erscheint mir hier hilfreich. Er bedeutet: das Aushalten von widersprüchlichen Normen und Verhaltensregeln. Zum Abschluss möchte ich noch auf eine ganz wesentliche notwendige Fähigkeit für die kulturübergreifende Arbeit hinweisen: dem Bedürfnis nach neuen Lernerfahrungen – eine positive Art der Neugierde. Durch sie lassen wir uns auf fremde Welten ein, ohne sie abzuwehren und abzuwerten. Dadurch entstehen Brücken, über die auch andere gehen können.

Gerhard Ebner

Grundlagen transkultureller Begutachtung

»Oh, ihr Menschen, siehe, wir erschufen euch von einem Mann und einem Weib und machten euch zu Völkern und Stämmen, auf dass ihr einander kennet (...).«
Der Koran 49,13

Rechtsphilosophische Überlegungen und allgemeine Empfehlungen

Ein wesentlicher Bestandteil der psychiatrischen Begutachtung besteht darin, psychiatrische Begriffe in Rechtsbegriffe zu übersetzen, sich daraus ergebende Funktionsbeeinträchtigungen zu quantifizieren und so dem Gericht die Möglichkeit zu geben, anhand dieses Fachgutachtens das bestehende Recht anzuwenden (NEDOPIL 1996). Dem Gutachter sollte deshalb ein Stück weit auch die Sichtweise des Juristen vertraut sein. In diesem Zusammenhang ist die Frage von Relevanz, wie sich die Rechtsordnungen gegen einen Fremden, der aus einer anderen Rechtskultur stammt, verhalten sollen.

Im alten Testament wurde der Fremde den einheimischen Gesetzen unterworfen. Bei den Römern wurde im Privatrecht zwischen einem *jus civile* für die Einheimischen und einem *jus gentium* für die Nichtrömer unterschieden. Im Strafrecht bediente man sich allgemein gültiger, überregionaler Rechtsbegriffe und in der Strafgerichtsbarkeit legte man Wert darauf, dass keine fremden Richter Recht sprachen (HÖFFE 1999). Heute ist in den deutschsprachigen Ländern davon auszugehen, dass das Recht primär territorial angewendet wird, wobei personale und kulturspezifische Besonderheiten mitberücksichtigt werden. Manche außereuropäischen Rechtsordnungen haben sich an den europäischen Systemen orientiert; so hat etwa die Türkei das Strafrecht aus Italien und das Zivilrecht aus der Schweiz übernommen. »Kulturbedingte« Straftaten wie zum Beispiel die Blutrache sind auch dort verboten, können aber natürlich dennoch gesellschaftliche Akzeptanz besitzen.

Im Allgemeinen liegt es im Ermessen des Richters, transkulturelle Faktoren zu würdigen; der psychiatrische Gutachter berücksichtigt sie nur dort in seiner Beurteilung, wo sie unmittelbare Relevanz für diese haben: Bedeutung für das

Vorliegen einer psychischen Störung und deren Ausprägung, möglicher Einfluss auf Einsichts- und Willensfähigkeit, Arbeitsfähigkeit und andere Funktionen, Therapie und Prognose.

Generell können wir davon ausgehen, dass die Bedeutung transkultureller Faktoren in der Rechtsprechung sehr umstritten ist. Der Richter hat aber im Rahmen der Beweiswürdigung die Möglichkeit, diese Faktoren mit zu berücksichtigen, und es liegt an uns Gutachtern, mit einem qualitativ hoch stehenden Gutachten die zu würdigenden Faktoren darzulegen und dort, wo sie im Rahmen der psychiatrischen Beurteilung von Belang sind, auch zu vertreten. In jedem Fall sind aber »pseudo-ethnologische« Gutachten zu vermeiden.

In der psychiatrischen Beurteilung der Bedeutung transkultureller und migrationsspezifischer Faktoren bewegen wir uns prinzipiell zwischen zwei Gefahren (siehe Abbildung »Hauptgefahren …«).

Hauptgefahren bei der Berücksichtigung transkultureller und migrationsspezifischer Faktoren

Ignorieren	⇔	zu starke Gewichtung
(häufig verbunden mit abwertenden Urteilen)		(»Neue Vorurteile«)

Wir sind einerseits in Gefahr, die spezifischen Faktoren überzubewerten und sie spekulativ im Rahmen der Begutachtung einzusetzen, ohne sie mit den entsprechenden Befunden belegen zu können (eine Gefahr vor allem bei denjenigen Gutachtern, die gleichzeitig Therapeut in Personalunion sind). Diesbezüglich sind dann auch oft Stereotypien in den Gutachten auffällig wie »Akkulturationsproblematik«, »Entwurzelungsproblematik« etc. Solche Schlussfolgerungen sollten aber nach Möglichkeiten im Einzelnen belegt werden können, da psychosoziale Situation und Anpassungsvermögen bei den verschiedenen Migranten sehr unterschiedlich sind. Man hüte sich also vor pauschalisierten Annahmen und Schlussfolgerungen; transkulturelle Besonderheiten per se haben keinerlei Krankheitswert!

Das andere Extrem ist die Leugnung dieser spezifischen Faktoren, was häufig dazu führt, dass Aggravation, Simulation, Rentenbegehrlichkeit (oder -neurose), Hysterie u. Ä. angenommen werden. Besonders problematisch ist hierbei, dass selbst eindeutige sprachliche Ausdrucksschwierigkeiten oft nicht gesehen und entsprechende Übersetzungshilfen nicht angefordert werden. Man sollte sich also auch hüten vor wertenden, nicht definierten Begriffen aus diagnostischem Unwissen oder aus transkulturell und übersetzungsbedingten Fehlinterpretationen, Hilflosigkeit, Ungeduld oder vorurteilsgeprägter Haltung heraus.

Beide dargestellten Fehler bergen die Gefahr in sich, dass transkulturelle Aspekte vom Richter nicht oder zu wenig gewichtet werden oder sogar als Ablehnungsgrund allfälliger Rechtsansprüche herhalten müssen und so zu einem Rechtsnachteil der betroffenen Migranten führen können.

Es lassen sich also folgende Leitlinien nennen:

- In der Rechtsprechung ist von Bedeutung, dass heute das Recht primär territorial angewendet wird, wobei personale und kulturspezifische Besonderheiten mit berücksichtig werden.
- Die Kenntnis transkultureller und migrationsspezifischer Faktoren ist (nur) dort in der psychiatrischen Begutachtung von Bedeutung, wo sie unmittelbar für die Beurteilung von Belang sind.
- Transkulturelle und migrationsspezifische Faktoren per se besitzen keinen Krankheitswert.
- Diese Faktoren können wohl wertfrei dargestellt werden, unterliegen aber der Beweiswürdigung des Gerichtes.
- Dort, wo sie von Bedeutung für die Beurteilung sind, sind sie transparent darzulegen, und es ist genau zu begründen, wie sie Einfluss auf die Beurteilung haben.
- Verwenden Sie die operationalisierten Diagnosen nach DSM IV oder ICD-10, respektive die Kriterien nach International Classification of Impairments, Disabilities and Handicaps (ICIDH). Vermeiden Sie spekulative, nichts sagende Diagnosen, die durch die Befunde nicht begründet werden können.
- Vermeiden Sie diskriminierende, wertende, normative und pseudowissenschaftliche Begriffe, diese sind nicht definiert und operationalisiert (z. B. Rentenneurose, Aggravation etc.).
- »Pseudo-ethnologische« Gutachten sind zu vermeiden.
- Der Gutachter sollte nicht gleichzeitig Therapeut sein.
- Nehmen Sie zu normativen Begriffen (Zumutbarkeit, Glaubwürdigkeit des Exploranden, Reisefähigkeit, Haftfähigkeit) keine Stellung, sondern liefern Sie ihre (naturwissenschaftlich) begründeten Befunde und ihre psychiatrische Beurteilung dem Gericht zur Würdigung.

Exploration und Dokumentation

Sprachliche Voraussetzungen

Eine Exploration *lege artis* ist in der Psychiatrie ohne ausreichende sprachliche Verständigung nicht möglich. Verzichten Sie deshalb *niemals*, wo nötig, auf eine geeignete Übersetzungsmöglichkeit (was nicht immer so einfach ist, da die Finanzierung derselben oft ungeklärt bleibt), denn am Schluss sind *Sie* für *Ihr* Gutachten verantwortlich. Sollte in einem Ausnahmefall wirklich keine geeignete Übersetzung möglich sein, so lehnen Sie den Gutachtensauftrag lieber ab oder weisen Sie zumindest darauf hin, dass die entsprechende Befunderhebung nicht möglich war und dadurch die entsprechenden Fragen nicht beantwortet werden konnten.

Aber auch eine gute, wörtliche Übersetzung hat ihre Tücken; wörtlich übersetzte Redewendungen und Klagen sind oft nicht verständlich oder irreführend, wenn nicht auch die transkulturelle Übersetzung mitvollzogen wird. Die wörtliche Übersetzung, auch wenn sie sehr professionell gemacht wird, kann so eine Scheinsicherheit schaffen und dennoch in die Irre führen (Ebner 1997).

Leitlinien sollten sein:

- Eine Exploration *lege artis* ist ohne ausreichende sprachliche Verständigung nicht möglich.
- Auch wörtliche Übersetzungen mit Hilfe eines erfahrenen Dolmetschers können zu Fehleinschätzungen führen.
- Qualifizierte Dolmetscher, die auch im Bereich der Psychiatrie Erfahrung haben, sind zu bevorzugen.
- Bei entsprechender Tragweite des Gutachtens sollte auch der Beizug eines erfahrenen, muttersprachlichen Psychiaters erwogen werden.

Einige Hinweise zur Technik der Exploration

Die meisten Menschen haben Mühe, einer fremden Person, vor allem auch noch in Anwesenheit Dritter, intime – möglicherweise noch schambesetzte – Details ihres Erlebens und ihrer Lebensgeschichte zu erzählen. Dies gilt ganz besonders bei Migrantinnen und Migranten aus traditionellen Kulturen, in denen es nicht üblich ist, dass intime Details über die Familie, deren Probleme, über die Sexualität und anderes Fremden gegenüber geäußert werden. Manche Angaben sind auch deshalb besonders schambesetzt, weil sie eng mit Ehre und Ansehen der ganzen Familie verbunden sind. So wird zum Beispiel die Tatsache einer Vergewaltigung von Frauen aus vom Islam geprägten Kulturen häufig verschwiegen, da das Bekanntwerden dieser Tatsache unabhängig von den Umständen zum Verlust der Ehre der ganzen Familie führen kann. Nicht selten trennen sich auch die Ehemänner von den Frauen, nachdem diese Opfer einer solchen Tat geworden sind, um der Ehrlosigkeit auf diese Weise zu entrinnen. Die Anwesenheit eines Dritten, eines Dolmetschers, der möglicherweise aus dem gleichen Land, der gleichen Region wie der Explorand stammt, verstärkt diese Ängste.

Aus dem Gesagten ergibt sich, dass es sinnvoll ist, sich mit dem Exploranden zunächst vertraut zu machen, indem eine längere »Warming-up«-Phase gestaltet wird; auch ist Dolmetscherkonstanz anzustreben. Auf die Bedeutung von Diskretion und Schweigepflicht – und wo sie nicht gelten kann (vor dem Gericht nämlich!) – ist hinzuweisen. Aber auch dann ist nicht damit zu rechnen, dass der Explorand offen über alle Bereiche sprechen kann, und es liegt an der Sensibilität von Gutachter wie Dolmetscher, Andeutungen und Befunde, die auf einen noch nicht beschriebenen Problembereich hinweisen, aufmerksam und empathisch aufzunehmen und in geeigneter Form zum geeigneten Zeitpunkt anzusprechen.

Folgender Ablauf der Explorationsgespräche hat sich bewährt:

- Vorstellung des Gutachters und des Dolmetschers, Erklärung des Auftrages und seiner möglichen Bedeutung für den Exploranden. Genaue Angaben zur Weitergabe der gemachten Angaben und an wen sie gelangen unter Hinweis auf die entsprechende Schweigepflicht.
- »Warming-up«-Phase mit allgemeinen Themen.
- Exploration mit Anamneseerhebung (unter besonderer Berücksichtigung spezieller transkultureller Aspekte, siehe Abbildung »Bedeutsame Bestandteile der Anamnese«), Erhebung der Befunde.
- Nach Abschluss des Gutachtens Besprechung desselben mit dem Exploranden zur Verifikation der dokumentierten Angaben, denn gerade in der Rückübersetzung der aufgenommenen Angaben können sich Fehler und Missverständnisse gut manifestieren, die dann noch geklärt werden können.

Bedeutsame Bestandteile der Anamnese (nach Westermeyer 1989 und 1993)

- Kultureller, religiöser, sozialer Hintergrund
- Individuelle/kollektive Krankheitskonzepte und Therapievorstellungen
- Soziale, politische Situation im Herkunftsland, individuelle Erfahrungen
- Gründe für die Migration
- Umstände der Migration
- Situation im Aufnahmeland
- Zukunftsperspektiven

In der Exploration ist darauf zu achten, dass umfassend, auch in Bereichen, in denen keine wesentlichen Angaben erwartet werden, exploriert wird; nicht selten erhält man nur Antworten auf das, was man gefragt hat; gerade Menschen aus Ländern mit ungenügender Gesundheitsversorgung und großer Heilserwartung an die westliche Medizin erwarten vom Fachmann, dass dieser sie leitet und ohnehin weiß, was ihnen fehlt.

Die oft von Migrantinnen und Migranten bei seelischem Leiden formulierten körperlichen »Präsentiersymptome« sind ernst zu nehmen und im Detail zu erfragen; sie können der »Königsweg« zum Verständnis psychosozialer Problematik sein (Ebner 1997). Auch fühlt sich der Explorand sehr ernst genommen, wenn auf diese Symptome eingegangen wird, und das Arbeitsbündnis – auch in der Begutachtung ein wichtiges Instrument – wird gefestigt.

Allfällige somatische Abklärungen sind rasch und *lege artis* vorzunehmen und deren Ergebnisse mit dem Exploranden in verständlicher Weise zu besprechen.

Es hat sich bewährt, am Ende einer jeden Exploration mit dem Dolmetscher zusammenzusitzen, um mit ihm Eindrücke und Beobachtungen zu besprechen und transkulturelle Faktoren reflektieren zu können.

Gefordert ist nicht der Gutachter, der sich in der Vielfalt kultureller Details auskennt, sondern der »kultursensitive Psychiater«, der immer wieder auch seinen eigenen Standpunkt kritisch hinterfragt und bereit ist Fremdes nicht allzu rasch Vertrautem unterzuordnen.

Die entsprechenden Leitlinien lauten:

- In vielen traditionellen Kulturen ist man es nicht gewohnt, resp. ist es nicht statthaft, intime Details ausserhalb der Familie zu erzählen, dies gilt gerade auch für die Begutachtungssituation.
- Das Verschweigen schambesetzter Erlebnisse und Empfindungen bedeutet nicht automatisch, dass der Explorand uns etwas absichtlich verschweigen will und dass er damit unglaubwürdig ist (Frey 1998).

- Die Bedeutung des Dolmetschers in der Explorationssituation ist nicht zu unterschätzen; als Dritter kann er im Idealfall auch eine transkulturelle Übersetzung vornehmen und vermittelnd tätig sein, seine Anwesenheit kann aber auch Ängste fördern.
- Auf die Bedeutung der Schweigepflicht ist explizit hinzuweisen (z. B. Schweigepflicht des Dolmetschers), es ist aber auch darauf hinzuweisen, wo sie nicht gilt (z. B. vor dem Gericht).
- Eine längere »Warming-up«-Phase empfiehlt sich.
- Die körperlichen »Präsentiersymptome« können die via regia zum Verständnis psychosozialer Problematik sein, sie sind ausführlich zu explorieren.
- Somatische Abklärungen sind rasch und lege artis vorzunehmen, deren Ergebnisse dem Exploranden in geeigneter Form mitzuteilen.
- Am Ende einer jeden Exploration dient das gemeinsame, reflektierende Gespräch mit dem Dolmetscher der Klärung allfälliger transkultureller Missverständnisse.
- Nach Abschluss des Gutachtens ist vor dessen Versand dieses nochmals in rückübersetzter Form mit dem Exploranden zu besprechen.

Dokumentation

Eine gute Dokumentation der erhobenen Befunde ist selbstverständlich; hierbei ist darauf zu achten, dass auch Normalbefunde exakt dokumentiert werden sowie Unsicherheiten und Schwierigkeiten bei der Befunderhebung.

Die Leitlinie heißt:

- Gute Dokumentation vornehmen, auch von Normalbefunden und allfälligen Schwierigkeiten bei der Befunderhebung!

Die Bedeutung transkultureller und migrationsspezifischer Faktoren

Bei der Gewichtung transkultureller und migrationsspezifischer Aspekte durch das Gericht besteht eine gewisse Uneinigkeit darüber, ob diese überhaupt Einfluss auf die Rechtsprechung haben können. Ich möchte nun zeigen, wo sie von Bedeutung sind und in der jetzigen Gesetzgebung durchaus ihren Stellenwert haben können.

Diagnostik allgemein

Die Abbildung »Bedeutung transkultureller/migrationsspezifischer Faktoren in Diagnostik …« gibt einen Überblick darüber, welche Faktoren auf die Diagnostik spezifisch bei Migrantinnen und Migranten Einfluss haben können. Hierbei sind die Sprachschwierigkeiten vorherrschend, und Dolmetscher lösen dieses Problem nur unvollständig, da sie, mit dem Anspruch, wörtlich übersetzen zu müssen, die trans*kulturelle* Übersetzung nicht vornehmen können. Ferner bereitet uns die unterschiedliche Präsentiersymptomatik bei psychischen Erkrankungen (kulturgebundener Syndrome, primär körperliches Erleben und körperliche Präsentation psychischen Leidens) in der Diagnostik und Differenzialdiagnostik große Probleme; besonders schwierig ist es, die in der Strafrechtsbegutachtung bedeutsamen Persönlichkeitsstörungen zu diagnostizieren und sie auch zu quantifizieren, da hier in besonderem Maße der soziokulturelle Bezugsrahmen von großer Bedeutung ist (siehe den Beitrag von J. de Jong in diesem Band).

Bedeutung transkultureller / migrationsspezifischer Faktoren in Diagnostik, Therapie und Prognoseberuteilung

DIAGNOSTIK

- Sprachschwierigkeiten
- Erschwerung des Arbeitsbündnisses
- Präsentiersymptomatik
- Krankheitserleben und -verständnis
- Fehlende Validität in der Psychodiagnostik

⇩

Gutachter in Bezug auf psychiatrische Beurteilung

⇩

Gericht in Bezug auf Beweiswürdigung »normalpsychologischer« Aspekte

THERAPIE UND PROGNOSEBEURTEILUNG

- Sprachschwierigkeiten
- Erschwerung des Arbeitsbündnisses
- Ressourcen
- Mangel an geeigneten Einrichtungen
- Sekundärer Krankheitsgewinn
- Transkulturelles Therapieverständnis
- Chronifizierung

⇩

Gutachter

Gerade das oft stark kulturbedingte Krankheitserleben* und Krankheitsverständnis** kann uns zu Fehldiagnosen verleiten. So besteht die Gefahr, dass schizophrene Störungen überdiagnostiziert werden (Tseng / Streltzer 1997), depressive Entwicklungen nicht erkannt und Persönlichkeitsstörungen zu »großzügig« diagnostiziert oder übersehen werden.

Im Zweifelsfall, vor allem, wenn das Ergebnis der Begutachtung von entsprechender Tragweite ist, sollte ein muttersprachlicher, erfahrener Psychiater zur Diagnostik beigezogen werden.

Leitlinien:

- Bei der Diagnose einer Schizophrenie sind die Kriterien nach ICD-10 streng zu berücksichtigen, wobei die Definition der »Bizarrheit des Wahns« uns Schwierigkeiten bereitet; zur Beurteilung können die Angaben von Angehörigen wie anderen Vertretern der entsprechenden Kultur als »base-line« dienen (Tseng / Streltzer 1997).
- Notwendig ist eine große Zurückhaltung bei der Diagnose von Persönlichkeitsstörungen. Diagnosestellung nur dann, wenn zuverlässige, fremdanamnestische Angaben vorliegen.
- Unterschiedliches Krankheitserleben und -verständnis sind ausführlich zu explorieren und ihre Bedeutung ist in der Diagnosestellung zu diskutieren.

Psychodiagnostik

Die gängigen Instrumente zur Psychodiagnostik besitzen eine fragliche bis fehlende Validität über die Kulturen und soziale Schichten hinweg; diese Instrumente müssen in jeder Kultur neu standardisiert werden (Westermeyer 1989). Keinesfalls reicht die bloße Übersetzung aus – dies gilt auch für den »kultur- und sprachunabhängigen« Raven-Test (Toker / Schepker 1996; Westermeyer 1989).

---

* In der Regel wird seelischer und körperlicher Schmerz ganzheitlich erlebt, ohne klare Trennung, daher wird seelisches Leid immer auch körperlich erlebt und präsentiert.

** Krankheit wird in verschiedenen traditionellen Kulturen als unabhängig vom Menschen existierend angesehen (z.B. Böser Blick, Dämonie), sie durchdringt ihn von außen und beeinflusst ihn vollständig.

Die Mini-Mental-State-Examination ist über die verschiedenen Kulturen und Sprachen gut validiert, jedoch nur, wenn mehr als acht Jahre Schulbildung vorhanden sind. Bei wenig Gebildeten sind falsch positive Werte unakzeptabel hoch (Westermeyer 1989).

Leitlinie:

- Psychodiagnostische Instrumente sollen bei Menschen aus anderen Kulturen nicht eingesetzt werden, wenn sie nicht explizit für diese Kultur und die entsprechende soziale Schicht validiert sind.

Beurteilung von Therapie und Prognose

Auch in der Therapie (siehe Abbildung »Bedeutung transkultureller/migrationsspezifischer Faktoren in Diagnostik ...«) spielen die Schwierigkeiten in der sprachlichen Verständigung eine entscheidende Rolle und damit verbunden der Mangel oder das Fehlen von spezifischen Einrichtungen, die auf die Behandlung fremdsprachiger Menschen ausgerichtet sind (Ebner 1997). Hierauf hat der Gutachter hinzuweisen, und er sollte sich hüten, vom »grünen Tisch« weg Therapien, die überhaupt nicht durchführbar sind, zu empfehlen. Dort, wo sie möglich sind, ist auf die spezifischen Probleme und Rahmenbedingungen für eine Therapie hinzuweisen.

Auch wird die Anpassungsfähigkeit vieler kranken Migranten überschätzt und zu wenig gesehen, dass gerade die Erkrankung und eine oft damit einhergehende Chronifizierung Ausdruck einer jahrelangen Überforderung dieser Anpassungsfähigkeit sein kann.

Besonders schwierig wird es, wenn ein ausgeprägter sekundärer Krankheitsgewinn besteht: So macht etwa die Aussicht, nach erfolgreicher Therapie ausgewiesen zu werden, neben all den anderen aufgezeigten Schwierigkeiten die Behandlung einer posttraumatischen Belastungsstörung bei einem Asylbewerber nahezu aussichtslos. Auch das in kollektiv organisierten Gesellschaften häufig beobachtete Phänomen, dass die Familie unter völliger Selbstaufgabe ihre Angehörigen auch dann pflegt, wenn »Schonung« eher kontraindiziert ist, begünstigt sekundären Krankheitsgewinn und Chronifizierung.

Eine Therapie ohne die entsprechenden Ressourcen ist nicht möglich; dies muss in der Beurteilung der Prognose im Rahmen einer therapeutischen Intervention berücksichtigt werden.

Leitlinien:

- Therapieempfehlungen sind nur dann zu machen, wenn sie auch realistisch sind und entsprechende Therapieeinrichtungen zur Verfügung stehen.
- Mangelnde Ressourcen sind wie andere Hindernisse in der Beurteilung der Therapiefähigkeit mit zu berücksichtigen, wie sekundärer Krankheitsgewinn, Chronifizierung und Erschöpfung der Anpassungsfähigkeit, insbesondere aber sprachliche Schwierigkeiten.
- Die Prognose ist in vielen Fällen – trotz prinzipieller Behandlungsmöglichkeit – zurückhaltend zu stellen auf Grund der therapeutischen Schwierigkeiten. Hierauf ist im Gutachten explizit hinzuweisen.

Strafrechtliche Begutachtung

Bei der Beurteilung der Einsichts- und Willens-(Steuerungs-)Fähigkeit ist darauf zu achten, dass transkulturelles Wissen nicht zu Pathologisierung von an sich normalpsychologisch verständlichen Verhaltensweisen führt; Straftaten, die aus einem transkulturellen Kontext heraus verstehbar sind, müssen eben gerade *nicht* als pathologisches, sondern eben aus der jeweiligen Kultur heraus verstehbares und damit normalpsychologisches Verhalten beurteilt werden. Im Ermessen des *Richters* liegt es, diese Faktoren zu würdigen und allenfalls zu privilegieren.

Aus der Migrationssituation heraus verstehbare Anpassungsstörungen und die möglicherweise damit verbundene Einschränkung der inneren Freiheitsgrade und Handlungsspielräume (NEDOPIL 1996) können aber in der Beurteilung eine Rolle spielen. Es sind also weniger die transkulturell verstehbaren Motive als die Einschränkung der Ressourcen in der Migrationssituation, die Einfluss auf die Schuldfähigkeit haben können. So weisen R. SCHEPKER u. a. 1995 darauf hin, dass die migrationsspezifische Sichtweise bei Begutachtungen wichtig ist in Bezug u. a. auf Risikofaktoren im familiären und gesellschaftlichen Umfeld.

Eine große Schwierigkeit bei der Begutachtung von Migrantinnen und Migranten im Rahmen einer strafrechtlichen Begutachtung besteht in der Forderung, die Exploranden nicht nur mit den »Rechtsgenossen«, sondern auch mit ihren »Verbrechensgenossen« (DITTMANN 1996) zu vergleichen und die entsprechenden Abweichungen bei der Quantifizierung einer psychischen Störung mit einzubeziehen. So genügen ja der bloße Nachweis einer psychischen Störung und der Zusammenhang mit einer Tat allein noch nicht, um eine Verminderung der Einsichts- und Willens-(Steuerungs-)Fähigkeit begründen zu können. Nur eine psychische Störung, die auch im Vergleich zu den »gesunden Verbrechensgenossen« eine gewisse Erheblichkeit hat, rechtfertigt eine solche Beurteilung (Dittman 1996). Hier können nur sehr (auch transkulturell) erfahrene Gutachter gültige Beurteilungen abgeben.

Ebenfalls Schwierigkeiten bereitet uns die Beurteilung dann, wenn die Beschuldigten Fremdbeeinflussungserlebnisse im Rahmen der Tat geltend machen; es stellt sich dann die Frage, ob diese Angaben Hinweise für ein psychotisches Erleben sind oder ob sie sich aus normalpsychologischen Vorstellungen heraus ergeben, welche den Besonderheiten der jeweiligen Kultur entsprechen (Bostanci 1995). Gerade bei Verdacht auf Schizophrenie sind die Symptome gemäß ICD-10, die weniger »kulturabhängig« sind (angelehnt an die Symptome ersten Ranges nach K. Schneider), für die Diagnosestellung entscheidend (Tseng / Streltzer 1997).

In der Beurteilung der Legalprognose mit und ohne therapeutische Intervention gilt das unter »Therapie und Prognose« Gesagte.

Leitlinien:

- Transkulturelle Faktoren sind nicht per se zu pathologisieren; sie sind in der Regel als normalpsychologisches Verhalten anzusehen. Der Richter hat die Möglichkeit, diese Faktoren zu würdigen und allenfalls zu privilegieren.
- Verminderte Ressourcen, Erschöpfung der Anpassungsleistungen und damit verbunden die Berücksichtigung von Anpassungsstörungen können bei der Verminderung der Willens-(Steuerungs-)Fähigkeit eine Rolle spielen.
- Die Unkenntnis hiesiger Gepflogenheiten und Rechte beeinflussen die Einsichtsfähigkeit nicht. Diese kann der Richter möglicherweise würdigen.
- Die Beurteilung, ob transkulturell verständliche magische Vorstellungen oder wahnhaftes Erleben für eine Tat mitverantwortlich sind, kann ohne genaue Kenntnis der entsprechenden Kultur schwierig sein; bei der Diagnose einer Schizophrenie sind die Symptome ersten Ranges (nach K. Schneider) zu berücksichtigen.

Sozialmedizinische Begutachtung

In der sozialmedizinischen Begutachtung geht es letztendlich nicht darum, eine Diagnose (Schädigung = Impairment) zu stellen, sondern die sich daraus ergebenden Fähigkeitsstörungen (Disabilities) und vor allem die sich wiederum daraus ergebenden sozialen Beeinträchtigungen (Handicaps) zu quantifizieren,

Stellung zur Arbeitsfähigkeit zu nehmen und unter der Würdigung des bisherigen Krankheitsverlaufes den Erfolg therapeutischer Maßnahmen und damit die Prognose zu beurteilen. Somit hängen auch Angaben zusammen, die es dem Richter ermöglichen sollen, zu prüfen, ob die Voraussetzungen für eine Versicherungsleistung gegeben sind (z. B. nach einem Unfallgeschehen die Beurteilung der Kausalität) und ob dem Exploranden trotz der Beschwerden und Beeinträchtigungen noch eine Arbeit zugemutet werden kann. Hierbei ist auch zu beachten, dass der Gutachter in Bezug auf normative Begriffe (zumutbare Willensanspannung, adäquate Kausalität, Fragen zu Simulation und Aggravation) lediglich die medizinischen Grundlagen dafür liefert, der Richter nimmt im Rahmen der Beweiswürdigung die abschließende Beurteilung vor (DITTMANN 1996; NEDOPIL 1996). So kann der Gutachter zum Beispiel auf die große Diskrepanz zwischen objektiven Befunden und subjektivem Erleben, auf inkonsistentes Verhalten im Alltag, auf Widersprüche der verschiedenen Angaben und Befunde hinweisen, ohne abschließend zu den normativen Begrifflichkeiten Stellung zu nehmen.

Die Abbildung »Einige Rechtsbegriffe« gibt einen Überblick über wichtige Rechtsbegriffe, die in der sozialmedizinischen Begutachtung Anwendung finden (DITTMANN 1996), wobei der Gutachter einzig zur Arbeitsfähigkeit und zur natürlichen Kausalität eine Beurteilung abgibt, zur Beurteilung der Adäquanz (adäquate / haftungsausfüllende Kausalität) und zur Zumutbarkeit aber lediglich die entsprechenden Grundlagen liefert.

Einige Rechtsbegriffe (nach DITTMANN 1996)

Arbeitsunfähigkeit: Kein klar umschriebener Begriff; durch körperliche / geistige Beeinträchtigung bedingte Unfähigkeit, im bisherigen Bereich zumutbare Arbeit zu leisten

Natürliche Kausalität: Störung wäre nicht, nicht so, nicht zur gleichen Zeit aufgetreten

Adäquate Kausalität: Wesentliche (haftungsausfüllende), d. h. massgebliche Teilursache → normativer Begriff

Zumutbarkeit (für Behinderten und Umgebung): → normativer Begriff

Bei der sozialmedizinischen Begutachtung von Migrantinnen und Migranten ergeben sich zunächst einmal die gleichen Schwierigkeiten, wie sie weiter oben bereits im allgemeinen Teil in Bezug auf die Diagnostik und die Beurteilung von therapeutischen Möglichkeiten und Prognosen dargestellt wurden. Von besonderer Bedeutung ist aber hier die Situation des zu begutachtenden Migranten, da er nicht selten in Bezug auf die *Krankheitsauswirkungen* in besonderem Maße betroffen ist. Abbildung »International Classification of Impairments …« zeigt, welche Kontextfaktoren hierbei eine Rolle spielen.

International Classification of Impairments, Disabilities and Handicaps

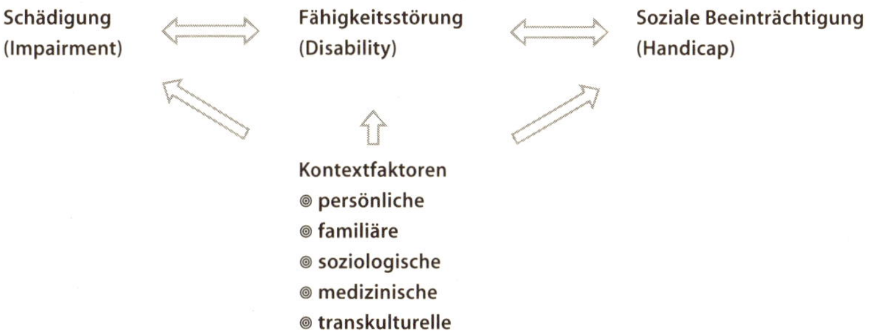

Persönliche Faktoren: Chronische Überforderung der Anpassungsfähigkeit als Disposition für ungünstige Krankheitsentwicklung, höheres biologisches Lebensalter durch falsche Angaben im Pass, aber auch schwerste körperliche Arbeit seit jungen Jahren, Verlust der ursprünglichen Zukunftsperspektiven (Erschütterung der Rückkehrillusion als Beispiel) und anderes spielen hier eine maßgebliche Rolle.

Familiäre Faktoren: Die Bedrohung einer in der Familienhierarchie klar definierten Position durch die Erkrankung ist gerade für die Männer aus patriarchal organisierten Kulturen von nahezu existenzieller Bedrohung. Die Unfähigkeit, für die eigene Familie, oft auch für Angehörige im Herkunftsland, noch in genügendem Maße sorgen zu können, verstärkt diese Situation. Aber auch die aufopfernde Fürsorge der ganzen Familie unter völliger Selbstaufgabe verstärkt etwa den sekundären Krankheitsgewinn und leistet so der Chronifizierung Vorschub.

Soziologische Faktoren: Gerade bei wenig integrierten Migranten bringt eine Erkrankung die Gefahr der völligen sozialen Desintegration mit völligem Rückzug aus dem öffentlichen Leben mit sich.

Medizinische Faktoren: Die erschwerten Behandlungsmöglichkeiten von fremdsprachigen Migranten, gerade in der Psychiatrie, sind ein entscheidender, limitierender Faktor in der Therapie psychischer Störungen und damit in der Verbesserung der Prognose.

Transkulturelle Faktoren: Unterschiede im Krankheitsverständnis und Krankheitserleben, traditionell geprägte Therapievorstellungen (wie Externalisierung der Krankheit), aber auch überhöhte Heilerwartungen an die westliche Medizin spielen hier eine Rolle.

Die aufgezählten Faktoren lassen sich zwanglos den Kriterien zur Einschätzung der Zumutbarkeit einer Willensanspannung (WINCKLER / FOERSTER 1996, siehe Abbildung »Kriterien zur Einschätzung der Zumutbarkeit ...«) zuordnen. Sie sind in diesem Sinne im Gutachten transparent zu machen, im Einzelnen auch zu belegen und ermöglichen so – und nur dann – dem Gericht, auch soziokulturelle Faktoren, die in ihrer Wertigkeit in der sozialmedizinischen Begutachtung umstritten sind, zu würdigen.

Kriterien zur Einschätzung der Zumutbarkeit einer Willensanspannung
(nach WINCKLER und FOERSTER 1996)

1. Auffällige prämorbide *Persönlichkeitsstruktur* bzw. Entwicklung
2. Psychiatrische *Comorbidität* (Persönlichkeitsstörungen, Suchtproblematik, hirnorganische Beeinträchtigungen)
3. Chronische körperliche *Begleiterkrankungen*
4. *Verlust der sozialen Integration* im Verlauf der psychischen Erkrankung (Ehescheidung, Arbeitsplatzverlust, sozialer Rückzug, Verlust persönlicher Interessen)
5. Hoher *primärer und/oder sekundärer Krankheitsgewinn*
6. Primär *chronifizierter Krankheitsverlauf* ohne längerdauernde Remission
7. *Mehrjährige Krankheitsdauer* mit stabiler oder progredienter Symptomatik.
8. *Unbefriedigende Behandlungsergebnisse* trotz konsequent und lege artis durchgeführten Behandlungsmassnahmen, insbesondere gescheiterte stationäre Therapien

Nach einem Unfall ist für das Gericht vor allem die Beurteilung der adäquaten Kausalität (haftungsausfüllende Kausalität) von besonderer Bedeutung, in dem sie schlussendlich definiert, ob die Voraussetzungen für entsprechende Versicherungsleistungen überhaupt gegeben sind.

Die beiden folgenden Faktoren sind im Gutachten zu berücksichtigen:

1. Im Rahmen sprachlicher Verständigungsprobleme kann das Unfallerleben zu wenig exploriert und vom fremdsprachigen Migranten nicht differenziert ge-

nug dargestellt werden; auch wird es häufig in der Exploration zu wenig gewürdigt, da oft die Diskrepanz zwischen der Schwere des Traumas einerseits und psychischen Beschwerden andererseits derartig imponiert, dass dieser Faktor zu wenig Berücksichtigung findet. Für die Entstehung einer posttraumatischen Belastungsstörung ist aber neben disponierenden Faktoren (siehe Kontextfaktoren) gerade auch das Unfallerleben von Bedeutung. So kann zwar objektiv gesehen das Trauma relativ leicht gewesen sein, vom Exploranden aber als existenzielle Bedrohung erlebt werden (z. B. Erwartung zu sterben, einen Angehörigen zu verlieren, eine Gliedmaße zu verlieren). Die Diskrepanz zwischen der Schwere des Traumas und somatischen Befunden einerseits, psychischen Schwierigkeiten bis hin zur Entwicklung einer posttraumatischen Belastungsstörung andererseits kann immer wieder auch gerade mit diesem Erlebnisfaktor erklärt werden, führt aber häufig zu »Diagnosen« wie »Rentenneurose«, »Aggravation« oder »Simulation«.

2. Die bereits erwähnte chronische Überforderung der Anpassungsfähigkeit ist als disponierender Faktor (Murer u. a. 1993) anzusehen.

Abschließend möchte ich noch davor warnen, stereotyp in Gutachten darauf hinzuweisen, dass ein Verweigern oder ein Gewähren einer Rente als solches bereits therapeutische Funktion haben könnte und somit Auswirkungen auf die Prognose. Anamnestische Studien (Foerster 1984; Schier 1991) zeigten eindrücklich, dass das Gewähren oder Nichtgewähren von Renten keine Auswirkung auf die Prognose der Erkrankung hat.

Leitlinien:

- Rasche psychiatrische Exploration bei Auftreten erster Rehabilitationsschwierigkeiten, die durch die somatischen Befunde nicht genügend erklärt werden können, und nicht erst nach mehrjähriger Krankheits- und somatisch orientierter Abklärungsphase mit Chronifizierung.
- Gute Exploration eines erlittenen Traumas, vor allem auch des subjektiven Erlebens desselben sowie der Verarbeitung.
- Mindestens einmalige, ausführliche psychiatrische Exploration in der Muttersprache des Exploranden.
- Qualifiziertes Erheben aller Befunde, auch der Normalbefunde.
- Vermeiden diskriminierender, wertender, normativer und pseudowissenschaftlicher Begriffe, da nicht definiert und operationalisiert (z. B. Rentenneurose, Aggravation etc.).

- Verwendung operationalisierter Diagnosen.
- Die Kriterien zur Einschätzung der Zumutbarkeit einer Willensanspannung nach WINCKLER und FOERSTER 1996 sind bei der Beurteilung migrationsspezifischer Faktoren mit zu berücksichtigen.
- Chronische Überforderung der Anpassungsfähigkeit ist als disponierender Faktor dort, wo vorhanden, darzulegen, die Beurteilung der Adäquanz obliegt dem Gericht.
- Nehmen Sie zu normativen Fragen wie adäquater Kausalität, Zumutbarkeit, Aggravation, Simulation u. Ä. keine Stellung, liefern Sie, wie dargestellt, medizinische Grundlagen; die Beurteilung dieser Fragen obliegt dem Gericht.

Begutachtung im Asylverfahren

Psychiatrische Gutachten im Rahmen von Asylverfahren dienen in der Regel dazu, dem Gericht die medizinischen Grundlagen zur gerichtlichen Beurteilung der Reisefähigkeit, der Therapiemöglichkeiten im Herkunfts- versus Aufnahmeland, der Glaubwürdigkeit des Asylsuchenden sowie der Beurteilung der Notwendigkeit von Familienzusammenführungen zu liefern.

In Abbildung »Die wichtigsten Elemente …« sind die wichtigsten Elemente eines Arztzeugnisses aufgeführt (nach FREY u. a. 1998).

Die wichtigsten Elemente eines Arztzeugnisses/Gutachtens

- **Demographische Angaben (Name, Geburtsdatum, Aufenthaltsstatus usw.)**
- **Kontext der Behandlung (Beginn, Dauer, Frequenz usw.)**
- **Akutelle Situation und Problemstellung (u. a. auch Gründe für Zeugnis/Gutachten)**
- **Anamnese (selbst- und fremdanamnestische Angaben bezeichnen)**
- **Subjektive Beschwerden**
- **Klinische Untersuchungsbefunde**
- **Zusatzuntersuchungen (Labor, Röntgen usw.)**
- **Behandlung und Verlauf**
- **Diagnose (Gemäß ICD-10 oder DSM IV)**
- **Beurteilung, Beantwortung spezieller Fragen und Prognose**

Allgemein gelten für die Begutachtung von Asylsuchenden die gleichen zu beachtenden Grundregeln, Kriterien und Schwierigkeiten, wie sie weiter oben bereits ausgeführt wurden.

Als zentrale Frage zeichnet sich in den Gutachtenaufträgen ab, ob der Explorand psychische Beschwerden hat, die mit der Diagnose einer posttraumatischen Belastungsstörung vereinbar sind; hierbei ist zu beachten, dass gerade Folteropfer meist nicht in der Lage sind die Geschichte ihrer Misshandlungen vollständig und kohärent wiederzugeben, was sie in den Augen der Asylbehörden schnell als unglaubwürdig abstempelt (FREY u.a. 1998). Auf die Hintergründe dieser »bruchstückhaften« Anamnese ist in der psychiatrischen Beurteilung hinzuweisen. Das Fehlen einer posttraumatischen Belastungsstörung nach ICD-10 oder DSM IV allein sagt gleichwohl nichts über Tatsache, Grad und Ausmaß einer stattgefundenen Traumatisierung aus (MARSELLA u.a. 1996). Es gibt viele, auch schwer Traumatisierte (statistisch gesehen 20–75 Prozent), die *keine* posttraumatische Belastungsstörung entwickeln. Auch bleibt die Frage offen, ob diese Diagnose für alle Kulturen genügend validiert ist; es ist ja auch hier damit zu rechnen, dass die Präsentiersymptomatik in den verschiedenen Kulturen unterschiedlich ist (MARSELLA u.a. 1996).

Eine weitere wichtige Frage betrifft die Reisefähigkeit des Asylsuchenden und – damit häufig verbunden – die Frage nach Möglichkeiten zur Behandlung auch im Herkunftsland. Hierbei ist zu beachten, dass die Frage der Zumutbarkeit der Rückschaffung von Flüchtlingen mit Gesundheitsproblemen der Beurteilung des Gerichts obliegt; Aufgabe des Arztes ist es, auf mögliche Gesundheitsgefährdungen hinzuweisen (wie Gefahr der Verschlimmerung einer Erkrankung, Schwierigkeiten der Behandlung im Herkunftsland, Suizidgefahr etc.).

Nach C. FREY (1998) treten bei ärztlichen Zeugnissen im Rahmen der Asylgewährung u.a. folgende Fehler häufig auf:

- Der Bericht ist zu wenig ausführlich, enthält keine spezifische medizinische Diagnose und es werden keine Aussagen darüber gemacht, ob das Beschwerdebild mit der Anamnese vereinbar sein kann.
- Fehlende Trennung von subjektiven Schilderungen des Patienten und objektiven medizinischen Fakten.
- Fehlende Beschränkung auf medizinische Sachverhalte (z.B. durch Äußerungen über die Glaubwürdigkeit).
- Äußern von persönlichen politischen Meinungen.
- Verwendung von Informationen von Drittpersonen, ohne sich über deren Einverständnis versichert zu haben.
- Das bewusste Verschweigen von medizinischen Sachverhalten, welche zur Beurteilung und Beantwortung der Fragestellung wichtig sind.

Auch wenn die Begutachtung im Rahmen von Asylverfahren wohl das ungeliebte Kind der Gutachter ist, sind wir wie bei allen anderen Begutachtungen verpflichtet auf Objektivität, Transparenz und Vollständigkeit zu achten (BETSCHART u. a. 1998). Nur wenn dies gewährleistet ist, können wir davon ausgehen, dass unsere Gutachten auch entsprechend gewürdigt werden. Vor dem Hintergrund unserer Geschichte bewegen wir uns aber sicherlich gerade bei dieser Art der Begutachtung im Grenzbereich zwischen naturwissenschaftlichem Denken und der Vertretung von ethischen Grundsätzen. Diese dürfen aber nicht dazu führen, dass wir unrechtmäßige »Gefälligkeitsgutachten« anfertigen, oder andersherum, uns von den Auftraggebern zur Lösung eines schwierigen gesellschaftlichen Problems instrumentalisieren lassen. Die unten stehenden Leitlinien sollen – auch kritische – Anhaltspunkte liefern, die als Grundlage zur Begutachtung dienen.

Leitlinien (Gesundheitsamt Bremen 2000; EBNER 2000):

- Reisefähigkeit (Transportfähigkeit)
  Für die Beurteilung der Reisefähigkeit gibt es keine gültigen, objektiven Kriterien; es handelt sich um einen normativen Begriff (»Zumutbarkeit«). Es ist Aufgabe des Gutachters, auf mögliche Gefahren einer Rückschaffung hinzuweisen (von der Ankündigung über eine zwangsweise Abschiebung bis zur Reintegration im Herkunfsland).
- Therapiefähigkeit (Therapiemöglichkeit im Herkunftsland)
  Die Angaben über spezialisierte Einrichtungen sagen weder etwas über die Qualität dieser Einrichtungen aus noch über die Zugänglichkeit zu ihnen noch über andere Einschränkungen. So ist es für einen traumatisierten Menschen schwierig bis unmöglich, sich in einem spezialisierten Zentrum im Herkunftsland behandeln zu lassen, wenn er ständig fürchten muss, retraumatisiert zu werden.
- Grundlage des Gutachtens
  Grundlage des Gutachtens ist der Standard der Gesundheitsversorgung im Aufnahmeland.
- Die Beurteilung der Glaubwürdigkeit des Asylsuchenden unterliegt der Beweiswürdigung des Gerichtes.
- Bruchstückhafte Anamnese und PTSD
  Selbst bei schwer traumatisierten Asylsuchenden können die für die Diagnosestellung nötigen Symptome einer posttraumatischen Belastungsstörung fehlen.

Auch sind diese Menschen oft nicht in der Lage über ihre Misshandlungen kohärent und vollständig Auskunft zu geben.

- Familienzusammenführung als Schutzfaktor
Die Zusammenführung mit Familienmitgliedern, Mitgliedern der gleichen Ethnie, der gleichen politischen Gruppe, der gleichen sozialen Gruppe wirkt präventiv; es gilt als gesichert, dass diese Massnahme bei Migranten die Suizidgefahr mindert.
- Soziale Situation als Schutzfaktor
Wohnen, sinnstiftende Tätigkeit und Sicherheit sind existenzielle Grundvoraussetzungen für eine psychiatrische Behandlung.
- Psychiatrisierung politischen Handelns
Schwer traumatisierte politische Kämpfer wehren sich oft gegen eine Psychiatrisierung, die aus ihrem Erleben heraus den Sinn ihres Kampfes entwerten würde und dissimulieren vorhandene Symptome eines PTSD.

Abschließende Bemerkung

Ich möchte abschließend noch einmal betonen, dass wir bei der psychiatrischen Begutachtung uns darauf beschränken, zu denjenigen Fragen Stellung zu nehmen, zu denen wir auch kompetent Auskunft geben können – dies gilt insbesondere im Rahmen der transkulturellen Psychiatrie! So sollten wir in Bescheidenheit zur Begrenztheit unseres Fachwissen stehen und den Mut haben, eine Frage auch einmal nicht zu beantworten, einen Auftrag auch einmal abzulehnen. Wir sollten uns hüten in völliger Identifikation mit dem Exploranden unglaubwürdige und letztlich wertlose Gutachten zu erstellen oder in Identifikation mit einem institutionellen Auftraggeber die Beurteilung des subjektiven Erlebens des Exploranden zu vernachlässigen, diskriminierende Begrifflichkeiten zu verwenden oder normative Fragestellungen zu beantworten. Der psychisch Kranke wie der Auftraggeber haben Anspruch auf ein professionelles, d. h. objektiv verfasstes und transparentes Gutachten, das den aktuellen medizinischen Wissensstand zur Grundlage hat – mit all seinen Grenzen. Dies beinhaltet aber auch, dass wir uns nicht für Partialinteressen instrumentalisieren lassen (der auftraggebenden Institution, des Exploranden, aber auch gesellschaftlicher Kräfte). Wir Psychiater haben Anspruch auf die Möglichkeit, Fragen und Aufträge dorthin zurückzugeben, wo sie eigentlich hingehören.

Zielgruppenspezifische Erfordernisse

Übersicht

Zielgruppen brauchen auf ihre Bedürfnisse zugeschnittene Angebote. Diese sollten berücksichtigen, dass Macht und Einfluss in allen Kulturen ungleich verteilt sind und dass Menschen sich in unterschiedlichen Phasen des Lebenszyklus befinden.

Diese Kapitel stellt zielgruppensensible Programme für den Umgang mit der Geschlechterrolle vor sowie für jene Menschen, die sich am Anfang bzw. am Ende ihres Lebens befinden.

Marie Rose Moro und *Gesine Sturm* weisen auf die doppelte Benachteiligungen von Migrantinnen hin und beschreiben vor dem Hintergrund von Erfahrungen aus Frankreich Hilfeangebote für Frauen.

Sjoerd Colijn gibt einen Überblick über die entwicklungspsychologischen Dimensionen von Migration und beschreibt anschaulich Hilfemodelle aus der Kinder- und Jugendpsychiatrie.

Angelika Ertl gibt einen Überblick über die lebensgeschichtlichen Auswirkungen von Migration und Minderheitenstatus und stellt ein Modell für eine kultursensible Altenhilfe dar.

Marie Rose Moro und Gesine Sturm

Frauen in der Migration

Zur transkulturellen Psychiatrie mit Migrantinnen

»Rien n'est vrai que le concret. C'est en poussant le particulier jusqu'au bout qu'on atteint le générale, et par le maximum de subjectivité qu'on touche l'objectivité.«
Michel Leiris

Zu Beginn der großen Migrationsströme kamen vor allem Männer, und zwar die meisten allein, nach Westeuropa, Männer, die ihre Migration als vorübergehenden Aufenthalt geplant hatten. Später kamen dann die Frauen im Rahmen der Familienzusammenführung nach und aus dem vorübergehenden Aufenthalt wurde in vielen Fällen eine dauerhafte Migration. Auch weiterhin bestehen Migrationsströmungen, in denen ganze Familien nach Europa kommen, nicht zuletzt infolge der Zuspitzung einer Vielzahl politischer Konflikte in verschiedenen Teilen der Welt. In Frankreich wie in den meisten westeuropäischen Ländern machen die Frauen augenblicklich fast die Hälfte der Migrantenpopulationen aus (Gliber 1997).

Je nach der sozialen Stellung im »Gastland« und je nach Alter, Zeitpunkt und Umständen der Migration, nach kulturellem Ursprung und Grad der Akkulturation können sich Migrantinnen in äußerst unterschiedlichen Situationen befinden. Diese Differenzen erlauben daher nicht, das Bild der »typischen Migrantin« zu beschreiben. Es geht uns in diesem Beitrag vielmehr darum, die im medizinisch-psychologischen Bereich Tätigen auf eine Reihe von Fragen aufmerksam zu machen, denen wir in der Praxis begegnet sind und die einen differenzierteren Blick ermöglichen.

Wir beziehen uns im Weiteren hauptsächlich auf Frankreich, das Land, dessen Migrationssituation wir am besten kennen, auch wenn die Situation in den anderen westeuropäischen Ländern vergleichbar ist.

Die Migration als kritisches Lebensereignis

Um die Problemlagen zu verstehen, die Migrantinnen in unsere medizinisch-psychologischen Einrichtungen führen, ist es oftmals hilfreich, sich ein Bild von den Gründen und den Umständen der Migration sowie der Ankunft im Gastland zu machen.

Die Entscheidung zur Migration wird meist nicht nur als individuelles »Projekt« getroffen. Sie ist vielmehr oft eine Unternehmung, die eine gesamte Großfamilie betrifft, und es können im sozialen Umfeld von Migrantinnen ganz unterschiedliche Hoffnungen, Ängste, Erwartungen und Wünsche in Bezug auf das Migrationsprojekt bestehen. Manchmal werden Hochzeiten arrangiert, um die Bindung zwischen Großfamilie und den nach Europa migrierten Männern zu stärken. Auch in Fällen, in denen die Interessen des sozialen Umfelds der Migrantin weniger offensichtlich sind, ist es für die psychologische Arbeit nützlich, sich eine Vorstellung von den unterschiedlichen Erwartungen zu verschaffen, die in der Familie an die Migration geknüpft werden (siehe auch C. Sluzki in diesem Band).

Manchmal wurde die Migration weder geplant noch gewünscht, wie etwa im Falle einer Flucht. Es kommt vor, dass die fliehende Migrantin in ein Flugzeug steigt, ohne zu wissen, wo es landen wird. Anschließend findet sie sich in einem Flüchtlingsheim wieder, von Menschen mit einer fremden Sprache umgeben, ohne Neuigkeiten aus der Familie, die zurückgeblieben und unter Umständen bedroht ist ... In solchen Fällen kann die Migration die Form eines brutalen Bruchs bedeuten, der bei den Migrantinnen zu (Re-)Traumatisierungen führt.

Selbst in weniger dramatischen Fällen kann die Migration durch den Verlust eines gewohnten Rahmens und durch die fehlende Präsenz der Großfamilie zu einer traumatischen Erfahrung werden (Moro 1994). Die Lebens- und Wohnbedingungen im Gastland führen oft zu einer Vereinsamung, die es kaum erleichtert, sich der neuen Umwelt zuzuwenden. Zudem verfügen viele Migrantinnen über sehr begrenzte Kenntnisse der neuen Sprache (nicht zuletzt weil sie wegen früherer Schulabbrüche schlechtere Bildungsvoraussetzungen haben als Männer). Ihre Ressourcen, um sich in die Gesellschaft des Gastlandes einzufügen, sind daher eingeschränkt.

Maïmouna oder Die Angst vor dem Leben hinter geschlossenen Türen

Maïmouna ist eine junge Senegalesin, die nach ihrer Hochzeit nach Frankreich kam, um dort mit ihrem Mann zu leben. Während dieser zur Arbeit ging, verbrachte sie den ganzen Tag allein in der gemeinsamen Wohnung in einem Hochhausblock in der Vorstadt von Paris. Mäimouna fühlte sich völlig verloren an diesem fremden und leeren Platz. Die verschlossenen Türen der Nachbarwohnungen wurden für sie zu einem

> Symbol der Einsamkeit. Zu Hause in ihrem Dorf war sie ständig von ihrer Familie umgeben gewesen, die Türen standen offen, sodass der Lärm der Nachbarschaft zu hören war: die Scherze der Frauen, das Schreien der Kinder …
> Kurze Zeit nach ihrer Ankunft wurde Maïmouna schwanger mit ihrem ersten Kind. Zu diesem Zeitpunkt wurde ihr die Abwesenheit der anderen Frauen aus dem heimatlichen Umfeld besonders schmerzlich bewusst. Ohne die Ratschläge und Bestätigungen der Frauen fühlte sie sich hilflos und sie geriet in einen Zustand schwerer Depression. Die Einsamkeit wurde ihr unerträglich und sie fühlte sich von allen Seiten bedroht. Eines Morgens wachte sie auf, weil auf der Straße ein unbekannter Lärm von Schreien und Motorgeräuschen vorbeifahrender Lastwagen zu hören war. In panischer Angst schloss sie sich im Schlafzimmer ein, wo sie den ganzen Tag über blieb, in der festen Überzeugung, dass ihr Leben in Gefahr sei. Der Lärm und die unverständlichen Schreie hatten sie an einen Aufstand in ihrer Heimat erinnert.
> Als ihr Mann abends nach Hause kam, konnte er sie beruhigen: Sie war nicht in Gefahr, sie hatte die Müllmänner gehört, die den Sperrmüll einsammelten. Heute, sechs Jahre nach diesem Ereignis, erzählt Maïmouna diese Geschichte in scherzendem Tonfall. Die vielen Details, mit denen sie sich an diesen Vorfall erinnert, lassen aber spüren, welche Angst sie in den langen Stunden des Wartens gespürt haben musste, als sie meinte, ihr Leben – und das des ungeborenen Kindes – sei in Gefahr. Ihre Wohnung war für sie kein Ort der Sicherheit, sondern ein Ort der Einsamkeit, der Fremde und der Bedrohung.

An der Geschichte von Maïmouna wird deutlich, zu welcher Verunsicherung der Verlust eines kulturellen Kontextes (und eines familiären Rahmens) führen kann. Wie soll man ohne die stützende Hilfe des Umfelds den Sinn einer fremden Umgebung entziffern, wenn man deren Regeln nicht kennt? Außerdem zeigt dieses Beispiel, dass die Lebensbedingungen im Gastland – vor allem die Einsamkeit – zu einer erhöhten Verletzbarkeit der Migrantinnen beitragen. Vor allem in Momenten erhöhter Empfindlichkeit, wie dem der Schwangerschaft, ist die Einsamkeit ein Risikofaktor für depressive Episoden (Moro 1994).

Wir haben Maïmouna sechs Jahre nach ihrer Ankunft kennen gelernt, als sie eine psychologische Betreuung für ihren Sohn suchte, der in der Schule verhaltensauffällig geworden war. Erst zu diesem Zeitpunkt war auch für Maïmouna eine psychologische Betreuung möglich. Diese Situation ist typisch für Frauen in der Migration. Nach ihrer Ankunft (oder während der ersten Schwangerschaft in der neuen Umgebung) durchleben viele Migrantinnen depressive Episoden. Die meisten suchen zu dieser Zeit noch keine Hilfe. Sie wissen nicht, wie sie ihr Leid ausdrücken sollen, sie kennen die Hilfemöglichkeiten nicht oder die Mitarbeiter der Gesundheits- und Beratungsdienste können ihr Leid nicht erfassen. In vielen Fällen könnten derartige Hindernisse schon allein durch die Einführung einer sprachlichen Vermittlung bei Arztbesuchen überwunden werden (siehe auch R. Salman im vorliegenden Buch).

Um in Fällen wie von Maïmouna angemessen intervenieren zu können, brauchen wir Strukturen, die den Migrantinnen den Zugang zu medizinisch-psychologischen Einrichtungen erleichtern. Dies schließt die Verfügbarkeit von Übersetzerinnen ein, die für die Arbeit im medizinisch-psychologischen Feld ausgebildet sind. Darüber hinaus ist es unabdinglich, dass die Mitarbeiter des Gesundheitswesens lernen die Ausdrucksformen von Leid bei Angehörigen anderer Kulturen zu erkennen. Leid kann durch körperliche Symptome ausgedrückt werden; manchmal drücken Migrantinnen ihr Leid in »kulturell kodierter Form« (MORO 1994), also im Rahmen traditioneller Vorstellungen aus. Vielfach verkennen die Mitarbeiter von Servicediensten das psychische Leid von Migrantinnen auf Grund der ihnen fremden Ausdrucksformen. Für ein Verständnis von Migrantinnen ist es in jedem Fall zunächst einmal entscheidend, eine tragfähige Vertrauensbeziehung aufzubauen, die es diesen Patientinnen erst ermöglicht, von belastenden Themen zu sprechen.

Medizinisch-psychologische Interventionen: Von der Notwendigkeit, medizinische Vorgehensweisen zu erklären

Die meisten Arztbesuche von Migrantinnen finden im Kontext von Schwangerschaft und Geburt statt (GLIBER 1997). Medizinische Einrichtungen sind in der Regel schlecht auf diese Patientengruppe vorbereitet und oft ist nicht einmal eine befriedigende sprachliche Kommunikation gewährleistet. Medizinische Eingriffe können so schnell als bedrohlich erlebt werden, wenn die Patientinnen sie nicht verstehen.

In Momenten des Übergangs wie dem der Schwangerschaft sind Migrantinnen oft in doppelter Hinsicht verunsichert: Zunächst einmal sind sie von der gewohnten Unterstützung anderer Frauen aus ihrer Ursprungsumgebung abgeschnitten, die ihnen eine außermedizinische Betreuung und einen seelischen Halt geben könnten. Weiterhin sind sie einem medizinischen System ausgesetzt, das nach einer Logik funktioniert, die ihnen oftmals sehr fremd ist. Wichtigste Voraussetzung, um Migrantinnen ein Gefühl der Sicherheit zu vermitteln, ist daher zuerst einmal eine gute Kommunikation (siehe den Beitrag von Th. Hegemann). Der Einsatz von Übersetzerinnen ist oft auch dann notwendig, wenn die Frauen über Grundkenntnisse der Sprache des Gastlandes verfügen. Befürchtungen werden in der Muttersprache leichter ausgedrückt und Rückfragen bei Missverständnissen eher riskiert. Die Behandlung durch Ärztinnen und anderes weibliches Personal ist hilfreich, um respektvoll mit Bereichen von Scham und Intimität umgehen zu können.

Westliche medizinische Vorgehensweisen sind in einen Kontext von Vorstellungen eingebettet, die denjenigen vieler Patientinnen antinomisch gegenüberstehen können (siehe dazu auch den Beitrag von R. Littlewood). Die Ultraschalluntersuchung in der Schwangerschaft, die in unserer Kultur ein banaler Akt geworden ist, kann von Frauen, die nicht an derartige Praktiken gewöhnt sind, wie ein magischer Akt erlebt werden, wie ein Akt des Voyeurismus oder sogar wie eine Transgression (da sichtbar gemacht wird, was versteckt bleiben sollte). Es ist daher unabdinglich, sich die Zeit zu nehmen, um Sinn und Ablauf derartiger Interventionen zu erklären, und zu erkunden, ob sie als bedrohlich erlebt werden.

Nehmen wir das Beispiel der Kaiserschnitt-Geburten: Der Kaiserschnitt als »nicht natürliche Geburt« erschwert manchen Müttern eine Beziehung zu ihrem Kind aufzubauen. Gerade in den Fällen, in denen die Schwangerschaft in Angst und Hoffnungslosigkeit erlebt wurde, können bei der Mutter Gefühle der Fremdheit ihrem Kind gegenüber aufkommen. Bei der ersten Schwangerschaft nach einer traumatisch erlebten Migration ist dies besonders häufig der Fall. Es sollte daher versucht werden, Kaiserschnitte durch eine Begleitung zu den Frauen zu erleichtern, die Sicherheit vermittelt. Wir haben im Rahmen von transkulturellen Notfallinterventionen in einer perinatalen Abteilung durch die bloße Durchführung von Gesprächen, in denen kulturelle Faktoren und Familienkonflikte berücksichtigt wurden, Situationen entschärfen können, in denen bereits ein Kaiserschnitt anvisiert worden war ... Wenn ein Kaiserschnitt unvermeidlich ist, kann eine psychologische Betreuung unabdingbar sein, um die Entwicklung einer disharmonischen Mutter-Kind Beziehung zu vermeiden.

Die Geburt eines Kindes betrifft nicht allein Mutter und Kind, sondern sie ist oftmals auch ein Moment, in dem Konflikte mit dem Partner oder der Großfamilie aufflammen. Es sollte daher den Frauen im Rahmen der Schwangerschaftsbetreuung und Geburtshilfe Gelegenheit gegeben werden zu erzählen, in welchen Kontexten sie die Geburt ihres Kindes sehen und welche Sorgen und Ängste sie bewegen.

Die Kategorien »Mann« und »Frau«

Die Kategorien »Mann« und »Frau« drücken nicht allein Merkmale der biologischen Natur aus, sondern sie sind Konstrukte sozialen Ursprungs, die wir – unter Rückgriff auf das Vokabular der Erkenntnistheoretiker – als »Erzählprinzipien« bezeichnen wollen (zur Unterscheidung von objektiven Kategorien und »Erzählprinzipien« siehe STENGERS / SCHLANGER 1991).

Jede Kultur verfügt über bestimmte Schemata in Bezug auf die männliche und weibliche Geschlechtsrolle und deren Verhältnis zueinander (siehe auch den Beitrag von B. Krause). Diese Schemata sind einem steten Wandel unterworfen, wobei soziale, politische und kulturelle Faktoren eine Rolle spielen. Die Mischungen, die sich aus der Begegnung unterschiedlicher kultureller Strömungen ergeben, nehmen Einfluss auf diesen Wandel. Das persönliche Erleben der eigenen Geschlechtsrolle ist dann das Ergebnis einer individuellen Aneignung und Neuinterpretation bestehender Schemata. Trotz dieses individuellen und kollektiven Wandels lassen sich bestimmte Logiken aufzeigen, die zumindest für eine Generation in einem kulturellen Kontext in Bezug auf die Geschlechtsrollen von Bedeutung sind.

Wir wollen hier am Beispiel der Maghrebinerinnen untersuchen, wie die Konstruktionen des Männlichen und des Weiblichen »migrieren« und wie sich das Verhältnis zwischen Männern und Frauen in der Migration ändert.

Frausein im Maghreb

Aus Sicht des Westens galt der Maghreb (Marokko, Algerien, Tunesien) immer als äußerst frauenfeindlich (ZOUARI 1994). Hier wollen wir versuchen den Reduktionismus und die Dichotomie dieser Annahmen zu überwinden. Die Gegenüberstellung der »befreiten« Frauen des Okzidents auf der einen Seite und der »eingeschlossenen und unterworfenen« Frauen des Orients auf der anderen scheint uns an der Realität vorbeizugehen. Die maghrebinischen Frauen verfügen in ihrem traditionellen Umfeld über Strategien der Einflussnahme, die ihnen helfen, der Macht der Männer eine Gegenmacht entgegenzusetzen. In der Migration aber verlieren Frauen manche Voraussetzungen für diese Gegenmacht und so versuchen sie, manchmal über verzweifelte, manchmal über ausgesprochen kreative Strategien, ihre Gegenmacht zu erhalten und dafür neue Ressourcen zu nutzen.

Die traditionelle Stellung der Frau im Maghreb

Der Maghreb ist wie alle anderen Gegenden der Welt kein homogenes kulturelles Gebilde. Maghrebinerinnen können daher aus ausgesprochen unterschiedlichen kulturellen Hintergründen stammen: Die Araberin aus Tunis, die aus einer gebildeten Kleinfamilie der Mittelschicht stammt, unterscheidet sich erheblich von der Kabylin aus einem algerischen Bergdorf, die eine andere Sprache spricht und ein völlig anderes Leben lebt. Dennoch können wir nur einige kulturelle Charakteristika der maghrebinischen Gesellschaften umreißen, die sowohl für Frauen aus ländlichen Regionen als auch für die »modernen Städterinnen« wichtig sein können.

Die maghrebinischen Gesellschaften sind patrilinear. Traditionell leben beide Geschlechter relativ getrennt voneinander: die Frauen bleiben im Haus, während die Männer das öffentliche Leben bestimmen (PLANTADE 1988). Während den Männern soziale Anerkennung zukommt, üben die Frauen ihre Macht in den »Innenräumen« aus. In den ländlichen Gegenden ist die Großfamilie immer noch von sehr großer Bedeutung. Hochzeiten werden auch heute noch häufig von der Familie arrangiert und der Jungfräulichkeit kommt eine hoher Stellenwert zu – von ihr hängt die Ehre der gesamten Familie der jungen Frau ab. Nach der Hochzeit wechselt die Frau in den Haushalt der Schwiegereltern über und ist stark von ihrer Schwiegermutter und von den Schwägerinnen abhängig. Ihr Status ändert sich erst mit der Mutterschaft, insbesondere mit der Geburt eines Sohnes.

Der »Gruppe der Frauen« (Mütter, Schwiegermütter und Schwägerinnen) kommt eine sehr bedeutende Rolle zu, vor allem in der Begleitung einer Frau auf dem Wege zur Mutterschaft. Sie stellt auch einen Ort des Austausches dar: Hier kann über Sexualität gesprochen werden, über Männer, über Wege, sie zu beeinflussen, sie zu verführen, sie zu »betrügen« ... (PLANTADE 1988). Die Frauenräume sind auch Orte, in denen in Momenten der Krise ein Austausch über den Sinn einer Störung eingeleitet wird und in denen traditionelle Krankheitsvorstellungen zirkulieren.

Maghrebinische Frauen in der Migration

Die Migration konfrontiert Männer und Frauen mit einer Umwelt, deren stillschweigende Grundannahmen bezüglich der Geschlechterrollen sich erheblich von der ihnen bekannten Auffassung unterscheiden. Die traditionelle Rolle der Männer wird in der westlichen Gesellschaft in Frage gestellt, was sich oft im Bemühen psychosozialer Institutionen niederschlägt, moslemische Frauen nach dem westlichen Modell zu schützen. Einer Verhärtung der Positionen ist bei Konfrontation mit den Männern nicht selten die Folge.

Den Frauen gehen in der Migration zunächst viele Orte des Schutzes und der Gegenmacht verloren. Einflussnahme durch Druck auf die Großfamilie, durch Tratsch und durch traditionelle Praktiken ist nur noch in sehr beschränktem Maße möglich. Gleichzeitig werden den Frauen von der westlichen Gesellschaft neue Formen der Einflussnahme angeboten, die sie sich manchmal in sehr kreativer Weise aneignen. Besonders jungen maghrebinischen Frauen gelingt es oft, sich durch Ausbildung und Beruf einen eigenen Raum zu erstreiten. Aber auch die älteren Frauen entwickeln ihre eigenen Strategien – in Frankreich zum Beispiel diejenigen, die sich nach französischem Recht scheiden lassen, sobald ihre Kinder aus dem Haus sind. Manche von ihnen bleiben nach der Scheidung mit ihrem Ehemann zusammen, berufen sich aber immer dann auf die vollzogene Scheidung, wenn der Mann sie zu unliebsamen Entscheidungen zwingen will …

Der Wunsch nach Veränderung und die Einpassung in die Modernität

Es gibt in der Tat eine Vielzahl von Möglichkeiten, die Migration zu erleben. Manche Frauen ziehen sich in der Migration auf sich selbst und auf »traditionelle Verhaltensweisen« zurück, die sie bereits aufgegeben hatten, bevor sie das Herkunftsland verließen (VASQUEZ 1993), besonders dann, wenn sie gegen ihren Willen migriert sind. Andere Frauen haben eine Migration gezielt mit dem Wunsch nach Veränderung und Neuanfang angestrebt – so auch Zohra, eine junge Araberin aus Casablanca (Marokko):

> »Als ich zwanzig Jahre alt war, entschied meine Mutter, dass es Zeit sei zu heiraten. Ich hatte begonnen Jura zu studieren, aber mein Vater sagte, das sei kein Beruf für mich. Mir wurden viele junge Männer vorgestellt: entfernte Cousins, die in mir nichts als eine Frau sahen, die es zu unterwerfen galt. Ich habe sie alle abgelehnt. Eines Tages, während der Sommerferien, wurde mir Mohammed vorgestellt, ein Mann, der wesentlich älter war als ich, der in Frankeich lebte und der noch nicht verheiratet war.

Er war hässlich, aber er schien freundlich zu sein. Ich dachte mir, der lebt schon lange in Frankreich und das Leben mit ihm ist vielleicht anders. Außerdem konnte ich nach Frankreich gehen, wenn ich ihn heiratete.«
Zohra akzeptierte die Hochzeit, ließ sich ein Jahr später scheiden und lebte danach mit ihrer neugeborenen Tochter alleine. Zwei Jahre später kam Zohra zu uns, weil sie sich »besessen« fühlte. Unter Einbezug traditioneller Krankheitsvorstellung begannen wir eine psychotherapeutische Arbeit, bei der wir Zohra auf ihrer Suche nach Identität und bei der Aufarbeitung einer alten depressiven Position begleiteten. Zohra begann, sich als eine andere Frau zu denken – weder in der Opposition noch in der Nachahmung, – sich selbst als eine moderne arabische Frau mit einer Geschichte und einer Identität.

Schlussfolgerungen

Migrantinnen gehören verschiedenen Welten an, sie sind, genau wie ihre Kinder, »Mischlinge«, deren Schicksale und deren Kreativität beeindruckt. Den meisten gelingt es, den reduktionistischen Modellen zu entschlüpfen, die die »freien westlichen Frauen« den traditionellen »unterwürfigen Frauen des Orients« gegenüberstellen. Je nach Persönlichkeit, Milieu und Möglichkeiten entwickeln sie einzigartige und komplexe Lebenswege. Manchmal wird diese Neu-Schöpfung in der Konfrontation mit Männern geleistet – sei es durch den Einsatz von Macht oder List –, in den meisten Fällen jedoch in langen, mühsamen und zähen Verhandlungen, in denen gemeinsame Lösungen gefunden werden. Strategien der Einflussnahme und der Kulturmischung reichen von Verführung mit Liebesamuletten bis hin zur Nutzung der Gesetze. Migrantinnen eröffnen Professionellen eine reiche Palette zu lernen – von den vielfachen menschlichen Mythen, aber auch von der Fähigkeit des menschlichen Geistes, an der Grenze des Imaginären und des Realen schöpferisch zu sein!

Die Begegnungen zwischen Migrantinnen und den Mitarbeiterinnen und Mitarbeitern sozialer, medizinischer und psychologischer Institutionen sind manchmal heftig, häufig schwierig und nicht immer effektiv. Vor allem dann, wenn wir Angst vor Andersartigkeit haben und vor dem uns Fremden, mit dem uns Migrantinnen konfrontieren, von dem sie manchmal aber nicht zu sprechen wagen, weil sie fürchten, verurteilt zu werden. Andersartigkeit zu ignorieren würde nicht allein kreative Aspekte der Begegnung vernachlässigen, sondern birgt auch das Risiko, diese Frauen aus unseren Systemen der Prävention und der Heilung auszuschließen.

Sjoerd Colijn

Jugendliche Migranten in der Psychiatrie

»Myself when young did eagerly frequent
Doctor and Saint, and heard great argument
About it and about: but evermore
Came out by the same door as in I went.«
The Rubáiyát of Omar Khayyám

Einführung

Die Literatur zur psychosozialen Diagnostik und Therapie von Jugendlichen, deren Wurzeln außerhalb der dominanten westlichen Kultur liegen, wächst immer weiter an. In diesem Beitrag beziehe ich mich auf US-amerikanische Veröffentlichungen (HENDREN / BERLIN 1991; VARGAS / KOSS-CHIOINO 1992; CANINO / SPURLOCK 1994) und die zunehmenden Erfahrungen in den Niederlanden (EPPINK / JANSSEN 1990; COLIJN 1992; 1995; 1996; DE JONG / VAN DEN BERG 1996). Es geht mir darum, hier spezifische Ansätze vorzustellen, die sich im Umgang mit jugendlichen Migrantinnen und Migranten bewährt haben.

Die Bezeichnung »jugendliche Migranten« bezieht sich auf all diejenigen Jugendlichen, »deren Wurzeln außerhalb der dominanten westlichen Kultur« liegen, auch wenn diese Umschreibung missverständlich sein kann. Diese Jugendlichen zeichnen sich dadurch aus, dass sie selbst oder ihre Eltern eine Kultur aus ihrem Heimatland »mitgebracht« haben und sie sich daher auf verschiedene Weise mit der westlichen dominanten Kultur ihres Gastlandes arrangieren müssen (TYLER u.a. 1991). Konflikte zwischen beiden Kulturen hinterlassen markante Spuren im Leben der Betroffenen. Eine weitere Anforderung an diese Jugendlichen ist die eigene oder elterliche Migrationserfahrung. In den Niederlanden beispielsweise werden nichteuropäische Adoptivkinder und »unbegleitete minderjährige Asylbewerber« als spezielle Risikogruppe unter den jugendlichen Migranten angesehen. In unserem Land (mit weniger als einem Viertel der deutschen Bevölkerung) besteht diese Gruppe aus etwa 5000 Personen, die in ihrer großen Mehrheit von ihren Eltern fortgeschickt wurden, um in einer sichereren Umgebung und für eine bessere Zukunft leben zu können.

In Anlehnung an andere Abhandlungen über Jugendliche möchte ich mich hier auf verschiedene wissenschaftliche Konzepte beziehen: die Entwicklungspsychologie, die Anthropologie und die (systemische) Psychotherapie.

Jugend aus einer Entwicklungs- und transkulturellen Perspektive

Die Diskussion der psychologischen Entwicklung des Menschen und deren Beeinflussung durch Kultur würde die Möglichkeiten dieses Kapitels überschreiten. Trotzdem ist die Berücksichtigung dieser Faktoren eine Voraussetzung, um jugendlichen Migranten eine kultursensible Versorgung anbieten zu können.

Als Adoleszenz wird im Allgemeinen die Zeit der körperlichen und seelischen Entwicklung zwischen dem 12. und dem 23. Lebensjahr angesehen. Im Alter von 12 bis 16 Jahren spricht man von früher, im Alter von 17 bis 23 Jahren von später Adoleszenz. Nach den westlichen Lehrbüchern der Entwicklungspsychologie handelt es sich bei der Adoleszenz um eine Zeit des Wachstums und der Veränderung in praktisch allen Bereichen des körperlichen, geistigen, sozialen und seelischen Lebens eines jungen Menschen. Es ist eine Zeit neuer Erfahrungen, neuer Verantwortungen und neuer Beziehungen zu Erwachsenen ebenso wie zu Gleichaltrigen.

Vorherrschende Meinung ist, dass die biologisch-körperlichen Veränderungen der Pubertät sowohl im historischen wie kulturellen Vergleich universell gleichartig ablaufen (Bogin 1988); allenfalls kann der Beginn dieser Veränderungen örtlich und zeitlich variieren, je nach der Ernährungslage einer umschriebenen Population. In allen Gesellschaften durchlaufen Jungen und Mädchen endokrin gesteuerte Wachstums- und Reifungsprozesse. Es handelt sich weiterhin um eine Lebensphase, in der kognitive Reifungsprozesse ein größeres abstraktes und selbstkritischeres Denken über soziale Beziehungen erlaubt. Jugendliche zeigen eine wachsende Fähigkeit, sowohl innere wie äußere Faktoren ihres Wohlbefindens verstehen zu können (Offer / Schonert-Reichl 1992).

Andererseits sind die Bedeutungen, Zeitspannen und Riten, die der Jugendzeit zugemessen werden, nicht universell, sondern unterscheiden sich beträchtlich zwischen den Kulturen. A. Schlegel (1995) unterscheidet zwischen einer biologischen (meist Pubertät genannt) und einer sozialen Reifezeit. Es hat den Anschein, dass das heutige Verständnis einer sozialen Adoleszenz mehr oder weniger eine Konstruktion der industrialisierten, dicht bevölkerten westlichen Gesellschaften ist. H. Fabrega und B. D. Miller (1995a) fassen diesbezügliche wissenschaftliche Meinungen folgendermaßen zusammen: »[In westlichen Gesellschaften] wird eine bestimmte Lebensphase von Kindern und Jugendlichen zunehmend als befreit von Familienbindungen und -verantwortlichkeiten empfunden, was umgekehrt die Bildung von typischen Gruppen fördert, die sich durch Ähnlichkeiten in Aussehen, Erwartungen, Konflikt- und Fehlverhalten auszeichnen.«

Zahlreiche westliche Psychologen haben diese Zeit der Entwicklung untersucht. Bis in die frühen achtziger Jahre basierten die vorherrschenden Erklärungsmodelle auf den Ideen von E. ERIKSON (1968). Dieser beschreibt ein Stadienmodell vom Säuglings- bis zum Erwachsenenalter und fokussiert auf die Interaktionen des Individuums und seinem sozialen Umfeld. Für ihn ist das zentrale psychologische Thema der Adoleszenz die Identitätsbildung. Das bisherige Selbstbild eines jungen Menschen wird erschüttert und muss erneuert werden. Es gilt eine Verbindung zwischen dem, was er als Kind gewesen ist, und dem, was er werden wird, herzustellen. Konzepte für die eigene Person wie für die Reaktionen der Umwelt darauf müssen neu entwickelt werden.

Mit der neuen Identitätsbildung (einschließlich der kulturellen und ethnischen) geht einher:

- eine Lösung von kindlichen Abhängigkeiten,
- eine Reifung der Objekt-Beziehungen,
- eine Integration von Ich-Kompetenzen,
- eine Lösung von der Herkunftsfamilie,
- ein Aufbau von Peergruppen.

Obwohl bereits die bekannte Anthropologin M. Mead unterschiedliche Ablaufmuster für diese Lebensphase in anderen Kulturen beschrieben hat, halten sich Begriffe wie »adolescent turmoil« (jugendlicher Aufruhr), als seien sie universell gültig. In den achtziger Jahren hat dann C. J. COLEMAN (1980) gezeigt, dass diese Konzepte mit der typischen Generationenkluft und den Identitätskrisen selbst für die westlichen Gesellschaften alles andere als charakteristisch sind. An die 80 Prozent aller westlichen Adoleszenten erleben nicht so etwas wie »adolescent turmoil«, sie kommen gut mit ihrer Familie und ihren Peergruppen zurecht und haben eine positive Einstellung zu ihren sozialen und kulturellen Werten. Der Schwerpunkt der einschlägigen Literatur hat sich seither von generalisierenden Beschreibungen auf die Beobachtung unterschiedlicher Entwicklungsverläufe bei verschiedenen jugendlichen Untergruppen verlagert.

Jugendliche stehen überall vor ähnlichen Entwicklungsanforderungen, aber jede soziale und kulturelle Gruppe bietet unterschiedliche Bewältigungsmöglichkeiten an. Entsprechend den vorherrschenden westlichen Konzepten, haben die Hauptanforderungen für Jugendliche mit den beiden parallelen Prozessen des Verlassens der Kinderwelt einerseits und des Eintritts in die Erwachsenenwelt andererseits zu tun.

Dazu gehören:

- der Aufbau veränderter Familienbeziehungen,
- die Sorge für die eigene Gesundheit und den Eindruck nach außen,
- eine sinnvolle Freizeitgestaltung,
- eine Haltung zu Intimität und Sexualität,
- eine Haltung zu Arbeit und Schule,
- die Pflege von Freundschaften und sozialen Beziehungen,
- der Umgang mit Autoritäten.

Man kann davon ausgehen, dass Art und Weise dieser Entwicklungen in Abhängigkeit von den jeweiligen Kulturen variiert. Im Verlauf dieser Entwicklungsanforderungen müssen Entscheidungen getroffen, Konflikte gelöst und Krisen bewältigt werden. Die Bewältigung der damit einhergehenden inneren und äußeren Spannungen gilt als Voraussetzung für eine stabile Erwachsenenidentität.

Coleman hat damit die Theorien von Erikson erweitert und betont, dass Adoleszenz erst einmal ein ganz normaler Prozess ist. Der Übergang von der Kindheit zum Erwachsenenalter erfordert zwar erhebliche psychische und soziale Anpassungsfähigkeit, aber obwohl diese Zeit für einige Jugendliche schwierig ist, scheint die Mehrzahl von ihnen sie relativ stabil zu überstehen und kommt ohne größeren Stress zurecht. Jugendliche sind nach C. J. COLEMAN (1980) durchaus in der Lage, stresshafte Situationen, wie Auseinandersetzungen mit den Eltern, Angst vor Zurückweisung durch Peergruppen oder Scheu in sexuellen Beziehungen, zu meistern, solange sie sich einer der genannten Anforderungen zuwenden können. Für die meisten Menschen ist die Entwicklung einer Haltung zur Sexualität – vor allem zu deren emotionalen und sozialen Dimensionen – eine Anforderung oder Aufgabe. Die Psychiatrie ist voll von Menschen, die diese schlecht bewältigt haben. Jugendliche, die gleichzeitig vor mehreren Anforderungen stehen, haben ein größeres Risiko, in Schwierigkeiten zu geraten.

In diesem Zusammenhang nun wird die Frage, welche Anforderungen eine Migration stellt, bedeutsam. Jüngste Literatur, die auch die Situation in den Herkunftsländern einbezieht, zeigt ein neues Bild der jugendlichen Migrantinnen und Migranten.

D. Offer und K. A. Schonert-Reichl (1992) haben in einer Übersicht der jüngsten Forschung gezeigt, dass in den westlichen Ländern die Prävalenzrate psychischer Störungen bei Erwachsenen und Jugendlichen mit etwa 20 Prozent gleich ist. Jugendliche (vor allem männliche) zeigen generell eher eine deviante und nach außen gerichtete Symptomatik und sind daher mehr in Gewalttätigkeiten und Sucht verwickelt – kriminelle Karrieren beginnen in der Jugend. Jugendliche Peergruppen spielen eine entscheidende Rolle bei der Entwicklung solcher Verhaltensweisen. Wettbewerb und Idealisierung entsprechender Rollenmodelle ermutigen Jugendliche zu Verhaltensweisen, die sie sich als Kinder nicht einmal vorstellen konnten und deren sie sich als Erwachsene schämen würden.

Psychopathologie scheint dagegen zwischen den Geschlechtern ungleich verteilt zu sein. Vor der Adoleszenz sind Mädchen gesünder, während es danach umgekehrt ist. Auf Grund ihrer Literaturrecherche fassen D. Offer und K. A. Schonert-Reichl charakteristische Unterschiede zwischen männlichen und weiblichen Jugendlichen zusammen: Schwierige Jungen drücken ihre Störungen eher durch ein Ausagieren und durch Suchtmittelmissbrauch aus, während Mädchen ihre Störungen eher durch eine nach innen gerichtete Symptomatik im Sinne psychosomatischer Beschwerden ausdrücken. Die Forschung zeigt weiterhin, dass Jugendliche sich schwer tun, professionelle Hilfe bei psychischen Problemen in Anspruch zu nehmen. Sie suchen eher Hilfe in ihrer Familie oder in ihrer Peergruppe. Nur wenige wenden sich an Ärzte, Geistliche oder andere Professionelle des Gesundheitswesens. Während der Adoleszenz werden Peergruppen zunehmend zur Orientierung in Wert- und Identitätsfragen, aber auch zu einer Quelle praktischer Hilfe. Man sollte sich hier im Klaren sein, dass in nichtwestlichen Gesellschaften auch Personen aus der erweiterten Familie Peergruppen bilden können, etwa Cousins, Neffen oder andere Verwandte. In heutigen westlichen Gesellschaften dagegen sind es eher Schul- oder Sportkameraden.

Obwohl es sicher zahlreiche Gemeinsamkeiten in der Entwicklung Jugendlicher gibt, bleiben den Mitgliedern der Dominanzkultur doch eine Reihe sozialer Stressoren erspart, mit denen sich Jugendliche aus Minderheiten auseinander setzen müssen. Beispielhaft seien Armut, Rassismus sowie die Belastungen der Migration und der Akkulturation genannt. In Westeuropa lebt die Mehrzahl jugendlicher Migranten und Mirgrantinnen unter schlechteren sozioökonomischen Bedingungen, ihre Familien sind häufiger von Arbeitslosigkeit betroffen, sie leben eher in »schlechten« Wohnungen und Stadtvierteln, sie verlassen häufiger die Schulen ohne Abschluss und kommen leichter mit der Polizei und Justiz in Kontakt etc. Ich möchte hier ausdrücklich betonen, dass es sich hier um eine sehr allgemeine Beschreibung handelt. Gerade in den letzten Jahren sind mehr und mehr auch positivere Rollenmodelle durch die Medien bekannt geworden.

Eine Zeit der Übergänge und der Liminalität: Anforderungen und Chancen

Übergänge sind das Charakteristikum für jugendliche Migrantinnen und Migranten: Die Adoleszenz ist ein Übergang von der Kindheit zum Erwachsenenalter, die Migration ein Übergang vom Heimatland in eine neue Umgebung. Auch für Diagnose, Therapie und andere Behandlungen hat sich die Idee des Übergangs bewährt. Sie hebt die Besonderheiten der Adoleszenz hervor, ohne sie zu bewerten. Alle Jugendlichen sind während dieser Zeit besonders verletzlich, da sie die »sichere« Welt der Kindheit verlassen müssen und in der neuen Welt der Erwachsenen die Pflichten zunehmen. Sie stehen vor Bedrohungen, Anforderungen und Chancen, vertraute Muster verlieren an Bedeutung und lösen sich auf. Im klinischen Alltag kann diese lebensphasentypische Verletzlichkeit dann als Auffälligkeit, Symptom oder Beschwerde auftauchen. Das anthropologische Konzept der *Liminalität*, das Ideen des Grenzgängers und des Übergangs beschreibt, welche sowohl Bedrohungen wie auch Chancen der beiden ineinander greifenden Lebensphasen beinhaltet, mag hier hilfreich sein. Zahlreiche Kulturen betten diese Zeit daher in Initiationsriten ein, welche von A. van Gennep (1986) und Turner (1969) als typische Beispiele von Übergangsriten oder »rites de passage« angesehen werden. Diese zeichnen sich durch eine typische Drei-Phasen-Struktur aus:

- das Stadium der Trennung von alten Bindungen, alten Identitäten, alten Konventionen und Rollen;
- das eigentliche Übergangsstadium, »das Mittendrin«, das der Liminalität oder des An-der-Schwelle-Stehens (Gennep 1986), wo das Alte zurückgelassen wurde, das Neue aber noch nicht adaptiert werden kann;
- das Stadium der Annahme, in dem Menschen oder Gruppen in neue Bindungen, Identitäten, Konventionen und Rollen wachsen.

Jugendliche Migrantinnen und Migranten können gleich in zweierlei Hinsicht als *liminal* angesehen werden: sowohl in Bezug auf den Übergang von der Kindheit zum Erwachsenenalter wie auch vom Heimatland zum Gastland. Sie könnten während dieser Zeit der Instabilität auch in der Dominanzkultur nach orientierenden Peergruppen suchen. Dort finden sie jedoch im Allgemeinen keine kulturelle Anbindung. Gleichzeitig lockert sich die Bindung und die Orientierung an die Herkunftskultur. Die Grenzen zwischen normal und abweichend, zwischen gesund und pathologisch, die für alle Jugendlichen verschwommen und unsicher sind, sind für Jugendliche, denen es an Orientierung durch beide Kulturen mangelt, besonders schwierig zu erkennen.

Ein türkisches Mädchen, dessen Vater vor zwei Jahren verstorben war, wurde depressiv und suizidal und kam am Ende in eine kinder- und jugendpsychiatrische Klinik. Während der Behandlung mit begleitender Psychotherapie und Familiengesprächen wurde ihre Geschichte klarer: Sie war die älteste Schwester, neben zwei Brüdern, und das Lieblingskind der Eltern. Die Mutter war nach dem Tod des Vaters sehr verzweifelt. Während der zwölf Jahre in den Niederlanden war sie immer Hausfrau gewesen und hatte die Sprache nicht erlernt. Der Vater war immer für die Außenkontakte zuständig gewesen. Jetzt verließ sie sich auf ihren Schwager, einen der ganz wenigen Verwandten vor Ort. Gemeinsam ermutigten sie den ältesten Sohn, die Rolle des »Mannes im Haus« zu übernehmen und wichtige Entscheidungen, die in der Familie anfielen, zu treffen. Dieser Familienprozess war für die Tochter extrem belastend, denn sie musste gleichzeitig den Haushalt übernehmen, sich mit dem Verlust abfinden und sich der neuen Autorität des Bruders fügen. Peergruppen standen ihr dabei nicht zur Verfügung, weder unter den gleichaltrigen türkischen Verwandten noch unter der einheimischen Bevölkerung. Am Ende verzweifelte sie immer mehr und zog zunehmend auch extreme Lösungen wie Suizid in Betracht.

Trotz allem birgt dieses liminale Alter nicht nur Gefahren, sondern auch Chancen. In nichtwestlichen Gesellschaften werden Jugendliche durch Rituale unterstützt, den Anforderungen des Übergangs von der Kindheit zum Erwachsenenleben zu bewältigen. Gerade jugendliche Migranten könnten von einer Ritualisierung dieser Übergangsprozesse profitieren. Gute Therapien könnten in ihrer praktischen Konsequenz eine derartige ritualisierte Hilfe bei transitorischen Prozessen darstellen: Separation und Individuation, oder anders ausgedrückt: ein autonomes Individuum zu werden, mit einer erwachsenen Beziehung zur Herkunftsfamilie und Herkunftskultur.

Das oben genannte Mädchen wurde in einer Einzeltherapie durch verschiedene transitorische Prozesse begleitet: der schmerzhafte Abschied vom Vater, der mit einem Besuch an seinem Grab in der Türkei abgeschlossen wurde, sowie Familiensitzungen, gemeinsam mit dem Onkel, in denen sie ihre Zukunftswünsche offen artikulieren konnte. Zu ihrer Überraschung stimmten Mutter, Onkel und Bruder ihrem Wunsch, studieren zu wollen, zu und überließen ihr, wie weit sie sich auf die niederländische Gesellschaft einlassen wollte.

Typisch für diese Migrantengeneration in Westeuropa ist das »Kind zweier Kulturen« (EPPINK / JANSSEN 1990) oder das Zwischen-den-Kulturen-Stehen (KOSS-CHOINO 1992). Letztlich gilt das aber für alle Jugendlichen. Sie stehen zwischen der Kultur der »inneren Welt«, der der Familie, und der Kultur der »äußeren Welt«, der der Peergruppe, der Schule und der Arbeit. Für viele moderne westliche Jugendliche führt das zu Spannungen zwischen diesen kulturellen Welten und gelegentlich auch zu starken Konflikten. Für jugendliche Migranten gilt das für die große Mehrheit. In den achtziger Jahren wurden daraus resultierende Identitätsprobleme, Verhaltensauffälligkeiten und zunehmende psychopathologische Symptomatik gar als Regel angenommen. Jüngste Forschungsergebnisse aus den Niederlanden, Großbritannien und den USA konnten jedoch nachweisen, das dies nicht der Fall ist. Das Selbstwertgefühl von Jugendlichen aus den Migrantengruppen unterscheidet sich kaum von dem der Jugendlichen aus den dominanten kulturellen Gruppen, obwohl ihre Lebensbedingungen deutlich schlechter sind. Als Begründung wird angeführt, dass Peergruppen für diese Jugendlichen eine größere Bedeutung haben als andere Gruppe.

T. LA FROMBOISE, H. COLEMAN und J. GERTON (1993) widersprechen in ihrer Literaturübersicht zu den Folgen von Bikulturalität der Hypothese, dass diese zu »marginalen« oder Außenseiterexistenzen führe, und befürworten ein »Alternationsmodell«. Dieses geht davon aus, dass Jugendliche durchaus über die Fähigkeit verfügen, in mehreren Kulturen kompetent zu sein, ohne ihre kulturelle Identität zu verlieren oder sich alternativ für die eine oder die andere Kultur entscheiden zu müssen. Sie verfügen über die Fähigkeit, ihr Verhalten dem jeweiligen Kontext anzupassen. Hier wird deutlich, dass das höchste psychologische Entwicklungsniveau eine bikulturelle Kompetenz einschließt.

Dennoch stehen Jugendliche, die in Familien mit tiefen Wurzeln in nichtwestlichen Kulturen aufwachsen, die meiste Zeit aber in westlich orientierten Szenen wie Schule, Arbeit oder Freunden verbringen, vor einer anspruchsvollen

Aufgabe. Immer wieder aufs Neue müssen sie ihre Loyalitäten neu ausbalancieren – zwischen den Kulturen, Normen und Werten der Familie, Peergruppe, Freizeit, Arbeit, Schule und Geschlechtsrolle sowie in vielen Fällen auch noch zwischen der religiösen und der profanen Welt. Nach Jahren des Ausprobierens, Suchens und auch gelegentlichen Scheiterns findet die große Mehrheit der jugendlichen Migranten einen erfolgreichen Weg ins Erwachsenenleben mit der Bereicherung einer »interkulturellen Kompetenz« (BEKKUM 1999).

Therapeuten und therapeutische Beziehungen

Die Arbeit mit Jugendlichen aus anderen Kulturen stellt besondere Anforderungen. Fachleute stimmen mittlerweile darin überein, dass eine kultursensible *Haltung* für erfolgreiche Therapien weit wichtiger ist als Detailwissen über die jeweilige Kultur. Leicht ist man verführt, stereotype Vorstellungen auf einzelne Individuen zu übertragen, was das Risiko birgt, alte Vorurteile lediglich durch neue zu ersetzen. In unserer multiethnischen Gesellschaft ist es unrealistisch, über die Kulturen der verschiedenen Jugendlichen alles in Erfahrung zu bringen. Eher sollten Therapeuten lernen, Jugendlichen aus unterschiedlichen Kulturen »ausreichend gute« Therapien (KOSS-CHOINO / VARGAS 1992) zu ermöglichen. Statt detaillierter Kenntnisse über spezielle Kulturen ist ein Wissen über die übergreifenden Themen des Jugendalters und der Migration von Bedeutung (siehe auch C. Sluzki im vorliegenden Buch). Die Therapeuten sollten mit den genannten Themen und Konzepten über Bikulturalität, Liminalität und Verwandtschaft vertraut sein, um sich in den Lebenswelten der Jugendlichen zurechtfinden zu können. Die Jugendlichen bringen im Allgemeinen Ideen und Konzepte über sich selbst und andere mit, für die der Kontext ihrer Kultur und deren Inhalte eine Art Matrix ist. Es ist an Therapeuten, zu lernen, wie der kulturelle Hintergrund, sowohl der Jugendlichen wie auch der eigene, berücksichtigt werden kann. Durch Offenheit und Erfahrung ist eine solche »interkulturelle Kompetenz« erlernbar. Ich habe sie für Professionelle in psychosozialen Servicediensten in fünf Stufen beschrieben (COLIJN 1993):

1. *Aufmerksamkeit für die eigenen kulturellen Annahmen.* Die meisten Dinge, von denen wir glauben, sie tun zu müssen, machen wir, weil man uns das so beigebracht hat: angemessen für die Menschen unserer eigenen Kultur, hinterfragbar für Menschen aus anderen kulturellen Gruppen.

2. *Aufmerksamkeit für die Zugehörigkeit zur dominanten kulturellen Gruppe.* Machtunterschiede gehören zu jedem Kontakt zwischen unterschiedlichen kulturellen Gruppen.
3. *Aufmerksamkeit für die Relativität des eigenen Therapiemodells.* Selbst nach westlichen Wissenschaftskriterien (empirische Evidenz, wissenschaftlicher Konsens) gibt es kaum Gründe für die Annahme, dass westliche Therapieansätze Methoden aus anderen Kulturen überlegen seien (COLIJN 1995).
4. *Aufmerksamkeit für die Therapiekonzepte der Klienten.* Es gilt, die Verhaltensvorstellungen, die jede Kultur hat, zu beachten (siehe auch den Beitrag von B. Krause). Viele Therapeuten scheinen zu glauben, es gäbe nur ein Paradigma für menschliches Verhalten, also nur eine Psychologie (VARGAS/KOSS-CHIOINO 1992).
5. *Entwicklung eines Verhandlungskonzepts zwischen beiden Therapiemodellen.* Therapeuten und Berater sollten in der Lage sein das eigene Therapiemodell und das der Klienten gleichwertig gegenüberzustellen, implizit oder explizit, um gemeinsam eine optimale Behandlung für *diesen* Klienten, in *dieser* Situation und mit *diesem* Therapeuten entwickeln zu können (TYLER u. a. 1991).

Die Aufmerksamkeit von Therapeuten für kulturelle Werthaltungen, die in der Interaktion zum Tragen kommen, ist von besonderer Bedeutung, wie das folgende Beispiel zeigt:

> Ein türkisches Mädchen, das bisher unauffällig war und exzellente Leistungen in der Schule zeigte, fiel auf, da sie unter ihren »expansiven« Klassenkameraden immer zurückhaltender erschien. Ihr Rückzugsverhalten und ihre Scheu gaben Anlass, sich auch um ihre Leistungen zu sorgen. Sie wird zur Therapie geschickt, damit sich ihre Aufmerksamkeit und ihr Selbstbewusstsein bessern. Die Therapeutin stand vor dem Dilemma, ihr einerseits helfen zu wollen »erfolgreicher« zu sein, »Erfolg« aber andererseits abhängig ist von Inhalt und Kontext. Zu Hause wurde ihr Verhalten als durchaus adäquat, ja sogar vorbildlich angesehen. Therapeutisches Ziel könnte sein, dem Mädchen dabei zu helfen, in der städtischen Welt der Dominanzkultur selbstbewusster aufzutreten, zu Hause dagegen zurückhaltend zu bleiben.

Für Therapeuten ist es wichtig, sich auf die Probleme zu fokussieren, die von den Jugendlichen und ihren Familien vorgebracht werden. Diese eröffnen weit eher einen Zugang zu deren Verständnis über das Leben und mögliche Bewältigungslösungen als subjektive Beschreibungen über das, was an einem Jugendlichen »nicht stimmt«. Bei der Herausarbeitung der aktuellen Probleme eines Jugendli-

chen sollte man sich die spezifischen kulturellen Charakteristika vergegenwärtigen, die für die Beziehungen zwischen Jugendlichen, ihren Familien und den kulturellen Kontexten bestimmend sind. Es hat sich bewährt, bei Werten und Haltungen zwischen einer Rollenperspektive (die die soziale Positionierung widerspiegelt in Bezug auf Verwandtschaft, Alter, Geschlecht und Prestige) und einer persönlichen Perspektive (die die individuelle Positionierung jedes einzelnen Familienmitglieds wiedergibt) zu unterscheiden. Rollenverhalten wird dadurch deutlicher (Eppink / Janssen 1990).
Entsprechend der Schwerpunktsetzung lassen sich individualistische und kollektivistische Kulturen unterscheiden. Genauso bedeutsam ist die Dichotomie zwischen Kulturen, in denen eine explizite Kommunikation geschätzt wird, im Gegensatz zu solchen mit einer bevorzugten impliziten Kommunikation. Nicht vergessen werden sollte jedoch, dass all diese Unterscheidungen, so hilfreich sie auch für westliche Professionelle sein mögen, immer der Gefahr eines westlichen Ethnozentrismus unterliegen, der die eine Seite als westliche bevorzugt und die andere, nichtwestliche als abweichend, deviant oder unnormal abwertet. In Therapien ist es daher nicht zu vermeiden, dass Professionelle ihre eigenen Werthaltungen implizit einführen. Eine interkulturelle Kompetenz sollte daher nicht nur für den kulturellen Hintergrund der Klienten sensibilisieren. Therapeuten selbst sollten ein eigenes Gespür für ihren ganz persönlichen kulturellen Hintergrund entwickeln.

Arbeit mit jugendlichen Migranten

Kultursensibilität ist ein erster Schritt in Richtung interkultureller Kompetenz. Patienten haben ein Recht darauf, auch von professionellem Wissen über psychiatrische und psychologische Probleme und den Rahmenbedingungen ihres Entstehens zu profitieren. Nachdem die aktuellen Probleme mit Hilfe der Klienten und ihrer Familie umrissen wurden, gilt es, einen Behandlungsplan zu entwerfen, in dem für eine Pharmakotherapie genauso Platz sein muss wie für eine verhaltensorientierte oder eine analytische Einzeltherapie oder auch für eine Familientherapie. Jeder »Stand der Kunst« sollte seinen Platz haben, genauso wie das für die nicht immigrierte Bevölkerung gilt.

Wenn ein Standard-Behandlungsplan für die Jugendlichen und ihre Familien vorgestellt wird, ist es von besonderer Wichtigkeit, diesen genau zu erklären und zu begründen. Dabei sollten die eigenen fachlichen Annahmen über die Entstehung der vorgestellten Probleme deutlich werden. Gleichzeitig sollte jedoch den Familien Raum geboten werden, eigene Vorstellungen über die für ihre Kultur adäquaten Heilungsprozeduren vorzustellen.

Ein 16-jähriger Jugendlicher wurde an unsere Ambulanz überwiesen. Er stammte aus einer nordafrikanischen Familie, war aber hier geboren. Er besuchte die örtliche Schule und beherrschte die Sprache akzentfrei. Er war entsprechend der nordafrikanischen Traditionen erzogen worden und seine Eltern achteten sehr auf seinen Umgang. Wegen Kopfschmerzen, Abwesenheit und sozialer Isolierung wurde er dann vom Hausarzt an uns verwiesen. Seine Angehörigen sorgten sich, dass soziale Isolierung die Zukunft gefährden könne. Seine eigenen Vorstellungen über seine Probleme und der notwendigen Behandlung waren tief in die nordafrikanische Kultur eingebunden, auch wenn seine sprachlichen Formulierungen sehr von westlichem Denken geprägt waren. Er war davon überzeugt, dass die Männer in seiner Familie schwach und erfolglos seien. Seine Verwandten in Nordafrika machten Geister dafür verantwortlich. Aus diesem Grund hatte er einen Heiler in seinem Heimatdorf aufgesucht. Jede Woche nahm er eine Medizin ein, die von seiner Mutter für ihn zubereitet wurde. Er teilte die Ansicht, dass alles mit dem Familienkonflikt zusammenhinge und er daher nach Nordafrika zurückkehren müsse, um an einem Ritual teilzunehmen. Gleichzeitig war er davon überzeugt, dass etwas mit ihm nicht stimme und er sich dieser Mächte nicht erwehren könne.
Der westliche Therapeut fasste seine Beurteilung folgendermaßen zusammen: Es handelt sich um einen jungen Mann mit einer neurotischen Depression, der mit einer überprotektiven Mutter in einer isolierten Umgebung aufgewachsen ist. Während der Adoleszenz blieb er in dem Konflikt zwischen eigener Autonomie und der Angst, das Leben ohne die Mutter und die Familie nicht bewältigen zu können, verhaftet. Der Therapeut bezog auch einen familien-systemischen Aspekt mit ein: In dieser Familie gibt es ein Muster von überbehütenden Müttern und abwesenden Vätern.
Die Entwicklung eines Behandlungsplans war dann das Ergebnis eines Dialogs, oder eher einer Verhandlung zwischen Therapeut und Patient. Der Therapeut stellte Vergleiche zwischen den beiden Diagnose- und Behandlungsmodellen an und diskutierte sie mit dem Patienten in einer wertfreien Haltung. Sie kamen zu folgendem Ergebnis: Der Patient kommt zu ihm als Mann auf der Suche nach klaren und eindeutigen Ratschlägen. In Nordafrika hätte er sich an einen von der Gemeinde respektierten Alten gewandt. Es wurde eine Verbindung hergestellt zu der in Nordafrika üblichen Idee eines Rituals und der Patient beschrieb die unterschiedlichen Rollen dabei. Der Therapeut ermutigte ihn, in diesem Ritual eine aktive Rolle zu spielen und seine Ressourcen zu nutzen, um den Ausgang des Rituals günstig zu beeinflussen. Verfügbare Familienmitglieder wurden eingeladen, um diesen Plan zu besprechen.

> Unausgesprochen einigte man sich schließlich darauf, dass der Jugendliche nach Nordafrika fahren müsse, um dort nicht nur für sich, sondern auch für die ganze Familie eine wichtige Aufgabe zu erfüllen. Das Gespräch fand im Haus eines mütterlichen Onkels statt, wo auch sonst alle wichtigen Familienprobleme diskutiert wurden. Die Männer besprachen sich im Wohnzimmer, während die Frauen davor warteten. Ohne weitere Diskussion war es selbstverständlich, dass der Jugendliche nach seiner Rückkehr aus Nordafrika das Elternhaus verlassen müsse, um auf die Universität zu gehen.

Wie dieses Beispiel zeigt, erfordert »ausreichend gute« Therapie mit jugendlichen Migrantinnen und Migranten nicht nur jugendpsychiatrisches Wissen und eine kultursensible Haltung. In Kooperation mit den Patienten und ihren Familien sollten Therapeuten kreativ und ressourcenorientiert sein, um gemeinsam neue Wege zur Heilung zu finden.

Übersetzt aus dem Englischen von Thomas Hegemann

Angelika Ertl

Altwerden in der Fremde

»Altwerden ist das Unerwartetste, was einem widerfahren kann.«
Anonymer Altenheimbewohner

Einleitung

Das Gelingen der Lebensphase Alter scheint offensichtlich mit psychischen Aufgaben und an gesellschaftliche Bedingungen geknüpft zu sein, die das Risiko psychischer Beeinträchtigungen und Erkrankungen einschließen.
Herausforderungen für eine psychische Gesundheit im Alter sind vor allem die Akzeptanz und Bewältigung von:

- zunehmendem Kontrollverlust,
- zunehmender Abhängigkeit von familiären und von fremden Personen,
- Verlust von Zukunft und Konfrontation mit der Endlichkeit des Lebens,
- vielfacher weiterer Verlusterfahrungen,
- zunehmende körperliche Einschränkungen,
- Ausdünnung des sozialen Netzes,
- Risiko der Institutionalisierung des Privaten durch Inanspruchnahme ambulanter Dienste oder Einzug in ein Pflegeheim.

Wir sprechen in der Gerontologie deshalb auch von der Entkulturalisierung im Alter (Koch-Straube 1997). Das Risiko demenzieller Erkrankungen nimmt zudem durch das Älterwerden der Menschen beständig zu (Becker 2000).

In diesem Beitrag werden Konzepte und Erfahrungen des Projektes *Angeworben – Hiergeblieben – Altgeworden. Entwicklung des Praxisfelds Interkulturelle Altenpflege* (Ertl 1998) vorgestellt, in dem die wichtigsten Problemlösungen zu diesem Themenbereich herausgearbeitet wurden: das Arbeiten mit Migrationsbiografien, die Entwicklung von kultur- und migrationssensiblen Arbeitsweisen und interkultureller Beziehungskompetenzen, die Notwendigkeit von interkultureller Öffnung und Differenzierung der Angebote sowie Arbeitsweisen von Altenpflege-Institutionen. Am Beispiel der Betreuung eines türkischen Ehepaares in einem Altenpflegeheim werden die vielfältigen Anforderungen, mit denen sich alte Migrantinnen und Migranten und deren Familienangehörigen und Professionelle im Alltag auseinander zu setzen haben, dargestellt.

Gerontologischer Hintergrund

Die meisten der heute alten Migranten und Migrantinnen in der Bundesrepublik stammen aus Gruppen, die als Arbeitskräfte aus Südeuropa, der Türkei und Nordafrika seit Ende der fünfziger Jahre angeworben wurden. Von der Fremde zu sprechen befremdet, wenn man auf eine Lebensspanne von mehr als dreißig Jahren zurückblicken kann. Sind »Heimatlosigkeit« und »Migrationsidentität« Gründe dafür, vom Leben in der Fremde zu sprechen? Wie schlägt sich Migration biografisch nieder und welche Folgen hat das für die psychischen Belastungen im Alter? Welchen Zugang zur Migrationsbiografie heute alter Migrantinnen und Migranten brauchen wir, um nicht selbstverständlich von kultur-, religions- und migrationsbedingten Verhaltensweisen und Lebensgefühlen auf psychische Störungen zu schließen?

Vom Esel, dem Flügel wuchsen

Es hatte ein Mann einen Esel, der schon lange Jahre die Säcke unverdrossen zur Mühle getragen hatte, dessen Kräfte aber nun zu Ende gingen, sodass er zur Arbeit immer untauglicher ward. Da dachte der Herr daran, ihn aus dem Futter zu schaffen; aber der Esel merkte, dass kein guter Wind wehte, lief fort und machte sich auf den Weg. Er trifft einen Hund – Symbol für Bindung und Domestizierung für die Belange der Menschen –: »Nun, was japst du so, Packan?«, fragte der Esel. Weil ich auf der Jagd nicht mehr springen kann, hat mich mein Herr wollen totschlagen, da hab ich Reißaus genommen; aber womit soll ich nun mein Brot verdienen?« Eine Katze schließt sich an. Sie macht ein Gesicht wie drei Tage Regenwetter. »Nun was ist dir in die Quere gekommen, alter Bartputzer?«, sprach der Esel. »Wer kann da lustig sein, wenn's einem an den Kragen geht«, antwortete die Katze, »weil ich nun zu Jahren komme, meine Zähne stumpf werden und ich lieber hinter dem Ofen sitze und spinne als nach Mäusen herumjage, hat mich meine Frau ersäufen wollen, ich hab mich zwar noch fortgemacht, aber nun ist guter Rat teuer: Wo soll ich hin?« Und der Hahn, dessen Schrei nicht mehr von Nutzen ist, schreit aus vollem Hals, solange er noch kann. »Du hast eine gute Stimme«, sprach der Esel, »wir können zusammen musizieren.« Sie verbündeten sich, machten sich auf den Weg und wollten ihre Fähigkeiten und Begabungen nutzen.

Dieses hier etwas verknappte Märchen der Gebrüder Grimm zeichnet ein Bild von den psychischen Entwicklungsaufgaben im Alter, die mit der Pensionierung beginnen. Zentrale Verluste von materieller und sozialer Sicherheit durch Arbeit sind zu bewältigen, neue Lebenskonzepte müssen herausgebildet werden. Für die Mehrzahl der Arbeitsmigrantinnen und -migranten war Arbeit die zentrale Begründung für ihre Migration und für den Verbleib in Deutschland. Jetzt, wo die Arbeit sie nicht mehr zwingt hier zu bleiben, rücken Fragen nach dem Lebensort in den Mittelpunkt. Folgen der Migration müssen ge- und ertragen werden – die Freiheit, hier wie dort leben zu können, hat den Preis, hier und dort nie ganz zu Hause zu sein. Die geschaffene Altersversorgung bietet kaum lebbare Lebenskonzepte (zersplitterter Generationenvertrag): im Herkunftsland das selbst gebaute Haus oder gekaufte Grundstücke und die eigenen familiären Wurzeln, in Deutschland die Lebensgeschichte, die Kinder und Enkelkinder, die materielle Sicherheit und gesundheitliche Absicherung.

Die Lebensphase Altern ist immer verbunden mit Einschränkungen der Mobilität, mit Grenz- und Verlusterfahrungen, mit der Ausdünnung des sozialen Netzes und mit Auseinandersetzungen um Abhängigkeit. Die Pflegebedürftigkeit stellt schließlich noch eine Zäsur zwischen einer Phase von Mobilität (»junges oder kompetentes Alter«) und einer Phase von Hilfebedürftigkeit (»Pflegefall«) dar. Wer pflegebedürftig wird, muss in intimen und schambesetzten Bereichen des eigenen Lebens fremde Hilfe akzeptieren. Dies wird vielfach nur durch Anpassung und Verzicht auf Bedürfnisse und Lebensgewohnheiten ertragen – Biografien werden preisgegeben und »innere Immigration« ist die Folge. Pflegebedürftigkeit birgt das Risiko, das eigene Leben an einem öffentlichen Ort dem Pflegeheim – zu verbringen. Jetzt zeigt sich, wie tragfähig oder brüchig traditionelle kulturelle und religiöse Vorstellungen von Alter und der Altersversorgung sind und wie Familien und soziale Netzwerke die Folgen von Migration bewältigen können.

Entwicklungsperspektiven für eine kultursensible Altenhilfe

Aus einer Befragung älterer Migrantinnen und Migranten zu ihren Erwartungen an Pflegeeinrichtungen ergeben sich wichtige Aufgaben zur Differenzierung und Öffnung der deutschen Altenhilfe im Allgemeinen und der Pflegeheime im Speziellen. Die folgenden Fragen stellen sich diese Menschen:

Wer versteht mich, wenn ich etwas brauche? Was gibt es zu essen? Darf meine Tochter mir das Essen kochen? Ich möchte nur von einer Frau gewaschen werden, geht das? Werde ich mit fließendem Wasser gewaschen? Darf ich meine Gewohnheiten beibehalten? Werde ich mit Würde behandelt oder spricht man mich mit »du« an? Kann ich mich zurückziehen und beten, meine Musik hören, meine (muttersprachlichen) Fernsehsendungen anschauen oder werde ich andere damit stören? Wo kann ich Gemeinschaft erleben und kann ich meine Besuche bekommen? Wie werden die deutschen Mitbewohner reagieren? Gibt es auch Möglichkeiten, unter uns zu bleiben? Werde ich weiterhin unsere Feste feiern können und wie ist das mit dem Ramadan, wo doch so viele Deutsche unsere Religion ablehnen?

Zentrale Aufgabe für den Aufbau guter Pflegebeziehungen ist die Entwicklung von Vertrauen. Dazu bedarf es der Anerkennung von Vertrauensvorbehalten und des Bedürfnisses nach Aufrechterhaltung kultureller und religiöser Lebensweisen. Kultur-, religions- und migrationsbedingte Dimensionen bei Interaktion, Pflegehandeln, Milieugestaltung und Tagesablauf müssen erschlossen werden. Bedeutsame Dimensionen sind Kulturunterschiede in den Essgewohnheiten, religiöse Bedürfnisse, Gepflogenheiten bei Intim- und Körperpflege, aber auch die Gestaltung von Rückzugsmöglichkeiten und Angeboten sozialer Teilhabe. Angehörige und soziale Netzwerke wollen bei der Pflege beteiligt werden. Nicht zuletzt gilt es, Sprachbarrieren zu überwinden und ausreichend muttersprachliche Angebote bereitzuhalten.

Doch auf welche Erfahrungen können Altenpflegeeinrichtungen in Bezug auf diese Gruppe bauen? Bisher ist es nur unzureichend gelungen, für diese Generation Multikulturalität lebbar und Interkulturalität erfahrbar zu machen. Politisch war man bemüht, durch muttersprachliche Angebote soziale Stabilität und Selbstorganisation zu unterstützen. Interkulturalität reduzierte sich meist auf Begegnungsfeste und Kulturveranstaltungen. Die Muttersprache wurde als Alltagssprache gebraucht und als Herberge für Heimat gepflegt. Die Sprache des neuen Landes konnte nur in Arbeitsbezügen eingeübt werden – meist ein reduziertes Deutsch, mit dem das eigene Erleben und Fühlen nur sehr unzureichend ausgedrückt werden konnte.

Im Folgenden möchte ich am Beispiel eines türkischen Ehepaares, das ich im Rahmen des oben erwähnten Forschungsprojekts zur interkulturellen Öffnung eines Pflegeheims kennen gelernt habe, Aspekte des Pflegealltags beschreiben. Anliegen dieses Projektes war es, im Alltag migrationsbedingte, kulturelle und religiöse Prägungen und Bedürfnisse zu erkunden und für Pflegende Hilfen zum Verstehen und Handeln zu erschließen. Hier sollen die wichtigsten Marksteine, Stolpersteine und Edelsteine für eine kultur- und migrationssensible Pflege im Handlungsfeld der Institution *Altenheim* vorgestellt werden.

Herr und Frau Pollat (alle Namen sind geändert) gehören zur ersten Generation der Arbeitsmigranten. Sie stammen aus einem kleinen Dorf in Ostanatolien und sind über den Weg der Binnenmigration über Istanbul nach Deutschland gekommen. Herr Pollat wurde 1963 angeworben und Frau Pollat reiste 1979 im Rahmen der »Familienzusammenführung« zusammen mit ihrem zweiten Sohn ein.
Das Ehepaar lebt seit einem Jahr in einem Altenheim. Die demenzielle Erkrankung von Frau Pollat machte die stationäre Versorgung notwendig. Ihr Mann ist zwar seit längerem infolge einer Nierenerkrankung dialyseabhängig, braucht aber darüber hinaus keine Hilfe zur Pflege.
Beide sprechen kein Deutsch. Herr Pollat beherrscht auf Grund seiner früheren Berufstätigkeit einige Grundkenntnisse der deutschen Sprache; private Kontakte zur einheimischen Bevölkerung wurden jedoch nicht aufgebaut.
Das Paar hat zwei Söhne, die mit ihren Familien in Istanbul leben. Ein Nachbar, Herr Gün, zu dessen Familie eine nachbarschaftliche Beziehung besteht, besucht Herrn Pollat regelmäßig im Heim. Nachdem er sich zum Übersetzen angeboten hatte, ermöglichen regelmäßige Gespräche mit dem Pflegedienstleiter die Sicherstellung wichtiger Informationen für den Pflegeprozess. Zusätzlich haben im Rahmen des erwähnten Projektes zwei türkische Sozialarbeiter aus der zweiten Migrantengeneration die Aufgabe übernommen, die interkulturelle Kommunikation zu erleichtern und eine Mittlerfunktion wahrzunehmen: dem Paar eine Kommunikation in ihrer Muttersprache zu ermöglichen, bei der Erhebung der Anamnese zu helfen und die Mitarbeiter des Heimes mit Hilfe von Fortbildungen für die Belange von Migrantinnen und Migranten zu sensibilisieren.

Pflegeheime sind in der Regel geschlossene Systeme, die außer von den Dienstleistern lediglich von Angehörigen betreten werden. Fremde sind dort üblicherweise nicht zu sehen. Die Einbeziehung der jungen türkischen Migranten im Fallbeispiel hat daher bei den Beschäftigten Verunsicherung ausgelöst: beispielsweise dadurch, dass sie wenig Interesse an der Institution oder an den Kompetenzen der Pflegepersonals zeigten, sondern vielmehr direkt auf Herrn und Frau Pollat zugegangen sind – auch zu Zeiten, nach Feierabend, in denen in einer gerontopsychiatrischen Abteilung kein fremdes Gesicht mehr zu sehen ist. Das führte zu einigen »Zumutungen« für das pflegende Personal: Da musste etwas

Neues gelernt werden, das Außerkraftsetzen der eigenen Routine musste ertragen werden und Erfahrungen im Umgang mit Angehörigen und Netzwerken wurden nötig, die wir in der Pflege von Migranten und Migrantinnen dringend benötigen.

Die türkischen Migranten der zweiten Generation haben die Aufgabe übernommen, eine Beziehung zu Herrn und Frau Pollat aufzubauen sowie deren Bedürfnisse und Interessen gegenüber dem Heim zu vertreten. Sie sollten Kontakte zum sozialen Umfeld wiederherstellen und dem Ehepaar eine persönliche Begleitung ermöglichen (auf Grund der Ferne der Söhne).

Eine wesentliche Erfahrung der beiden Migranten sei hier betont, um Deutsche vor einer vorschnellen Delegation von Entwicklungsaufgaben zu warnen, einer Delegation, die wir aus der Einbeziehung von muttersprachlichen Dolmetscherdiensten kennen: Auch die Migranten zweiter Generation mussten sich einer Prüfung unterziehen und um Vertrauen ringen. Sie wurden zum Beispiel getestet, ob sie des Hochtürkisch mächtig waren, ob ihnen das Arabisch aus dem Koran vertraut war und ob sie die traditionellen Begrüßungsrituale und -gepflogenheiten beherrschten. Im Lauf der Zeit entstand eine intime Beziehung zwischen »Vater« und »Söhnen«, mit wechselseitiger Anerkennung und Respekt. Diese Beziehung wurde mit einem Band der Loyalität aufrechterhalten, was zur Folge hatte, dass Informationen an Deutsche gefiltert wurden.

Für einen Teil des Pflegepersonals wurden die beiden türkischen jungen Männer wichtige Kooperationspartner bezüglich der Bewältigung von Fremdheit und Sprachlosigkeit: Diese beherrschten die deutsche Sprache und kannten sich in beiden Welten aus. Sie waren nicht misstrauisch, sondern hatten Verständnis für die Fragen in der Pflege. Vorurteile und stereotype Bilder über »die« Türken konnten überwunden werden. Sie haben eine Brücke geschlagen zum pflegebedürftigen Ehepaar und halfen bei der Überwindung von Abgrenzungen. Unverständliche Verhaltensweisen wurden durch die Erzählung der Biografie von Herrn und Frau Pollat zugänglich, man konnte sich damit auseinander setzen.

Mark- und Stolpersteine

Aus diesen Überlegungen und dem Fallbeispiel lassen sich verschiedene Mark-, aber auch Stolpersteine beschreiben.

Stolperstein Sprache: Die unzureichenden Deutschkenntnisse der Klienten löste bei vielen der deutschen und ausländischen Mitarbeiterinnen und Mitarbeiter Befremden aus und wurden oft als Weigerung, sich an die deutsche Gesellschaft anzupassen, angesehen. Unverständnis, Kritik und Ärger über deren Folgen wurden vor allem dort zum Ausdruck gebracht, wo für die Pflege zusätzliche Anforderungen zur Überwindung von Sprachbarrieren entstanden. Nachdem im Rahmen von Fortbildung die Möglichkeit geboten wurde, sich mit »diskriminierenden« Affekten der Entrüstung auseinander zu setzten, konnten langsam Wege zur Auseinandersetzung mit den Lebensumständen der Migration erschlossen werden. Das Ansprechen von Möglichkeiten der Überwindung von Sprachbarrieren im Pflegealltag und das Angebot muttersprachlicher Kontakte können aber auch bei manchen Migranten und Migrantinnen heftigen Unmut und Ärger auslösen, da vergangene Diskriminierungen und Kränkungen wieder aktiviert werden. Sie stellen die Forderung nach »Anpassung« in den Raum und waren nicht bereit die Überwindung von Sprachbarrieren als (fachliche) pflegerische Aufgabe anzuerkennen.

Markstein kultur- und religionssensible Pflege: Das Bedürfnis, die eigene Arbeit »richtig und gut zu machen«, ist eine wichtige Ressource, gerade dort, wo Pflegekräfte mit Unverständnis, Unmut und Affekten zu kämpfen haben. »Die letzte Würde erweisen wollen«, »das Bedürfnis, einen würdevollen Abschied sichern zu können, auch wenn man in der Nacht allein ist«, »das Bedürfnis, mit einem Verstorbenen angemessen umgehen zu können und wissen zu wollen, wie das geht« fördern die Motivation für die Anerkennung pflegerelevanter religiöser Gepflogenheiten bei der Sterbebegleitung und Totenversorgung von Muslimen.

Das Anliegen, sich nichts zu Schulden kommen lassen, wurde zum Minimalkonsens in der Pflege des türkischen Ehepaars. Der Imam wurde eingeladen und hat über die religiösen Gepflogenheiten der Totenwaschung berichtet. Man war informiert, was im Falle des nahenden Todes vorbereitet werden musste, damit der Imam bzw. seine Frau die Totenwaschung im Hause vornehmen kann. Die Bestattung durch eine islamische Bestattungsfirma war durch Herrn Pollat selbst längst vertraglich gesichert, denn er wollte »doch wenigstens als Toter in seine Heimat zurückkehren können und in seiner Muttererde begraben werden«.

Stolperstein »Demenz«: Frau und Herr Pollat sind nicht freiwillig ins Pflegeheim gezogen. Nachdem eine zunehmende Verwirrtheit bei Frau Pollat durch ihr

»seltsames« Verhalten und durch geäußerte Verfolgungsfantasien unübersehbar wurden, entschied sich Herr Pollat, gemeinsam mit seiner Frau in die Heimat zurückzukehren. Der Umzug nach Instanbul zu den Familien der Söhne brachte nicht die erwünschte Entlastung. Die Folgen der psychischen Veränderungen konnten von der Familie nicht getragen werden. Mit Hilfe einer ambulanten Versorgung versuchte Herr Pollat die Betreuung und Sicherheit seiner Frau aufrechtzuerhalten. Da er aber als Dialysepatient selbst auf medizinische Versorgung angewiesen war und die Kosten der medizinischen und pflegerischen Versorgung in der Türkei selbst zu tragen waren, kehrten sie nach einigen Monaten nach Deutschland zurück. Kurze Zeit später wurde Frau Pollat desorientiert von der Polizei aufgefunden und in ein gerontopsychiatrisches Krankenhaus eingewiesen. Herr Pollat entschied sich dann auf Empfehlung des Sozialdienstes und in Absprache mit seinen Söhne, gemeinsam mit seiner Frau in ein Pflegeheim zu ziehen.

Seine Anstrengungen, Kontakt zu seiner Ehefrau aufrechtzuerhalten, schlugen mehr und mehr fehl. Sie erkannte ihn nicht mehr oder lehnte die mitgebrachten türkischen Süßigkeiten ab. Die türkischen Nachbarn aus Deutschland und die Familie in Istanbul hielten den Kontakt zu Herrn Pollat aufrecht, doch Frau Pollat war für sie bedauerlicherweise »verloren«, ihre Demenz wurde als geistige Erkrankung gedeutet.

Nach einer Eingewöhnungsphase im Heim zog sich Frau Pollat mehr und mehr in die innere Emigration zurück. Die Grenzen des Pflegepersonal waren schnell erreicht, denn bewährte nonverbale Kommunikationsmuster funktionierten nicht. Anstrengungen, die sprachlichen und kulturellen Barrieren zu überwinden, wurden nicht mit »dem Strahlen in den Augen« belohnt. Aggressionen, die sonst Anlass geben zu Aufmerksamkeit und Pflegehandeln, blieben aus. Frau Pollat verweigerte einen emotionalen Kontakt. Ihre eigenen Impulse konnten im Pflegealltag nicht aufgegriffen werden. Mobilität wurde als Weglauftendenz gedeutet und unterbunden. Der Versuch einer Pflegestudentin, mit Frau Pollat über das gemeinsame Laufen in Kontakt zu kommen und ihr Interesse an Musik für eine Kontaktaufnahme zu nutzen, wurde vom Pflegeteam nicht weitergeführt. So blieb Frau Pollat kontaktlos und unverstanden und konnte lediglich ausreichend pflegerisch und medizinisch versorgt werden.

Stolperstein Anpassung: Herr Pollat lebt seine religiöse Orientierung nicht sichtbar. In Bezug auf den Pflegeprozess sind diese reduziert auf das Essen: Er achtet darauf, kein Schweinefleisch zu essen, und ist misstrauisch, wenn nicht identifizierbar ist, was es zu essen gibt. Er besucht keine Moschee. Aus seiner Biografie war bekannt, dass er ein gläubiger Moslem ist. Nach mehreren ausführlichen Anamnesegesprächen wird bei Herrn Pollat dann eine Wandlung sichtbar. Er interessiert sich für einen Moscheebesuch. Er klagt darüber, dass er das Heim als eine Welt von Ungläubigen erlebe. Aber seine Stimmung schwankt, und auf Zeiten des Rückzuges und des Haderns folgen Zeiten, in denen er wieder am sozialen Leben der Moschee teilnimmt.

Wenn Wertschätzung erlebt werden kann und die Chance besteht zur Befriedigung von Bedürfnissen und zur Anerkennung von Gefühlen und Ambivalenzen, dann können Zurückhaltung von Bedürfnissen und innere Abgrenzung gelockert, Bedürfnisse und persönliche Interessen wieder wahrgenommen und ausgedrückt werden. Ein gutes Zusammenspiel von Beziehung (Berücksichtigung der Biografie), von Symbolisierung (Erlaubnis zu Kultivierung eines persönlichen Lebensstils) und Möglichkeitsraum (Gewährung von Entscheidungs- und Handlungsspielräumen in der Institution) mindert Anpassungsdruck und innere Emigration und ermöglicht die Fortführung persönlicher Gepflogenheiten in der Öffentlichkeit »Heim«.

Markstein Biografiebezug: Pflegeplanung und das Modell der Aktivitäten des täglichen Lebens (ATL / AEDL) sind Instrumente für eine individuelle Pflege. Für die Pflege alt gewordener Migrantinnen und Migranten reichen sie jedoch nicht aus. Professionalität in interkulturellen Pflegebeziehungen erfordert darüber hinaus ein Interesse an einer fremden Kultur, das Interesse am Reiz, die eigenen Gepflogenheiten und Selbstverständlichkeiten, Routine und Normalität in Frage zu stellen (siehe auch den Beitrag dazu von S. Schoppmann und A. de Jong) Das berufliche Selbstverständnis korrespondiert mit dem persönlichen, biografisch entwickelten Erleben und Beurteilen sozialer Situationen und bedarf einer Reflexion von Diskriminierungsfallen und der Auseinandersetzung mit Differenzierungsanforderungen. Viele Pflegende verfügen über interkulturelle Kompetenzen, sei es durch eigene Erfahrungen, Partnerschaft oder Familie. Ihnen fällt es leichter, eine zugewandte Haltung zu Migranten zu entwickeln, da sie genügend Sicherheit für die Wahrnehmung und Anerkennung von Differenz mitbringen. Andere verfügen über humanistische Wertorientierungen als Basis für Akzeptanz von Fremdheiten und Hilfe zur Überwindung von Unsicherheiten im Beziehungshandeln.

Biografiebezogene Pflege verstehen wir als ein interkulturelles situatives Geschehen, in der drei Dimensionen von Kultur ineinander greifen:

- die kulturelle Identität des Pflegebedürftigen,
- die kulturelle Identität der Pflegeperson,
- die Kultur der Institution.

Allein die Biografie alt gewordener Migrantinnen und Migranten unter die Lupe zu nehmen birgt deshalb die Gefahr einer Kulturalisierung von Pflegeproblemen. Auch die Pflegepersonen sind mit ihren Werten, Haltungen und Einstellungen an eigene kulturelle Konzepte von Professionalität und Beziehungsgestaltung gebunden. Der Handlungsrahmen der Pflege wird ganz wesentlich durch die Kultur des Heimes mit seinen institutionellen Wirkkräften abgesteckt. Die Einengung auf monokulturelle Regelungen und Tagesstrukturierungen oder die Reduktion auf eine rein körperbezogene funktionelle Pflege im Pflegeversicherungsgesetz fördern eine Entkulturalisierung der pflegebedürftigen Menschen in Heimen.

Stolperstein Gewöhnung an Entkulturalisierung: Die Falle der Alltagsroutine schnappt auch bei Herrn und Frau Pollat zu. Zum Beispiel betrachtet es kaum jemand als Pflegeproblem, dass Frau Pollat kein passendes Gebiss mehr hat und passierte Kost essen muss oder dass der Fernseher wochenlang nicht funktioniert und Herr Pollat dadurch seinen muttersprachlichen Sender nicht sehen konnte. Es gab auch Tage, an denen der Sender wie eine »Beruhigungspille« morgens angestellt wurde, wohl eher zur Beruhigung des professionellen Gewissens, als dass man »kultursensibel« gehandelt habe.

Herr Pollat wurde als dankbar und anspruchslos erlebt, ebenso wie seine Frau, deren Zustand sich sichtbar besserte. Das Bemühen der Pflegenden, keine Unterschiede zu machen, alle gleich zu behandeln und niemanden zu bevorzugen, wurde dadurch unterstützt. Die Verwechslung von Gleichheit und Gleichwertigkeit trägt zur institutionellen Diskriminierung und Entkulturalisierung in Heimen bei (siehe auch S. Fernando in diesem Band). Dass Frau Pollat in der Eingewöhnungsphase kniend auf dem Boden mit einem Handtuch auf den Kopf angetroffen wurde und unverständliche Worte murmelte, wurde mit ihrer »muslimischen« Kultur erklärt. Religiöse Bedürfnisse wurden von ihr jedoch nie geltend gemacht. Dieser Widerspruch wurde vom Pflegeteam nicht als potenzielles Pflegeproblem angesehen und nicht weiter überprüft.

Solange Herr Pollat nicht auf fremde Hilfe angewiesen war, nutzte auch niemand die Gelegenheit, im Gespräch und in Pflegebeobachtungen notwendige Informationen für Körper- und Intimpflege zu ermitteln.

Beherrschend für die Auseinandersetzungen zur Pflegeplanung war die Frage, was in der multikulturellen Arbeit pflegerelevant ist. Erleichterung war spürbar, dass der Ramadan keine Rolle spielte, dass Frau Pollat Schweinefleisch aß und dass Herr Pollat nicht mehr misstrauisch das Essen mit der Bratensoße stehen ließ. Der Gebrauch muttersprachlicher Schlüsselworte als Brücke für Kontakt in der Pflegebeziehung wurde von einigen mit Erfolg ausprobiert, aber als persönliche Entscheidung in das Belieben jedes Einzelnen gestellt.

Die Grenzen der Entwicklungsfähigkeit von kultursensibler Pflege liegen im Stand der Fachlichkeit und Professionalität des Pflegeteams. Solange der Blick auf die Pflegebedürftigkeit ausreicht, ohne dass Konflikte entstehen, können Pflegende in ihrem beruflichen Selbstverständnis eine ausreichende Fachlichkeit sicherstellen, selbst dann, wenn die Anforderungen kultursensibler Pflege eher abgelehnt werden. Durch die Regelwerke von Pflegeversicherung und Funktionspflege wird diese eingeengte berufliche Sichtweise noch begünstigt. Die einzelne Person gelangt nur dann in den Blick fachlicher Aufmerksamkeit, wenn »Störungen« auftreten. So wurde der Rückzug von Herrn Pollat als Folge von körperlicher Schwächung auf Grund medizinischer Behandlung gedeutet. Für eine Reihe von Mitarbeiterinnen und Mitarbeitern wirkte es daher befremdlich, als der Pflegedienstleiter das Augenmerk auf mögliche emotionale Gründe für eine depressive Verstimmung in der Migrationsbiografie suchte: nicht mehr in die Heimat zurückkehren können, das Migrationsziel nicht erreicht haben, die demenzielle Erkrankung der Ehefrau nicht einordnen können, das Aufgewühltsein durch die Gespräche über das eigene Leben und anderes. Viele Pflegemitarbeiterinnen sind grundsätzlich aufgeschlossen, haben aber die Grenzen und Ritualisierungen im Pflegealltag »verinnerlicht«. Sie versuchen den Bewohnern situativ gerecht zu werden und suchen nach Möglichkeiten, trotz Sprachbarrieren Beziehungen aufzubauen.

Stolperstein Kulturgebundenheit: Herr Pollat definierte sich als Gast und das Pflegeheim als ein Krankenhaus, in dem er gut versorgt wird. Der Pflegedienstleiter ist für ihn ein »guter Chef« und das Personal in der Mehrzahl freundlich und gut zu ihm. An dieser Sichtweise möchte er nichts ändern. Das schmerzt einige Pflegemitarbeiterinnen, denn sie werden in ihrem Anliegen, ihm einen kulturellen Lebensort zu ermöglichen, enttäuscht. »Er nimmt unsere Angebote, sein Zimmer persönlicher zu gestalten, nicht an. Das Zimmer sieht aus wie in einem Krankenhaus.« Das Wahrnehmen der Versuche von Herrn Pollat, Einfluss zu nehmen auf sein Leben im Heim, setzt Kenntnisse über Kultur und Migration voraus. Herr Pollat bleibt immer freundlich und höflich und beginnt seine Kommunikation mit dem ihm vertrauten Begrüßungsritual: Man fällt nicht mit der Tür ins Haus, hebt die guten Seiten hervor, und erst wenn man sich lange wechselseitig versichert hat, dass Zufriedenheit und Wohlbefinden vorhanden sind, können Bedürfnisse und Kritik geäußert werden. Das braucht Zeit. Begrüßungsrituale sind keine Rückmeldungen, sondern dienen dem Aufbau eines Rahmens für Gespräch und Auseinandersetzung. Der Pflegedienstleiter hat durch regelmäßige Gespräche mit Herrn Pollat und seinem Nachbarn gelernt, dass Kritik erst geäußert wird, wenn eine Einladung dazu ausgesprochen wird und die Spielregeln der Kommunikation eingehalten werden. Herr Pollat hat »seine Heimat« in einem ledernen alten Aktenkoffer unter dem Bett stehen und gewährt nur dann Einblick in seine Lebenswelt, wenn er selbst das Interesse daran hat. Dann darf man teilhaben an seinen emotionalen Erinnerungen und kann beim Schauen vieler Fotos die Facetten von Kultur, Religion und Migration mit konkreter Biografie ausfüllen.

Wellen im Wasser – Schlussbemerkung

Beziehungen aufnehmen zu wollen birgt Risiken und zieht eine Vielfalt von Anforderungen nach sich, bei denen der »Gewinn« nicht garantiert ist. Durch ein aktives Zugehen – ein *adgreddi* – ist die »pflegeleichte« Anpassung und Bedürfnislosigkeit von Pflegebedürftigen in Frage zu stellen, ohne dass man sich dabei vor Enttäuschungen und Grenzen schützen könnte. Sich Fremdes zu erschließen ist ein Prozess mit Irrtümern und Unsicherheiten. Wer sich Fremdem öffnet, riskiert Konflikte. Sich für einen kultursensiblen Pflegeprozess einzusetzen heißt, Position zu beziehen im Team und sich mit ablehnenden Reaktionen von einzelnen Kollegen auseinander zu setzen. Konflikte und Spannungen können in Teams entstehen, da eingeschliffene Regelungen und Konfliktvermeidungsstrategien in Frage gestellt werden, die für Sicherheit und »Ruhe auf Station« sorgen. Doch wenn ein Stein ins Wasser fällt, breiten sich Wellen aus.

Spezifische Arbeitsbereiche

Übersicht

Die Psychiatrie ist traditionell in verschiedene Arbeitsgebiete gegliedert. Spezialisierungen haben sich nach Berufsgruppen und Störungsbildern entwickelt.

In den folgenden Beiträgen werden bewährte Ansätze und Praxismodelle für transkulturelles Arbeiten aus den unterschiedlichen Arbeitsfeldern der Psychiatrie dargestellt.

Michael von Cranach und *Regine Fresser-Kuby* beschreiben ihre Erfahrungen in der stationären psychiatrischen Versorgung. An dieser Versorgung sind ganz unterschiedliche Berufsgruppen beteiligt. Für die Pflege, der größten Berufsgruppe, werden von

Susanne Schoppmann und *Anneke de Jong* stellen Konzepte zur Entwicklung einer kultursensiblen Arbeit für die Pflege, der größten Berufsgruppe, dar.

Ramazan Salman und *Soner Tuna* führen in die besonderen Anforderungen der Suchthilfe für Migraten ein und zeigen eine Perspektive für deren Weiterentwicklung auf. Nicht wenige Migrantinnen und Migraten haben vor oder während einer Flucht traumatische Erfahrungen machen müssen.

Barbara Abdallah-Steinkopff stellt deshalb Methoden vor, wie traumatisierten Menschen aus fremden Kulturen ein realistisches Hilfeangebot gemacht werden kann.

Michael von Cranach und Regine Fresser-Kuby

Ethnopsychiatrie im stationären Klinikalltag

»Die Dinge, die gehen, kommen nicht zurück,
jeder weiß es,
und im klaren Brausen der Winde
ist es sinnlos, sich zu beschweren
Nicht wahr, meine Pappel, Meisterin der Brise?
Es ist sinnlos, sich zu beschweren!«
Federico Garcia Lorca

Einleitung

Das psychiatrische Krankenhaus ist ein Spiegelbild der Welt, die es umgibt. Sowohl die Patienten wie auch ihre Behandler sind auf Grund der fortschreitenden Globalisierung ein Spiegelbild der kulturellen Vielfalt der Gesellschaft und repräsentieren die Probleme und Nöte der Menschen in ihrer Umgebung.

Das psychiatrische Krankenhaus hat darüber hinaus im Rahmen der Psychiatriereform einen starken äußeren wie inneren Wandel durchgemacht. Durch den Aufbau psychiatrischer Abteilungen an Allgemeinkrankenhäusern sowie durch die gemeindenahe Dezentralisierug von Angeboten haben sich die meisten psychiatrischen Kliniken verkleinert. Die ambulanten Behandlungen haben zugenommen, ebenso die Anzahl von Tagesklinikplätzen.

Dieser Wandel von einer stark institutionell geprägten Psychiatrie zu einer Psychiatrie, die den individuellen Bedürfnissen der Patienten gerecht werden will, hat uns in zunehmenden Maße mit den gesellschaftlichen Kontexten konfrontiert, in dem psychische Störungen entstehen und verlaufen. Wir mussten erkennen und lernen, dass kulturelle Hintergründe ganz wesentlich Entstehung, Erscheinungsbild und Verlauf psychischer Störungen mitbestimmen und unsere Beziehung gestalten. Besonders deutlich wird das im Umgang mit ausländischen Patienten und ihren Angehörigen.

In der Auseinandersetzung mit dieser Thematik in unserer Klinik fiel uns auf, dass wir offenbar eine gewisse Offenheit dafür entwickelt hatten. Das hatte einen einfachen Grund, nämlich die unterschiedlichen kulturellen Hintergründe unserer Mitarbeiterinnen und Mitarbeiter. Ohne dass besondere Auswahlmechanismen in der Einstellungspraxis dahinter stecken, haben unter den rund 60 Ärzten und Psychologen unseres Krankenhauses eine Reihe kulturelle Ursprünge in und besondere Kontakte mit anderen Kulturen. So findet sich unter ihnen etwa ein brasilianischer Arzt, ein Arzt aus Kasachstan (als Asylbewerber eingereist, jetzt deutscher Staatsangehöriger), eine rumänische Ärztin, ein deutscher Oberarzt, der als Psychiater zweimal für mehrere Jahre in Malaysia tätig war, sowie ein deutscher ärztlicher Leiter (mit spanischer Mutter) mit einer langjährigen Tätigkeit als WHO-Berater.

Die gezielte Auseinandersetzung mit dieser Thematik begann in unserem Krankenhaus mit einem Projekt zur Betreuung von Spaniern und Portugiesen, die meist in der Zeit zwischen 1960 und 1975 im Rahmen der so genannten Gastarbeiterwelle nach Deutschland emigriert waren und hier in der ersten und dann zweiten Generation psychische Störungen entwickelten. Wir führten über Jahre Blockseminare für alle Mitarbeiter der Caritas-Beratungsdienste für Spanier durch und bekamen zunehmend überregional schwierigste Patienten zugewiesen, mit denen die Kollegen vor Ort nicht weiterkamen (VALDES-STAUBER u. a. 2000). Weitere ethnopsychiatrische Projekte entstanden im Rahmen des Horizon-Programmes der EU, das uns ermöglichte, über viele Jahre ein enges Netzwerk mit Rehabilitationsexperten aus Spanien, Italien und Griechenland zu knüpfen. Vor drei Jahren entstand eine enge Partnerschaft mit den psychiatrischen Diensten der rumänischen Region Bukowina. Ein ähnliches Projekt entsteht derzeit in Zusammenarbeit mit Bulgarien.

Vor diesem Hintergrund ist das im Folgenden näher beschriebene Projekt zu verstehen. Es besteht aus spezifischen Angeboten für ausländische Patientinnen und Patienten sowie für das Klinikpersonal. Wir möchten damit einen Beitrag leisten dazu, unsere geschärfte Wahrnehmung zu kulturellen Aspekten psychischer Störungen und ihrer Behandlung nicht nur in spezifischen Projekten umzusetzen, sondern allen Patienten im Hause mit einem uns nicht unmittelbar zugänglichen kulturellen Hintergrund einen besseren Service anzubieten.

Das Projekt *Ethnopsychiatrie im psychiatrischen Krankenhaus* hat drei Schwerpunkte:

- den »therapeutischen Deutschunterricht«, eine Gesprächsgruppe für ausländische Patienten sowie Einzelberatung,
- die interkulturelle Fortbildung für die therapeutischen Teams sowie
- den Aufbau eines qualifizierten hausinternen Dolmetscherdienstes.

Verantwortlich für dieses Projekt sind eine Ethnologin mit gestalttherapeutischer Ausbildung und ein Arzt, der selbst Migrant ist.

Ethnopsychiatrie heute

Im Folgenden wird zunächst unsere konzeptionelle Grundlage von Ethnopsychiatrie beschrieben. Schwerpunktmäßig wird dargelegt, welcher praktische Nutzen aus einer interdisziplinären Zusammenarbeit mit Ethnologen im psychiatrischen Klinikalltag gezogen werden kann. Im Weiteren wird die praktische Umsetzung des Projektes in seinen Teilbereichen dargestellt.

Interdisziplinäre Zusammenarbeit von Psychiatrie und Ethnologie

In der interdisziplinären Zusammenarbeit von Psychiatern und Ethnologen sehen wir psychiatrische Erkrankung im Kontext des Alltagsleben der Betroffenen in einer (fremden) Kultur und Gesellschaftsstruktur, die den Rahmen für Normalität und Anormalität setzt. Der Psychiater und »Medical Anthropologist« A. Kleinman (1980) macht das an einer Fallbeschreibung deutlich:

> Ein 22-jähriger Mann in Taiwan wird von seiner Mutter zu einem Heiler *tang-ki* gebracht, weil er krank, hager, scheu und ängstlich ist. Der *tang-ki* fällt in Trance und gibt der Mutter eine Erklärung zur Ursache der Erkrankung des Sohnes: Ihr Sohn sei besessen von dem Geist eines Mädchens, das unverheiratet starb und ihn nun verfolgt; dies verursache die Probleme des Sohnes. Der *tang-ki* gibt der Mutter einige Talismane mit und empfiehlt ihr »Opfergelder« im Tempel zu verbrennen. Der Sohn, der die ganze Zeit in den Boden starrt, lächelt und scheint zufrieden.

Dieses Beispiel zeigt, dass der Umgang mit Menschen aus fremden Kulturen Mitarbeiter der Psychiatrie vor eine ähnliche Frage stellt wie Ethnologen: »Wie kann ich den Patienten und sein Verhalten verstehen?« Die Ethnologie als Erfahrungswissenschaft kann hier Professionellen im Umgang mit ausländischen Patienten hilfreiche Angebote machen, denn sie bietet sowohl Wissen über fremde Kulturen als auch eine »Methodik« des Verstehens von Menschen aus diesen Kulturen an.

Grundlage des Verstehens ist die Erkenntnis, dass es neben den Denkmodellen der westlichen Welt noch andere, ebenso in sich stimmige Denkansätze gibt. Danach existieren keine »Gegenstände in der Welt an sich, sondern sie entstehen bzw. erhalten ihre eigene Realität erst über Bedeutungen, die ihnen von

Teilnehmern einer bestimmten Kultur zugewiesen werden; diese erschaffen sich interpretierend und sinnstiftend ihre eigene bedeutungsvolle Welt« (STELLRECHT 1993). Wenn wir davon ausgehen, dass unser bisher vertrautes Denkmodell eines neben vielen anderen ist, wird der eigene kulturelle Hintergrund reflektiert und relativiert, was den Dialog mit anderen, neuen Modellen erleichtert. Der Rückgriff auf das eigene Leben und das Beobachten des Offensichtlichen sowie das Nachfragen, Sich-erklären-Lassen, Diskutieren und Aushandeln eröffnen den Zugang zu fremden Lebensformen. Dieses pendelnde Verstehen ist ein sich langsam aufbauender Prozess des Begreifens. Dabei geht es nicht so sehr um ein Verstehen des Einzelphänomens, sondern um ein Verstehen des Ganzen, in dessen Kontext das Einzelphänomen erst seine Bedeutung erhält. Es geht also nicht darum, Wahrheiten zu suchen, sondern Interpretationen zu akzeptieren. »Menschenleben bergen ihre eigene Interpretation in sich; man muss nur lernen, den Zugang zu ihnen zu gewinnen.« (GEERTZ 1983; und siehe I.-B. Krause im vorliegenden Buch)

So stellt sich bei fremdkultureller Symptomatik und Ätiologie in besonderer Weise die Frage, nach welche Kriterien abweichende Verhaltensweisen zu beurteilen sind. Ohne Bezugnahme auf die gegebenen gesellschaftlichen und kulturellen Bedeutungen von Normalität wird dies kaum möglich sein. Westliche Auffassungen von abweichendem Verhalten werden dabei denen fremder Ethnien nicht entsprechen müssen. Zustände, die im westlichen Denken als pathologisch eingestuft werden, können in anderen Kulturen tradierte und institutionalisierte Verhaltensmuster darstellen, wie zum Beispiel psychoseähnliche Zustände, die eher die Berufung zum Schamanen ankündigen. Die uns eher fremde Vorstellung, auch hiesige Heiler müssten vor der Zulassung zum Medizin- oder Psychologiestudium einen psychoseähnlichen Zustand durchlaufen, macht jedoch deutlich, mit welch unterschiedlichen kulturellen Inhalten die jeweiligen Lebenswege verbunden sind.

Gerade das Beispiel von Schamanen – Heilern also, die in ritueller Ekstase mit (jenseitigen) Mächten kommunizieren – macht das Anderssein anderer Heilpraktiken und Krankheitsvorstellungen besonders deutlich. Rituelle Ekstase setzt den Glauben an eine vom Körper lösbare Seele voraus, die in der Lage ist den diesseitigen Seinsbereich zu transzendieren. Heilung passiert in dieser Vorstellung traditioneller Medizin, wenn der Patient in eine »heile«, spirituelle und soziale Umwelt reintegriert ist. Heilung aus biomedizinischer Perspektive bedeutet dagegen (vereinfacht gesagt), dass der Körper des Patienten von krank machenden Symptomen kuriert und die Seele unterstützt wird, mit der jeweiligen Lebenssituation umzugehen. Westliche Heiler in Kliniken kommunizieren in der Regel nicht mit dem Jenseits, sondern sind Teil eines hierarchisch strukturierten Klinikapparats. Patienten zeigen uns jedoch, wie stark die jeweilige Vorstellung vom Heiler die therapeutische Beziehung beeinflusst. W. Machleidt sieht bei »ethnozentrischer Anwendung von Psychotherapie die Gefahr eines Scheiterns« und schlägt bei der »Behandlung von Migranten einen aktiven, autoritativen Stil unter positiver Wertung und Einbeziehung ihrer kulturellen Überzeugung und Glaubensinhalte« vor (Machleidt u. a. 1999).

Aus ethnologischer Perspektive erscheint ein solcher aktiver, autoritativer Stil zwar sinnvoll, da manche Patienten aus anderen Ländern diesen Stil von Ärzten kennen und erwarten. Jedoch hat jede Kultur eine eigene Form der Deutung und der Behandlung von Krankheit, und es gilt, sich zunächst mit dem Patienten zu verständigen und mit ihm in einen wechselseitigen Dialog zu treten, der dann ein Verstehen des jeweiligen kulturellen Hintergrunds ermöglicht. Ethnomedizinische Konzepte eröffnen Sichtweisen über den Umgang mit Patienten, die sich an die jeweiligen Erklärungsmodelle der Patienten annähern, um sowohl den eigenen wie den fremden kulturellen Hintergrund zu reflektieren. Die Erfahrung im Kontakt mit Menschen aus fremden Kulturen lehrt, dass das Fremde die eigenen Grenzen markiert. Dieser Prozess mag unangenehm sein, und es ist nur allzu menschlich, ihn durch Abwehr zu vermeiden.

Ethnomedizin bietet hier gedankliche Strukturierungshilfen, wie zum Beispiel die Unterscheidung von Krankheit und Kranksein (illness and disease), was in diesem Band von I.-B. Krause und R. Littlewood ausführlicher dargestellt wird

Praktische Umsetzung eines ethnopsychiatrischen Projekts

Unser Projekt besteht sowohl aus Angeboten für ausländische Patienten wie für das Klinikpersonal. Den Patienten werden der Deutschunterricht als psychotherapeutisches Vorgehen sowie Ausländergesprächsgruppe, Einzelberatung und ein Dolmetscherdienst angeboten. Dem Klinikpersonal wird eine interkulturelle Fortbildung zur Verfügung gestellt.

In der Praxis sieht das so aus: In den ersten beiden Jahren waren die Ethnologin und der Arzt einmal wöchentlich für die Dauer von vier bzw. acht Stunden für diese Arbeit tätig. Seit rund einem Jahr ist die Ethnologin vierzehntägig in der Klinik. Die Stationen melden Patienten für den Deutschunterricht und/oder für die Gruppe an und wird über den Verlauf und den spezifischen kulturellen Hintergrund informiert. Bei Bedarf bekommen die Patienten die Materialien für den Deutschunterricht mit und das Pflegepersonal unterstützt bei der Durchführung der Übungen. Es kamen bisher stationäre und ambulante Patienten aus den Herkunftsländern Türkei (d. h. Kurden, Angehörige der christlichen Minderheit sowie Armenier und Araber), Marokko (Berber), Sri Lanka (Tamilen), Hongkong, Italien, Polen, Ungarn, Rumänien, Aussiedler aus Kasachstan und Russland sowohl in den Deutschunterricht wie auch in die Gruppe. Durchschnittlich nehmen ca. fünf Patienten regelmäßig an der Gruppe teil, ebenso erhalten ca. fünf Patienten regelmäßig Deutschunterricht in der Gruppe oder einzeln. Zahlenmäßig überwiegen Aussiedler aus Osteuropa mit deutscher Abstammung sowie andere Patienten aus Europa.

Deutschunterricht als psychotherapeutisches Vorgehen

Der Deutschunterricht als psychotherapeutisches Vorgehen orientiert sich an den Bedürfnissen ausländischer Patientinnen und Patienten, um ihre Kommunikationsmöglichkeit in der fremden Sprache zu verbessern (Fresser-Kuby/Kazin 2000). Den Patienten werden handlungsorientierte Kommunikationsmuster der deutschen Sprache und Kultur angeboten, was etwa praktische Hilfe im »Durchqueren« des deutschen Bürokratiedschungels beinhalten kann. Der Unterschied zum herkömmlichen Deutschunterricht besteht vor allem darin, dass der Patient zunächst eine Stärkung seiner kulturellen und muttersprachlichen Kompetenz erfährt und im Weiteren die verbale Ausdrucksfähigkeit im Deutschen und die Selbstwahrnehmung in Bezug auf die aktuelle Situation verbessert.

So erweist sich das niedrigschwellige Angebot des Deutschunterricht als Eintrittskarte in einen psychotherapeutischen Prozess. Dadurch werden Hemmschwellen gegenüber psychotherapeutischen Angeboten vermieden, die die Patienten häufig aus ihrem Heimatland nicht kennen. Auch für Wörter wie »Psyche«, »Selbstreflexion« und »Psychotherapie« gibt es in vielen Sprachen keine Übersetzungen. Dieses therapeutische Angebot findet positive Resonanz bei stationären wie auch bei ambulanten Patienten. Gerade solche, die in ihrem Herkunftsland in einem traditionellen Gefüge lebten und einen niedrigen Bildungsstand haben, nehmen das Angebot, Deutsch zu lernen, dankbar an.

Die Eckpfeiler des therapeutischen Ansatzes orientieren sich an den Schwerpunkten: Stärkung des Selbstvertrauens, emotionale Annahme durch einfühlendes Verstehen und Kompetenzerweiterung. Es handelt sich also um ein psychotherapeutisches Vorgehen, das sich gezielt an die gesunden Anteile der Patienten wendet. Die Patienten werden als gleichwertige Partner in einem Verständigungsprozess angesprochen, da sich der Therapeut um eine korrekte Aussprache der Vokabeln in der Muttersprache des Deutschlernenden bemüht. Dem Lernenden wird seine Kompetenz in der Muttersprache spürbar, wodurch eine Stärkung des Selbstwerts und der (kulturellen) Identität ermöglicht wird. Der Therapeut ist »Lernender« der Sprache des Patienten. Es ist gleichwohl Vorsicht geboten, den (kranken) Lernenden nicht zu überfordern und zu frustrieren, denn im Vordergrund sollte der therapeutische Kontakt stehen. Dazu bedarf es eines klaren Konzepts zu den Schwerpunkten im Fremdsprachenunterricht.

Bei der didaktischen Vermittlung einer kommunikativen Kompetenz kommt es auf die Fähigkeit an, eine angemessene Wortwahl zu treffen, Aussagen in Hinblick auf formale Richtigkeit zu produzieren, ein Verfügen über komplexe Satzmuster sowie eine Bewusstmachung von lexikalischen, stilistischen und intonatorischen Signalen. Dazu gehört auch die nonverbale Ebene wie Blickkontakt, Gestik und Mimik, da diese Signale eine wichtige Rolle bei der Klärung des aktuellen Standes der Beziehung zwischen den Sprechenden spielen. Einverständnis, Sympathie, Mitleid, Ungeduld, Irritation, Überlegenheit und Bewunderung – all dies wird durch Wortwahl und Intonation, aber auch durch Mimik und Gestik ausgedrückt. Ein solcher Austausch über die gegenseitige Einschätzung der Beziehung ist für den Ablauf des Gesprächs sehr wichtig, da diese Einschätzung bei der inhaltlichen Bewertung jeder Äußerung mitschwingt (WATZLAWICK 1969).

Die Unterrichtsthemen zur Vermittlung der kommunikativen Kompetenz beziehen sich schwerpunktmäßig auf das Thema Gesundheit und Krankheit sowie auf die symmetrische Arzt-Patient-Kommunikation. Maßgeblich jedoch sind die Lern- und Kommunikationsbedürfnisse der Patienten. Die Aufmerksamkeit wird durch lebendige, pragmatische Unterrichtsgestaltung polarisiert. So erhalten die Lernenden zunächst eine Übersicht über Vokabeln, die den Körper, Gesundheit bzw. Wohlbefinden und deren tatsächliche oder mögliche Krankheiten bzw. Schmerz- und Missempfindungen betreffen. Dann werden

Satzbeispiele entsprechend des Sprachniveaus wie »Ich habe heute Bauchschmerzen« etc. angeboten. Dabei lassen sich visuelle Lehrmaterialen wie Körperschemata aus Anatomiebüchern oder auf CD-ROM mit Animation verwenden. Je nach Sprachniveau besteht die Möglichkeit, Körpermetaphorik in Form von idiomatischen Redewendungen wie »sich etwas zu Herzen nehmen« mit einzubeziehen. Es beeindruckt immer wieder, dass die Idiomatik der Körpermetaphorik nur in seltensten Fällen wortwörtlich zu übersetzen ist. Zum Beispiel bedeutet im Ungarischen »Haare auf dem Herzen zu haben« ein schwieriger, unumgänglicher Mensch zu sein.

Nicht nur bei der Übersetzung der Körpermetaphorik werden die Unterschiede deutlich. So wird im Kantonesischen die Frage »Wie geht's?« (*nei hou ma?)* wortwörtlich mit »du gut« übersetzt – im Kantonesischen ist hier kein Verb notwendig. Bei der Antwort »Gut, danke« (*hou hou yeo sem*) hieße es etwa »sehr gut haben Herz«. Dabei wird vorstellbar, dass eine andere Begriffsverwendung sich auf die (Körper-)Wahrnehmung auswirkt. Dies bietet viel Austauschmöglichkeiten, so zum Beispiel für das Gefühl, missverstanden zu werden, zu denen sich dann eine Förderung des emotionalen Ausdrucks anbietet. Psychische Konflikte werden von Menschen aus anderen Kulturen oft in Form von körperbezogenen Beschwerden artikuliert, so zum Beispiel »Alles kaputt, der ganze Körper« als Antwort auf die Frage: »Wie geht es Ihnen?« Es werden auch Formulierungen wie »Stimmen hören« aus den Gesprächen übernommen, ohne dass klar ist, ob die Bedeutung verstanden worden ist. Andere Themenbereiche betreffen das Erarbeiten und Formulieren von Zukunftsplänen, von Anträgen beim Arbeits- oder Sozialamt und der Abfassung von Bewerbungsschreiben.

Auch das Wörterbuch kann hier bei Missverständnissen nicht immer Abhilfe schaffen, es bietet jedoch einen Ansatzpunkt zur Verständigung. Für seltene Sprachen sind die kleinen *Kauderwelsch Wörterbücher* hilfreich, zum Beispiel *Tamil für Globetrotter,* da es für diese Sprachen meist nur Wörterbücher in Englisch gibt, die zudem in Deutschland nur teuer zu beziehen sind. Diese Wörterbücher sind preiswert und verfügen über einen Grundwortschatz, auch im Bereich Gesundheit, und erklären die Basisgrammatik der jeweiligen Sprache leicht verständlich. Für den Deutschunterricht ist das sehr sinnvoll, da vor allem bei Verständnisproblemen unter Umständen kontrastiv gearbeitet werden kann, d. h. die Grammatik der deutschen Sprache im Kontrast zur Muttersprache erklärt wird. Außerdem werden die Patienten gefragt, ob sie Übungsaufgaben machen möchten, was viele Patienten bejahen. Diese Aufgaben werden dann mit deutschen Mitpatienten oder mit dem Pflegepersonal erledigt und meist stolz in der nächsten Stunde präsentiert.

Fortbildung im Bereich interkultureller Kommunikation

Die Themenkreise der praxisorientierten Fortbildung im Bereich der interkulturellen Kommunikation entstanden zunächst aus einer Bestandsaufnahme der Ist-Situation in der Klinik. Schwierigkeiten, die im Kontakt mit ausländischen Patientinnen und Patienten entstehen, haben ihre Ursache oft in sprachlichen Problemen und der Tatsache, dass der unterschiedliche kulturelle Hintergrund die Verständigung erschweren kann. Gerade bei psychiatrischen Erkrankungen kann die Abklärung von medizinischen Sachverhalten und dem, was der Patient als krank erlebt, schwer durchschaubar sein. Daraus ergab sich die Frage, was in der Klinik an Veränderung möglich ist, um den Aufenthalt für ausländische Patienten effektiver zu gestalten und den Mitarbeitern den Umgang mit Sprachproblemen und kulturellen Unterschieden zu erleichtern. Als theoretischer Hintergrund wurden Themen zu ethnomedizinischen Konzepten in den verschiedenen Kulturen (siehe oben), die »Kulturelle Konstruktion der Biomedizin« (PFLEIDERER 1995) und Aspekte interkultureller Kommunikation diskutiert. So berichteten Mitarbeiter, die über persönlichen oder professionellen Umgang mit anderen Kulturen verfügen, über ihre Erfahrungen. Der genannte Oberarzt mit langjähriger Praxis und Leitungserfahrung in Malaysia stellte die verschiedenen Krankheitsvorstellungen der Inder, der Chinesen und der Malayen in Malaysia und den entsprechenden Umgang in der dortigen Psychiatrie dar (KRAHL 1991).

So entstand eine ca. 20-köpfige multikulturelle Arbeitsgruppe aus Ärzten, Psychologen und Pflegepersonal sowie drei externen Dolmetschern, die zunächst ein Patienten-Info verfasste, das in sechzehn Sprachen übersetzt wurde. Ausländische Patienten werden in ihrer Muttersprache darüber informiert, wo sie sich befinden, an wen sie sich wenden können und dass sie einen Dolmetscher haben können. Kurzinformationen beschreiben den Tagesablauf in der Klinik bezüglich Therapie- und Besuchszeiten und weisen auf das Bemühen der Klinik hin, auf die Lebensgewohnheiten wie Religionsausübung und Essen Rücksicht zu nehmen.

Aufbau hausinterner Dolmetscherdienste

Nach jedem Treffen wurden alle im Pflegebereich tätigen Mitarbeiter des Hauses über den inhaltlichen Verlauf des Prozesses in Form von schriftlichen Mitteilungen informiert. Dadurch entstand im Haus eine Diskussion über interkulturelle Kommunikation und Dolmetschen nach ethnomedizinischem Standard (Salman 1998 und in diesem Band). Hieraus entstand eine Liste mit hausinternen Dolmetschern, die insgesamt 16 verschiedene Sprachen sprechen. Diese Listen liegen zusammen mit den oben beschriebenen Patienten-Infos in den verschiedenen Sprachen sowie fremdsprachigen Pflegeanamnesebögen, die persönliche Daten, Aspekte der Kommunikation sowie kulturelle, psychologische und medizinische Faktoren erheben (Kellnhauser / Schewoir-Popp 1999), auf den Stationen aus.

Für Sprachen, die nicht im Haus abgedeckt werden, gibt es die Möglichkeit des überregionalen Dolmetscher-Services des *Bayerischen Zentrums für Transkulturelle Medizin* in München (Hegemann 2000a). Bisherige Erfahrungen zeigen, dass auch bei Patienten, die Deutsch können, der Einsatz von Dolmetschern positiv auf den Verlauf der therapeutischen Beziehung auswirkt, da in der Muttersprache meist ein direkterer Zugang zu den Gefühlen möglich ist. Die Dolmetscher sollen also nicht nur im Notfall eingesetzt werden.

Diese Bemühungen um den Faktor Kultur und Sprache in der interkulturellen therapeutischen Arbeit führen auf Seiten der Patienten und des therapeutische Teams zu einer positiven Resonanz. Aus einer oft hilflosen Sprachlosigkeit hat sich nun ein Dialog mit dem Patienten entwickelt, der neue Perspektiven ermöglicht. B. Krause beschreibt diesen wechselseitigen Dialog in *Therapy across the Culture*: »In der interkulturellen therapeutischen Arbeit sollte die Therapeutin wissbegierig sein, nicht nur um die (kulturellen) Unterschiede der Klienten herauszufinden, sondern auch die Unterschiede zwischen ihr und der Klienten, um dadurch ihre eigene Motivation besser zu verstehen ... Das bedeutet, die Therapeutin sollte sich eine Wertschätzung dessen aneignen, warum die Klienten sich so verhalten und wie sie ihr Verhalten sehen.« (Krause 1998, eigene Übersetzung)

Ausländergesprächsgruppe

Die Ausländergesprächsgruppe findet vierzehntägig statt und wird auf Plakaten mit einer Sprechblase, in der in zehn Sprachen »Guten Tag« und »Herzlich willkommen« steht, angekündigt. So werden die Patienten auf allen Stationen über das Angebot informiert. Die Gruppe dauert 60 bis 90 Minuten. Sie wird von stationären und ambulanten Patienten aus unterschiedlichen Herkunftsländern besucht und von einem bikulturellen Team, einer deutschen Therapeutin und einem russischem Arzt, geleitet.

Auf Grund der kulturellen Unterschiedlichkeit der Leiterinnen und Leiter entsteht eine Dynamik im Gespräch, welche die Ist-Situation der Migranten widerspiegeln und somit Vorbildcharakter in Bezug auf die Auseinandersetzung mit dem Faktor Kultur haben kann. Außerdem wirkt sich die Tatsache, dass einer der Gruppenleiter selbst Migrant ist, als vertrauenschaffend aus und bereichert die Gruppe durch seinen »Hintergrund seiner gelungenen Migration« (SALMAN 1995).

Die Gruppe wird bei einem Getränk und in entspannter Atmosphäre mit einer Vorstellungsrunde eröffnet. Die Themen im Gruppengespräch wurden meist von den Teilnehmenden eingebracht; im Mittelpunkt stehen üblicherweise die unterschiedlichen Erfahrungen als Migrant in Deutschland. Grammatikalische Korrektheit ist, soweit die Verständigung dadurch nicht beeinträchtigt ist, nebensächlich. Ein Aussiedler aus Kasachstan mit Alkoholproblemen war darüber sehr erfreut und sagte, dass dies für ihn das erste Mal sei, in einer Gruppe etwas mitzuteilen. Unter Deutschen würde er sich so etwas, weil er um sein schlechtes Deutsch weiß, nie trauen. Sich unter ebenfalls Betroffenen über erlebte Diskriminierung austauschen zu können, ohne sich aus Rücksicht auf andere Deutsche einschränken zu müssen, stieß bei den Teilnehmern auf positive Resonanz. »Endlich kann ich mal sagen, dass ich Deutsche auch hasse, weil mir als Ausländerin immer so viel Ablehnung entgegengebracht wird«, so eine Rumänin mit Alkoholproblemen, die als Putzfrau arbeitete und unzufrieden damit war, dass sie als gelernte Herrenschneiderin in ihrem Beruf trotz guter Sprachkenntnisse keine Anstellung fand. Das Thema Hass auf Deutsche wurde mehrmals aufgegriffen und weitere Projektionen der anderen Teilnehmer angesprochen. Die Fragen, wie die Deutschen sind, wie sie von den ausländischen Patienten erlebt werden und wie die deutschen Therapeuten erlebt werden, tauchten immer wieder auf.

Manchmal wird auf Wunsch der Patienten die Gruppe geteilt in eine Gesprächsgruppe und in eine Gruppe, die lieber Deutschunterricht haben will oder Unterstützung beim Formulieren einer Bewerbung oder, bei Suchtpatienten,

Unterstützung beim Verfassen eines persönlichen Lebenslaufs für die Therapie-Einrichtung.

Weiter wurde oft thematisiert, dass stereotype Vorstellungen über eine Gruppe gefährlich sind; die Gruppenleiter begaben sich mit den Klienten auf einen Weg, um mit ihnen zu klären, wie diese Stereotype mit persönlichen Wahrnehmungen und Bedürfnissen im Zusammenhang stehen. Es zeigte sich, dass ähnliche kulturelle Werte eine Gruppe verbinden und stabilisieren können. Wir stellten aber auch fest, dass sich solche kulturellen Normen für den Einzelnen nachteilig und einengend auswirken können. Entscheidend ist, wie und ob uns das Thema anspricht und wie stark der emotionale Bezug ist, manchmal kann ein Rückbesinnen auf die kulturelle Herkunft klärend und damit heilsam sein.

Rückblickend berichtete ein 30-jähriger Patient, ein alkoholkranker Aussiedler aus Russland, dass die mehrmonatige Teilnahme an der Ausländergruppe für ihn ein »Wendepunkt in meinem Leben« bedeutet habe und die Unterstützung und Vorbereitung auf die inzwischen abgeschlossene Langzeittherapie sein Leben verändert hätten. Ein 36-jähriger Kurde mit mehreren psychotischen Schüben in der Vorgeschichte, seit längerem in stationärer und ambulanter Behandlung, fand den lang ersehnten Arbeitsplatz, an dem er seit nunmehr eineinhalb Jahren arbeitet.

Zusammenfassung

Das ethnopsychiatrische Projekt ist ein niedrigschwelliges Angebot für ausländische Patientinnen und Patienten. Es orientiert sich an den tatsächlichen Bedürfnissen, was die gute Resonanz bei den ausländischen Patienten belegt. Innerhalb eines Jahres entstand in der Klinik die multikulturelle Arbeitsgruppe, die zur Installation eines hausinternen Dolmetscherdienstes führte. An diesem Projekt wird deutlich, dass in der interkulturellen therapeutischen Arbeit die interdisziplinäre Zusammenarbeit von Psychiatrie und Ethnologie fruchtbar ist. Die Ethnologie bringt eine andere Sichtweise ein und bezieht ethnologisches Hintergrundwissen wie Sprache, Geschlecht und die damit verbundenen Rollenzuschreibung, Klasse bzw. Schichtzugehörigkeit und Ethnizität mit ein. Eine Annäherung an die Sichtweise des Patienten wird möglich, da der Therapeut sich mit dem Patienten auf eine Reise in dessen »inneres« Herkunftsland begibt und seine kulturelle und sprachliche Kompetenz kennen lernt. Der therapeutische

Deutschunterricht schafft eine Basis für einen sprachlichen Austausch, der die Grundlage eines jeden therapeutischen Prozesses ist.

Wir verstehen unter Ethnopsychiatrie eine interdisziplinäre Zusammenarbeit von Psychiatrie und Ethnologie, d. h., der psychiatrisch erkrankte Mensch wird vor seinem kulturellen Hintergrund, in seinem Rahmen von Normalität und Anormalität wahrgenommen. Dazu ist die Reflexion der eigenen kulturellen Haltung sowie die Bereitschaft, sich auf andere Kulturmodelle einzulassen, Voraussetzung. Dies hat zur Konsequenz, die Tauglichkeit vieler Begriffe, die mit Inhalten des westlichen Denkmodells besetzt sind, für sich und im Dialog mit den Patienten zu prüfen.

Es bleibt zwar die grundsätzliche Frage nach der interkulturellen Anwendbarkeit unserer westlichen Therapiemodelle, doch ist es entscheidender, eine Verständigungsgrundlage zu schaffen, um zu erfahren, was die Patienten über ihre Probleme denken und wie sie ihre Situation verändern können. Abgesehen davon, dass diese anderen Sichtweisen lehrreich und spannend sein können, hält uns der andere Blick einen Spiegel vor und bereichert so auch uns.

Susanne Schoppmann und Anneke de Jong

Neugier, Respekt und Achtung

Psychiatrische Pflege bei Menschen fremder Kulturen

»Wenn es uns aber gelingt, diese fremden Gesellschaften besser kennen zu lernen, verschaffen wir uns eine Möglichkeit, uns von der unsrigen zu lösen, nicht weil sie absolut schlecht oder als einzige schlecht wäre, sondern weil sie die einzige ist, von der wir uns emanzipieren müssen.«
Claude Lévi-Strauss

Einleitung

Ein zentrales Konzept in der psychiatrische Pflege in Deutschland, wie auch international, ist die individuelle, patientenorientierte Pflege. Dazu gehört der Aufbau einer Beziehung zwischen den Patienten und Pflegenden. Zentral ist zudem der Begriff der Alltagskompetenz, die von den psychiatrisch Pflegenden unterstützt, erhalten und gefördert werden soll. Diese beiden zentralen Konzepte sollen zunächst kurz erläutert werden.

In der Pflege haben mindestens zwei Personen auf einer relativ intimen Ebene miteinander zu tun: der Patient und die Pflegenden. Dieses Miteinander-zu-tun-Haben impliziert immer eine Form des In-Beziehung-Tretens, genauso wie man eben nicht *nicht* kommunizieren kann. M. Pohlmann (1999) stellte zum Thema »Beziehungen pflegen« fest, dass Pflegende selbst die Beziehung zum Patienten und seinen Angehörigen als einen der wichtigsten Aspekte ihrer Arbeit betrachten. B. Meyer (1993), der 106 Pflegeplanungen in einem süddeutschen psychiatrischen Krankenhaus ausgewertet hat, beschreibt, dass von den Pflegenden in ihren jeweiligen Pflegeplanungen am häufigsten Probleme im Bereich der ATL (Aktivitäten des täglichen Lebens) »Beziehungen aufnehmen« beschrieben wurden.

R. Schröck (1991) nennt als wesentliche Elemente der Dynamik menschlicher Beziehungen:

- die Wahrnehmung des anderen Menschen als Individuum und als Mitglied einer Gruppe,
- die eigenen Bedürfnisse und die anderer Menschen,

- bewusste und unbewusste zwischenmenschlichen Strategien,
- eigene Zielsetzungen und die anderer in spezifischen Situationen sowie
- spezifische zwischenmenschliche Situationen bestimmende gesellschaftliche Normen.

Dabei stellt sie fest: »... diese Elemente prägen die Entwicklung aller Beziehungen und somit auch die zwischen Pflegenden und Patienten.«

Normalerweise leben Menschen in ihrem Alltag in einem Netz unterschiedlich gefärbter und gewichteter, gleichwohl stabiler, sozialer Beziehungen. Damit ist die Fähigkeit, seine Beziehungen in der beschriebenen Weise zu gestalten, als Teil der Alltagskompetenz von Menschen identifiziert. In der psychiatrischen Pflege wird im Allgemeinen davon ausgegangen, dass psychische Störungen vor allem Beziehungsstörungen sind, sei es in der Beziehung zu sich selbst, zu anderen oder zum Umfeld (Schröck 1991). Die Art und Weise des Beziehungsaufbaus in der psychiatrische Pflege wird von dieser Gegebenheit bestimmt.

Unter Alltagskompetenzen kann »die Fähigkeit der Bedürfnisbefriedigung vor dem Hintergrund des Wissens um die eigene Person und um die soziokulturelle Außenwelt« verstanden werden. Anhand dieser Definition wird deutlich, dass der Begriff der Alltagskompetenz mehr als nur die Fähigkeit zur Beziehungsgestaltung beinhaltet. Dies wird auch aus der Beschreibung der Regeltätigkeiten des Pflegedienstes im Rahmen der Psychiatrie-Personalverordnung (Psych-PV) deutlich. Dort heißt es unter dem Absatz Psychiatrische Pflege (Gruppenbezogene Behandlung und Betreuung) unter anderem: »Training lebenspraktischer Fähigkeiten, Sozialtraining, Aktivitätsgruppen im Rahmen des therapeutischen Stationsmilieus; Planung, Gestaltung und Durchführung von Aktivitäten außerhalb der Station«.

Diese Tätigkeiten durchführen zu können verlangt zum einen ein spezielles Fachwissen über psychiatrische Erkrankungen und ihre Ausdrucksformen, zum anderen werden aber auch psychiatrisch-pflegerische Basisqualifikationen als besondere Anforderungen beschrieben (Schoppmann 2000). Diese Basisqualifikationen sind: soziale Kompetenz, Selbstreflexion, Persönlichkeitsentwicklung und Verständnis für Gruppenprozesse. In anderen Worten beschreiben H. Schädle-Deininger und U. Villinger (1996) verschiedene Aspekte als notwendige Grundhaltung psychiatrischer Pflegender, um den geforderten qualitativen Arbeiten gerecht zu werden. Sie schreibt: »Ich muss die Begegnung mit anderen, mir fremden Menschen wollen. Ich achte die Einzigartigkeit jedes

Menschen. Ich betrachte den Patienten als handelndes Subjekt, der mir seine Lebens- und Krankheitserfahrung voraus hat.«

Die beschriebenen Haltungen, Wertvorstellungen und Tätigkeiten treffen für die Pflege aller psychiatrischen Patienten zu, ungeachtet ihrer Herkunft, »Rasse« und Hautfarbe. Bereits zu Menschen, die einem den Pflegenden vertrauten Kulturkreis entstammen, ist es nicht immer einfach, Beziehungen aufzubauen und den Alltag zu gestalten. Noch schwieriger wird diese Aufgabe, wenn das selbstverständliche, von Patienten und Pflegenden geteilte implizite Wissen um die Grundvoraussetzungen zur Lebensgestaltung *nicht* vorhanden ist, weil der jeweils andere einem anderen Kulturkreis entstammt. Der Begriff »Kulturkreis« bezieht sich in diesem Zusammenhang nicht unbedingt auf nationale Kulturen, sondern auch auf Subkulturen innerhalb einer Nation. So kann der Kulturkreis eines Landwirtes einer in einer Großstadt herangewachsenen Krankenschwester genauso fremd sein wie der Kulturkreis von Angehörigen anderer Nationen.

Kultur und Individuum

Kultur äußert sich auf unterschiedlichen Ebenen der Lebensgestaltung eines Menschen, wie aus dem oben beschriebenen Beispiel deutlich geworden ist. Ein Mensch wird in seiner Kulturentwicklung geprägt von seiner Nationalität, seiner Region, seiner Religion, seiner Sprache, seinem Geschlecht und den dazugehörenden Rollenzuweisungen, seiner sozialen Klasse, seiner Berufssozialisation etc. (Hofstede 1997). Er gehört vielen Subgruppen an, die meistens eine gruppeneigene Kultur kennen. Und neben kulturellen Faktoren wird die Entwicklung eines Menschen auch geprägt von anderen Umfeldfaktoren, wie zum Beispiel sozioökonomischen, familiären, politischen, technologischen Faktoren und Ausbildung. Trotzdem bleibt er auch innerhalb kultureller und anderer Prägungen ein Individuum mit nur ihm zugänglichen Erfahrungen und mit einer persönlichen, individuellen Geschichte.

Verhalten von Menschen nur mit kulturellen Erklärungsmustern zu deuten heißt, den individuellen Menschen auf seine kulturelle Prägung zu reduzieren und ihn seiner Individualität zu berauben. Man spricht hier auch von Kulturalisierung der Wahrnehmung (Schnepp 1997).

Eine Frau aus Asien lebte gemeinsam mit mehreren ihrer Landsleute in einer Wohngemeinschaft. Die Mitbewohner brachten die Frau in eine psychiatrische Klinik, weil sie in der Wohngemeinschaft auffällig gewesen sei. In der psychiatrischen Klinik wirkte die Frau still, sie sprach kaum Deutsch und kommunizierte deswegen nur mit Körpersprache: Sie lächelte anderen immer freundlich zu und beeindruckte alle mit ihrer gepflegten Erscheinung, in der sehr viel Anmut lag. Sie schien eher zu schweben als zu gehen. Von allen Mitarbeiterinnen und Mitarbeitern wurde sie für eine typische Asiatin gehalten. Niemand konnte einen Grund für eine psychiatrische Behandlung erkennen und die Frau wurde wieder entlassen. Nachdem sich die Geschichte wiederholt hatte, wurde ein professioneller Dolmetscher hinzugezogen und dann erst stellte sich heraus, dass die Frau unter akustischen Halluzinationen litt.

Auch die Auffassung, alle Menschen wären gleich und kulturelle Unterschiede dürften in der Umsetzung der Pflege keine Rolle spielen und müssten nicht beachtet werden, bedeutet eine Herabsetzung der Individualität des anderen. Man spricht hier auch von Entkulturalisierung der Wahrnehmung (SCHNEPP 1997).

Ein junger türkischer Patient wurde auf Grund einer akuten Psychose auf einer geschlossenen Station behandelt. Die Angehörigen des Patienten verbrachten sehr viel Zeit mit dem Patienten auf der Station. Sie waren der Überzeugung, dass die psychiatrische Behandlung allein ihrem Angehörigen nicht helfen würde, und wollten ihren Hodscha zu einem Besuch bitten. Der Hodscha kam zu einer Zeit, die außerhalb der Besuchszeit lag. Der Besuch wurde ihm verweigert mit der Begründung, dass alle sich an die geltenden Regeln zu halten hätten.

Beide Vorgehensweisen, die Kulturalisierung wie die Entkulturalisierung, stehen einer individuellen, patientenorientierten Pflege entgegen. Diese beiden Polarisierungen können sowohl bei den Pflegenden als auch bei den Patienten auftreten und beeinflussen damit wesentlich den Inhalt der Beziehungen, aber auch die Gestaltung des Alltages.

Diesen beiden Polen steht ein anderer Prozess gegenüber: der Prozess der Akkulturation. »Als Träger der kulturellen Werte, Sitten und des Wissens seiner Kultur sieht er (der Migrant) sich mit einer für ihn neuen, andersartigen Kultur konfrontiert. Den gelungenen oder vielleicht sogar völlig misslingenden Adaptionsprozess, der sich in diesem kulturellen Kontaktrahmen ergibt, nennt man Akkulturationsprozess. Die akkulturative Adaption kann zur fast völligen Integration in die neue Kultur mit konsequenter Übernahme der neuen Kulturwerte oder zu einer Gleichgewichtssituation mit kultureller Vermischung und teilweiser Adaption oder schließlich auch im ungünstigsten Fall zur Ablehnung der neuen Kultur und Dauerunangepasstheit führen.« (GARCIA 1996, S. 646). Das heißt, für eine wirklich individuelle, patientenorientierte Pflege ist die Frage wichtig: Wo steht der Mensch in seinem Akkulturationsprozess? Denn auch dieser Prozess beeinflusst sowohl die Beziehungs- als auch die Alltagsgestaltung.

Ein Patient islamischen Glaubens möchte wie die anderen über die Weihnachtstage aus der Klinik entlassen werden und mit seiner Familie einen Weihnachtsbaum aussuchen, obwohl dieses Fest keine religiöse Bedeutung für ihn hat. Alle machen Weihnachtseinkäufe, er auch.

Aber auch dieser Akkulturationsprozess allein vermag die Individualität eines Menschen nicht zu erklären: Er ist nur ein Ausschnitt aus einem vielschichtigen und komplexen Geschehen. Dazu gehören unter anderem die politischen sowie sozioökonomischen Faktoren, die technologische Entwicklung der Gesellschaft, das Ausbildungsniveau, die familiäre Herkunft und auch seine komplexe kulturelle Entwicklung. Alle diese Faktoren zu kennen und über ihr Vorkommen und ihre Ausprägung in den unterschiedlichen Kulturen Bescheid zu wissen ist einem einzelnen Pflegenden schier nicht möglich.

Zurzeit gibt es vermehrt Pflegefachliteratur, die die Sitten und Gebräuche in verschiedenen Kulturen beschreibt, mit dem Ziel, den Pflegenden so viel Wissen wie eben möglich über diese Kulturen zu vermitteln. Diese Literatur ist sicher hilfreich zur Sensibilisierung der Pflegenden für unterschiedliche kulturelle Bedürfnisse und Erfordernisse und als solche auch notwendig und nützlich. Die Gefahr liegt, wie bei allem, was stereotyp angewendet werden kann, zum Beispiel auch bei den Pflegestandards, darin, dass damit die Komplexität des Individuums simplifizierend auf kulturspezifische Merkmale reduziert wird. Deswegen braucht Pflege weiter reichende andere Konzepte als reines Wissen im Umgang mit dem fremden Anderen.

Sensitive Pflege

Pflegerinnen und Pfleger sollen, laut Fachliteratur, »kulturell kompetente Pflege« leisten und brauchen dazu Sensitivität für kulturelle Gegebenheiten (etwa Meleis 1992). A. I. Meleis (1992) definiert diese »kulturelle Sensitivität« als »Achtsamkeit für und Anwendung von Wissen im Zusammenhang mit Ethnizität, Kultur, sozioökonomischem Status, Geschlecht oder sexueller Orientierung, für die Deutung und das Verständnis von Situationen und dem Verhalten von Patienten und ihre Umgebung«. Aber, wie oben beschrieben, reicht es nicht, sich allein auf diese Faktoren einzuschränken. Pflegende müssen überhaupt sensitiv im Umgang mit *allen* Patientinnen und Patienten sein, um eine individuelle, patientenorientierte Pflege zu leisten.

Sensitive Pflege basiert auf: Anteilnahme, Mitleid, Gefühl, Intuition, Wissen, Kompetenz, Offenheit und pflegerischem Ethos (Visser / de Jong 1999). Diese Grundvoraussetzungen führen dazu, dass Pflegende den anderen und seine Umgebung kennen und verstehen lernen können. Das tun sie durch sinnliche Wahrnehmung und durch Interaktion (schauen, zuhören / hören, sprechen, riechen, fühlen / berühren) und durch die Analyse, Interpretation und Reaktion auf das solcherart Wahrgenommene. Die Ergebnisse der Konzeptanalyse der internationalen Literatur (Visser / de Jong 1999) erinnern an die weiter oben beschriebenen Basisqualifikationen für psychiatrische Pflegekräfte und auch die Aussagen von H. Schädle-Deininger und U. Villinger (1996) können mühelos in die Pflegeethik übersetzt werden.

Sensitive Pflege (de Jong 1999)

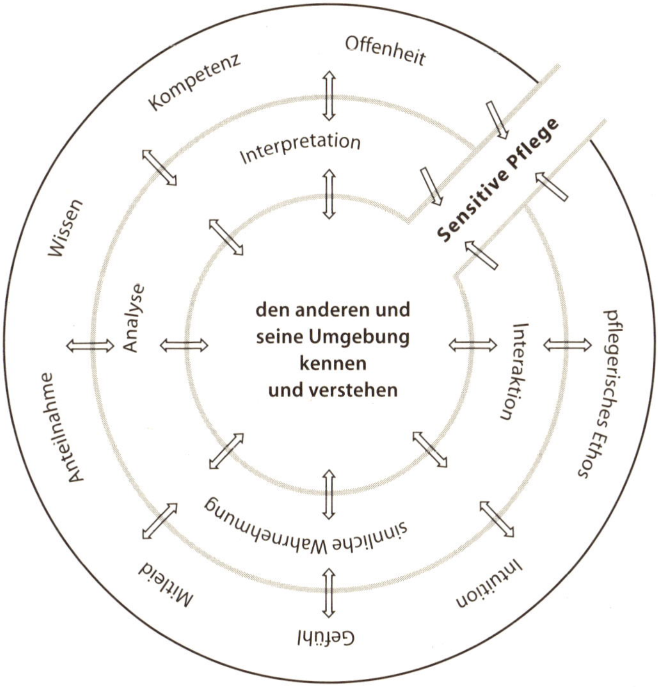

Welche Konsequenzen hat also das Wissen um Kultur und ihre Prägung der Menschen für die psychiatrische Pflege?

Auf Grund der vorher erwähnten zentralen Themen kann zunächst festgestellt werden, dass in der psychiatrischen Pflege von Menschen fremder Kulturen alle Aspekte zum Tragen kommen, die auch bei anderen gelten. Der Aufbau der Beziehung und die Gestaltung des Alltags allerdings werden schwieriger, wenn geteiltes (implizites) Wissen um die Grundvoraussetzungen zur Lebensgestaltung nicht vorhanden sind.

Faktisches Wissen über Kulturmerkmale ist hilfreich, führt allerdings noch nicht dazu, dass Pflegende diesen einzigartigen Menschen verstehen. Das faktische Wissen kann dafür sensibilisieren, die Patientinnen und Patienten gezielter zu beobachten und zu befragen. Letztendlich müssen die Neugier, der Respekt und die Achtung für den fremden anderen Menschen in jeder pflegerischen Begegnung vorhanden sein, um zu sensitiver und guter Pflege zu führen. Schließlich wird das Fachwissen über Ausdrucksformen psychiatrischer Erkrankungen anderer Kulturen zunehmen müssen – schlicht weil wir in einer multikulturellen Gesellschaft leben.

Ramazan Salman und Soner Tuna

Kultursensible Suchthilfe mit Migranten

»Doch als er sah, dass er blind war, konnte er sehen.«
Viktor Frankl

Einleitung

Suchtprobleme gehören zu den eindrücklichsten Begleiterscheinungen der Migration (Salman u.a. 1999; Abdulrahim u.a. 1994; Council of Europe 1998). Der Anteil von Konsumenten harter Drogen liegt bei Personen ausländischer Herkunft in den meisten deutschen Ballungszentren besonders hoch, so in Berlin, Frankfurt am Main, Hannover und Stuttgart bei ca. 20 Prozent. Die verschiedenen Sucht- und Jugendhilfeeinrichtungen verweisen mit Nachdruck auf die heftig wachsende Zahl der Konsumenten harter Drogen besonders bei Personen osteuropäischer (Czycholl 1998) und türkischer Herkunft (Salman u.a. 1999). Noch stärker als bei der autochthonen Bevölkerung sind junge Männer überrepräsentiert.

Insgesamt ist feststellbar, dass Migranten – wie in anderen Bereichen der gesundheitlichen und sozialen Versorgung auch – nur einen eingeschränkten Zugang zum Suchthilfesystem finden und die Einrichtungen der Suchthilfe und ihre Mitarbeiter mit ihren Angeboten die betroffenen Migranten nur mangelhaft erreichen (Salman / Collatz 1999).

In diesem Beitrag möchten wir sowohl eine Situationsanalyse vornehmen als auch bewährte Konzepte für den Umgang mit von Sucht betroffenen Migranten für die Beratung und Therapie vorstellen. Wir begrenzen uns auf türkisch- und russischsprachige Migranten, die illegale Drogen konsumieren, da wir hier den dringlichsten Handlungsbedarf sehen. Die hier vorgestellten Modelle und Ansätze sind aber auch auf andere kulturelle Gruppen sowie andere Süchte übertragbar.

Hintergründe, Schwierigkeiten und Reichweite

Drogenabhängige (therapeutische Herausforderungen), ihre *Angehörigen* (beraterische Herausforderungen) und ganz allgemein *Ratsuchende* (präventive Herausforderungen) sind die wichtigsten Zielgruppen der Suchthilfe. Dies gilt in gleicher Weise auch für Migrantinnen und Migranten, wobei diese Klienten einige Besonderheiten aufweisen.

T. YÜKSEL (1999) beschreibt, dass unter süchtigen jungen männlichen Migranten, die die überwältigende Mehrheit bilden, die innere und äußere Ablösung von der Herkunftsfamilie unzureichend verlaufen ist. Der Großteil von ihnen unterliegt im Familienleben einem strikten Reglement, dessen häufig restriktiv erscheinende Regeln je nach religiösen Bindungen, nach Bildungsstand, Alter der Eltern bei der Migration, Aufenthaltsdauer und Geburtsland der Jugendlichen, verwandtschaftlichen Bindungen und Subgruppen in der Migration variieren. Junge Migranten und Migrantinnen stehen vor der Anforderung, zugleich den Normen, Werten und Traditionen der Herkunfts- wie gleichzeitig der Aufnahmegesellschaft gerecht werden zu müssen (SALMAN 1995). Als selbstständiges Individuum zu agieren, mag in der Aufnahmegesellschaft die bevorzugte Handlungs- und Erziehungsmaxime sein. In der Herkunftsgesellschaft, welche von den Eltern repräsentiert und durchgesetzt wird, ist ein solches Verhalten eher inakzeptabel. Dies bleibt nicht ohne konfliktreiche Auswirkungen in den Familien und Gruppen und führt nicht selten zur »Liminalität« (grenzgängiges Verhalten) bei adoleszenten Migranten (BEKKUM 1998, siehe auch den Beitrag von S. Colijn).

Die *erste Einwanderergeneration* sowohl der *Arbeitsmigranten* wie der Mehrheit der *Flüchtlinge* und *Aussiedler* ist als Eltern von der Drogenproblematik betroffen. Ihre kulturelle Identität, ihre Werte und ihr soziales Zusammenleben sind stark von »mitgebrachten« traditionellen und religiösen Vorstellungen geprägt, die im Aufnahmeland allerdings ihre ursprüngliche Bedeutung verlieren. Vergleichbares gilt für *ältere Aussiedler*, die sich häufig zwar stark mit traditionellen »deutschen Werten« identifizieren, sich jedoch in der »Heimat« fremd fühlen.

Eine Beachtung der Familiensituation ist also für eine erfolgreiche Suchthilfe für Migranten und Migrantinnen unabdingbar.

Eine zweite Dimension, die einschränkenden Einfluss auf eine erfolgreiche

Suchthilfe nimmt, betrifft die Sprachbarriere. Jugendliche und junge Erwachsene, die ihre Sozialisation noch überwiegend in der Heimatgesellschaft durchliefen – wir nennen sie hier die *»Zwischengeneration«* – haben eher geringere bzw. einfachere deutsche Sprachkenntnisse, aber bessere Kenntnisse bezüglich der mitgebrachten Heimatsprache und orientieren sich eher an traditionellen Moralvorstellungen. Die so genannte *zweite (nachfolgende) Generation*, die in der Migration Geborenen oder Aufgewachsenen orientieren sich eher an kulturellen Sichtweisen der Aufnahmegesellschaft, sprechen meistens Deutsch als Hauptsprache und haben in der Regel unzureichende Kenntnisse der Sprache der Herkunftsgesellschaft. Ihre Orientierung an traditionelle Moralvorstellungen (z. B. »Ehrgefühl«) variiert in Abhängigkeit vom häuslichen Milieu (TUNA 1998).

Jugendliche Aussiedler haben vorwiegend eine russische bzw. osteuropäische Identität. Nicht wenige erlebten die Migration als eine von der Familie erzwungene. Die große Mehrzahl junger Menschen unter ihnen spricht untereinander ausschließlich Russisch.

Letztlich betreffen diese Themen nicht allein die Sprachkompetenz, sondern auch Identitätsfragen.

Migration selbst nimmt einen weiteren Einfluss auf die Beziehung der Betroffenen mit ihrer Umwelt. In wie weit die Stressoren der Migrationssituation von den Individuen und ihren Familien bewältigt werden können, hängt ganz entscheidend von den Verarbeitungsmöglichkeiten auf individueller, familiärer und sozioökonomischer Ebene ab (siehe auch C. Sluzki in diesem Band). Der Griff zu Rauschmitteln ist daher in dieser Belastungssituation ein naheliegender Schritt, weil er Scheinlösungen verspricht. Die sich daraus ergebenden Konsequenzen verstärken jedoch diese Probleme drastisch und machen sie immer komplexer und unübersehbarer.

Ein weiterer Problembereich stellt das unterdurchschnittliche Wissen über Suchtmittel, Konsummuster und Suchtprozesse bei allen Migrantengruppen dar. Vor allem bei jüngeren Migranten mit geringen deutschen Sprachkenntnissen kommt es deshalb häufig aus Neugier und Unkenntnis zum unbeabsichtigten Drogenmissbrauch.

Schließlich sind Stil und Organisationsform der Drogenhilfe für viele Migranten nicht nachfühlbar. Der Ansatz der akzeptanzorientierten Drogenarbeit ist für Menschen, die aus eher autoritär strukturierten Gesellschaften stammen, in denen Drogenkonsum vor allem mit repressiven Ansätzen »bekämpft« wurde, kaum verständlich. Die Klienten formulieren zudem *Schwellenängste* und auch Misstrauen gegenüber Institutionen, da für sie die Unterscheidung zwischen »Suchthilfesystem« und »staatlicher Organisation« nicht transparent ist. Eine skeptische und kritische Haltung wird so verständlich. Die Betroffenen tun sich schwer, Informationen über sich preiszugeben. Migranten wie Aussiedler sehen häufig sogar in dem »liberalen« Ansatz »moderner« Suchthilfe die Ursachen dafür, dass es überhaupt zu »Drogenproblemen« kommt, und meinen sich auf autoritäre, vom Zwang geleitete Herangehensweisen leichter einstellen zu können.

In diesen Kontexten wachsen »Streetworkern« als »Brücke« zum Drogenhilfesystem besondere Aufgaben zu, nämlich Vertrauen in kleinen Schritten zu schaffen. Denn nicht nur kulturelle Vorbehalte, sondern ganz reale Ängste vor drohenden ausländerrechtlichen und aufenthaltsrechtlichen Konsequenzen, die im Extremfall bis zur Ausweisung reichen können, erschweren den Kontakt (Huber 1998). Therapeutische Maßnahmen fallen hier allzu oft aufenthaltsrechtlichen Erwägungen zum Opfer. Dies wird auch an dem eingeschränkten Leistungsspektrum für Flüchtlinge und Asylbewerber deutlich, die keinen Anspruch auf therapeutische Maßnahmen in Fachzentren haben. Angst fördert nicht die Motivation, Drogen den Rücken zu kehren, sondern erhöht die Vulnerabilität bei den Drogenkonsumenten.

Handlungsfelder, Aufgaben und Konzepte

Die Berücksichtigung soziokultureller und migrationsspezifischer Hintergründe sowie der damit einhergehenden Unterschiede in Wahrnehmung, Denken und Handeln bilden die Ausgangslage der Suchtarbeit mit Migranten. Im Weiteren stellen wir dazu Aspekte und Methoden therapeutischer Arbeit, die verschiedenen Dimensionen transkultureller Handlungskompetenz sowie die Notwendigkeiten präventiver Arbeit, insbesondere den Einsatz von »Keypersons«, vor.

Berücksichtigung familiärer Hintergründe und kultureller Aspekte

Besonders jugendliche Migranten, die den höchsten Anteil an Klienten der Suchthilfe darstellen, pendeln zwischen bikulturellen Sichtweisen im Umgang mit ihrer Lebenssituation (Tuna 1999; Salman 1995). Die meisten von ihnen sind bei der Bewältigung einer manifesten Sucht oder angesichts einer Bedrohung von Sucht völlig auf sich allein gestellt. Reha-Kliniken berichten, dass die große Mehrheit der dort behandelten Migranten keine Besuche oder Unterstützung durch ihre Familie erhalten. Gleichwohl ist ohne eine Einbeziehung der Familie ein erfolgreicher Heilungs- oder Präventionsprozess kaum zu erreichen.

Die Bedeutung der Familie hat bei Menschen, die aus kollektivistisch orientierten Gesellschaften und Kulturen stammen, einen noch höheren Stellenwert als bei der autochthonen Bevölkerung hierzulande. Besonders die älteren Generationen sind vehement bemüht, den Familienbund nicht auseinander fallen zu lassen und »Individualisierungstendenzen« zu unterbinden. »Ansehen« und »Ehre« der Familie spielen vielfach eine übergeordnete Rolle, der sich jedes einzelne Mitglied unterzuordnen hat. Familienoberhäupter, in der Regel die Väter, haben darüber zu wachen, dass die Reputation der Familie keinen Schaden nimmt. Bei Suchtproblemen wird daher in der Regel versucht, diese innerhalb der Familie oder der eigenen Gemeinschaft »verschwiegen« zu lösen. »Anonymität« wird bevorzugt und daher etwa bei türkischen Migranten häufig der »kalte Entzug« durch einen Heimataufenthalt versucht. Nach der Rückkehr kommt es dann nach solchen *Heimattherapien*, also nach nur kurzfristiger Abstinenz, meistens zu raschen Rückfällen und einer weiteren Verschlechterung der Lage der Betroffenen. Eine medizinisch gestützte Entgiftungsbehandlung wird in aller Regel vor dem »Außen« verheimlicht, da Drogenabhängigkeit eines Familienmitglieds in solchen Kontexten als Bedrohung für das Ansehen der Familie bewertet wird. Der individuelle Aspekt, dass der Betroffene sich selbst schadet, rückt in den Hintergrund.

Lässt sich der Drogenkonsum eines Familienmitgliedes nicht mehr verheimlichen, kann die Familie sich für die *Verstoßung* – wenn man so will: »Entfernung des kranken Organs des Familienkörpers zum Schutz des Gesamtgefüges« – oder, leider seltener, für die *Unterstützung* – »Heilung des kranken Organs des Familienkörpers zur Sicherung des gemeinsamen Überlebens« – des Süchtigen entscheiden. Da die Familienoberhäupter maßgeblich die Entscheidungen bestimmen, ist die Kommunikation mit den Vätern von großer Bedeutung! Sich zu unterwerfen, »Fehler« einzugestehen, Reue und Demut zu zeigen gehört kulturell zu den Pflichten der »Gefallenen«, wenn sie mit Hilfe rechnen wollen (Yüksel 1999).

Die seltenere Entscheidung für die Unterstützung des Süchtigen geht dagegen eher von den Müttern aus. Kulturell bedingte Gebote, Mütter nicht zu betrüben und sie nicht unglücklich zu machen, sind hier prägend. Die Mütter von (potenziellen) Suchtabhängigen sind daher wichtige Ansprechpartnerinnen, da sie »eher noch als die Väter über die Suchtabhängigkeit oder Suchtgefährdung ihrer Kinder informiert sind. Häufig sind sie aber auch in besonderer Weise belastet, da sie es oft nicht wagen, mit dem Vater frühzeitig über ihren Verdacht des Drogenkonsums bei ihrem Kind zu sprechen.« (ebd.)

In solchen traditionell geprägten Familien, vor allem aus dem türkischen, arabischen oder anderen muslimischen Kulturkreisen, hat ein suchtkranker Sohn meistens nur dann eine Chance auf Unterstützung aus »Liebe« und familiärer »Verantwortung«, um die Ideale der Familie zu verwirklichen, solange er diesen Familienwerten gegenüber eine »respektvolle« Haltung einnimmt. Häufig zählt dazu die Bereitschaft, eine eigene Familie zu Gründen. Unverheiratetsein wird in diesem Kontext als wichtige Ursache für Fehlverhalten eines jungen Menschen verantwortlich gemacht (ebd.); es gilt als elterliches Versagen, wenn es nicht gelingt, den Kindern zu einer eigenen Familie zu verhelfen. Die sich daraus ergebenden Konsequenzen für mögliche Ehefrauen und Kinder kann sich jeder selbst ausmalen.

Ohne professionelle Hilfe von außen haben es die hier beschriebenen Migrantenfamilien schwer, dem Suchtproblem eines Familienmitglieds angemessen zu begegnen. Für die Süchtigen selbst verliert die Familie auch nach langjähriger Suchtkarriere nicht ihre enorme Bedeutung, scheinbar losgelöst von allen Konventionen oder Regeln. Die Sucht in den Griff zu bekommen kann dann kaum gelingen und führt eher zu pathologischem Verhalten und Delinquenz (ebd.). Meistens behalten parallel zur Abhängigkeit familiäre Werte ihre Gültigkeit: »So behält bei türkischen Drogenabhängigen die türkische Gesellschaft, in der die Familie auch eine in besonderer Weise ausgeprägte Rolle bei der Suche von Problemlösungen spielt, noch weitestgehend ihre vorrangige Bedeutung.« (ebd.)

Familie als unterstützende Ressource zum einen und das notwendige Erlernen der Eigenständigkeit und Eigenverantwortung nach einer Drogenkarriere zum anderen, stellen in der Suchthilfe mit Migranten eine besondere Herausforderung dar. Familiendynamische Einflüsse, die über die Rollenzuweisung und -einhaltung funktionieren, bergen unterschiedliche Potenziale. Für die praktische Arbeit hat dies nachhaltige Konsequenzen:

- Welche Angebote Migranten gemacht werden, hängt von den strukturellen und finanziellen Möglichkeiten jeder Suchthilfeeinrichtung ab: »Hier ist aber zumindest das Bemühen um adäquate Kommunikation und Hineindenken in die Lebenssituation des Migranten gefordert. Die Versorgung als zu aufwendig oder zu schwierig abzutun und infolge dessen davon Abstand zu nehmen (...), das würde dem allgemeinen Auftrag des Hilfesystems widersprechen.« (ebd.)

- Die Reichweite des Drogenhilfesystems ließe sich durch eine noch aktivere Präsenz innerhalb der Lebensräume von Migranten vergrößern. Mit stadtteilorientierten, aufsuchenden Aufklärungsveranstaltungen in den »Communities« der Migranten kann über das Drogenhilfesystem informiert und die Drogenproblematik öffentlich thematisiert und enttabuisiert werden. Es gilt in den Familiensystemen, und hier besonders bei den Eltern, Lernprozesse und Reflexion zu stimulieren (siehe auch den Beitrag von U. Seibert).
- Beim Eingehen auf familiäre Beziehungen sind deutsche Berater aufgerufen, ihnen fremde Aspekte nicht abzuqualifizieren, sondern kommunikativ akzeptierend und einladend darauf einzugehen und das Vertrauen der Betroffenen zu gewinnen.
- Hilfreich ist es, dass Professionelle Verständigungsprozesse innerhalb der Familiensysteme unterstützen und sie gegebenenfalls organisieren. Hierzu gehört auch die Thematisierung des Konflikts zwischen kollektivistischen und individualistischen Haltungen der verschiedenen Generationen.
- Informationen über Suchtmittel, Suchtverläufe und Abwehrmöglichkeiten müssen besonders Eltern unter den Migranten vermittelt werden. Auch hier bewährt sich das Eingehen auf kulturell vorhandene Lösungsmuster und ihre Folgen, etwa »Heimattherapien«, »Kaltentzüge« und »Zwangsverheiratungen«.
- Jugendliche Migranten orientieren sich in der Regel zugleich an Sichtweisen der Herkunfts- und Aufnahmegesellschaft. Es geht bei ihnen nicht darum, ein *Entweder-oder-Konzept* bezüglich Kultur und Selbstkonzept herauszuarbeiten, sondern um den gemeinsamen und schwierigen *Sowohl-als-auch-Weg*. Es gilt Bikulturalität zu fördern und zu helfen mit ihr ein versöhnliches Auskommen zu finden.

Bei reduzierten sprachlichen Möglichkeiten sind obige Hinweise sicherlich nur schwer umzusetzen. Zuweilen kann aber der Einsatz von Dolmetschern (siehe den Beitrag von R. Salman), Kulturmittlern, muttersprachlichen Fachkräften oder so genannten »Keypersons« recht hilfreich sein, durch die Ressourcen, Fähigkeiten und Kompetenzen der Migranten einbezogen werden können.

Aufbau interkultureller Handlungskompetenz in der Suchthilfe

Interkulturelle Handlungskompetenz umschreibt vor allem die Fähigkeit, mit Menschen aus anderen Kulturen zu kommunizieren, sich mit ihrer Kultur vertraut zu machen und mit ihnen eine gemeinsame Sprache zu entwickeln, um somit eine gemeinsame Realität konstruieren zu können (Hinz-Rommel 1996; Pavkovic 1999). Das »Fremde« muss vertrauter werden und neben eigenen Ansichten, Erfahrungen und Realitätskonstruktionen als gleichwertig gültige Sichtweise anerkannt werden. Eine Haltung der wohlwollenden und Anteil nehmenden Neugier soll zunächst zu Akzeptanz und später zu veränderten Sichtweisen und Handlungskompetenzen führen (Cecchin 1988). Gleiches wird Migranten täglich abverlangt und erfordert die Reflexion eigener kultureller Perspektiven und Entwicklung, neuer Lösungen und die Vermischung eigener und fremder zu neuen Haltungen ist dazu erforderlich. Die Verständigung über Sinn, Zweck und Art einer Beratung oder Behandlung sowie Vorstellungen, Wünsche und kulturelle Ressourcen des Klienten können zusammenfinden und zu einer gemeinsamen Realität werden: »Je besser diese Beziehung gelingt, desto größer ist die Motivation des Hilfesuchenden, sein Verhalten in die gewünschte Richtung (z. B. Abstinenz) zu verändern.« (Pavkovic 1999)

Transkulturelle Handlungskompetenz führt bei Professionellen zur Anerkennung von migrationsbedingten und kulturell geprägten Erklärungs- und Handlungsmodellen und ergänzt vorhandene fachspezifische diagnostische, therapeutische, beraterische und betreuerische Kompetenzen. Beide Dimensionen, kulturelle wie fachliche, werden so zugleich für die therapeutische Beziehung nutzbar (Kunze 1988; Pavkovic 1999). Nun können Zusammenhänge zwischen beiden Dimensionen hergestellt oder hinterfragt werden. Hilfreiche Fragestellungen dazu sind nach G. Pavkovic (1999): »Welchen Anteil hat die Migrationsdynamik, so durch aufenthaltsrechtliche Hintergründe, an der Entstehung beziehungsweise Aufrechterhaltung des Suchtproblems? Stehen psychische Belastungen in einem Zusammenhang mit den migrationsspezifischen und den kulturellen Besonderheiten des erkrankten Migranten?« Viele weitere Fragen, in kulturellen und / oder fachlichen Variationen sind denkbar.

Sollen alle gesellschaftlichen Gruppen, einschließlich der aus anderen Kulturen, effizient und effektiv in der Suchthilfe integrativ versorgt werden, ist nach G. Pavkovic (1999) die Sicherung von Strukturqualität, Konzeptqualität, Mitarbeiterqualität, Prozessqualität und Ergebnisqualität Basis für transkulturelle

Handlungskompetenz. Interkulturelle Öffnung kann unter anderem durch die Vernetzung und Kooperation mit Migrationsdiensten, die Akzeptanz kultureller Vielfalt als Grundlage für Behandlungserfolg oder durch mehrsprachige Informationsbroschüren fundiert werden und so zur *Strukturqualität* beitragen. Die Anerkennung von Menschen aus anderen Kulturen als spezifische Zielgruppe, ihre gesonderte Berücksichtigung in Evaluation und Arbeitsberichten, die Dokumentation von Behandlungsverläufen oder systematisches, kultursensibles Handeln begründen die *Konzeptqualität* transkultureller Handlungskompetenz. *Mitarbeiterqualität* kann etwa durch Ausbau multiethnischer und multilingualer Arbeitsteams, Fortbildung deutscher Fachkräfte oder Einsatz von Fachdolmetschern gesichert werden. Zur *Prozessqualität* tragen bei: kultursensibel elaborierte Anamnese und Diagnose, Motivierung der therapeutischen Kooperationsbereitschaft des Klienten durch Vertrauensbildung, kulturelle und fachliche Transparenz der therapeutischen Interventionsmethoden und kontinuierliche interkulturelle Reflexion und Supervision. Zur Sicherung der *Ergebnisqualität* schließlich sind unter anderem die Überprüfung der Wirksamkeit erbrachter Leistungen, Organisation professioneller Nachsorge sowie Einbindung in Selbsthilfegruppen notwendig.

Multiethnische und multilinguale Teams bieten in besonderer Weise die Chance, bedarfsorientierte Angebote für spezielle Zielgruppen unter den Migranten zu erarbeiten und kulturelle Kompetenzen durch Reflexion zu stärken bzw. weiterzuentwickeln. Migranten sind sicherlich nicht automatisch die besseren Fachkräfte; ihre Landsleute fassen jedoch eher zu ihnen Vertrauen, fühlen sich verstanden und aufgehoben (siehe auch den Beitrag von G. Pavkovic).

Reichweite und Konzepte suchttherapeutischer Arbeit mit Migranten

Bei einer Ausländerquote in Deutschland von 8,9 Prozent beträgt der Anteil ausländischer Versicherter bei der stationären Entwöhnungsbehandlungen nur 4,1 Prozent (Czycholl 1998). K. Lazaridis erklärt dies damit, dass Migranten in frühen und mittleren Erkrankungsstadien von sich aus keine Hilfe aufsuchen. Eine Behandlung würde meistens erst dann erfolgen »wenn die Erkrankung bereits ein Endstadium erreicht hat oder aber durch komplexe migrationsspezifische Faktoren eine schwerwiegende Krisensituation aufgetreten ist, die eine Einweisung unvermeidbar macht. Kommt es zur stationären Aufnahme, wird ausschließlich eine akute Entgiftung und eine kurzfristige medizinische Behandlung durchgeführt. Langfristig angelegte psycho- oder soziotherapeutische und Nachsorgemaßnahmen fallen wegen enormer sprachlicher, kultureller und Schichtbarrieren weg. Das Gleiche gilt für die Teilnahme an den Selbsthilfegruppen.« (LAZARIDIS 1988)

Ausländische Drogenabhängige brechen zu einem weitaus höheren Prozentsatz und auch früher die Therapie ab (KAYA 1999). Erklärt wird dies damit, dass vorherrschende monokulturelle Strukturen, Regeln und Stile häufig zur wechselseitigen Missverständnissen und zu struktureller Ausgrenzung führen.

Ein weiterer negativer Einflussfaktor wird der Furcht betroffener Patienten vor ausländerrechtlichen Sanktionen zugeschrieben, die bis hin zur Ausweisung führen können (KAYA 1999; HUBER 1998). Das Ausländergesetz (AuslG) unterscheidet etwa nicht zwischen hilfebedürftigen Suchtkranken und Drogenhändlern. In §47 Abs. 1 Ziffer 2 AuslG wird festgelegt, dass Ausländer ausgewiesen werden, wenn sie wegen vorsätzlicher Straftaten nach dem Betäubungsmittelgesetz (BtMG) »rechtskräftig zu einer Jugendstrafe von mindestens zwei Jahren oder einer Freiheitsstrafe« ohne Bewährung verurteilt worden sind. Fragen der Beschaffungskriminalität und ihrer Begleiterscheinungen sind unter solchen Bedingungen nur noch schwer besprechbar. In diesen Fällen »kommt es innerhalb der Behandlung zu einer Verschiebung der Ziele. Es geht dann verstärkt um die Bearbeitung ausländerrechtlicher, existenzieller Probleme.« (KAYA 1999)

Migrationsorientierte Suchthilfedienste – wie *Dönüs* in Nürnberg, die Langzeittherapie-Einrichtung für drogenabhängige junge Männer ausländischer Herkunft oder Abstammung (ebd.), die Fachklinik Hohenrodt in Attenweiler, die über langjährige Erfahrungen besonders mit osteuropäischen Migranten und Aussiedlern verfügt (CZYCHOLL 1998) oder die interkulturelle Sozialtherapieeinrichtung für Drogenabhängige aus dem türkischen und arabischen Kulturraum *nokta* in Berlin (AKBIYIK 1999) – konnten zeigen, dass es sich lohnt, für eine stationäre Therapie ausländischer Drogenabhängiger zielgruppenspezifische Angebote zu schaffen oder mit bereits vorhandenen Einrichtungen zusammenzuarbeiten.

Viele Migranten und Migrantinnen kommen aus »Wir-Gesellschaften«, in denen kollektivistische Verhaltensstandards überwiegen. Solche Personen werden kaum in einer Gruppe Fehler eingestehen, die ihre »Ehre« oder die ihrer Familie in Frage stellen. Da Belastungen nicht psychisch oder sozial erklärt werden, werden Stressreaktionen somatisch geäußert (KAYA 1999). Insgesamt haben gerade bei jüngeren ausländischen Patienten mit Sprachproblemen, die sich noch nicht vom Elterhaus gelöst haben und die sich kulturell noch stark an traditionellen und kollektivistischen Strukturen orientieren, kultur- und sprachspezifische Therapieansätze Erfolg. Bei *Dönüs* in Nürnberg wird den türkischen Patienten wenige Wochen vor Entlassung aus der Therapie eine »Realitätswoche« mit türkischsprachiger Begleitung angeboten, in denen sie unter Supervision und Betreuung ihre familiären und behördlichen Angelegenheiten erledigen, um sich auf das zukünftige Leben in Abstinenz vorzubereiten (ebd.). Weiterhin dienten *muttersprachliche Angehörigenseminare* der verantwortlichen Einbeziehung der Familiensysteme der Patienten. Ein *Konfrontationstraining mit Szenebesuch* half, an Selbstvertrauen und Sicherheit zu gewinnen und Angst vor Situationen und Orten, an denen Suchtmittel konsumiert werden, abzubauen (ebd.).

Diesbezügliche Leitlinien aus der Erfahrung einer stationären Entwöhnungsbehandlung für suchtkranke russischsprachige Patienten wurden von D. Chycholl (1998) wie folgt zusammengefasst:

- Der soziokulturelle Erfahrungshintergrund der Migranten und der anderen Beteiligten des therapeutischen Prozesses muss Gegenstand ständiger Reflexion und Diskussion sein.
- Die Erfahrung der Migration mit ihren vielfältigen Implikationen muss einer der Bezugspunkte sowohl der Sozio- und Psychodiagnostik als auch der individuellen Therapieplanung und der konkreten therapeutischen Interventionsstrategie sein.
- Spezialisierung bedeutet nicht, Spezialkenntnisse einzelner nebeneinander zu stellen, sondern Bewusstseinsbildung des gesamten komplexen Bezugssystems in einem fortwährenden Auseinandersetzungsprozess auf kognitiver und emotionaler Ebene.
- Für den Einsatz spezialisierter Konzeptionen bei der Behandlung abhängigkeitskranker Migranten gilt, dass sie nicht als etwas Statisches, sondern als etwas Dynamisches, in Entwicklung Befindliches zu verstehen ist.

Professionelle sind häufig auch bei bestem Bemühen gezwungen, auch ohne die beschriebenen sprachlichen und kulturellen Ressourcen die Herausforderungen mit Migrantinnen und Migranten zu bewältigen. Die folgende »Checkliste« soll dazu einladen, konzeptionell Gespräche oder Therapien mit Betroffenen planvoll zu gestalten. Besondere Aufmerksamkeit gilt den unten aufgeführten Lifeevents, unter denen kritische Lebensereignisse und Umstände zu verstehen sind, die das Entstehen von »Suchtkarrieren« erleichtern und die Bewältigung eher erschweren.

Ressourcen erarbeiten

Herkunft und persönliche wie familiäre Migrationsbiografie

- Kenntnisse über die Herkunftsregion und Orte der Sozialisation
- Wann und aus welchen Gründen fand die Migration statt?
- Soziokulturelle Hintergründe und Lebensbedingungen
- Wesentliche Normen und Werte der Herkunftsgesellschaft
- Suchthilfesystem und Drogenpolitik in der Heimat

Sichtweisen und Zugang zur Suchthilfe

- Bekanntheitsgrad des akzeptanzorientierten Ansatzes
- Erklärungsansätze zur Suchtentstehung
- Akzeptieren von Beratern und Sozialpädagogen
- Einstellungen zur Entgiftung und Therapiedauer
- Aufgeschlossenheit für therapeutische Maßnahmen
- Zugang durch Zuweisung, Anweisung durch Ärzte, Bewährungshelfer, JVA
- Zugang durch Angehörige erzwungen oder freiwillig durch eigene Motivation?
- Angst vor Institutionen, Misstrauen, kritische Haltung
- Ausländerrechtliche Konsequenzen

Kommunikative und affektive Bedingungen

- Sprachkenntnisse bezogen auf Herkunfts- und Aufnahmeland sowie emotionale Präferenzen
- Auskunftsbereitschaft, Motivierungschancen, emotionale Zugänglichkeit
- Vorhandensein von Angst und Aggression
- Wer weiß vom Drogenkonsum – wird er verschwiegen?

Beziehungsgefüge und kulturelle Bindungen

- Beschaffenheit familiärer Bindungen und Ressourcen sowie Hierarchien, Geschlechterrollen etc.
- Erziehungsstile, Erreichbarkeit der Familie, Wohnorte
- Orientierung an Religion, Tradition und Moralvorstellungen
- Sichtweisen der Familie oder von Beziehungspartnern zur Abhängigkeit
- Bisherige Rolle der Familie im Verlauf der Suchtkarriere
- Homo- und heterosexuelle Beziehungen
- Jetziges Ansehen in der Familie, Verwandtschaft und Umfeld
- Freunde, Peer-groups sowie deren Alter, Geschichte und Beziehungsqualitäten
- Wünsche und Erfahrungen bezogen auf Freizeitgestaltung, Ernährungsgewohnheiten etc.

Life-events

- Krisenhafter kultureller Adaptationsdruck, Krisen in der Entwicklung des Selbstkonzepts
- Sprachprobleme bezogen auf Herkunfts- oder Aufnahmeland
- Zwangsverheiratung, Heimatverschickung, Verstoßung oder Wehrpflicht
- Aufenthaltsstatus, Ausweisungsbedrohung, Delinquenz
- Trennungserfahrungen
- Eigene oder Arbeitslosigkeit von Angehörigen, Ausbildungsmangel, finanzielle Krisen

Aspekte und Perspektiven der Präventionsarbeit

Moderne Präventionsansätze sehen die Vermittlung allgemeiner Handlungs- und Konfliktbewältigungskompetenzen vor und versuchen die Eigenverantwortung von Kindern, Jugendlichen und auch Erwachsenen zu fördern, Selbstständigkeit und Unabhängigkeit zu entwickeln und Entscheidungskraft zu stärken. Gerade diese Ziele sind es, die bei der Mehrheit der Migranten, Aussiedler und Flüchtlinge von den Vorstellungen über das traditionelle Lebenskonzept abweichen. So steht der Selbstständigkeit die Autorität entgegen, der Unabhängigkeit die Rangordnung und der Stärkung der Entscheidungskraft die Achtung vor den Älteren und das Befolgen ihrer Anweisungen gegenüber. Migrantenspezifische Präventionskonzepte können daher nur erfolgreich sein, wenn sie diesen Umstand berücksichtigen.

Die Auseinandersetzung mit dem Thema Sucht führt unvermeidlich zu einer Hinterfragung wesentlicher kultureller und migrationsbedingter Sichtweisen und Haltungen. Sie ist deshalb für Migranten hochgradig angstbesetzt, weil:

- Bedrohungen für Kinder thematisiert und so das Wohl der Eltern gefährdet werden,
- der Status quo in der Migrationssituation (unerwünschte Veränderungen) verdeutlicht wird,
- das Selbstverständnis der Familie tangiert sein kann,
- ausländerrechtliche Konsequenzen befürchtet werden,
- eigene Lösungsversuche nicht greifen und es an Alternativen mangelt.

Unter diesen Bedingungen ist die Präventionsarbeit stark personengebunden. Nur jene Personen sind geeignet, die einen Zugang sowohl zu der Zielgruppe als auch zu den Instanzen der Majoritätsbevölkerung haben und für beide Seiten vertrauenswürdige »Autoritäten« darstellen. Präventionskonzepte, die sich an den Einsatz von muttersprachlichen kulturellen »Keypersons« orientieren und ihre Präventions- und Aufklärungsarbeit eher in den Gruppen und Subkulturen der Migranten realisieren, sind diesbezüglich am erfolgreichsten (Salman/Collatz 1999). Gleiches gilt für Öffentlichkeitsarbeit in den *Communities* der Migranten (Tuna 1998). Dies erfolgt insbesondere mit den Zielen:

- Sensibilisierung und Aufklärung der Migrantenpopulation,
- Enttabuisierung des Drogenthemas unter den Migranten,
- Akzeptanz bei Migranten gegenüber dem Suchthilfesystem vergrößern,
- Ängste abbauen und Eigenverantwortlichkeit thematisieren.

Kulturelle Keypersons sind besonders akzeptierte Personen aus den jeweiligen Zielgruppen (TUNA 1999). Sie bekleiden eine Position innerhalb der Subgruppe (Lehrer, Hoca, Gemeindepfarrer, Vereinsvorsitzender etc.) oder stellen eine Autorität bezüglich ihrer Fachkompetenz dar (Ärzte, Studierte, Studenten etc.).

Jede Einrichtung der Suchthilfe sollte dem eigenen Bedarf entsprechend einen Stamm an Keypersons aufbauen, diese durch Hospitationen, Fortbildungen und gegebenenfalls auch mit Honoraren fördern. Mit Keypersons sollten Aufklärungsveranstaltungen in verschiedenen Sprachen für jugendliche und erwachsene Migranten und auch geschlechtsspezifische Informationsveranstaltungen durchgeführt werden. Es ist hilfreich, solche Veranstaltungen nicht in den Einrichtungen der Suchthilfe selbst durchzuführen, sondern an Orten, an denen Migranten ihre Freizeit verbringen (SALMAN / COLLATZ 1999; TUNA 1999).

Ausblick – Strukturen schaffen

Kultursensible und Integration fördernde Suchthilfe kann erreicht werden, wenn *regelhaft* in ihren Angeboten sprachliche, kulturelle und migrationsspezifische Aspekte Berücksichtigung finden. Die *Berufskompetenz* des Fachpersonals ist durch Fort- und Weiterbildung und durch den Aufbau transkultureller Teams zu steigern. Hierzu ist der konzeptionelle und konsequente Abbau von Zugangsbarrieren erforderlich. Vorhandene Versorgungskonzepte müssen hinsichtlich ihrer kulturellen Qualität und transkultureller Handlungskompetenz überprüft und um migrantenspezifische Komponenten ergänzt werden. Dies gilt in besonderer Weise für die Schaffung von kulturspezifischen und sprachlich gesicherten Therapie-, Beratungs-, Nachsorge- und Präventionsangeboten. Es bedarf einer verstärkten *Aufklärung* über Art, Sinn und Umfang vorhandener Angebote durch Keypersons in den *Communites* der Migranten, die sich an der Lebenswirklichkeit dieser Gruppen orientiert.

Barbara Abdallah-Steinkopff

Arbeit mit traumatisierten Migrantinnen und Migranten

»Wer ein Warum zu leben hat, der erträgt fast jedes Wie.«
Friedrich Nietzsche

Einleitung

Menschen, die als Flüchtlinge zu uns kommen, haben ihre Heimat nicht freiwillig verlassen. Als Opfer von Kriegen und ethnischer Vertreibung oder infolge drohender oder erlittener Menschenrechtsverletzungen bitten sie um Exil, um für sich und ihre Kinder menschenwürdigere Lebensbedingungen zu finden. Die Flucht wird fast ausschließlich über Schlepper organisiert und die Kosten sind je nach Fluchtweg entsprechend hoch. Der Weg in ein sicheres Exil gelingt daher nur denjenigen, die entweder über Landbesitz verfügten, den wohlhabenderen gesellschaftlichen Schichten angehörten oder von ihren politischen Organisationen unterstützt wurden. Die Mehrzahl der Flüchtenden geben gut gehende Existenzen in ihrer Heimat auf, sodass die Migration in den meisten Fällen keineswegs der Verbesserung ihrer wirtschaftlichen Situation dient.

Viele Flüchtlinge kommen bereits vorbelastet durch die Erfahrung von Gewalt traumatisiert in Deutschland an: Verfolgung, Haft, Folter und Krieg prägten die letzten Erfahrungen in der Heimat. Nicht selten erleben sie auf der Flucht Raub und sexuelle Misshandlung durch Verfolger oder durch Schlepper.

Traumatisierte Flüchtlinge teilen mit anderen Migrantengruppen eine Reihe von Erfahrungen. Der Verlust der Heimat, das Einleben in die fremde Kultur ihres Exillandes, in dem sie zwar geduldet, aber offensichtlich nicht erwünscht sind, und stark reduzierte Handlungsspielräume stellen auch für sie Belastungen dar, wie sie in anderen Artikeln dieses Buches beschrieben werden. Die Kumulation unterschiedlichster Belastungen nach einem Trauma bei gleichzeitig aufgezwungener Passivität im Exil ist kennzeichnend für die Lebenssituation *traumatisierter* Migranten in besonderer Weise, sodass sie unter den Migrantinnen und Migranten eine spezielle Gruppe darstellen.

Im Folgenden will ich die Auswirkungen von Gewalterfahrung auf Menschen sowie mögliche Faktoren beschreiben, die nach der traumatischen Erfahrung den Heilungsprozess beeinflussen.

Auf der Basis der Ätiologiemodelle von A. Maercker (1997) und R. Steil u. a. (1997) werden Konzepte und Praxismodelle für abgestimmte Hilfeangebote vorgestellt, die den speziellen Bedürfnissen dieses Personenkreises gerecht werden.

Unterschiedliche Flüchtlingsgruppen

Menschen, die in psychosozialen Zentren um Hilfe nachsuchen, sind Opfer menschlicher Gewalt, ob indirekt durch Kriegseinwirkungen oder direkt durch Verfolgung, Haft und Folter. Opfer gezielter Menschenrechtsverletzungen wurden diese Klienten aus folgenden unterschiedlichen Gründen:

- auf Grund der Zugehörigkeit zu einer gesellschaftlichen Schicht, wie etwa Intellektuelle, die in Lagern wie *Omarska* im jugoslawischen Bürgerkrieg vernichtet werden sollten;
- auf Grund ethnischer oder religiöser Zugehörigkeit, wie die Tutsis in Ruanda, Kurden in der Türkei und Muslime in Bosnien;
- auf Grund des Geschlechts wie in Bosnien und Kosovo die Massenvergewaltigungen von Frauen als Kriegsstrategie zur Zerstörung familiärer Strukturen zeigen;
- auf Grund des individuellen Einsatzes für politische und religiöse Ziele in repressiv regierten Staaten wie etwa Tunesien.

Die letzte Gruppe unterscheidet sich von den Gruppen anderer Verfolgter maßgeblich darin, dass im Leben der betroffenen Person eine Entscheidung für eine spezielle Aktivität stattgefunden hat und somit die Gefahr von Verfolgung bewusst in Kauf genommen wurde. Das Erleben von Folter ist zwar für alle Betroffenen tief greifend. Eine sinnhafte Integration in die eigene Lebensgeschichte als wichtiger Schritt für den Heilungsprozess gelingt jedoch denjenigen eher, die Verfolgung als Folge einer bewussten eigenen Entscheidung verstehen können. Auch die Art und Weise, wie Opfer von der Gesellschaft als Helden und Märtyrer gewürdigt oder aber als Geächtete, wie häufig im Fall vergewaltigter Frauen, stigmatisiert werden, hat als soziale Bedingung Auswirkungen auf die Überwindung erlittener Traumen.

Unterschiedlich ist bei den Flüchtlingsgruppen der Grad und die Dauer vom Zerfall gesellschaftlicher und staatlicher Strukturen, dem die Betroffenen im Heimatland vor ihrer Flucht ausgeliefert waren, und der Zustand, in dem sich ihr Heimatland gegenwärtig befindet. Afghanistan als ein Land nach zwanzigjähriger Verunsicherung durch Kriege, das bis heute nicht zur Normalität zurückgekehrt ist, kann hier als Beispiel dienen. Der Begriff »Normalität« ist daher für Afghanen fremder als beispielsweise für Bosnier, die sich noch recht gut an die, wie sie sagen, angenehme und normale Zeit vor dem Krieg erinnern können. Für die einen kann der Weg zurück in eine »Normalität« eine ungewohnte Anforderung sein. Andere dagegen leiden unter dem Eindruck eines unwiederbringlichen Verlustes, der aus dem ständigen Vergleich zwischen dem guten Leben früher und der Zeit des Krieges erwachsen kann.

Auswirkungen von Gewalterfahrungen

Bruch in der Lebensgeschichte

Die Folgen eines Traumas bezüglich der eigenen bisherigen Lebenseinstellung wurde von JANOFF-BULMAN (1992) untersucht. Danach kann eine traumatische Erfahrung früher bestehende Einschätzungen über sich und die Welt schlagartig und dauerhaft verändern.

Nicht traumatisierte Menschen sind überzeugt von der eigenen Unverletzbarkeit, schätzen die Welt als bedeutungsvoll, verständlich und kontrollierbar ein und nehmen das Selbst als positiv und wertvoll wahr.

Demgegenüber sieht ein traumatisierter Mensch:

- sich selbst als verletzt und zukünftig verletzbar,
- die Welt als feindlich, unverständlich und unkontrollierbar sowie
- sich selbst als beschädigt und wertlos.

Die Misshandlung durch Mitmenschen, die man als Nachbarn, als frühere Schulkameraden oder als ehemalige Arbeitskollegen gekannt hat, gehört zu der Form von Gewalterfahrung, die für viele Betroffene am schwersten in ihr bisheriges Weltbild einzuordnen ist. Diese Erfahrung wird als vollständiger Bruch in der Lebensgeschichte erlebt. Das Fundament für eine sichere psychische Existenz, das sich im Verlauf des bisherigen Lebens durch Erfahrungen gegründet hat, wird zutiefst erschüttert. Grundüberzeugungen über das Zusammenleben mit anderen und über den Schutzraum, den man sich innerhalb seiner Welt sichern kann, werden von allen Flüchtlingen, und vor allem von Bürgerkriegsflüchtlingen, in Frage gestellt. Typische Aussagen sind dann: »Es waren frühere Postkollegen, Menschen, mit denen ich Karten gespielt hatte. Sie waren dabei, als wir aus unseren Häusern herausgetrieben wurden. In den Internierungslagern, wo sie als Wärter tätig waren, taten sie so, als hätten sie uns vorher nie gesehen. Ich hatte gehofft, dass mich ein Wärter, der mich gut kannte, milder behandeln würde. Aber er hat mich grausamer behandelt als die anderen. Ich fragte mich in den ersten Wochen der Gefangenschaft, ob ich früher vor dem Krieg irgendwann ein schlechtes Wort an sie gerichtet hatte, dass sie mich dafür jetzt so bestrafen.«

Oder: »Wir haben uns unser ganzes Leben nichts zu Schulden kommen lassen, und ich habe mich immer um ein harmonisches Auskommen mit anderen bemüht. Es konnte dies (den Krieg) nicht verhindern.«

Zu dieser Zerstörung der bisherigen Annahmen über die eigene Sicherheit und der bisherigen Wertvorstellung über die Welt und die Mitmenschen kommt die Erschütterung des eigenen Selbstbildes. »Unter der Folter habe ich fast meinen Verstand verloren. Ich konnte auch meine körperlichen Reaktionen nicht mehr kontrollieren. Das Beschämendste für mich ist noch heute, dass ich diese Unmenschen (Folterer) um Gnade angefleht habe.«

Durch systematische Demütigung und Verletzung menschlicher Intimität, insbesondere durch sexuelle Misshandlung, erleben sich viele Opfer als entmenschlicht und stigmatisiert innerhalb ihrer Gesellschaft.

Die Erfahrung der eigenen Verwundbarkeit und Hilflosigkeit sowie des Ausgeliefertseins in einer unsicheren Welt lässt sich als Verlust eines Sicherheitskonzepts umschreiben. Der häufig bei den Betroffenen beobachtbare Eindruck einer eingeschränkten Zukunftsperspektive könnte als Folge dieser Verunsicherung verstanden werden.

Körperliche, psychische und soziale Folgen

Symtomatik der Posttraumatischen Belastungsstörung

Ungewollt wiederkehrende Erinnerungen, begleitet von psychischen wie körperlichen Angstreaktionen, erhöhte Wachsamkeit und Reizbarkeit sowie das Bestreben, alles, was mit der Traumatisierung zu tun hat, zu vermeiden und zu vergessen, bilden die Kernsymptomatik nach einer traumatischen Erfahrung. Schlafstörungen bedingt durch die Übererregung und durch Alpträume mit häufig wiederkehrendem Inhalt sind bei allen Opfern beobachtbar. Das Auftauchen von Erinnerungen am Tage in Form von Institutionen und so genannter Flashbacks als auch dissoziative Zustände als Aufmerksamkeitsstörungen beeinträchtigen die Konzentrationsfähigkeit und damit das Zurechtkommen im Alltag. Ein Gefühl der Fremdheit sich selbst gegenüber oder Losgelöstheit von anderen, nicht Betroffenen wird von vielen beschrieben. Die Symptomatik einer Posttraumatischen Belastungsstörung (PTB) auf der Grundlage des DSM IV von 1996 wird bei Menschen in unterschiedlicher Ausprägung, und zwar unabhängig vom kulturellen Kontext, beobachtet (Perren-Klingler 1990).

Wahrnehmung von Bedrohlichkeit

Ausgelöst durch Alltagserfahrungen, die an die Täter erinnern, können die Erinnerungen und die entsprechenden Affektreaktionen aktiviert werden. Eine junge Frau, die jetzt als Arzthelferin arbeitet, beschreibt ihre Probleme auf Grund einer Reihe traumatischer Erfahrungen wie plötzliches Verschwinden ihres politisch aktiven Vaters, häufige Hausdurchsuchungen durch Soldaten und Vergewaltigung im Alter von vierzehn Jahren folgendermaßen: »Als ich einem tätowierten Mann in der Praxis Blut abnehmen musste, erinnerte ich mich plötzlich an die Vergewaltigung durch Soldaten mit Tätowierungen am Körper. Ich fing an zu zittern und hatte das Gefühl, alles würde wieder passieren. Mich packte eine furchtbare Wut und ich musste aus dem Zimmer rennen, da ich meine Reaktionen gegenüber dem Mann nicht mehr unter Kontrolle halten konnte.«

Der Verlust der Kontrolle über die eigenen Affekte wird dabei häufig als beschämend und verunsichernd erlebt. Da dies durch nur schwer vermeidbare Alltagssituationen ausgelöst werden kann, wird ein Gefühl permanenter Bedrohung hervorgerufen und aufrechterhalten. Das Quietschen von Autoreifen wie bei der eigenen Verhaftung, der Geruch von Alkohol und Zigaretten bei Mitfahrern in der U-Bahn vergleichbar mit dem Geruch der Vergewaltiger, der Anblick bärtiger Männer, die an die massakrierenden Männer einer paramilitärischen Gruppe erinnern, der erste Schnee, der die Bilder an die Flucht durch die Berge hochkommen lässt, das alles sind Beispiele für Auslösesituationen, die in direkter Weise mit der Erinnerung an das Trauma verbunden sind.

Subtilere auslösende Momente können dagegen Schmerzen sein, beispielsweise Unterleibsschmerzen, die an die Vergewaltigung erinnern. Anzeichen von Erregung – Herzklopfen, stärkeres Atmen – im Kontext einer fröhlichen Stimmung mit anderen können unvermutet an die Erregung während der traumatischen Erfahrung erinnern. Eine konsequente Vermeidung dieser Situationen wird einen völligen Rückzug und eine Art emotionaler Erstarrung zur Folge haben. Nicht wenige Betroffene wählen diese Form der Bewältigung als Versuch, unerträgliche Angstüberflutung durch Erinnerung, ob auf körperlicher, psychischer oder sozialer Ebene, zu vermeiden.

Interaktionsprobleme

Die beschriebenen Konsequenzen von Traumatisierungen, insbesondere die erhöhte Reizbarkeit, verknüpft mit einer fehlenden Affektkontrolle haben Auswirkungen auf die sozialen Beziehungen. Familienmitglieder berichten, dass die nach der traumatischen Erfahrung aufgetretene Aggressivität ein Zusammenleben nur schwer erträglich mache. Unkontrolliertes Verhalten von Kindern verleitet nicht selten zu ungesteuerten Affekthandlungen der Erwachsenen oder einem völligen Gewährenlassen. Eltern, die zu geschwächt sind, um ihrer Mutter- oder Vaterrolle gerecht zu werden, verlieren ihre früheren Positionen innerhalb der Familie, was die Familiendynamik verändert – und zwar auf Kosten der Entwicklung der Kinder.

Das Entfremdungsgefühl von sich selbst und anderen gegenüber veranlasst viele Betroffene den Kontakt mit Menschen zu vermeiden. Der soziale Rückzug führt zur Vereinsamung und verstärkt Tendenzen, über die Vergangenheit zu grübeln, und damit häufig die bestehende Symptomatik der posttraumatischen Belastungsreaktion.

Komorbide Störungen bei Posttraumatischen Belastungsreaktionen

Typisch für die PTB-Symptomatik ist, dass sie häufig von weiteren psychischen oder psychosomatischen Problemen begleitet ist, weswegen die Klientinnen und Klienten meist zuerst um professionelle Hilfe bitten: Angststörungen, Depressionen, Suizidalität, Medikamenten-, Alkohol- und Drogenmissbrauch, Somatisierungsstörungen begleitet von chronischen Schmerzzuständen, Herz-Kreislauf-Störungen und erhöhte dissoziative Störungen.

Eine von dissoziativen Störungen Betroffene erlebt im Alltag immer wieder, dass sie Gegenstände, die sie in der Hand hält, einfach fallen lässt. Zusätzlich leidet sie oft unter Erinnerungslücken. Beispielsweise kann sie manchmal nicht mehr rekonstruieren, wie sie den Weg zu einer U-Bahn-Station gegangen ist. Zum dissoziativen Störungsbild können aber auch Symptombilder wie Ohnmachtsanfälle, Selbstgespräche, das Hören von Stimmen und körperliche Ausfälle ohne organische Ursache, wie Nicht-mehr-sehen-Können, gehören.

Der Wunsch, das vergangene Leid möglichst zu vergessen, das Bedürfnis nach einer Rückkehr in ein ganz »normales« Leben, aber auch die Anforderung, sich rasch in einem fremden Land zurechtzufinden, können Gründe dafür sein, dass die Symptomatik bei Flüchtlingen häufig erst Jahre nach der traumatischen Erfahrung verstärkt auftritt.

Die Intensität der Symptomatik kann je nach Lebensphase mit entsprechenden Lebensthemen schwanken. Ein besonders häufiger Auslöser für eine Zunahme der Symptomatik ist die bevorstehende Rückkehr oder drohende Abschiebung in das Heimatland.

Das Beispiel der jungen ostafrikanischen Frau, deren Schicksal bereits vorgestellt wurde, soll diesen Zusammenhang zwischen Lebensphase und entsprechenden Lebensthemen verdeutlichen. Ihr Leben in den ersten beiden Jahren nach ihrer Ankunft in Deutschland beschreibt sie als eher unbeschwert. Sie lebte damals in einem Heim und war mit dem Erlernen der deutschen Sprache und dem Schulalltag beschäftigt. Die Gesprächsthemen mit ihren Mitschülerinnen bezogen sich auf das Lernen und auf gemeinsame Unternehmungen. In dieser Zeit habe sie kaum an die frühere traumatische Erfahrung gedacht. Nur in den Alpträumen sei die Erinnerung an das Trauma aktiviert worden.
In den letzten anderthalb Jahren würden die Gesprächsthemen ihrer Mitschülerinnen zunehmend um Jungen, Liebe, Sexualität kreisen. Diese Themen seien ihr unangenehm. Sie hätte an »so was« gar kein Interesse und werde daher von den anderen als »komisch« angesehen. Sie hätte sich daher von den Mitschülerinnen zurückgezogen. Mit Aufkommen dieser altersentsprechenden Thematik bei den gleichaltrigen Freundinnen und Freunden erlebe sie eine Zunahme ihrer Symptomatik.

Erklärungsansätze für die Chronifizierung

Epidemiologische Studien wie auch die Beobachtungen im Behandlungszentrum *Refugio** (Beratungs- und Behandlungszentrum für Flüchtlinge und Folteropfer in München) bestätigen, dass nicht jeder Mensch nach einer Gewalterfahrung in ähnlicher Weise traumatisiert sein muss. Es gibt Klienten, die bei einem Aufenthaltsstatus mit längerer Dauer trotz ihrer traumatischen Erfahrungen einen Lebensplan haben, den sie verfolgen können, ohne ständig von ihren Erinnerungen

* Beratungs- und Behandlungszentrum für Flüchtlinge und Folteropfer in München (Ausführliche Darstellung des Zentrums in: Heise, Th.; Schuler, J. (Hg.): Das transkulturelle Psychoforum 5. Berlin. Siehe auch Kammerlander / Abdallah-Steinkopff 2000.

eingeholt zu werden. Andere wiederum können trotz guter Lebensbedingungen keine Lebensperspektive entwickeln und verlieren sich immer wieder in Grübeleien über ihren vergangenen Schicksalsschlag. Sie scheinen wie in der Vergangenheit gefangen zu bleiben. Verschiedene Hypothesen wurden dazu entwickelt. R. STEIL u. a. (1997) fokussieren auf Bewertungs- und Erinnerungsprozesse, die nach einer traumatischen Erfahrung wirksam werden.

Tendieren diese zu einer negativen, selbstabwertenden, katastrophisierenden Einstellung, wird das traumatische Ereignis als eine Bestätigung bereits bestehender negativer Lebenseinstellung verstanden und die Symptomatik als Zeichen eigener Schwäche und des Gebrochenseins interpretiert. Die typische Reaktion auf ein Trauma wird dann nicht als normal akzeptiert, sondern als Zeichen des eigenen Versagens gewertet. Bleibt die Erinnerung fragmentiert, können stark konditionierte körperliche Symptome, die immer wieder auftreten, nicht in Verbindung mit früheren Erfahrungen gebracht werden. Unterbleibt die Identifikation gegenwärtiger Auslöser für die sich wiederholenden Angstanfälle, fühlt sich der betroffene Mensch hilflos den aus seiner Sicht plötzlich ihn überfallenden Angstattacken ausgeliefert. Diese Prozesse fördern ein Gefühl permanenter Bedrohung. Die Unerträglichkeit dieses Zustandes fördert die Bereitschaft zu Vermeidungsverhalten. Die Vermeidung verstärkt die Angst, da man nicht mehr überprüfen kann, ob man mittlerweile in der Lage wäre die gegenwärtige Angstsituation zu bewältigen. Die daraus folgende Bestätigung der eigenen Hilflosigkeit schließt den Teufelskreis und unterstreicht auf diese Weise das Gefühl der Hoffnungslosigkeit.

In dem Ätiologiemodell von A. MAERCKER (1997) wird der Einfluss von Risiko- und Schutzfaktoren auf die weitere Verarbeitung traumatischer Erfahrungen thematisiert. Zu den Risikofaktoren zählen frühere psychiatrische Störungen, frühere belastende Erfahrungen, Alter zum Zeitpunkt der Traumatisierung und niedrige sozialökonomische Schichtzugehörigkeit. Für die psychotherapeutische Behandlung sind vor allem die Schutzfaktoren von großem Interesse, da sie sowohl während als auch nach einer traumatischen Erfahrung wirksam werden. Sie helfen den Betroffenen ihre traumatischen Erlebnisse besser zu integrieren. Die Fähigkeit, das Geschehene geistig einzuordnen, verstehen und ihm einen Sinn geben zu können (ANTONOVSKY 1987), soziale Unterstützung durch andere und die Möglichkeit der Offenlegung der traumatischen Erfahrung haben sich als hilfreich für eine bessere Verarbeitung eines Traumas erwiesen.

Rahmenbedingungen für einen effektiven Behandlungsverlauf

Erstkontakt

Traumatisierte Klienten kommen in der Mehrzahl der Fälle zuerst wegen Anfällen, Depressionen, Angstzuständen, Verwirrtheitszuständen oder chronischen Schmerzen in Behandlung. Über Traumata und ihre Begleiterscheinungen zu reden sind die meisten erst dann bereit, wenn eine ausreichende Vertrauensbeziehung geschaffen werden konnte. Daher hat es sich für Professionelle bewährt, die zentrale Aufmerksamkeit auf die Schaffung dafür günstiger Rahmenbedingungen zu legen.

Vermutet man eine frühere Traumatisierung auf Grund der Herkunft und der zusätzlich erfragten Symptomatik einer Posttraumatischen Belastungsstörung, ist es hilfreich:

- den Klienten über die berufsbedingte Schweigepflicht aufzuklären;
- die Notwendigkeit einer explorierenden Gesprächsführung zu erklären, damit sie nicht als Verhör oder als Rücksichtslosigkeit missverstanden wird;
- nach angenommenen Ursachen des Leidens zu fragen, um kulturell geprägte Krankheitsvorstellungen (Fluch und »böser« Blick als Ursache für die Schicksalsschläge) zu erfahren;
- Verständnis darüber zu äußern, wenn es den Klienten offensichtlich schwer fällt, über traumatische und beschämende Erfahrungen zu sprechen;
- bei der Diagnosestellung Symptomen wie Stimmenhören als mögliche kulturbedingte Phänomene (Stimmen von verstorbenen Ahnen als normales Phänomen in anderen Kulturen) zu berücksichtigen;
- über typische Reaktionen nach Gewalterfahrung informieren, die der beschriebenen Symptomatik entsprechen, um zu bekräftigen, dass es sich um eine normale Reaktion handelt;
- die Bedeutung des Traumas im entsprechenden kulturellen Kontext zu erfragen, um kulturgeprägte Tabus mit zu erfassen;
- soziale und gesellschaftliche Folgen im entsprechenden kulturellen Kontext abzuklären, um gegenwärtige Bedrohungen, wie die Tötung vergewaltigter Frauen zur Wiederherstellung der Familienehre, festzustellen.

Therapeutische Beziehung

Von zentraler Bedeutung für eine effektive Behandlung ist die Klärung der therapeutischen Beziehung. Ohne diese Klärung birgt der Aufbau von Vertrauen das Risiko, Erwartungen zu wecken, denen Therapeuten nicht gerecht werden können und die daher auf Dauer zu einer Überforderung werden können. Die Zerstörung eines bestehenden Sicherheitskonzepts durch die Erfahrung von Gewalt, der Verlust vertrauter Bezüge, insbesondere des unterstützenden Systems Familie, sowie das Fremdsein im Exil mit dem entmündigenden Daseinsrecht fördern das Gefühl der eigenen Hilflosigkeit. Therapeuten als Vertraute geraten dann leicht in die Gefahr, verlorene familiäre Bezüge zu ersetzen. Ihnen als der fremden Exilkultur zugehörig wird von Klienten allzu leicht die Entscheidungsgewalt für das eigene Schicksal übertragen. Entsprechen sie allerdings diesen Erwartungen, bestätigen sie auf diese Weise die Hilflosigkeit ihrer Klienten.

Zu beachten ist weiterhin, das Begriffe wie »Therapie« und »therapeutische Beziehung« in vielen Kulturen unbekannt sind. Sowohl die Abklärung von Erwartungen der Klienten an Hilfemaßnahmen als auch eine anschauliche Beschreibung dessen, was in einer therapeutischen Beziehung an Unterstützung angeboten werden kann, ist daher unerlässlich.

In folgenden Abbildung wird ein Überblick über Lebensaspekte gegeben, die in der therapeutischen Praxis als kultursensibel ermittelt werden konnten.

Unterschiedliche Definition des Selbst in kollektivistischen und individualistischen Kulturen

Bedeutung von Symbolen und Träumen

Kommunikationsformen:
- nonverbal
- verbal

Verhalten einer Autorität gegenüber

KULTURELLE EINFLÜSSE bei der Behandlung traumatisierter Flüchtlinge

Health-Belief-Model

Heilungserwartung

Soziale Folgen für Gewaltopfer auf Grund vorherrschender Tabus

Vorstellungen von Hilfe und Unterstützung

Die bereits in vorangegangenen Beiträgen diskutierten kulturellen Dimensionen von Therapie und Beratung gilt es im Umgang mit traumatisierten Menschen in besonderer Weise zu beachten, da Vertrauensvorbehalte hier eine noch größere Relevanz haben als im Umgang mit anderen Migrantengruppen.

Kulturelle Einflüsse in kollektivistisch geprägten Kulturen, aus denen viele Flüchtlinge stammen, wie etwa die besondere Bedeutung sozialer Bezüge und das spezielle Verhalten der Autorität gegenüber, bestimmen vor allem zu Beginn der Therapie die Interaktion. Die Metapher für die Therapeutin oder den Therapeuten als Wegbegleiterin einer besonders schwierigen Phase des Lebensweges hat sich zum besseren Verständnis bisher bewährt, da in diesem Bild die Notwendigkeit zur Eigenverantwortung und Selbstbestimmung der Klienten über ihr Leben im Exil trotz der Hilfebedürftigkeit Raum hat.

Die therapeutische Beziehung als Begegnung zweier Kulturen bietet die Chance zu einem Dialog über Wertvorstellungen, Normen und Verhaltensregeln der Herkunfts- und Exilkultur.

Der Umgang mit anders denkenden und anders fühlenden Menschen lässt sich nicht auf ethnologische Detailkenntnisse über entsprechende Kulturen reduzieren, da diese eher einer Tendenz zur Stereotypisierung Vorschub leisten. Bei unserer Klientengruppe, die aus über 30 Nationalitäten besteht, hat sich als Bestandteil der Therapie eher die Haltung bewährt, das jeweilige Menschenbild und Weltbild der Hilfe suchenden Person im Einzelnen zu erfragen und einen gemeinsamen Dialog über Herkunfts- und Exilkultur für ein gegenseitiges Verständnis zu entwickeln. Klienten erhalten dadurch Kenntnisse über die Kultur ihres Exillandes und Therapeuten können diesen Austausch nutzen, um sich über kulturelle Besonderheiten zu informieren. Von besonderer Bedeutung bei der Behandlung von Gewaltopfern ist die Klärung der persönlichen und kulturellen Sichtweise zu den Ursachen der körperlichen und psychischen Symptome. In einigen Kulturen kann ein Fluch oder ein böser Blick für das Leiden verantwortlich gemacht werden. Das Erfragen von Ratschlägen und Hilfen, die man im eigenen kulturellen Kontext erhalten würde, geben Aufschluss über kulturspezifische Ressourcen, die für die therapeutischen Ziele genutzt werden können.

Die emotionale Aufarbeitung vergangener traumatischer Erfahrungen, wie sie die westlich geprägte Psychotherapie für heilsam hält, ist vielen Kulturen fremd und daher nicht sinnvoll, wenn das Schicksal als vorbestimmt angesehen wird, wie beispielsweise im Hinduismus. In diesen Glaubenssystemen tragen religiöse Rituale viel mehr zur psychischen Stabilisierung bei. Mögliche kulturell geprägte Tabuthemen lassen sich durch folgende Frage ermitteln: »Bei welchen Themen hätte eine heilende Person in ihrer Heimat nicht das Recht nachzufragen?« (VON SCHLIPPE u.a. 1997) Scham- und Schuldgefühle sind häufig Folge durch Gewalteinsatz verletzter Tabus. Auch die Bedeutung von Träumen und Symbolen variiert zwischen den Kulturen. Im Kurdischen beispielsweise ist die Eule nicht etwa Vogel der Weisheit, sondern ein Sinnbild des Todes und der Zerstörung. Die Schlange hat dort nicht die Bedeutung von Falschheit und Doppelzüngigkeit, nur um zwei Beispiele zu nennen (HABASCH 1998).

Dolmetscher als Vermittler zwischen den Kulturen

Obwohl in Fällen, in denen der Klient die deutsche Sprache nicht ausreichend beherrscht, eine Therapie in der Muttersprache ideal wäre, ist diese häufig nicht realisierbar. Geschulte Dolmetscher bieten hier wichtige Hilfe bei der Behandlung von Flüchtlingen. Dolmetscher als Mittler zwischen zwei Kulturen fungieren nicht nur als Sprachrohr, sondern auch als »Brücke« zwischen den Kulturen (Dhawan). In Vor- und Nachbesprechungen können Dolmetscher ihre kulturspezifischen Kenntnisse an die Therapeuten zur Vorbereitung einer therapeutischen Sitzung oder zu einem besseren Verständnis über Inhalte einer stattgefundenen Sitzung weitergeben. Der Beitrag von R. Salman in diesem Buch und eine ausführliche Darstellung von mir (ABDALLAH-STEINKOPFF 1999) beschreiben die Notwendigkeit einer strukturierten Kooperation mit eindeutig definierten Tätigkeitsbeschreibungen für Dolmetscher und Therapeuten.

Konzept einer psychotherapeutischen Behandlung

Psychotherapeutische Ziele

Da die Mehrheit der Klienten die in folgender Abbildung zusammengestellten Lebensbereiche als durch die traumatische Erfahrung besonders betroffen erlebt, sollte das vorrangige Ziel psychotherapeutischer Bemühungen sein, die Betroffenen auf psychischer, körperlicher und sozialer Ebene zu stabilisieren. Überprüfung möglicher unangemessener, selbstabwertender Annahmen, Erkennen von Zusammenhängen, Erwerb von Bewältigungsformen im Umgang mit Flashbacks und extremen emotionalen Zuständen sowie von sozialer Kompetenz für häufige Interaktionsstörungen sind die wichtigsten Schritte auf diesem Weg. Bei

Flüchtlingen kann dies nur unter Berücksichtigung der Folgen einer erzwungenen Migration und der Identitätssuche in einer fremden Kultur erfolgen.

Permanente Wahrnehmung von Gefahr und Bedrohung durch erinnerungsauslösende Momente, Gegenstände und Personen

Erschütterung bisheriger sozialer Positionen:
- innerhalb der Familie
- innerhalb des sozialen Umfelds
- innerhalb der Arbeitswelt

Unangemessene Interpretation der Symptomatik i. S. von Selbstabwertung und dem Gefühl des Geschädigtseins

Sinnverlust und Grübeln

TRAUMA nach Gewalterfahrungen

Erschütterung bisheriger Grundüberzeugungen
- Selbstbild
- Weltbild
- Mitmenschen

Veränderung des Zeiterlebens auf Grund von:
- Flashbacks
- Intrusionen
- Dissoziativen Zuständen

Konfrontation mit unkontrollierbaren Emotionen:
Angst
Scham
Schuld
Wut
Rache
Trauer
Entsetzen

Unrealistische Heilungserwartungen:
- »So wie früher werden«
- »Trauma vergessen können«

Im späteren Verlauf der Therapie wird dann die Reflexion und Neubewertung der Lebensgeschichte bedeutsamer, in der der gefolterte Mensch nicht nur die Erfahrung von Entwürdigung erinnert, sondern auch den eigenen Überlebenswillen und die bewiesene Überlebenskraft würdigt. Die Orientierung an Werten, Lebensregeln und Lebenszielen, die häufig auf Grund der traumatischen Erfahrungen neu überdacht werden müssen, ist wesentlich für die Gestaltung eines neuen Lebensplans, nachdem der frühere durch die Flucht aufgegeben werden musste.

Behandlungsschritte in verschiedenen therapeutischen Phasen

Um eine Retraumatisierung im Rahmen einer Traumatherapie zu vermeiden, hat sich die sorgfältige Beachtung spezifischer Phasen im Heilungsprozess bewährt, die unterschiedliche Formen professioneller Hilfe erfordern.

Ein kulturübergreifendes Phasenmodell wird im Folgenden kurz skizziert.

Phase der Stabilisierung

Bei traumatisierten Flüchtlingen, die sich noch im laufenden Asylverfahren befinden, sollte die gegenwärtige psychische Stabilisierung zur Bewältigung der Belastung einer ungewissen Zukunft im Vordergrund einer Behandlung stehen. Dazu gehören die folgenden Stichworte:

Psychoedukative Information zu den Folgen von Traumata zur Vorbeugung selbstabwertender Tendenzen und Fehlinterpretationen der Symptomatik sowie zum Heilungsprozess zur Klärung unerfüllbarer Aufträge an die Therapie, da häufig von Klienten der Wunsch besteht, »wieder so zu werden wie früher«.

Reflexion von selbstabwertenden Gedanken und kognitive Umstrukturierung unangemessener Annahmen.

Aufbau eines Tagesrhythmus wie Einhaltung regelmäßiger Mahlzeiten, Planung von Aktivitäten und Beachtung eines gesunden Schlafrhythmus sowie die Reduktion von anregenden oder gar suchtauslösenden Nahrungsmitteln.

Soziogramm von Mitmenschen nach bestimmten Kriterien erstellen. Beispiele für diese Kriterien sind:

- Menschen, die dem Klienten helfen;
- Menschen, die abhängig vom Klienten sind;
- Menschen, die Einfluss auf das Leben des Klienten haben;
- Menschen, die schädlich für den Klienten sind;
- Menschen, die in der Heimat zurückgeblieben sind und Erwartungen an den Klienten haben.

Dies dient dem Aufbau unterstützender sozialer Netzwerke sowie der Abklärung von Schuldgefühlen gegenüber möglichen unerfüllbaren Erwartungen Zurückgebliebener.

Hilfe bei der Gestaltung sozialer Kontakte wie die Klärung von Nähe und Distanz, insbesondere den Umgang mit Informationen über die traumatischen Erfahrungen. Auch die Bezugspersonen bedürfen einer Beratung über den angemessenen Umgang mit Traumatisierten, um das Verständnis für das Verhalten der Klienten zu verbessern.

Analyse typischer Alltagssituationen, von Gegenständen oder Personen, die Intrusionen und Flashbacks auslösen (Beispiele: uniformierte Personen, Geruch von Alkohol und Zigaretten, Schritte im Hausflur).

Konfrontation mit auslösenden Momenten, verknüpft mit Angstbewältigungsverhalten im Sinne einer systematischen Desensibilisierung.

Ankerung von Stärke durch Fokussierung auf Situationen und Erfahrungen, in der er oder sie sich durchgesetzt und behauptet hat. Sie wird über die Sinneskanäle geankert und symbolisch (über Farbe, Form, Gestalt usw.) zugeordnet. Diese Übung dient als Verknüpfung mit Angstsituationen.

Phase der Auseinandersetzung mit dem Trauma

Hier stehen die möglichen therapeutischen Schritte bei den Klientinnen und Klienten, die eine Auseinandersetzung mit ihren traumatischen Erfahrungen wünschen, im Vordergrund.

Eine Rekonstruktion der Lebensgeschichte ermöglicht den Klienten wie den Therapeuten die Vergangenheit nicht nur reduziert auf die traumatische Zeit zu sehen. Typische Verhaltensweisen in vergangenen Krisen, die bei der Überwindung effektiv waren, können bewusst gemacht werden und auf gegenwärtige kritische Lebensphasen angewendet werden.

Die Rekonstruktion des familiären Systems erleichtert den Klienten durch Erinnerung oder Kontaktaufnahme und Kontaktpflege, Bezugspersonen als Orientierung für die eigene Identitätserhaltung zu nutzen.

Analyse der Lebenseinstellungen und -überzeugungen, die sich durch das Trauma verändert haben und die trotz des Traumas erhalten blieben, erleichtert es den Klienten, Ressourcen zu pflegen und zu nutzen.

Voraussetzungen hierfür können sein:

- fördernde Maßnahmen zur Verbesserung der Erinnerungsfähigkeit bei fragmentierter Erinnerung;
- Förderung der Erinnerung an das Trauma aus der Perspektive des Opfers sowie der überlebenden Person, um den aktiven, kreativen Anteil der Klienten während und nach der traumatischen Erfahrung bewusst zu machen;
- Auseinandersetzung mit den Tätern, deren Absichten und mit den eigenen Emotionen ihnen gegenüber;
- Berücksichtigung von Schuld- und Schamgefühlen, die sich als Folge der traumatischen Erfahrungen entwickelt haben.

Begleitend zur Traumatherapie spielt die *Identitätssuche* in einem bikulturellen Kontext für den Heilungsprozess traumatisierter Flüchtlinge eine wesentliche Rolle. Es gilt, sich zu fragen, welche kulturellen Werte und Normen möchten Klienten als Wurzel der eigenen kulturellen Identität erhalten und welche werden aus der Exilkultur übernommen, um sich im Exil besser behaupten zu können. Zu dieser Problematik können im Rahmen eines interkulturellen Kompetenztrainings Übungen zur differenzierten Wahrnehmung von Interaktion und Kommunikationstechniken durchgeführt werden.

Fazit für die therapeutische Tätigkeit

Wie in jeder Arbeit mit Menschen mit verschiedenen kulturell geprägten Lebensphilosophien ist die bewusste Analyse und Hinterfragung der eigenen Wertvorstellung zentrale Voraussetzung. Für Menschen, die Traumaerfahrungen hinter sich haben und teilweise auch im Umgang mit den Institutionen unseres Landes noch erleben, gilt dies in besonderer Weise, um überhaupt die Voraussetzung eines vertrauensvollen Umgangs zu schaffen. Für die Behandlung traumatisierter Flüchtlinge ist darüber hinaus die Fähigkeit der Therapeuten erforderlich, einerseits die Perspektive der Opfer einnehmen und andererseits die individuelle »Kreativität des Überlebens« (Helen Bamber) erkennen zu können.

Im Kontakt mit Menschen unterschiedlicher Herkunft, die Erfahrungen existenzieller Bedrohung durchgemacht haben und häufig noch aus rechtlichen Gründen in Ungewissheit leben müssen, habe ich Eindrücke gesammelt, die sich nachhaltig auf meine Lebenseinstellung ausgewirkt haben. Erwachsen daraus ist sowohl die bewusstere Wertschätzung der existenziellen Sicherheit, die uns Deutschen fast schon selbstverständlich geworden ist, als auch das kritische Hinterfragen unserer westeuropäischen Wertvorstellungen, die in besonderer Weise auf die Selbstverwirklichung und Selbstfindung eines Individuums abzielen, oft unter Vernachlässigung sozialer Bezüge. Die Lage traumatisierter Flüchtlinge ohne dauerhaftes Bleiberecht, die Angst vor einer Rückkehr in ihre Heimat haben, weil ihre Folterer noch frei herumlaufen, erlebe ich als besonders entwürdigend. Die häufig über Jahre hinweg vergebenen ein- bis dreimonatigen Aufenthaltsfristen verdeutlichen die völlige Abhängigkeit von Entscheidungen staatlicher Institutionen. Angesichts dieser staatlich verordneten »Entmündigung« wird mir immer wieder der eigene Handlungsspielraum bewusst, den ich für die Gestaltung meines Lebensweges und für die Lösung meiner Probleme zur Verfügung habe. Eine differenziertere Betrachtungsweise dessen, was wir hierzulande tagtäglich als »Problem« bezeichnen, erscheint mir daher geboten.

Epilog

Ramazan Salman und Thomas Hegemann

Auf der Reise zu einer transkulturellen Psychiatrie

»Beklage nicht, was nicht zu ändern ist,
aber ändere, was zu beklagen ist.«
William Shakespeare

Nach der Reise durch dieses Buch gilt es erst einmal innezuhalten und eine Bilanz zu ziehen.

Alle unsere Autorinnen und Autoren stimmen darin überein, dass die Zukunft westlicher Gesellschaften von zunehmender kultureller Diversität bestimmt sein wird. Die Fragen der Zukunft können daher nur gemeistert werden, wenn möglichst viele Menschen und Gruppen unterschiedlichen kulturellen Hintergrundes eingeladen werden, an dieser Zukunft mitzubauen.

Auch die Psychiatrie – an der Schnittstelle zwischen sozialen, psychischen und biologischen Belastungen von Einzelnen und Familien – tut gut daran, Migranten und ethnisch-kulturelle Minderheiten in ihre professionelle Weiterentwicklung einzubeziehen. Dies kann nur gelingen, wenn sich alle Fachkräfte unterschiedlicher Berufsgruppen und Hierarchien daran beteiligen. Wie wir von anderen westeuropäischen Ländern lernen können, bietet die Gestaltung günstiger Rahmenbedingungen auf staatlicher, verbandlicher und organisatorischer Ebene die beste Voraussetzung dafür.

Der entscheidende erste Schritt zur Chancengleichheit findet im Kopf statt. Aufmerksamkeit und Sensibilität für kulturelle, migrations- und minoritätenspezifische Aufgaben sind dafür gute Grundlagen. Auf der organisatorischen Ebene gilt es in erster Linie Zugangsbarrieren zu senken und langfristig abzubauen. Die Einführung von Qualitätskriterien für die transkulturelle Dimension von psychiatrischer Arbeit mit einheitlichen, verbindlichen Mindeststandards im Rahmen der Regelversorgung sind bisher in Deutschland noch Zukunftsträume, aber lohnende und realistische, wie uns andere Länder zeigen. Aber auch wir stehen nicht am Anfang. Wichtige Schritte sind bereits getan, denn es gab auch im deutschsprachigen Raum in den letzten Jahren erfolgversprechende und motivierende Ansätze, die wegweisend sind, um die psychische Gesundheit bei Menschen aus anderen Kulturen oder bei Migrantinnen und Migranten zu sichern oder zu fördern.

Die Autorinnen und Autoren dieses Bandes haben dazu zahlreiche Modelle vorgestellt.

Ein aufmerksamerer Umgang mit den Denkmodellen der eigene Profession, eine stetige Beachtung soziopolitischer und soziokultureller Rahmenbedingungen und deren Veränderungen, eine Mitgestaltung der Weiterentwicklung der eigenen Profession sowie eine stetige Überprüfung fachlicher Konzepte in der alltäglichen Arbeit mit Menschen verbessert nicht nur das Serviceangebot für Migranten, sondern für alle Patienten.

Jeder kann sich fragen: Welchen Beitrag können wir selbst für den Abbau an Ungleichheiten leisten, welche lieb gewonnenen Gewohnheiten müssen wir ändern, um mit Menschen, die uns mit fremden Verhalten und Haltungen begegnen, in Kontakt kommen zu können? Die Zusammenführung unterschiedlicher Erfahrungsbereiche in ein transkulturelles Ganzes verbessert die Ergebnisse und damit die Zufriedenheit aller.

Manche Leserinnen und Leser mögen enttäuscht sein, nicht mehr über spezielle Kulturen erfahren zu haben. Andere werden Ratschläge über den spezifischen Umgang mit exotischen Syndromen wie *Sousto* oder *Koro* vermissen, die bei uns gar nicht anzutreffen sind und auch in ihren Ursprungsländern am Verschwinden sind, aber eben »so richtig fremd« sind. Noch andere werden spezielle Aufgabengebiete der Psychiatrie vermissen, wie den Maßregelvollzug oder den ganzen komplementären Beratungsbereich. Uns ist klar, dass all dies auch Dimensionen transkultureller Psychiatrie sind, aber Bücher kommen nun einmal nicht ohne Beschränkungen und Schwerpunkte aus.

Wir wollen mit diesem Handbuch Hilfen für den psychiatrischen Alltag in den deutschsprachigen Ländern anbieten. Durch die Beschränkung auf strukturelle, konzeptionelle und organisatorische Fragen möchten wir bei Professionellen und Institutionen die Sensibilität für die spezifischen Fragen psychischer Gesundheit von Migranten oder einfach »Menschen aus anderen Kulturen« bei uns wecken.

Für uns ist daher »transkultrelle Psychiatrie« nicht so sehr eine Methodenfrage oder ein fachliches Teilgebiet der Psychiatrie, sondern in erster Linie eine Haltung:

- auf der Ebene der Konzepte die Bereitschaft, kulturellen und sozialen Fragen der Psychiatrie mit anteilnehmender Neugier zu begegnen, und
- in der Praxis des Umgangs mit Klienten die Gestaltung von förderlichen Rahmenbedingungen.

Die größte Ressource, die wir haben, sind unsere Patientinnen und Patienten und unsere Kolleginnen und Kollegen, die anderen kulturellen Hintergründen entstammen. Wenn gegenseitiges Vertrauen wächst, wenn Respekt vor anderen Auffassungen zunimmt und wenn eigene kulturelle, soziale und fachliche Annahmen in ständigem Austausch reflektiert werden, ist die Entwicklung einer transkulturellen Psychiatrie in einer multikulturelle Gesellschaft unvermeidlich.

Zu dieser Reise in dieser Richtung möchten wir einladen. Dieses Handbuch für transkulturelle Psychiatrie ist als Reiseführer gedacht, zur Vorbereitung, zum Nachlesen und zur Nachschau, um Erfahrungen und Anforderungen transkultureller Psychiatrie besser verstehen zu können. Kolleginnen und Kollegen aus vielerlei Ländern und mit den verschiedensten kulturellen und fachlichen Hintergründen haben es gemeinsam mit uns Herausgebern erstritten, erarbeitet und gestaltet. Diese Reise geht für uns, und hoffentlich auch für Sie, liebe Leserinnen und Leser, jetzt nicht zu Ende, sondern weiter. Wie alle Autoren von Reisebüchern freuen wir uns, von Ihnen zu hören, wie sie die in diesem Buch vorgeschlagenen Konzepte ausprobiert und weiterentwickelt haben. Wir hoffen auf ihre Mitteilungen, Kritiken und Verbesserungsvorschläge, um sie bei Neuauflagen konzeptionell integrieren zu können.

Gute Reise!

Anhang

Literaturverzeichnis

ABDALLAH-STEINKOPFF, B. (1999): Psychotherapie bei Posttraumatischer Belastungsstörung unter Mitwirkung von Dolmetschern. In: *Verhaltenstherapie*, 9, S. 211–220.

ABDULRAHIM, D. u. a. (1994): Ethnicity and Drug Use. Towards the design of community interventions. London.

AHLERS, I. (1985): Ökonomische Aspekte der Remigration. In: COLLATZ, J.; KÜRSAT-AHLERS, E.; KORPORAL, J. (Hg.): Gesundheit für alle. Die medizinische Versorgung türkischer Familien in der Bundesrepublik. Hamburg-Rissen.

AKBIYIK, O. (1999): Zur Notwendigkeit interkultureller Suchthilfedienste für Migranten. In: SALMAN, R.; TUNA, S.; LESSING, A. (Hg.): Handbuch Interkulturelle Suchthilfe. Gießen, S. 158–169.

ALLPORT, G. (1954): The nature of prejudice. New York.

ANTONOVSKY, A. (1987): Unraveling the mystery of health. San Fransisco.

ANTONOVSKY, A. (1998): Salutogenese. Freiburg i. Br.

BADE, K. J. (1997): Einführung: Zuwanderung und Eingliederung in Deutschland seit dem Zweiten Weltkrieg. In: BADE, K. J. (Hg.): Fremde im Land. Zuwanderung und Eingliederung im Raum Niedersachsen seit dem Zweiten Weltkrieg, Bd. 3. Osnabrück.

BALINT, M. (1983): Der Arzt, der Patient und die Krankheit. Stuttgart.

BARTH, F. (Hg.) (1969): Ethnic Groups and Boundaries: The Social Organisation of Culture Difference. Bergen, London.

BARZUN, J. (1965): Race: A Study of Superstition. New York.

BAŞOGLU, M.; PAKER, M.; PAKER, O. (1994): Psychlogical effects of torture: a comparison of tortured with nontortured political activists in Turkey. In: *American Journal of Psychiatry*, 151, S. 76–81.

BATESON, G. (1987): Geist und Natur. Eine notwendige Einheit. Frankfurt a. M.

BATESON, G. (1999): Ökologie des Geistes. Frankfurt a. M.

BAUSINGER, H. (Hg.) (1986): Ausländer – Inländer. Arbeitsmigration und kulturelle Identität. Tübingen.

Bean, R. B. (1906): Some racial peculiarities of the negro brain. In: *American Journal of Anatomy*, 5, S. 353–415.

Beauftragte der Bundesregierung für Ausländerfragen (1999): Migrationsbericht. Zu- und Abwanderung nach und aus Deutschland. Berlin.

Becker, D. (1997): Prüfstempel PTSD – Einwände gegen das herrschende »Trauma«-Konzept. In: Medico International (Hg.): Schnelle Eingreiftruppe Seele. Frankfurt a. M., S. 25–47.

Becker, J. (2000): »Gell, heut geht's wieder auf die Rennbahn«. Die Handlungslogik dementer Menschen wahrnehmen und verstehen. Darmstadt.

Bekkum, D. H. J. v. (1999): Transitorische Anfälligkeit als Risikofaktor für Suchtverhalten: Ein interkulturelles Rahmenkonzept zur Prävention bei Jugendlichen. In: Salman, R.; Tuna, S.; Lessing, A. (Hg.): Handbuch interkulturelle Suchthilfe. Gießen.

Bekkum, D. H. J. v. u. a. (1996). Migratie als transitie: de liminele kwetsbaarheid van migranten en implicaties voor de hulpverlening. In: de Jong, J. V. T. M.; Berg, M. v. d. (Hg.): Transculturele psychiatrie en psychotherapie. Lisse, S. 35–59.

Bekkum, D. H. J. (1998): Leisure, Play and Work in Post-Modern Societies: Search for Liminal Experiences in Male Adolescents. In: Leisure Studies.

Bercanovic, E. (1969): The Effect of Inadequate Language Translation on Hispanics' Responses to Health Surveys. In: *American Journal of Public Health*, 70, S. 1273–1276.

Bernstein, C.; Rosser-Hogan, R. (1994): Cross-cultural response to trauma: a study of traumatic experiences and posttraumatic symptoms in Cambodian refugees. In: Journal of traumatic stress, 7, 1, S. 43–59.

Berrios, G.E. (1994): The history of descriptive psychopathology. In: Mezzich, J. E.; Jorge, M. R.; Salloum, L. (Hg.): Psychiatric epidemiology: Assessment methods and concepts. Baltimore.

Betschart, W. u. a. (1998): Arztbericht zuhanden Asylbehörden. In: *Schweizerische Ärztezeitung*, 79, S. 1867–1870.

Birnbaum, K. (1923): Der Aufbau der Psychosen. In: Hirsch, S. R.; Shepherd, M. (Hg.): Themes and variations in European Psychiatry. Bristol.

Blok, A. (1981): Die Mafia in einem sizilianischen Dorf. Frankfurt a. M.

BOCHNIK, H. J.; KOCH, H. (1990): Die Nervenarzt-Studie. Praxen, Kompetenzen, Patienten. Köln.

BOCK, Th. (1998): Lichtjahre. Psychosen ohne Psychiatrie. Bonn.

BOGIN, B. (1988): Patterns of Human Growth. New York.

BOROFFKA, A.; PFEIFFER, W. (Hg.) (1977): Fragen der transkulturell vergleichenden Psychiatrie in Europa. Münster.

BOSTANCI, A. S. (1995): Aufgaben eines türkischen Psychologen als Sachverständiger bei deutschen Gutachten. In: KOCH, E. u. a. (Hg.): Psychologie und Pathologie der Migration. Freiburg i. Br., S. 302–303.

BOURDIEU, P. (1977): Outline of a Theory of Practice. Cambridge.

BRECHT, B. (1967): Aufstieg und Fall der Stadt Mahagonny. Gesammelte Werke, Band 2. Frankfurt a. M.

BRIDGES, K. W.; GOLDBERG, D. P. (1985): Somatic presentation of DSM III psychiatrie disorders in primariy care. In: *J. psychosom. Res.*, 29, 6, S. 563–569.

BRUCKS, U. (1998a): Arbeitspsychologie personenbezogener Dienstleistungen. Bern.

BRUCKS, U. (1998b): Salutogenese – der nächstmögliche Schritt in der Entwicklung medizinischen Denkens? In: SCHÜFFEL, W. u. a. (Hg.): Konzept und Praxis der Salutogenese – ein Handbuch. Wiesbaden, S. 23–36.

BRUCKS, U.; SALISCH, E. V.; WAHL, W.-B. (1987): Soziale Lage und ärztliche Sprechstunde. Deutsche und ausländische Patienten in der ambulanten Versorgung. Beiträge zur sozialen Entwicklung im Gesundheitswesen, Bd. 1. Hamburg.

BURGES WATSON, I. P.; HOFFMAN, L.; WILSON, G. V. (1988): The neuropsychiatry of post-traumatic stress disorder. In: *British Journal of Psychiatry*, 152, S. 164–173.

CANINO, I. A.; SPURLOCK, J. (1994): Culturally Diverse Children and Adolescents; Assessment, Diagnosis and Treatment. New York.

CAPLAN, P. J. (1991): Delusional dominating personality disorder. In: *Feminism and Psychology*, 1, 2, S. 317–320.

CAROTHERS, J. C. (1953): The African Mind in Health and Disease. A Study in Ethnopsychiatry. Genf (WHO).

CARTER, B.; MCGOLDRICK, M. (Hg.) (1989): The Changing Family Life Cycle. Boston.

CARTWRIGHT, S. A. (1851 / 1981): Report on the diseases and physical peculiarities of the Negro race. In: CAPLAN, A.C.; ENGELHARDT, H.T.; MCCARTNEY, J. J. (Hg.): Concepts of Health and Disease. Massachusets.

CASTLES, S.; MILLER, M. J. (1993): The Age of Migration: International Population Movements. London.

CECCHIN, G. (1988): Zum gegenwärtigen Stand von Hypothetisieren, Zirkularität und Neutralität: Eine Einladung zur Neugier. In: *Familiendynamik*, 13, S. 190–203.

COLEMAN, J. C. (1980): The nature of adolescence. London.

COLIJN, S. (1992): Ritueel als therapie, therapie als ritueel. In: Kinder & Jeugd Psychotherapie, 19, S. 77–89.

COLIJN, S. (1995): Het slechte(n) van een ivoren toren. In: *Tijdschrift voor Systeemtherapie*, 7, S. 125–138.

COLIJN, S. (1996): Klinische behandeling en cultuurverschillen. In: DE JONG, J. V. T. M.; BERG, M.v.d. (Hg.): Transculturele psychiatrie en psychotherapie. Lisse, S. 203–212.

COLLATZ, J. (1995): Auf dem Wege in das Jahrhundert der Migration. Auswirkungen der Migrationsbewegungen auf den Bedarf an psychosozialer und sozialpsychiatrischer Versorgung. In: KOCH, E.; ÖZEK, M.; PFEIFFER, W. M. (Hg.): Psychologie und Pathologie der Migration. Freiburg i.Br., S. 31–45.

COLLATZ, J. (1997): Multikulturalität und Gesundheit. In: HOMFELDT, H. G.; HÜNERSDORF, B. (Hg.): Soziale Arbeit und Gesundheit. Neuwied, S. 91–123.

COLLATZ, J. (1998): Transkulturelle Herausforderung und Ansätze zu strukturellen Lösungen psychotherapeutischer Versorgung in einer globalen Weltkultur. In: HEISE, Th. (Hg.): Transkulturelle Psychotherapie. Berlin, S. 19–36.

COLLATZ, J.; FISCHER, G. C. (1998): Krankheit, Kranksein und häufige Erkrankungsverläufe. In: BURCHARD, G.-D. (Hg.): Erkrankungen bei Immigranten. Diagnostik, Therapie, Begutachtung. Stuttgart u. a., S. 16–31.

COLLATZ, J.; HACKHAUSEN, W.; SALMAN, R. (Hg.) (1999): Begutachtung im interkulturellen Feld. Zur Lage der Migranten und zur Qualität ihrer sozialgerichtlichen und sozialmedizinischen Begutachtung in Deutschland. Berlin.

COOPER, B. (1980): Die Rolle von Lebensereignissen bei der Entstehung von psychiatrischen Erkrankungen. In: *Der Nervenarzt*, 51, S. 321–331.

COOPER, J. E.; SARTORIUS, N. (1977): Cultural and temporal variations in schizophrenia: a speculation on the importance of industrialisation. In: *British Journal of Psychiatry*, 130, S. 50–55.

Council of Europe (Hg.) (1998): Working group on minorities and drug misuse. Consultant's report. Bearbeitet von G. F. van de Wijngaart und F. Leenders. Utrecht.

CYRUS, N. (1997): Moderne Migrationspolitik im alten Gewand: Zur sozialen Situation polnischer Werkvertragsarbeitnehmer in der Bundesrepublik Deutschland. In: Neue Formen der Arbeitskräftezuwanderung und illegale Beschäftigung. Gesprächskreis Arbeit und Soziales Nr. 76. Bonn, S. 63–75.

CYRUS, N. (1999): Migrationssozialarbeit im rechtsfreien Raum. In: WIDERSPRÜCHE, 74, S. 157–168.

CZYCHOLL, D. (1998): Sucht und Migration – Spezifische Probleme in der psychosozialen Versorgung suchtkranker und -gefährdeter Migranten. Berlin: Hohenrother Studien, Band I.

DE JONG, A. (1998): Ethikkommissionen – Notwendigkeit für Forschung und Alltagsfragen in der Pflege? In: *Die Schwester / Der Pfleger*, 8, S. 670–671.

DE JONG, A. (1999): Wie kommt theoretisches Wissen in die Pflegepraxis. In: KOCH, V. (Hg.): Bildung und Pflege. Bern u. a., S. 69–78.

DE JONG, J. T. V. M. (1991): Slaapverlamming en angst rondom het slapen in verre en nabije culturen. In: *Tijdschrift voor Psychiatrie*, 33, 10, S. 681–694.

DE JONG, J. T. V. M. (1992): Universalisme versus particularisme: van een achterhaalde leerstellin naar een nieuwe onderzoeksmethodologie. In: DE JONG, J. T. V. M.; WESENBEEK, R. J. M. (Hg.): Vervreemd of vreemdeling? Amsterdam.

DE JONG, J. T. V. M. (1996): Psychodiaknostiek bij allochtonen: vragen om moeilijkheden? In: *Maandblad Geestelijke volksgezondheid,* 51, S. 5.

DE JONG, J. V. T. M.; BERG, M. v. d. (1996): Transculturele psychiatrie en psychotherapie. Handboek voor Hulpverlening en Beleid. Lisse.

DE SHAZER, St. (1992): Der Dreh – Überraschende Wendungen und Lösungen in der Kurzzeittherapie. Heidelberg.

Department of Health and Home Office (1994): Review of Health and Social Services for Mentally Disordered Offenders and Others Requiring Similar Services. Bd. 6: Race, Gender and Equal Opportunities. London.

Deutsches Rotes Kreuz (1997): Alt in der Fremde, fremd im Alter? Konzepte in der Betreuung und Pflege älterer Migrantinnen und Migranten. Dokumentation einer Fachtagung.

DILLING, H.; MAMBAUR, W.; SCHMIDT, M. H. (Hg.) (1999): Internationale Klassifikation psychischer Störungen, ICD-10. Bern.

DILLING, H.; WEYERER, S.; CASTELL, R. (1978): Patienten mit psychischen Störungen in der Allgemeinpraxis und ihre psychiatrische Überweisungsbedürftigkeit. In: HÄFNER, H. (Hg.): Psychiatrische Epidemiologie. Heidelberg u. a.

DITTMANN, V. (1996): Forensische Psychiatrie in der Schweiz. In: NEDOPHIL, N. (Hg.): Forensische Psychiatrie. Stuttgart, S. 250–259.

DÖRNER, D.; PLOG, U. (1996): Irren ist menschlich. Bonn.

DOUGLAS, M. (1988): Constructive Drinking: Perspektives on Drink from Anthropology. Berkeley.

DRENTHEN, G. (2000): Migration und Gesundheit – Lösungsansätze in den Niederlanden. In: GARDEMANN, J.; MÜLLER, W.; REMMERS, A. (2000): Migration und Gesundheit. Perspektiven für Gesundheitssysteme und öffentliches Gesundheitswesen. Düsseldorf.

EBNER, G. (1997): »Hören Sie Stimmen?« Über die Schwierigkeiten in Diagnostik und Therapie von psychisch kranken Menschen ausländischer Herkunft in der Akutpsychiatrie. In: *Pro Mente Sana Aktuell*, 2, S. 6–9.

EBNER, G. (2000): Suizidalität bei Asylsuchenden und Flüchtlingen: Hintergründe – Erkennung – Interventionsmöglichkeiten. In: *Curare*, 16.

EBNER, G. (2001): Psychiatrische Gutachten und Arztberichte im Asylverfahren. In: *Schweizerische Ärztezeitung* (im Erscheinen).

EISENBRUCH, M. (1991): From post-traumatic stress disorder to cultural bereavement: diagnosis of Southease Asian Refugees. In: *Social & Science & Medicine*, 33, 6, S. 673–680.

EL HACHIMI, M.; VON SCHLIPPE, A. (2000): Systemische Therapie und Supervision in multikulturellen Kontexten. In: *System Familie*, 13, S. 3–13.

EPPINK, A.; JANSSEN, C. F. A. (1990): Kind in twee culturen. Deventer.

ERIKSON, E. H. (1968): Identität, Jugend und Krise. Frankfurt a. M.

ERLENKÄMPER, A. (2000): Rechtliche Grundlagen. In: VENZLAFF, U.; FOERSTER, K. (Hg.): Psychiatrische Begutachtung. München, S. 461–503.

ERTL, A., (1998): Angeworben – Hiergeblieben – Altgeworden. Arbeitshilfe zum Praxisfeld Interkulturelle Altenpflege. In: *Pflege*, 5.

ERTL, A. (1999): Differenzierung statt Diskriminierung. Marksteine – Stolpersteine – Edelsteine auf dem Weg zu einer kultursensiblen Altenpflege. Darmstadt.

ESCOBAR, J.I. u. a. (1986): Use of the Mini-Mental Stuatus Examination (MMSE) in a Community Population of Mixed Ethnicity. In: *Journal of Nerv. Ment. Disorders*, 174, S. 607–614.

ESTROFF, S. E. (1981): Making it crazy. An Ethnography of Psychiatric Clients in an American community. Berkeley.

FABREGA, H. (1994): International systems of diagnosis in psychiatrie. In: *Journal of Nervous and Mental Disease*, 182, 5, S. 256–263.

FABREGA, H.; MILLER, B. D. (1995a): Adolescent Psychiatry as a Product of Contemporary Anglo-American Society. In: *Social Sciences and Medicine*, 40, S. 881–894.

FABREGA, H.; MILLER, B. D. (1995b): Toward a More Comprehensive Medical Anthropology: The Case of Adolescent Psychopathology. In: *Medical Anthropology Quarterly*, 9, S. 431–461.

FALICOV, C. (1995): Training to Think Culturally: A Multidimensional Comparative Framework. In: *Fam. Proc*, 32.

FERNANDO, S. (1988): Race and Culture in Psychiatry. London.

FERNANDO, S. (1991): Mental Health, Race, and Culture. London.

FERNANDO, S. (Hg.) (1995): Mental Health in a Multi-ethnic Society. London.

FOERSTER, K (1984): Neurotische Rentenbewerber. Psychodynamische Entwicklung und sozialer Verlauf aufgrund mehrjähriger Katamnesen. Stuttgart.

FOUCAULT, M. (1996): Wahnsinn und Gesellschaft. Frankfurt a. M.

FRESSER-KUBY, R.; KAZIN, V. (2000): Ethnopsychiatrische Ansätze im Alltag eines psychiatrischen Krankenhauses: Deutschunterricht für Ausländer als psychotherapeutisches Vorgehen und Ausländergesprächsgruppe. In: HEISE, Th.; SCHULER, J. (Hg.): Transkulturelle Beratung und Psychotherpie. Berlin.

FREY, C. u. a. (1998): Diagnostik und Therapie bei Folteropfern. In:

BURCHARD, G.D. (Hg.): Erkrankungen bei Immigranten: Diagnostik, Therapie, Begutachtung. Stuttgart, S. 325–337.

FRIED, M. H. (1968): »The need to end the pseudoscientific investigation of race«. In: MEAD, M. u. a. (Hg.): Science and the concept of race. New York.

FRIEDMAN, J. (1994): Cultural Identity and Global Process. London.

FRIESSEM, D. H. (1976): Methodologische Probleme der Migrationspsychiatrie in der BRD. Vortragsmanuskript, gehalten auf dem vom Weltverband der Psychiatrie veranstalteten Symposium über Probleme der transkulturellen und vergleichenden Psychiatrie in Eurpoa. Kiel.

FRIGESSI CASTELNUOVO, D.; RISSO, M. (1986): Emigration und Nostalgia. Sozialgeschichte, Theorie und Mythos psychischer Krankheit von Auswanderern. Frankfurt a. M.

FRITZ, R.; VORMEIER, J. (Hg.) (2000a): Gemeinschaftskommentar zum Ausländerrecht. Neuwied.

FRITZ, R.; VORMEIER, J. (Hg.) (2000b): Gemeinschaftskommentar zum Asylverfahrensgesetz. Neuwied.

FRITZ, R.; VORMEIER, J. (Hg.) (2000c): Gemeinschaftskommentar zum Asylbewerberleistungsgesetz. Neuwied.

FRYER, P. (1984): Staying power. The history of black people in Britain. London.

FURMAN, B.; AHOLA, T. (1996): Die Kunst, einem Nackten in die Tasche zu greifen. Dortmund.

GARCIA, C. (1996): Psychiatrie und Migration. In: *Die Schwester / Der Pfleger*, 35, 7, S. 644–647.

GARDEMANN, J.; MÜLLER, W.; REMMERS, A. (2000): Migration und Gesundheit. Perspektiven für Gesundheitssysteme und öffentliches Gesundheitswesen. Düsseldorf.

GEERTZ, C. (1983): Dichte Beschreibung. Beiträge zum Verstehen kultureller Systeme. Frankfurt a. M.

GENNEP, A. v. (1986): Übergangsriten. Frankfurt a. M.

GERGEN, K. J. (1993): Psychologie in der Postmoderne. In: *Systeme*, 7, 1, S. 4–15.

GERGEN, K. J. (1999): Invitation To Social Construction. London.

Gesundheitsamt Bremen (1998): Begutachtung von Migranten nach §43 Abs. 6 Ausländergesetz. Grundsätze des Gesundheitsamtes Bremen.

GLIBER, M. (1992): Santé et Migration en France – Rapport de Stage. In: *Migrations Santé*, 92, 2, S. 55–114.

GÖBEL-ZIMMERMANN, R. (1999): Asyl- und Flüchtlingsrecht. München.

GOLDBERG, D. P.; BRIDGES, K. (1988): Invited review somatic presentations of psychiatric illnes in primary care setting. In: *J. psychosom. Res.*, 32, S. 137–144.

GOOD, B.J.(1993): Culture, diagnosis and comorbidity. In: *Culture Medicine and Psychiatry*, 16, S. 427-446.

GOOD, B.J.; GOOD, M.J.D. (1982): Towards a meaning-centered analysis of popular illness categories: »fright-illness« and »heat-distress« in Iran. In: MARSELLA, A. J.; WHITE, G. M. (Hg.): Cultural Conceptions of Mental Health and Therapy. Dordrecht.

GORDON, D.R. (1988): Tenacious assumptions in western Medicine. In: LOCK, M.; GORDON, D. (Hg.): Biomedicine Examined. Dordrecht.

GREEN, E.M. (1914): Psychoses among Negroes – a comparative study. In: *Journal of Nervous and Mental Disorder*, 41, S. 697-708.

GREENWOOD, B. (1989): Healing Images: some mind-body issues in comtemporary medicine and anthropology. An Anthropological Perspective on Holistic Heath. London.

GREETZ, C. (1986): Anti-anti-relativisim. In: *American Anthropologist*, 86, S. 263–278.

GROB, G. N. (1991): Origins of DSM I: A study in appearance and reality. In: *American Journal of psychiatry*, S. 421–431.

GÜC, F. (1991): Ein familientherapeutisches Konzept der Arbeit mit Immigrantenfamilien. In: *Familiendynamik*, 16, 1, S.3–23. Stuttgart.

GÜRSEL, N. (1993): Die ausländische Fachkraft in einem deutschen Team: Ein Erfahrungsbericht. In: NESTMANN, F.; NIEPEL, T. (Hg.): Beratung von Migranten. Berlin, S. 164– 175.

HAASEN, Ch. (1998): Leben in der Fremde. In: BOCK, Th.; WEIGAND, H. (Hg.): Hand-werks-buch Psychiatrie. Bonn.

HAASEN, Ch. u. a. (1999): Auswirkungen von Sprachproblemen in der stationären Behandlung von Migranten. In: *Krankenhauspsychiatrie*, 10, S. 91–95.

HABASCH, H. (1998): Die Mandelbäume verbrennen ihre Früchte. Siegburg.

HÄFNER, H. (1980): Psychiatrische Morbidität von Gastarbeitern in Mannheim. In: *Der Nervenarzt*, 51, 672–684.

HAILBRONNER, K. (Hg.): Ausländerrecht. Heidelberg.

HALL, G. S. (1904): Adolescence its psychology and its relations to physiology, anthropology, sociology, sex, crime, religion and education, Bd. 2. New York.

HALL, S. (1992): »New Ethnicities«. In: DONALD, J.; RATANSI, A. (Hg.): »Race«, Culture and Difference. London, S. 252–259.

HALM, H. (1986): Laizismus und Re-Islamisierung – Die Türken und der Islam. In: BAUSINGER, H. (Hg.): Ausländer – Inländer. Tübingen.

HANDSCHUCK, S.; SCHRÖER, H. (1997): Interkulturelle Kompetenz und Jugendhilfe. In: Zeitschrift für Migration und soziale Arbeit, 3–4, S. 77–86.

HEGEMANN, Th. (1996): Transkulturelle Kommunikation in Beratung und Therapie. In: *Pro Familia Magazin*, 1, S. 20–21.

HEGEMANN, Th. (1998): Zur Konstruktion transkultureller Krankheitskonzepte. In: KIESEL, D.; LÜPKE, H. v. (Hg.): Vom Wahn und vom Sinn – Krankheitskonzepte in der multikulturellen Gesellschaft. Frankfurt a. M.

HEGEMANN, Th. (2000a): Das Bayerische Zentrum für Transkulturelle Medizin e. V. in München. In: HEISE, Th. (Hg.): Transkulturelle Beratung, Psychotherapie und Psychiatrie in Deutschland. Berlin.

HEGEMANN, Th. (2000b): Zeitgemäße Schizophreniebehandlung in der multikulturellen Gesellschaft. In: Schizophrenie, 15, S. 18–23.

HEGEMANN, Th.; ASEN, E.; TOMSON, P. (2000): Familienmedizin für die Praxis – ein Handbuch für Hausärzte. Stuttgart.

HEGEMANN, Th.; HECK, J. (1995): Ressourcenorientiertes Arbeiten mit psychisch Kranken und ihren Familien. In: BLANKE, U. (Hg): Der Weg entsteht beim Gehen – Sozialarbeit in der Psychiatrie. Bonn.

HEILBRONN, K. (1995): Psychosoziale Versorgung von Migranten in Frankfurt am Beispiel des Internationalen Familienzentrums. In: KOCH, E.; ÖZEK, M.; PFEIFFER, W.M. (Hg.): Psychologie und Pathologie der Migration. Freiburg i. Br.

HEISE, Th.; COLLATZ, J.; MACHLEIDT, W.; SALMAN, R. (2000): Das Ethnomedizinische Zentrum Hannover und die Medizinische Hochschule Hannover im Rahmen der transkulturellen Gesundheitsversorgung. In: HEISE, Th. (Hg.): Transkulturelle Beratung, Psychotherapie und Psychiatrie in Deutschland. Berlin.

HELMAN, C. (1981): Tonic, Fuel and food: social and symbolic aspects of the long-term use of psychotropic drugs. In: *Sozial Science and Medicine*, 15, S. 521–533.

HENDREN, R. L.; BERLIN, I. N. (1991): Psychiatric Inpatient Care of Children and Adolescents; a Multicultural Approach. New York.

HENSELMANNS, H. W. J (1995): De DSM IV: een plaatsbepaling. In: *Maandblad Geestelijke volksgezondheid*, 5, S. 483–499.

HETTLAGE-VARGAS, A. (1992): Bikulturalität – Privileg oder Belastung? In: KÜRSAT-AHLERS, E. (Hg.): Die multikulturelle Gesellschaft: Der Weg zur Gleichstellung? Frankfurt a. M.

HEYDEN, H. (1997): Entwicklungs- und außenpolitische Herausforderung: Zur Beschäftigung von Arbeitnehmern aus Mittel- und Osteuropa. In: Neue Formen der Arbeitskräftezuwanderung und illegale Beschäftigung. Gesprächskreis Arbeit und Soziales Nr. 76. Bonn, S. 29–37.

HICKLING, F. W. u. a. (1999): A Jamaican Psychiatrist Evaluates Diagnoses at a London Psychiatric Hospital. In: *British Journal of Psychiatry*, 175, S. 283–285.

HINZ-ROMMEL, W. (1994): Interkulturelle Kompetenz. Münster u. a.

HINZ-ROMMEL, W. (1996): Interkulturelle Kompetenz und Qualität – Zwei Dimensionen von Professionalität in der Sozialen Arbeit. In: *iza*, 3–4, S. 20–24.

HODGE, J. L.; STRUCKMANN, D. K. (1975): Some components of the Western dualist tradition. In: HODGE, J. L.; STRUCKMANN, D. K.; TROST, L. D. (Hg.): Cultural Bases of Racism and Group Oppression. Berkeley, S. 122–95.

HÖFFE, O. (1999): Gibt es ein interkulturelles Strafrecht? Frankfurt a. M.

HOFFMANN, K.; MACHLEIDT, W. (Hg.) (1997): Psychiatrie im Kulturvergleich. Berlin.

HOFSTEDE, G. (1997): Lokales Denken, globales Handeln. Kulturen, Zusammenarbeit und Management. München.

HOLLAND, D. (1992): How Cultural Systems Become Desire: A Case Study of American Romance. In: D'ANDRADE, R.; STRAUSS, C. (Hg.): Human Motives and Cultural Models. Cambridge.

Home Department (1999): The Stephen Lawrence Inquiry. Report of an inquiry by Sir William Macpherson of Cluny. London.

HORTON, R. (1993): Patterns of thought in Africa and the West. Cambridge.

HORWITZ, A. V. (1982): The Social Control of Mental Illness. New York.

HUBER, B. (1998): Ausländerrechtliche Probleme suchtkranker Migrantinnen und Migranten. In: Deutsche Hauptstelle gegen d. Suchtgefahren (Hg.): Sucht in unserer multikulturellen Gesellschaft. Schriftenreihe zum Problem der Suchtgefahren, Bd. 41. Freiburg i. B.

HUBER, B. (Hg.) (2000): Handbuch des Ausländer- und Asylrechts. München.

HUSBAND, C. (1982): »Race«, the continuity of a concept. Introduction. In: HUSBAND, C. (Hg.): Race in Britain. Continuity and Change. London, S. 11–23.

IMBER-BLACK, E; ROBERTS, J.; WHITING, R. (1993): Rituale. Heidelberg.

INGOLD, T. (1986): Evolution and Social Life. Cambridge.

JAKUBEIT, G.; SCHATTENHOFER, K. (1996): Fremdheitskompetenz. In: neue praxis, 5, S. 389–407.

JANOFF-BULMAN, R. (1992): Shattered Assumptions: Towards a New Psychology of Trauma. New York.

JENKINS, J. H. (1988): Conceptions of schitzophrenia as a problem of nerves. A cross-cultural comparison of Mexican-Americans and Angelo-Americans. In: *Social, Science and Medicine*, 26, S. 1233–1243.

JONES, J. S. (1981): How different are human races? In: *Nature*, 293, S. 188–190.

KAMMERLANDER, A.; ABDALLAH-STEINKOPFF, B. (2000): Refugio München, Beratungs- und Behandlungszentrum für Flüchtlinge und Folteropfer. In: HEISE, Th.; SCHULER, J. (Hg): Transkulturelle Beratung, Psychotherapie und Psychiatrie in Deutschland. Berlin, S. 43–50.

KAPP, V. (Hg.) (1991): Übersetzer und Dolmetscher. Theoretische Grundlagen, Ausbildung, Berufspraxis. Tübingen u. a.

KAREEM, J.; LITTLEWOOD, R. (Hg.) (1992): Intercultural Therapy. Themes, Interpretations, and Practice. London.

KAYA, D. (1999): Ansätze und Erfahrungen einer Langzeittherapieeinrichtung für drogenabhängige junge Männer ausländischer Herkunft. In: SALMAN, R.; TUNA, S.; LESSING, A. (Hg.): Handbuch Interkulturelle Suchthilfe. Gießen, S. 170–183.

KELLER, Th. (1996): Systemisches Handeln im Alltag des psychiatrischen Krankenhauses. In: KELLER, Th.; GREVE, N. (Hg.): Systemische Praxis in der Psychiatrie. Bonn.

KELLNHAUSER, E.; SCHEWIOR-POPP, S. (1999): Ausländische Patienten besser verstehen. Stuttgart.

KENNEDY, J. G. (1987): The flower of paradise. The Institutional Use of the Drug Qat in the North Yemen. Dordrecht.

KEPEL, G. (1996): »Allah im Westen«. Die Demokratie und die islamische Herausforderung. München.

KINZIE, J. D.; SACK, W. H.; ANGEL, R. H.; MANSON, S. (1986): The psychiatric effects of massive trauma on cambordian children. In: *Journal of the American Academie of Child Psychiatry*, 25, S. 37–376.

KIRMAYER, L. J. (1991): The place of culture in psychiatric nosology. Taijin Kyofusho and DSM III-R. In: *Journal of Nervous and Mental Disease*, 179, S. 19–28.

KLEINMAN, A. (1977): Depression, somatisation and the new ›crosscultural psychiatry‹. In: *Social Science and Medicine*, 11, S. 3–10.

KLEINMAN, A. (1978): Concepts and a model for the comparison of medical systems as cultural systems. In: *Social Science and Medicine*, 12, S. 85–93.

KLEINMAN, A. (1980): Patients and Healers in the Context of Culture. Berkeley.

KLEINMAN, A. (1982): Clinically applied anthropology on a psychiatric consultation-liaison service. In: CHRISMAN, N. J.; MARETZKI, T. W. (Hg.): Clnically Applied Anthropology. Dordrecht.

KLEINMAN, A. (1986): Origins of Distress and Disease: Depression, Neurasthenia and Pain in Modern China. New Haven.

KLEINMAN, A. (1987a): Anthropology and Psychiatry: The Role of Culture in Cross-Cultural Research on Illness. In: *British Journal of Psychiatry*, 151, S. 447–454.

KLEINMAN, A. (1987b): Anthropology and psychiatry: the role of culture in cross-cultural research on illness. In: *British Journal of Psychiatry*, 151, S. 447–454.

KLEINMAN, A. (1988a): The Illness Narratives: Suffering, Healing and the Human Conditions. New York.

KLEINMAN, A. (1988b): Rethinking Psychiatry: Cultural Category to Personal Experience. New York.

KLEINMAN, A.; Good, A. (1985): Culture and Depression: studies in the Anthropology and Cross-Culturel Psychiatry of Affect and Disorder. Berkeley.

KLERMAN, G. L. (1990): Approaches to the Phenomena of comorbidity. In: MASTERS, J.; CLONINGER, C. (Hg.): Comorbidity of Mood and Anxiety Disorders. Washington.

KLINE, F. (1980): The Misunderstood Spanish-Speaking Patient. In: *American Journal of Psychiatry*, 137, 1530-1533.

KNUF, A.; SEIBERT, U. (2000): Selbstbefähigung fördern. Bonn.

KOCH, E.; ÖZEK, M.; PFEIFFER, W. (Hg.) (1995): Psychologie und Pathologie der Migration. Deutsch-türkische Perspektiven. Freiburg i. Br.

KOCH-STRAUBE, U. (1997): Fremde Welt Pflegeheim. Eine ethnologische Studie. Bern.

KOENRAADT, F. (1993): Forensische Begutachtung über ausländische Verdächtige. Mehrfache Individualisierung. In: LEYGRAF, N. u. a. (Hg.): Die Sprache des Verbrechens – Wege zu einer klinischen Kriminologie. Festschrift für Wilfried Rasch zur Emeritierung. Stuttgart, S. 233–244.

KOENRAADT, F. (1999): Ausländische Verdächtige in der forensischen Begutachtung in den Niederlanden. In: *Monatschrift für Kriminologie und Strafrechtsreform*, 82, S. 67–72.

KOSS-CHIOINO, J. D.; VARGAS, L. A. (1992): Through the Cultural Looking Glass: a Model for Understanding Culturally Responsive Psychotherapies. In: Vargas, L. A.; Koss-Chioino, J. D. (Hg.): Working with Culture. Psychotherapeutic Interventions wit Ethnic Minority Children and Adolescents. San Francisco, S. 1–22.

KRAEPELIN, E. (1904): Vergleichende Psychiatrie. In: *Zentralblatt Nervenheilkunde und Psychiatrie*, 27, S. 433–437.

KRAEPELIN, E. (1921): Manic-Depressive Insanity and Paranoia. Edinburgh.

KRAEPELIN, E. (1904): Vergleichende Psychiatrie. In: HIRSCH, S. R.; SHEPHERD, M. (Hg.): Themes and Variations in European Psychiatry. Bristol.

KRAHL, W. (1997): Rehabilitation chronisch schizophrener Patienten in Malaysia. In: HEISE, Th.; SCHULER, J. (Hg.): Psychiatrie im Kulturvergleich. Berlin.

KRAUSE, I.-B. (1989): The sinking heart: a Punjabi communication of distress. In: *Social Science and Medicine*, 29, S. 563–575.

KRAUSE, I.-B. (1995): Personhood, Cultural and Family Therapy. In: *Journal of Family Therapy*, 17, S. 5–36.

KRAUSE, I.-B. (1998): Therapy Across Culture. London.

KRAUSE, I.-B. (2001): Culture and Systems in Family Therapie. London.

KRIZ, W. C. (1997): Lernziel: Systemkompetenz. Göttingen.

KUNDERA, M. (2001): Die Unwissenheit. München.

KUNZE, N. (1998): Interkulturelle psychologische Beratung. In: *Wege zum Menschen*, 4, S. 194–205.

LAFROMBOISE, T.; COLEMAN, H. L. K.; GERTON, J. (1993): Psychological impact of biculturalism: evidence and theory. In: Psychological Bulletin, 114, S. 395–412.

LAJIOS, K. (Hg.) (1993): Die psychosoziale Situation von Ausländern in der Bundesrepublik. Integrationsprobleme und seelische Folgen. Opladen.

LAZARIDIS, K. (1987): Psychische Erkrankungen bei ausländischen Frauen. Eine epidemiologische Untersuchung in Niedersachsen. In: *Mensch, Medizin und Gesellschaft*, 12, S. 231–220.

LAZARIDIS, K. (1988): Psychiatrische Erkrankungen bei ausländischen Männern. In: *Mensch, Medizin und Gesellschaft*, 13, S. 21–28.

LAZARIDIS, K. (1998): Epidemiologische Aspekte der Suchterkrankungen bei Ausländern – Hospitalisationsinzidenz in Niedersachsen. In: *Suchtgefahren*, 34, S. 396–400.

LECHNER, I.; MIELCK, A. (1998): Die Verkleinerung des »Healthy-Migrant-Effects«: Entwicklung der Morbidität von ausländischen und deutschen Befragten im sozioökonomischen Panel 1984–1992. In: *Gesundheitswesen*, 60, 12, S. 715–720.

LEFF, J. (1981): Psychiatry around the globe. A transcultural view. New York.

LEFF, J.; WIGG, N. N.; GHOSH, A. (1987): Influence of relatives expressed emotion on the course of schizophrenia in Chandigarh. In: *British Journal of Psychiatry*, 151, S. 166–173.

LEIGHTON, A. H.; HUGHES, J. M. (1961): Cultures as causative of mental disorder. In: *Millbank Memorial Fund Quarterly*, 39, 3, S. 446–70.

LEININGER, M. (1991): Culture care, diversity and universality: a theory of nursing. New York.

LEVINE, R. A. u. a. (1996): Childcare and Culture. Lessons from Africa. Cambridge.

LEWIS-FERNANDEZ, R.; KLEIMAN, A. (1994): Culture, personality and psyochopathology. In: *Journal of Abnormal Psychology*, 103, 1, S. 67–71.

LINNAEUS, C. (1758-9 / 1984): Systema Naturae per Regina Tria Naturae. Stockholm.

LIPKIN, M.; LAMB, G. S. (1982): Couvade symptoms in a primary care practice. In: DE FRIES, M.W. (Hg.): The Use and Abuse of Medicine. New York.

LIPOWSKI, Z. J. (1988): Somatization: the concept and its clinical application. In: *Am. J. Psychiat.*, 145, S. 1358-1368.

LITTLEWOOD, R. (1980): Anthropology and psychiatry: an alternative approach. In: *British Journal of Medical Psychology*, 53, S. 213–224.

LITTLEWOOD, R. (1992a): How Universal is Something We Call Therapy. In: LITTLEWOOD, R.; KAREEM, J. (Hg.): Intercultural Therapy. Themes, Interpretations and Practice. Oxford.

LITTLEWOOD, R. (1992b): DSM IV and culture: is the classification internationally valid? In: *Psychiatric Bulletin*, 16, S. 257–261.

LITTLEWOOD, R.; LIPSEDGE, M. (1986): The culture-bound syndromes of the dominant culture. Culture psychopathology and biomedicine. In: COX, J. L. (Hg.): Transcultural Psychiatry. London.

LITTLEWOOD, R.; LIPSEDGE, M. (1997): Aliens and alienists: ethnic minorities and psychiatry. London.

LOCK, M. (1991): Contested meanigs of the menopause. In: *Lancet*, 337, S. 1270–1272.

MACDONALD, M. (1981): Mystical Bedlam: Madness, Anxiety and Healing in seventeenth-Century Endland. Cambridge.

MACHLEIDT, W.; BAUER, M.; LAMPRECHT, F.; ROSE, H.; ROHDE-DACHSER, C. (1999): Psychiatrie, Pschosomatik und Psychotherapie. Stuttgart.

MAERCKER, A. (1997): Erscheinungsbild, Erklärungsansätze und Therapieforschung. In: MAERCKER, A. (Hg): Therapie der Posttraumatischen Belastungsstörung. Berlin, S. 3–49.

MALINOWSKI, B. (1929): The Sexual Life of Savages in North Western Melanesia. London.

MAOZ, B. (1998): Salutogenese – Geschichte und Wirkung einer Idee. In: SCHÜFFEL, W. u. a. (Hg.). Konzept und Praxis der Salutogenese – ein Handbuch. Wiesbaden, S. 13–22.

MARCOS, L.R. u. a. (1979): The Effect of Interview Language on the Evaluation of Psychopathology in Spanish-American Schizophrenic Patients. In: *American Journal of Psychiatry*, 130, S. 549–553.

MARSELLA, A. J. u. a. (Hg.): Ethnocultural Aspects of Posttraumatic Stress Disorder. Washington.

MASUMBUKU, J. R. (1995): Psychische Schwierigkeiten von Zuwanderern aus den ehemaligen Ostblockländern. Weinheim.

MCGOLDRICK, M.; PEARCE, J. K. ; GIORDANO, J. (1982): Ethnicity and Family Therapy. New York.

MEHARI, F. (1995): Migration und Krankheit; Psychosoziale Bedingungen und die Therapie der Schizophrenie im Exil. Frankfurt a. M.

MEHRLÄNDER, U. (1974): Soziale Aspekte der Ausländerbeschäftigung. Bonn.

MELEIS, A. I. (1992): Cultural diversity research, Vortrag. Denver, Colorado.

MENNINGER, K.; MAYMANN, M.; PRUYSER, P.(1964): Het leven. In: *Balans. Een nieuwe psychiatrische zienswijze.* Ultrecht.

MEYER, B. (1993): Psychiatrische Pflege und Pflegeforschung (2). Der psychiatrische Patient aus der pflegerischen Perspektive. In: *Die Schwester / Der Pfleger*, 32, 6, S. 521–524.

MÖLLENHOFF, H. (1995): Neue Wege in der psychiatrischen Pflege – Europäisches Psychiatrisches Krankenpflegesymposium. In: *Die Schwester / Der Pfleger*, 34, 10, S. 863–867.

MOLLICA, R. F.; WYSHAK, G.; LAVELLE, J.(1987): The psychosocial impact of war trauma and torture on Southeast Asien refugees. In: *American Journal of Psychiatry*, 144, S. 1567–1572.

MOLNAR, S. (1983): Human variation. Races, types and ethnic groups. New Jersey.

MORO, M. R. (1994): Parents en exil. Psychopathologie et migrations. Paris.

MORO, M. R. (1998): Psychiatrie transculturelle des enfants des migrants. Paris.

MORO, M. R. (1999): Aufwachsen im Exil. Ethnopschoanalyse mit Eltern und Kindern. In: PEDRINA, F. u. a. (Hg.): Kultur, Migration, Psychoanalyse. Tübingen, S. 149–188.

MÜLLER, K. E. (1997): Schamanismus: Heiler, Geister, Rituale. München.

MURER, E. u. a. (1993): Kriterien zur Beurteilung des adäquaten Kausalzusammenhangs bei erlebnisreaktiven (psychogenen) Störungen nach Unfällen.

In: *Schweizerische Zeitschrift für Sozialversicherung und berufliche Vorsorge*, 37, S. 121–234.

NAUCK, B. (1993): Dreifach diskriminiert? Ausländerinnen in Westdeutschland. In: HELWIG, G.; NICKEL, H. M. (Hg.): Frauen in Deutschland 1994–1992. Bonn, S. 364–369.

NEDOPIL, N. u. a. (1996): Forensische Psychiatrie. Stuttgart.

NESTMANN, F. (1999): Psychische Störungen in der Migration und interkulturelle Beratung. In: GEMENDE, M.; SCHRÖER, W.; STING, S. (Hg.): Zwischen den Kulturen. Weinheim, S. 171–193.

OESTEREICH, C. (1996): Zwischen den Kulturen – Transkulturelle Beratung und Therapie. In: *Pro Familia Magazin*, 1, 96, S. 11–13.

OESTEREICH, C. (1998): Systemische Therapie an den Grenzen unterschiedlicher kultureller Wirklichkeiten. In: HEISE, Th. (Hg.) Transkulturelle Psychotherapie. Berlin, S. 143–158.

OESTEREICH, C. (2000): Seelische Störungen von Migranten – Herausforderungen an eine kulturelle Psychiatrie. In: HEISE, Th. (Hg.): Transkulturelle Beratung, Psychotherapie und Psychiatrie in Deutschland. Berlin, S. 241–250.

OFFER, D.; SCHONERT-REICHL, K. A. (1992): Debunking the Myths of Adolescence: Findings from Recent Research. In: *Journal of the American Academy of Child and Adolescent Psychiatry*, 31, S. 1003–1014.

PAVKOVIC, G. (1989): Sozialpsychiatrische Versorgung ausländischer Einwohner im Gesamtsystem psychosozialer Hilfen in Stuttgart. Gutachten im Auftrag der Landeshauptstadt Stuttgart. Stuttgart.

PAVKOVIC, G. (1993): Interkulturelle Beratungskonstellationen in der psychosozialen Arbeit. In: NESTMANN, F.; NIEPEL, T. (Hg.): Beratung von Migranten. Berlin, S. 145-163.

PAVKOVIC, G. (1994): Aufbau von Selbsthilfearbeit für suchtkranke Mitbürger aus dem ehemaligen Jugoslawien. Projekt der Robert Bosch Stiftung, Abschlussbericht. Stuttgart.

PAVKOVIC, G. (1999): Interkulturelle Kompetenz und Qualität in der Suchtkrankenhilfe. In: SALMAN, R.; TUNA, S.; LESSING, A. (Hg.): Handbuch Interkulturelle Suchthilfe. Gießen, S. 56–63.

PAVKOVIC, G. (2000): Interkulturelle Beratungskompetenz. Ansätze für eine interkulturelle Theorie und Praxis in der Jugendhilfe. In: Arbeitsgemeinschaft für Jugendhilfe (Hg.): Interkulturelle Jugendhilfe in Deutschland. Bonn, S. 67–109.

PELTZER, K.; DIALLO, J.C. (1993): Die Betreuung und Behandlung von Opfern organisierter Gewalt im europäisch-deutschen Kontext. Frankfurt a. M.

PERREN-KLINGLER, G. (1998): Integration traumatischer Erfahrung in kulturellen Kontexten. In: HEISE, Th. (Hg): Transkulturelle Beratung, Psychotherapie und Psychiatrie in Deutschland. Berlin.

PFEIFER, W. M. (1994): Transkulturelle Psychiatrie. Ergebnisse und Probleme. Stuttgart.

PFEIFFER, W. M. (1994): Transkulturelle Psychiatrie – Ergebnisse und Probleme. Stuttgart.

PFEIFFER, W.M. (1995): Kulturspezifische Aspekte der Migration. In: KOCH, E. u. a. (Hg.): Psychologie und Pathologie der Migration. Freiburg i. Br., S. 17–30.

PFLEIDERER, B. (1995): Medizinische Systeme Südasiens. In: PFLEIDERER, B.; GREIFELD, K.; BICHMANN, W. (Hg.): Ritual und Heilung. Eine Einführung in die Ethnomedizin. Berlin.

PLANTADE, N. (1988): La Guerre des femmes. Magie et Amour en Algérie. Paris.

POHLMANN, M. (1999): Beziehungen pflegen – eine empirische Untersuchung zur Patienten-Pflegenden-Beziehung im Krankenhaus, Vortrag am 23. 9. 1999 bei der International Conference Nursing Theories in Nürnberg.

POUSTKA, F.: (1984): Psychiatrische Störungen bei Kindern ausländischer Arbeitnehmer. Stuttgart.

Psychosoziales Zentrum für Flüchtlinge und Opfer organisierter Gewalt (1997): Jahresbericht 1996. Frankfurt a. M.

RADICE VON WOGAU, J. (1994): Der Netzwerkansatz – ein über die Familie hinausgehendes soziales Netz mobilisieren. In: BITZAN, M.; KLÖCK, T. (Hg.): Jahrbuch Gemeinwesenarbeit. München.

Reinmann-Rothmeier, G.; Mandl, H. (1997): Lehren im Erwachsenenalter. Auffassungen vom Lernen und Lehren, Prinzipien und Methoden. Enzyklopädie der Psychologie, Band 4: Psychologie der Erwachsenenbildung. Göttingen.

Renner, G. (1999): Ausländerrecht. München.

Rose, St.; Lewontin, R. C.; Kamin, L. (1984): Not In Our Genes. Biology, Ideology and Human Nature. Harmondsworth.

Royal College of Psychiatry (1996): Report of the Working Party to review Psychiatric Practice and Training in a Multi-Ethnic Society. London.

Sack, M.; Lamprecht, F. (1998): Kohärenzgefühl und Salutogenese: Aaron Antonovskys Konzept gesundheitsprotektiver Ressourcen. In: Schüffel, W. u. a. (Hg.): Konzept und Praxis der Salutogenese – ein Handbuch. Wiesbaden, S. 325–336.

Sacket, D. L.; Haynes, R. B.; Tugwell, P. (1985): Clinical Epidemiology. Bosten.

Salman, R. (1995): Hintergründe gelungener Migration. In: Koch, E.; Özek, M.; Pfeiffer, W. M. (Hg.): Psychologie und Pathologie der Migration. Freiburg i. Br.

Salman, R. (1998): Plädoyer für die Einrichtung von Dolmetscherdiensten im Sozial- und Gesundheitswesen. In: Heise, Th. (Hg.): Transkulturelle Beratung, Psychotherapie und Psychiatrie in Deutschland. Berlin.

Salman, R. (1999): Stand und Perspektiven interkultureller Suchthilfe. In: Salman, R.; Tuna, S.; Lessing, A. (Hg.): Handbuch interkulturelle Suchthilfe. Gießen, S. 11–28.

Salman, R.; Collatz, J. (1999): Interkulturelle Suchtprävention und Beratung – Qualifizierung von Keypersons und Aufklärungsveranstaltungen. In: Salman, R.; Tuna, S.; Lessing, A. (Hg.): Handbuch Interkulturelle Suchthilfe. Gießen, S. 128–145.

Salman, R.; Tuna, S.; Lessing, A., (1999): Handbuch Interkulturelle Suchthilfe – Modelle, Konzepte und Ansätze der Prävention, Beratung und Therapie. Psychosozial-Verlag, Gießen.

Sass, H; Wittchen, H-U.; Zaudig, M (1996): Diagnostisches und Statistisches Manual Psychischer Störungen, DSM IV. Göttingen.

SARTORIUS, N.; JABLENSKI, A.; KORTEN, A. (1986): Early manifestations and first contact incidence of schizophrenia in different cultures. In: *Psychological Medicine*, 16, S. 909–928.

SAUVETRE, M. (1996): L'interpretariat en milieu social. In: *Accueillir*, 207, S. 34–36.

SCHÄDLE-DEININGER, H.; VILLINGER, U. (1995): Praktische psychiatrische Pflege. Arbeitshilfen für den Alltag. Bonn.

SCHEPANK, H.; TRESS, W. (1987): Häufigkeit und Bedingungen psychogener Erkrankungen in der Stadtbevölkerung. In: *Nervenheilkunde*, 6, S. 23–26.

SCHEPER-HUGHES, N. (1987): Mental in southie: Individual, family and community responses to psychosis in South Bosten. In: *Culture, Medicine and Psychiatry*, 11, S. 53–78.

SCHEPER-HUGHES, N.; LOCK, M. (1987): The mindful body: a prolegomenon to future work in medical anthropology. In: *Medical Anthropology Quarterly*, 1, S. 6–39.

SCHEPKER, R. u. a. (1995): Erfahrungen mit der forensischen Begutachtung von Jugendlichen und Heranwachsenden aus der Türkei. In: *Monatsschrift für Kriminologie und Strafrechtsreform*, S. 121–135.

SCHIER, U. M. (1991): Der Langzeitverlauf sozialgerichtlich begutachteter Rentenantragsteller mit funktionellen Störungen. Inaugurations-Dissertation der medizinischen Fakultät Tübingen.

SCHLEGEL, A. (1995): A Cross-Cultural Approach to Adolescence. In: *Ethos*, 23, S. 15–32.

SCHLIPPE, A.v.; EL HACHIMI, M.; JÜRGENS, G. (1997): Systemische Supervision in multikulturellen Kontexten. In: *Organisationsberatung, Supervision, Clinical Management*, 3, S. 207–224.

SCHNEIDER, K. (1966): Klinische Psychopathologie. Stuttgart.

SCHNEPP, W. (1997): Zusammenhang von Kultur und pflegekundiger Ausbildung. In: *Pflege-Pädagogik*, 4, S. 1–8.

SCHOPPMANN, S.; SCHMITTE, H. (2001): Pflege bei psychischen Störungen. In: SCHAEFFER, D.; RENNEN-ALLHOFF, B. (Hg): Handbuch Pflegewissenschaft. Weinheim.

SCHRÖCK, R. (1991): Das Beginnen und das Beenden einer Beziehung. In: *DKZ*, 44, 8, S. 699–704.

SCHRÖER, H. (2000): Junge Migrantinnen und Migranten: Herausforderungen an die soziale Jugendhilfe und die Jugendarbeit. In: Institut für Sozialarbeit und Sozialpädagogik (Hg.): Herausforderungen und Chancen der Integration junger Migrantinnen und Migranten. Dokumentation der Fachtagung vom 3. Mai 2000 in Stuttgart. Frankfurt a. M., S. 15–27.

SCHÜFFEL, W.; BRUCKS, U.; JOHNEN, R. (Hg) (1998): Handbuch der Salutogenese. München.

SCHULTE, A. (2000): Zwischen Anspruch und Wirklichkeit der Demokratie: Lebensverhältnisse von Migranten und staatliche Integrationspolitiken in der Bundesrepublik Deutschland. In: SCHMALS, K. (Hg.): Migration und Raum. Opladen.

SELIGMAN, C. S. (1929): Sex, temperament, conflict and psychosis in a Stone Age population. In: *British Journal of Medical Psychology*, 9, S. 187–202.

SELVINI PALAZZOLI, M.; BOSCOLO, L.; CECCHIN, G.; PRATA, G. (1981): Hypothetisieren, Zirkularität, Neutralität: drei Richtlinien für den Leiter der Sitzung. In: *Familiendynamik*, 6, S. 123–139.

SENGE, P. (1999) Die fünfte Disziplin – Kunst und Praxis der lernenden Organisation. Stuttgart.

SLUZKI, C. (1996): Die Herausbildung von Erzählungen als Fokus therapeutischer Gespräche. In: KELLER, Th.; GREVE, N. (Hg.): Systemische Praxis in der Psychiatrie. Bonn.

SPECK, R.; ATTNEAVE, C. (1976): Die Familie im Netz sozialer Beziehungen. Freiburg i. Br.

SPITZER, R. L.; FLEISS, J. L. (1974): A reanalysis of the reliability of psychiatric diagnosis. In: *British Journal of Psychiatry*, 125, S. 341–347.

SPUHLER, J. N.; LINDZEY, G. (1967): Racial differences in behaviour. In: HIRSCH, J. (Hg.): Behaviour-genetic analysis. New York, S. 367–414.

Statistisches Bundesamt (1983): Strukturdaten über Ausländer in der Bundesrepublik Deutschland. Mainz.

STEIL, R.; EHLERS, A.; CLARK, D. M. (1997): Kognitive Aspekte bei der Behandlung der Posttraumatischen Belastungsstörung. In: MAERCKER, A. (Hg): Therapie der Posttraumatischen Belastungsstörung. Berlin, S. 123–143.

STEINHILBER, B. (1994): Grenzüberschreitungen. Remigration und Biographie. Frankfurt a. M.

STELLRECHT, I. (1993): Interpretative Ethnologie: Eine Orientierung. In: SCHWEIZER, T.; SCHWEIZER, M., KOKOT, W. (Hg.): Handbuch der Ethnologie. Berlin.

STENGERS, I.; SCHLANGER, J. (1991): Les concepts scientifiques. Paris.

STRATE, P.; KOCH, E. (2000): Pilotstudie zur Evaluation psychiatrischer Versorgung von aus der Türkei stammenden Schmerzpatienten. In: KOCH, E.; SCHEPKER, R.; TANELI, S. (Hg.): Psychosoziale Versorgung in der Migrationsgesellschaft. Freiburg i. Br.

SWARTZ, S.; SWARTZ, L. (1987): Talk abaut talk: metacommentary and context in the analysis of psychotic discourse. In: *Culture, Medicine and Psychiatry*, 14, S. 395–416.

TAUSSIG, M. (1980): Reification and the consciousness of the patient. In: *Social Science and Medicine*, 14, S. 3–13.

THOMAS, A. (1999): Gruppeneffektivität: Balance zwischen Heterogenität und Homogenität. In: *Gruppendynamik*, 30, 2, S. 117–129.

THOMAS, A.; SILLEN, S. (1972): Racism and psychiatry. New York.

TOKER, M.; SCHEPKER, R. (1996): Forensische Begutachtung von Migranten: Vorgaben und Grenzen. In: *Recht und Psychiatrie*, 14, S. 8–13.

TRESS, W.; MANZ, R.; SOLLORS-MOSSLER, B. (1990): Epidemiologie in der psychosomatischen Medizin. In: UEXKÜLL, Th. v. (Hg.): Psychosomatische Medizin. München u. a., S. 68–74.

TSENG, W. S.; STRELTZER, J. (1997): Culture and Psychopathology. A Guide to Clinical Assessment. New York.

TUNA, S. (1998): Die Berücksichtigung kultureller Hintergründe in der Suchtkrankenarbeit mit Migranten. In: Deutsche Hauptstelle gegen die Suchtgefahren (Hg.): Sucht in unserer multikulturellen Gesellschaft. Freiburg i. Br., S. 54–61.

TUNA, S. (1999): Die Bedeutung der Sprache in der interkulturellen Suchttherapie. In: SALMAN, R.; TUNA, S.; LESSING, A. (Hg.): Handbuch interkulturelle Suchthilfe. Gießen, S. 46–55.

TURNER, V. W. (1969): The ritual process. London.

TYLER, F. B.; BROME, D. R.; WILLIAMS, J. E. (1991): Ethnic Validity, Ecology, and Psychotherapy; A Psychosocial Competence Model. New York.

UEXKÜLL, Th. v. (1990): Psychosomatische Medizin. München u. a.

Valdes-Stauber, J.; Cranach, M.v. (2000): In: Heise, Th. (Hg.): Transkulturelle Beratung, Psychotherapie und Psychiatrie in Deutschland. Berlin.

Vargas, L. A.; Koss-Chioino, J. D. (1992): Working with Culture. Psychotherapeutic Interventions with Ethnic Minority Children and Adolescents. San Francisco.

Vasquez, A. (1993): Préface. In: Reveyrand-Coulon, O. (Hg.): Immigration et maternité. Toulouse, S. 15–20.

Veer, P. v. d. (1997): The Enigma of Arrival. Hybridity and Authenticity in a Global Space. In: Werbner, P.; Modood, T. (Hg.): Debating Cultural Hybridity. Multi-Cultural Identities and the Politics of Anti-Racism. London / New Jersey.

Vermeer, H. J. (1994): Übersetzen als kultureller Transfer. In: Snelle-Hornby, M. (Hg): Übersetzungswissenschaft – eine Neuorientierung: zur Integrierung von Theorie und Praxis. Tübingen u. a.

Visser, M.; de Jong, A. (1999): Cultuur en zorg – een interculturele benadering van zorg in de verpleging. Bussum.

Wallace, E. R. (1983): Freud and Anthropology. New York.

Warner, R. (1985): Recovery from Schizophrenia in Psychiatry and Political Economy. New York.

Watzlawick, P. (1969): Menschliche Kommunikation. Bern u. a.

Weber, K. (2000): Ambulante nervenärztliche Versorgung von Migrantinnen und Migranten. In: Gardemann, J.; Müller, W.; Remmers, A. (Hg.): Migration und Gesundheit. Düsseldorf, S. 49–56.

Wellman, D. (1977): Portraits of white racism. Cambridge.

Westermeyer, J. (1982): Poppies, Pipes and People: Opium and ist use in Laos. Berkeley.

Westermeyer, J. (1989): Psychiatric Care of Migrants: A Clinical Guide. Washington.

Westermeyer, J. (1993): Cross-Cultural Psychiatric Assessment. In: Craw, A. C. (Hg.): Culture, Ethnicity and Mental Illness. Washington, S. 125–144.

White, M.; Epstein, D. (1990): Die Zähmung der Monster. Heidelberg.

Winkler, P.; Foerster, K. (1996): Zum Problem der zumutbaren Willensanstrengung in der sozialmedizinischen Begutachtung. In: *Der medizinische Sachverständige*, 92, S. 120–124.

Wirtgen, W. (Hg.) (1997): Trauma – Wahrnehmen des Unsagbaren. Heidelberg.

Wittgenstein, L. (1958): Philosophical Investigations. Oxford.

Wittkower, E. (1956): Probleme, Aufgaben und Ergebnisse der transkulturellen Psychiatrie. In: Ehrhardt, H. E. (Hg.): Perspektiven der heutigen Psychiatrie. Frankfurt a. M.

Woge e. V.; Institut für Soziale Arbeit (Hg.) (1999): Handbuch der Sozialen Arbeit mit Kinderflüchtlingen, Münster.

Wu, D. Y. H. (1982): Psychotherapy and emotion in traditional Chinese medicine. In: Marsella, A. J.; White, G. M. (Hg.): Cultural Conceptions of Mental Health and Therapy. Dordrecht.

Yüksel, T. (1999): Der kulturelle Aspekt in der Suchthilfe – Türkisch-islamische Grundhaltungen und ihre Auswirkungen auf das Drogenhilfesystem. In: Salman, R.; Tuna, S.; Lessing, A. (Hg.): Handbuch interkulturelle Suchthilfe. Gießen, S. 30–45.

Zaudig, M.; Wittchen, H. U.; Sass, H. (2000): DSM IV und ICD-10, Fallbuch. Göttingen.

Zborowski, M. (1969): People in pain. San Francisco.

Zeiler, J.; Zarifoglu, F. (1997): Psychische Störungen bei Migranten: Behandlung und Prävention. In: *Zeitschrift für Sozialreform*, 43, S. 300–334.

Zenker, H. J. (2000): Betrachtung der psychiatrischen/psychotherapeutischen Versorgung. In: Gardemann, J.; Müller, W.; Remmers, A. (Hg.): Migration und Gesundheit. Düsseldorf, S. 171–179.

Zentralinstitut für die Kassenärztliche Versorgung in Deutschland (1989): Die EVaS-Studie. Eine Erhebung über die ambulante medizinische Versorgung in der Bundesrepublik Deutschland. Köln.

Zeutschel, U. (1999): Interkulturelle Synergie auf dem Weg: Erkenntnisse aus deutsch / U. S.-amerikanischen Problemlösungsgruppen. In: *Gruppendynamik*, 30, 2, S. 131–149.

Zimmermann, E. (1995): Gesundheitliche Lage und psychosoziale Probleme ausländischer Kinder in der Bundesrepublik Deutschland. In: Koch, E. u.a. (Hg.): Psychologie und Pathologie der Migration. Freiburg i. Br., S. 246–256.

Zimmermann, E. (2000): Kulturelle Missverständnisse in der Medizin: ausländische Patienten besser versorgen. Bern u. a.

ZOUARI, F. (1994): Destins de Femmes. In: YAHYAOUI, A. (Hg.): Destins de femmes et réalités de l'exil. Interactions mère-enfants. Grenoble, S. 23–28.

Autorinnen und Autoren

Abdallah-Steinkopff, Barbara, Jahrgang 1958, Ergotherapeutin und Diplompsychologin, ist deutsch-irakischer Abstammung und arbeitet seit Mai 1994 bei *Refugio* in München und ist freiberufliche Weiterbilderin zu Themen wie Beratung und Behandlung traumatisierter Flüchtlinge, Dolmetscher in der Therapie und Beratung, interkulturelle Kommunikation in der Flüchtlingsarbeit. Wichtige Publikation: *Psychotherapie bei Posttraumatischen Belastungsstörungen unter Mitwirkung von Dolmetschern* (1999).

Brucks, Ursula, Jahrgang 1949, Dr. phil., Dipl.-Psych., ist Privatdozentin für die Fächer Arbeits-, Organisations- und Gesundheitspsychologie an der Universität Hamburg und Mitbegründerin und Gesellschafterin des Instituts für Arbeitspsychologie und Gesundheitsforschung, Oldenswort-Hamburg. Wichtige Publikation (mit W. Schüffel u. a.): *Konzept und Praxis der Salutogenese – ein Handbuch* (1998).

Colijn, Sjoerd, Jahrgang 1953, Dipl.-Psych., Dipl.-Anthrop., ist Leiter eines Zentrums für seelische Gesundheit in Leiden (NL). Als klinischer Psychologe und Kulturanthropologe arbeitete er zuvor 16 Jahre in einer jugendpsychiatrischen Klinik in Den Haag. Momentan promoviert er zu kulturellen Fragen der jugendpsychiatrischen Versorgung. Wichtige Publikation: *Klinische behandeling en cultuur verschillen* (1996).

Collatz, Jürgen, Jahrgang 1942, Dr. hum. biol., ist akademischer Oberrat im Arbeitsbereich Medizinische Soziologie und wissenschaftlicher Leiter des Forschungsverbundes Prävention und Rehabilitation für Mütter und Kinder an der Medizinischen Hochschule Hannover. Er ist Gründer und 1. Vorsitzender des Ethno-Medizinischen Zentrums e. V. in Hannover. Wichtige Publikation: *Begutachtung im interkulturellen Feld* (1999).

von Cranach, Michael, Jahrgang 1941, Dr. med., ist deutsch-spanischer Herkunft und seit 1980 Ärztlicher Direktor des Bezirkskrankenhauses Kaufbeuren. In diesem Haus und der Region hat er mit seinen Mitarbeitern zahlreiche wegweisende Dezentralisierungsprojekte umgesetzt und einen Beratungsdienst für Spanisch sprechende Migranten aufgebaut. Er hat für die WHO eine Reihe sozialpsychiatrischer Projekte in verschiedenen Ländern fachlich begleitet und beraten.

Ebner, Gerhard, Jahrgang 1957, Dr. med., ist seit 1995 Chefarzt des Psychiatrie-Zentrums Schaffhausen (CH), davor war er Oberarzt an der psychiatrischen Universitätsklinik Burghölzli in Zürich. Er hat eine Ausbildung als Psychoanalytiker und ist auf Grund seiner Türkisch-Kenntnisse zuständig für die psychiatrische Versorgung der türkischsprachigen Patienten im Kanton Schaffhausen. Wichtige Publikation: *Psychiatrische Gutachten und Arztberichte im Asylverfahren* (2001).

Ertl, Angelika, Jahrgang 1957, Dipl.-Soz., Supervisorin DGSv, ist Projektleiterin für das »Praxisfeld Interkulturelle Altenpflege« im Arbeitszentrum Fort- und Weiterbildung Elisabethenstift in Darmstadt. Im Rahmen dieses Projektes werden Praxisforschung zur Qualifizierung, zur interkulturellen Öffnung von ambulanten und stationären Altenpflegeeinrichtungen sowie zur sozialen Arbeit mit Migrantenfamilien durchgeführt und evaluiert. Wichtige Publikation: *Differenzierung statt Diskriminierung* (1999).

Fernando, Suman, Jahrgang 1932, MB, MD, FRCPsych., stammt aus Sri Lanka. Er war Chefarzt für Psychiatrie in Enfield, London, und ist jetzt Honorarprofessor an der Universität von Kent. Außerdem ist er Vorsitzender des Beraterstabes der britischen Regierung zu Fragen der Rassen- und Kulturdimension der Psychiatrie- und Unterbringungsgesetzgebung. Wichtige Publikation: *Mental Health, Race, and Culture* (1991).

Fresser-Kuby, Regine, Jahrgang 1963, M.A., ist Ethnologin und jetzt als Gestalttherapeutin in eigener Praxis in München tätig. Sie hat Feldforschung in Indonesien über den Umgang mit Aggressionen betrieben und acht Jahre lang Deutsch für Ausländer unterrichtet. Als freie Mitarbeiterin leitet sie ein interkulturelles Projekt im Bezirkskrankenhaus Kaufbeuren.

Hegemann, Thomas, Jahrgang 1953, Dr. med., ist Facharzt für Psychiatrie, Kinder- und Jugendpsychiatrie sowie für Psychotherapeutische Medizin. Er arbeitete in Ghana, Spanien und England. Momentan ist er freiberuflich als Supervisor und Organsiationsberater für psychosoziale Institutionen tätig. Er ist Vorstand des *Bayerischen Zentrums für Transkulturelle Medizin* e. V. in München und Lehrtherapeut und Lehrender Supervisor der *Systemischen Gesellschaft.* Zusammen mit C. Oestereich hat er ein Trainingscurriculum »Interkulturelle Therapie und Beratung« aufgebaut. Wichtige Publikation (mit E. Asen und P. Tomson): *Familienmedizin für die Praxis – ein Handbuch für Hausärzte* (2000).

Huber, Bertold, Jahrgang 1948, Dr. jur., ist seit 1985 Richter am Verwaltungsgericht, derzeit in Fankfurt am Main, davor war er seit 1977 Rechtsanwalt und Wissenschaftlicher Mitarbeiter am Fachbereich Rechtswissenschaften der J.-W.-Goethe-Universität. Er ist Herausgeber und Mitautor des seit 1993 erscheinenden *Handbuchs des Ausländer- und Asylrechts.*

de Jong, Anneke, RN, MScN, PhD (cand., Utrecht), ist wissenschaftliche Mitarbeiterin am Institut für Pflegewissenschaft der privaten Universität Witten/Herdecke. Seit 1977 ist sie Lehrerin für Pflegeberufe und seit 1986 Projektbegleiterin der Neustrukturierung der Pflegeausbildung in den Niederlanden. Sie hat Theologie studiert und war nach ihrem Studium *Master of Science in Nursing*-Dozentin an der *Hogeschool van Utrecht.* Wichtige Publikation: *Wie kommt theoretisches Wissen in die Pflegepraxis?* (1999).

de Jong, Joop, MD, PhD, ist Professor für transkulturelle Psychiatrie an der Freien Universität Amsterdam, freiberuflicher Psychotherapeut und Direktor von TPO (Transcultural Psychosocial Organisation), einem Partnerinstitut der WHO, das weltweit sozialpsychiatrische Programme für Flüchtlinge und Minoritäten organisiert und entsprechende epidemiologische Studien durchführt. Er verfügt über intensive Erfahrung in der Psychiatrie und der Gesundheitsverwaltung in verschiedene afrikanischen und asiatischen Ländern und hat umfänglich zu dieser Thematik publiziert. Wichtige Publikation (mit M. v. d. Berg): *Transkulturele psychiatrie en psychotherapie.*

Krause, Inga-Britt, PhD, stammt aus Dänemark und ist Sozialanthropologin und systemische Psychotherapeutin in London. In Nepal hat sie über Hindus aus den oberen Kasten und in England über Gesundheitsfragen der dort lebenden Migranten aus dem Punjab in Indien geforscht. Sie hat einen Psychotherapieservice für Minoritäten im Rahmen des britischen Gesundheitsdienstes entwickelt und aufgebaut und lehrt »Medical Anthropology« am University College, London. Wichtige Publikation: *Therapy Across Culture* (1998).

Littlewood, Roland, M. B., D. Phil., M. R. C. Psych., ist anglo-schweizerischer Abstammung. Er ist Professor am *Centre for Medical Anthropology* und an der Abteilung für *Psychiatry and Behavioral Sciences* am *University College London*. Von der biochemischen Medizin kommend hat er sich der Medizin-Anthropologie zugewandt und Feldarbeit in Tobago (Karibische Inseln) gemacht. Seit Jahren ist er Berater des *Royal College of Psychiatry* zu Fragen der interkulturellen Psychiatrie. Wichtige Publikation: *Aliens and Alienists: Ethnic Minorities and Psychiatry* (1997).

Moro, Marie Rose, Professorin für Kinder- und Jugendpsychiatrie an der Universität Paris XIII und Leiterin der Abteilung für Kinder- und Jugendpsychiatrie am Krankenhaus Avicenne in Bobigny. Sie hat dort seit über zehn Jahren das *Centre Transculturelle Avicenne* und den Studiengang *Diplôme Universitaire* zur transkulturellen Pyschiatrie aufgebaut. Sie ist Herausgeberin von *l'autre*. Wichtige Publikation: *Aufwachsen im Exil* (1999).

Oestereich, Cornelia, Jahrgang 1952, Dr. med., Fachärztin für Psychiatrie, Neurologie und Psychotherapeutische Medizin, ist leitende Ärztin am Niedersächsischen Landeskrankenhaus für Psychiatrie und Psychotherapie in Wunstorf bei Hannover. Sie ist Lehrtherapeutin und Lehrende Supervisorin der *Systemischen Gesellschaft* und Vorstandsmitglied des *Ethno-Medizinischen Zentrums Hannover e. V.* Mit T. Hegemann hat sie ein Trainingscurriculum »Interkulturelle Therapie und Beratung« aufgebaut. Wichtige Publikation: *Systemische Therapie an den Grenzen unterschiedlicher kultureller Wirklichkeiten* (1998).

Pavkovic, Gari, Jahrgang 1959, Diplom-Psychologe, stammt aus Bosnien und ist seit 1991 Leiter der interkulturellen Beratungsstelle für Eltern, Kinder und Jugendliche in Stuttgart-Wangen. Zuvor hat er während seiner ambulanten Suchthilfetätigkeit Selbsthilfeprojekte für alkoholkranke Arbeitsmigranten aus dem ehemaligen Jugoslawien aufgebaut. Wichtige Publikation: *Interkulturelle Beratungskompetenz* (2000).

Salman, Ramazan, Jahrgang 1960, Dipl.-Sozialwissenschaftler, Medizinsoziologe, lebt seit seiner Einwanderung aus der Türkei 1966 als Kind von Arbeitsmigranten in Hannover. Er ist Geschäftsführer des *Ethno-Medizinischen Zentrums Hannover*, Gründer und Leiter des dortigen Dolmetscher-Services, 1. Vorsitzender des Instituts für transkulturelle Betreuung in Hannover und Mitbegründer zahlreicher Bundes- und internationaler Gesellschaften. Er ist außerdem als Trainer und Lehrbeauftragter zahlreicher Institutionen und Universitäten tätig. Herausgeber der wissenschaftlichen Fachbuchreihe *Forum Migration Gesundheit Integration*. Wichtige Publikation: *Handbuch interkulturelle Suchthilfe* (1999).

Schoppmann, Susanne, Jahrgang 1960, Dipl.-Pflegewirtin (FH), ist Fachkrankenschwester für psychiatrische Pflege und derzeit Doktorandin am Institut für Pflegewissenschaft der privaten Universität Witten / Herdecke. Seit 1982 ist sie in verschiedenen psychosomatischen und psychiatrischen Einrichtungen in unterschiedlichen Funktionen als Krankenschwester, Stationsleitung und als Bereichsleitung tätig gewesen.

Seibert, Ulrich, Jahrgang 1930, Dipl.-Psych., lebt heute als Supervisor und Berater internationaler Projekte in Uffing am Staffelsee, davor war er Hochschullehrer für Sozialarbeit an der FH München und an der Universität Tübingen. Wichtige Publikation (mit A. Knuf): *Selbstbefähigung fördern. Empowerment und psychiatrische Arbeit* (2000).

Sluzki, Carlos E. Jahrgang 1933, M. D., stammt aus Argentinien und ist Professor für Klinische Psychiatrie an der University of California in Los Angeles und Leiter der Psychiatrischen Dienste des Santa Barbara Cottage Hospital in Kalifornien. Er ist Herausgeber des *American Journal of Orthopsychiatry* und war Herausgeber von *Family Process*, ist beratender Herausgeber von zahlreichen weiteren internationalen Fachzeitschriften zu den Themen Familiensysteme sowie Soziale Psychiatrie. Er ist Ehrenmitglied der *European Family Therapy Association.* Wichtige Publikation: *Die Herausbildung von Erzählungen als Fokus therapeutischer Gespräche* (1996).

Sturm, Gesine, Dipl.-Psych., ist Mitarbeiterin am *Centre Transculturelle Avicenne* in Bobigny, Frankreich, und arbeitet momentan an einer Dissertation zur transkulturellen Psychotherapie in Deutschland und in Frankreich bei Marie Rose Moro und Maya Nadig (Bremen).

Tuna, Soner, Jahrgang 1961, Dipl.-Psych., ist als Kind von türkischen Arbeitsmigranten nach Deutschland eingewandert. Ausbildung in systemischer Kinder- und Familienpsychotherapie; Sachverständiger Psychologe. Derzeit in eigener Praxis ethnopsychologisch und transkulturell-begutachtend in Göttingen tätig. Wichtige Publikation: *Handbuch interkulturelle Suchthilfe* (1999).

Marianne Bosshard, Ursula Ebert, Horst Lazarus

Sozialarbeit und Sozialpädagogik in der Psychiatrie

Lehrbuch

Dieses Lehrbuch thematisiert die Psychiatrie vom Standpunkt der Sozialarbeit und der Sozialpädagogik. Die für dieses Arbeitsfeld wichtigen erkenntnistheoretischen Grundlagen und methodischen Vorgehensweisen, die die Soziale Arbeit beizusteuern hat, werden vorgestellt sowie die spezifischen Anforderungen und Aufgabenstellungen für Sozialarbeiterinnen und Sozialpädagogen beschrieben: die multiperspektivische Betrachtungsweise, Alltags- und Lebensweltbezug, Bedürfnis- und Ressourcenorientierung, Arbeit in und mit sozialen Netzwerken. Das Buch bietet relevanten Prüfungsstoff für alle Ausbildungsgänge. Es dient als theoretische und praktische Grundlage für Praktika, Projekte und Berufseinstieg in die Arbeitsfelder, in denen psychiatrische Probleme sowie Sucht und Abhängigkeit von Bedeutung sind.

»Dem Autorenteam, Lehrende an der FHS Köln, ist ein großer Wurf gelungen.
Im Mittelpunkt stehen Lebens- und Krankengeschichten von vier Menschen, mit denen psychiatrisch relevantes Wissen und Perspektiven Sozialer Arbeit in einem herrlichen Erzählstil präsentiert werden, anschaulicher und lehrreicher als die ewig gleichen Symptom-Checklisten vergleichbarer Werke.
Am Anfang dieses Lehrbuches mit Bestsellerqualitäten steht nicht eine Übersicht zu Krankheitsbildern, sondern eine kompetente Einführung in Theorie und Praxis Sozialer Arbeit. Am Ende steht ein Kapitel zu Methoden der sozialpädagogisch-psychiatrischen Arbeit, mit dem wohl endgültig der Mythos widerlegt wird, nach dem soziale Arbeit für die korrekte Grundhaltung und den Sozialhilfeantrag zuständig sei.«
Michael Eink, Sozialmagazin

ISBN 3-88414-234-8
416 Seiten, br.
49,80 DM, 46 sFr, 364 öS

Klaus Dörner / Ursula Plog

Irren ist menschlich

Das erfolgreichste Lehrbuch der Psychiatrie / Psychotherapie

»›Irren ist menschlich‹ ist immer noch ein herausragendes Psychiatrie-Lern- und Lehrbuch, das die Erfahrungen der Leser erweitert, differenzieren hilft, die Subjekte in dem Behandlungsprozeß hervorhebt und dabei die gesellschaftlichen und strukturellen Rahmenbedingungen menschlichen Lebens und psychischen Leidens gleichwertig mitberücksichtigt.«
Alexa Köhler-Offierski,
Dr. med. Mabuse

»Das Buch ist nach wie vor einzigartig in seinem Bereich.«
Lebenshilfe Nachrichten

ISBN 3-88414-183-X
640 S., br., 49,80 DM (46 sFr / 64 öS)

Thomas Bock / Hildegard Weigand (Hg.)

Hand-werks-buch Psychiatrie

Diese Standardwerk für Aus- und Weiterbildung ist

- ein Lehrbuch der Psychiatrie für alle Berufsgruppen,
- ein Nachschlagewerk für sozialrechtliche Grundlagen,
- eine kritische Bestandsaufnahme der Psychiatriereform,
- eine Anleitung zum Tätigwerden,
- ein Handwerkszeug für Politik und Verwaltung und
- ein Beitrag zur Verständigung von Psychose-Erfahrenen, Laien und Psychiatrie-Tätigen sein.

Im Mittelpunkt stehen Aspekte wie:

- Subjektorientierung
- Sensibilisierung für geschlechtsspezifische Hilfeleistungen
- Personenzentrierung und multiprofessionelle Teamarbeit
- Qualitätssicherung und Empowerment
- Dialogforen und partnerschaftlicher Umgang
- Entwicklung einer gemeinsamen Sprache
- Bildung neuer Netzwerke

Es besticht durch Praxisnähe und Anwendbarkeit.

ISBN 3-88414-120-1
688 S., 49,80 DM (46 sFr/364 öS)
Neuausgabe Herbst 98

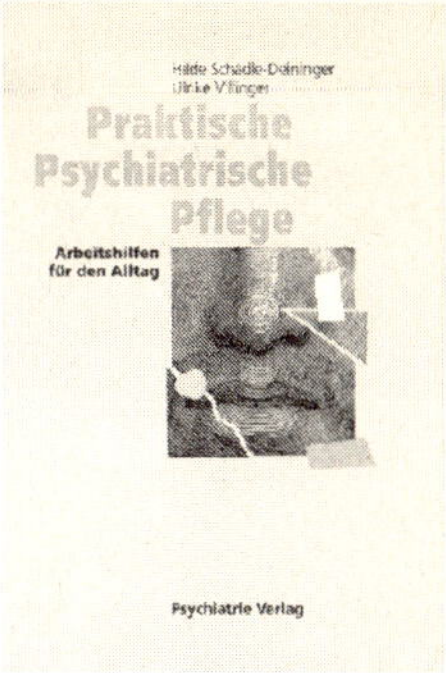

H. Schädle-Deininger / U. Villinger

Praktische Psychiatrische Pflege

Arbeitshilfen für den Alltag

Praktische psychiatrische Pflege ist ohne theoretische Grundlagen undenkbar. Dieser Erkenntnis folgend zeigt das Buch an vielen kleinen Beispielen und großen Lernfällen, wie Pflegewissen und Pflegetheorien in der Praxis angewandt werden.
Die Autorinnen beschreiben psychiatrische Pflege als eigenständiges Handlungsfeld, zu dem medizinische, psychologische, soziologische und pädagogische Erkenntnisse herangezogen werden, soweit sie dem pflegerischen Alltag dienlich sind.

Stimmen zur Praktischen Psychiatrischen Pflege
»Den beiden Autorinnen und Koautoren ist hier ein großer Wurf gelungen. Praktische Psychiatrische Pflege ist die Fibel für die Gemeindepsychiatrie.«
Ilse Eichenbrenner, Soziale Psychiatrie

»Zwischen allem, was bisher in deutscher Sprache zum Thema Psychiatrische Pflege in Buchform veröffentlicht wurde und der Praktischen Psychiatrischen Pflege liegen Welten. Die Physiker würden es Quantensprung nennen, die Politiker historisch. Ich bin begeistert. (...) Dieses Buch kann für die Pflege das werden, was Dörner/Plogs Irren ist menschlich für die Sozialpsychiatrie geworden ist.«
Stephan Wolff, Psychiatrische Pflege heute

ISBN 3-88414-182-1
488 S., geb., mit zahlreichen Abb.,
69,80 DM (63 sFr/510 öS)